起名实用大全

陈振桂 著

广州出版社
广州新华出版发行集团

图书在版编目（CIP）数据

起名实用大全/陈振桂著. —广州：广州出版社，2021.6
ISBN 978-7-5462-2967-6

Ⅰ. ①起… Ⅱ. ①陈… Ⅲ. ①姓名学—中国—通俗读物 Ⅳ. ①K810.2-49

中国版本图书馆 CIP 数据核字（2020）第 198224 号

书　　名　起名实用大全
　　　　　Qiming Shiyong Daquan
出版发行　广州出版社
　　　　　（地址：广州市天润路 87 号 9、10 楼　邮政编码：510635
　　　　　网址：www.gzcbs.com.cn）
责任编辑　李素娟
责任校对　张　苹
印　　刷　广州怡升印刷有限公司
　　　　　（地址：广州市番禺区沙头街横江村第二工业区
　　　　　邮政编码：511400）
规　　格　787 mm×1092 mm　1/16
印　　张　20.25
字　　数　352 千
版　　次　2021 年 6 月第 1 版
印　　次　2021 年 6 月第 1 次
书　　号　ISBN 978-7-5462-2967-6
定　　价　88.00 元

前言

我们每一个人都有自己的姓名——姓是家族的符号，名是个人的符号，它可以使一个人和其他社会成员区别开来。

现实生活中，我们离不开姓名：在与人初次交往自我介绍时需要介绍自己的姓名；在填写履历表时，需要填上姓名；在下榻旅馆时，需要登记姓名；在办理出国、金融等业务时，也需要使用姓名……我们每天都在称呼着别人的姓名，同样，自己的姓名也被别人称呼着。姓名跟我们每个人的关系如此密切，但我们未必都了解姓名的意义和作用，更不一定了解其真正内涵。

姓的含义到底是什么？古往今来不少的硕儒名宿给它下过定义。其中东汉许慎在《说文解字》中说得最清楚：“姓，人所生也。古之神圣母，感天而生子，故称天子。从女，从生，生亦声。”这段话表明了姓是与生俱来的，即人一生下来就有姓。“姓”是会意兼形声字。“姓”字由“女”和“生”两部分构成，意思是人的姓从生母，即生母姓什么，子女就姓什么。从“姓”字的构造，可以得出结论，中国人的姓产生于远古的母系氏族社会。

据考证，我国是先有姓氏，后有名、字、号。姓氏是姓与氏的合称，据《左传·隐公八年》载：“天子建德，因生以赐姓，胙之土而命之氏。”《通志·民族略序》载：“三代之前，姓氏分而为二，男子称氏，妇人称姓。氏所以别贵贱，贵者有氏，贱者有名无氏……姓所以别婚姻，故有同姓、异姓、庶姓之别。氏同姓不同者，婚姻可通。姓同氏不同者，婚姻不可通。三代之后，姓氏合而为一，皆可以别婚姻，而以地为贵贱。”秦汉以后，姓氏不别，或言姓，或言氏，或兼言姓氏。现在我们所说的按姓氏笔画排列，这个“姓氏”就完全等同于“姓”。

人类之初无所谓名，人们在彼此之间的交际中是以人的形体、声音的特征来区别的，可以说靠的是存留在人的心中的无声符号。后来由于人际交往日益复杂，这种仅靠人的形体、声音的特征来辨别的方法就远远不够了，尤其是当人们在夕阳下相遇，相互看不清对方的面目时，就需要以口自名，说出一个符号来作为本人的标记。故“名”是从“夕”从“口”会意而来的字。

中国人的名字很复杂：刚出生的小孩有乳名，又叫小名，如石头、豆豆；之后又起正式名，或叫大名、学名、官名，如诸葛亮、李世民。古人成年时还要有与名相表里的字，叫表字，如曹操，字孟德；文人学者或有身份的人还要有号，如陶潜，字渊明，自号五柳先生；有的人还有外号，如凌子风，外号拼命三郎；艺人还有艺名，如章金莱，艺名六小龄童；僧尼、道士有法名，如葛洪，道号葛仙翁；古代皇帝还有庙号、谥号等，如刘秀，庙号世祖，谥号光武帝。

说到具体的名字格式，有的是单名，有的是双名，还有多字的名。至于起名的方法，更是各式各样：有的以姓生名，有的是父母双姓合璧，有的是拆姓起名，有的以名言志，有的按属相起名，有的以出生时间起名，如此等等，不胜枚举。

总之，姓名涉及的内容很广，与一定的历史、民族、文化、地域、习俗等因素紧密相连，是特定的文化和心理的反映，因此很值得我们研究。近年来，研究姓名已成为一种专门的学问，人们普遍称之为“姓名学”。它通过对姓名与社会和时代的关系研究，分析解答姓名的渊源、种类、结构、历史发展及现状；探讨姓名所反映的社会关系，经济发展状况，人们的社会求知和心理状态，各民族和国际间的交往，人群的迁徙流动、婚姻形式、生育观念等方面的问题，并总结和挖掘出历代起名的好方法。研究姓名学，对于研究文化学、历史学、社会学、民族学、语言学有一定的帮助；对人际交往、行政管理乃至刑侦、诉讼也有一定的价值；尤其对指导现在的人们如何给孩子起名、给成人改名更有启发和借鉴作用。总之，姓名学是一门具有重要理论意义和实用价值的新学科。

中国是一个重名号的国家。孔子曰：“名不正则言不顺。”古人云：“赐子千金，不如教子一艺；教子一艺，不如赐子好名。”名字如影随形，伴随着人的一生。古代圣哲尹文子曾这样说过：“形以定名，名以定事，事以验名。”姓名同一定的含义、形象密切地联系在一起，在一定的社会环境下，甚至可以影响人的前途和命运。例如，清代同治七年（1868年），江苏的王国钧参加科举考试，按考试成绩本为一等，但因慈禧太后对他的名字大为不满，认为“王国钧”与“亡国君”谐音，不吉，便下旨降为三等。而另有一位考生叫刘春霖，在清代光绪三十年（1904年）参加科举考试，按考试成绩本为进士三甲末等，但其姓名备受慈禧太后青睐，认为“春霖”有春风化雨、甘霖普降之意，再加上其姓与“留”谐音，这个名字符合慈禧太后恩泽永垂的心境，于是慈禧便下旨将刘春霖拔擢为甲等第一。仅因姓名，王国钧与刘春霖的前途命运便有天壤之别，由此可见姓名的重要性。

因名字引起的麻烦，在当今社会也屡见不鲜。2020年1月2日《人民日报》上有一篇文章这样写道：“因与湖北省天门市公安局刑侦支队通缉的涉案人员‘易某某’同名同姓，广东深圳一男子多次被警方误抓……”从这个典型的例子不难看出，姓名在现代人的生活中起着举足轻重的作用。

2021年1月国家颁布的《中华人民共和国民法典》第1012条规定：自然人享有姓名权，有权依法决定、使用、变更或者许可他人使用自己的姓名，但是不得违背公序良俗。第1014条规定：任何组织或个人不得以干涉、盗用、假冒等方式侵害他人的姓名权或者名称权。也就是说，起名和使用姓名是每个公民享有的权利，受法律保护，他人无权干涉，更不得盗用和假冒。法律规定一方面昭示姓名所具有的法律意义，同时也说明姓名是我国每个公民个体所专有的东西，具有为个人所有的特点。

姓名作为区别每个社会成员的文字符号，虽然不能决定人的前途和命运，但却带有时代信息和文化观念，留下了家族血统的烙印，凝聚着父母对孩子的深厚情感和殷切期望，隐喻着不同的理想、抱负、情趣、爱好与目标追求，对人生起着潜移默化的影响和作用。

灌注了人生信念的名字，将规范和影响人的一生。凡是想有所作为的人，都希望起个志向远大的名字，并为其内涵奋斗终生。唐代女皇帝武则天为自己名字新造了一字“曌”，意思是日月凌空，普照大地。明末农民起义领袖李自成，原名李鸿基，在成为农民起义领袖前改名“自成”，意思是大丈夫要自成自立，干出一番事业。太平天国领袖洪秀全，名字中暗藏了“禾乃人王”四个字，意思是“我要做天下百姓的领袖”。

人人都想有个好名字，那么好名字的标准是什么呢？先贤荀子说：“名有固善，径易而不拂，谓之善名。”意思是：名有完善之名，平易好懂而不被人误解之名，可以说是好名。笔者认为好名字必须符合四个标准：一是读起来好听，没有不好的谐音；二是写起来好看，笔画匀称和谐；三是想起来内涵丰富，没有歧义；四是比起来新颖独特，与众不同。

按此标准，起个好名字还真不容易。近代资产阶级启蒙思想家严复说：“一名之立，旬月踟蹰。”像严复这样满腹经纶的学者，起个名字都要研究十余天到一个月的时间，难怪许多年轻的父母翻遍了字典、词典都无法为孩子起个理想的名字时便摇头叹息：“儿女易生，好名难起！”

为了帮助年轻的父母和对姓名学感兴趣的广大读者更好地了解姓名学的基本常识，并为他们在起名时提供方便，笔者花了二十几年的时间对姓名学进行研究并写成起名专著，先在广西民族出版社于1993年8月正式出版《起名八十法》，尔后每年都再版，有些年份还再版两次。该书再版的时候，曾做过几次重大的修改，内容从第一版的18万字增加到40万字；出版社也由广西民族出版社转到广州出版社；书名也由初版的《起名八十法》，变为《起名88法》《起名八十八法》，到现在的《起名实用大全》。该书常销不衰，已拥有几十万的读者，成为广大读者眼中的起名必备手册。

《起名实用大全》是一本理论性和操作性都很强的姓名学知识读物。它较系统、通俗地介绍了姓名的起源、发展和演变的过程，提出了好名字的标准，论述了起名的原则和名字的格式，总结出几十种名字构思法和起名原则，搜集和整理出许多民间起名的禁忌给广大读者提供参考。这次修改出版，特别注重帮助读者解决如何起名的实际问题。于是我又编写了“男子起名常用字”“女子起名常用字”等章节。在这些章节找到了相应笔画的字，又该怎么组合名字呢？接着你就可以看第五章“按类别起名举例”。这一章重点介绍具体怎样从诸多字词或诗句中选择合适的字词组织名字，还具体介绍了“男名举例”“女名举例”“从政兴邦类名字举例”“壮志凌云类名字举例”等22类构思选词起名的实例，让读者能不仅有丰富的起名材料，还能有更广阔的起名构思空间。名起出来了，但是不是好名呢？可看“好名字欣赏”一节，提高对名字的欣赏和鉴别能力，从而对自己起出来的名字进行进一步研究，起出自己满意、大家认可的好名字。有些名字，刚用时感觉还可以，但用了一段时间、经历了一些事情以后，就让人产生了改名的念头。怎么改名？可看第四章“改名的原则和方法”，这一章具体介绍了10种改名的方法，帮助需要改名的人更好地改名。

总之，《起名实用大全》不但有通俗易懂的理论吸引姓名学爱好者进行深入的研究与探索，更有具体实用的方法帮助读者解决起名时遇到的实际问题。特别是实施“全面二孩”政策以来，有起名需求的人越来越多，对起名的要求也越来越高。现在的年轻父母文化水平都很高，绝对不可能像过去老一辈那样给孩子随便起个名字。他们懂得名字的重要性，都知道名字是关系到孩子一辈子的大事。我相信年轻的父母会喜欢《起名实用大全》这本书。

但愿天下的人都有一个好名字，人人都珍重和爱惜自己的名字，都能够为自己的姓名增光添彩。

陈振桂

2021年3月

目　录

第一章　起名的原则与构思法

第二章 起名的方法

第四章 改名的原则和方法

第五章 按类别起名举例

第六章 起名参考

第一章　起名的原则与构思法

一、起名的原则

姓名的格式

世界上各国、各民族人民的名字都有一定的格式。所谓格式包括两个意思：一是名字由几部分构成，及其排列顺序；二是每个部分各有几个字（或者几个音节）。比如日本人的名字由姓和名两部分构成，姓在前，名在后。姓一般包括一到三个字（少数三字以上的），名一般包括一个或两个字（也有少数三字以上的），如堺（姓）雅人（名）、野田（姓）洋次郎（名）、五十岚（姓）胜（名）等。俄罗斯人的名字则由三个部分构成，次序是：本人名 + 父名 + 姓，如亚历山大（本人名）· 谢尔盖耶维奇（父名）· 普希金（姓）、安东（本人名）· 巴甫洛夫维奇（父名）· 契诃夫（姓）。

我国汉族人的名字也有一定的格式。首先，汉族名字由姓（父姓或母姓）和名两部分构成；其次，姓和名的位置是固定的，即姓在名前。至于姓和名的组成，就比较复杂了。就名来说，可以是一个字，叫作单名，比如刘备、诸葛亮；也可以是两个字，叫双名，如文天祥、司马相如。单名和双名是最常见的两种格式。

那么，目前单名和双名究竟哪一种占优势？起单名好还是起双名好？这是目前大家比较关注的问题，我们就先来说说这件事。

前些年出现了一个引人注目的现象，就是单名增多了起来，例如学生的点名册上，单名占了百分之七八十。国家语言文字工作委员会曾经对第三次人口普查资料做了一次抽样统计，他们把抽到的 17.5 万人按出生时间分期，分别统计了三个时期中单名、双名的人数，结果第一至第三时期单名的比例分别是 6.5%、9%、32.5%，上升趋势非常明显。

为什么会出现这种现象呢？这得从我国社会制度和家庭结构的变化上查找原因。受宗法制的影响，中国人的宗族观念特别强，因此，很多家族都有族谱、家谱。族谱和家谱与取双名有很大关系。因为写族谱、家谱要求排行，就是说同辈兄弟的名字要有规律性。单名体现的规律，只能在字形上做文章，比如都取“王”字边的名字，像《红楼梦》里的贾珍、贾琏、贾珠、贾环就是这么排的。双名体现的规律就灵活得多，它可以固定一字（或前字，或后字），变换另一个字，像《红楼梦》里贾代化、贾代善及贾元春、贾迎春、贾探春、贾惜春的名字就是这么排的。随着社会的发展，四世同堂的大家庭里的儿孙们都分了家，建立起小家庭，这样遵循家谱起名的人也就越来越少了。小家庭里的年轻一代文化水平一般比父辈高，他们不再按族谱里的排行字给自己的孩子起名。他们觉得选个文雅的字，给孩子起个单名，既简单又新颖。于是，单名就盛行了起来。

既然取单名成了一种风气，那么不少人就产生了“随大流”的想法，甚至觉得取单名时髦，就连城郊乃至偏远的农村都受到影响。可是，各方面的情况表明，单名增多会给社会生活带来不利的影响。

一是单名增多会导致重名率的提高。让我们先来做个数学运算：用10个姓和20个人名用字起名，如果组成单名，最多可以组成$10\times20=200$个姓名。而如果组成双名，首先可以在20个人名用字中进行两两排列，结果可得到$20\times(20-1)=380$个名字，这380个名字再去和10个姓搭配，就可以得到$10\times380=3800$个姓名。当然，在实际生活中，姓氏有常见和不常见之分，人名用字有常用和不常用之分，因此它们之间搭配的概率也不会均等。不过，这个运算至少可以说明单名的重名率大大高于双名的重名率。

二是取单名容易选择生僻字。因为给孩子取单名的人也知道单名容易重名，所以就挖空心思地去找那些不常用的字。

除了“父（或母）姓+单（或双）名”的格式之外，在汉族人的名字中，还有两种很有意思的取名格式：

（1）三字名

根据一般的经验，汉族人的名字除了单名就是双名。可在一些地区，还有三字名存在。例如浙江、福建、甘肃和内蒙古的某些地区都有三字名。

三字名的构成，主要有下面几种形式：

①姓＋小＋兄（姐）名

卢　小　立敬
屈　小　冬仙　（浙江象山、临海）
郭　小　凤梅

②姓＋名＋词尾（无意义）

钟　二妹　哩
卢　老八　哩　（福建长汀）
要　大妹　叻

③姓＋数字名

王　六十九
雷　五十六
齐　六十有　（内蒙古察哈尔右翼前旗、甘肃岷县）
白　五十女

宋、元、明时期平民常以父母结婚时的年龄合计或孩子出生时父母年龄的合计为孩子取名，此处可能属于此类。

④姓＋一般三字名

吴　海中花
郎　泰山德
张　护神菊　（甘肃岷县）
杨　菩萨秀

⑤其他（结构不明了者）

周朱三娒　（浙江温州瓯海）

王马家应
王何生贵　（甘肃岷县）
张关世中

岳林木养
陈水木生
许金木生　（福建长汀）
林马水养
汤来福子

从分布地区和数量看，三字名是少数，但特征很明显，内容也很丰富，很值得我们去挖掘、研究。由于三字名比双名又多一个字，所以重名概率就会更低，内容、形式更富于变化。从这两点出发，给孩子取名时，也不妨考虑一下三字名。

（2）“夫姓＋妇姓＋氏”与“父姓＋母姓＋名”

汉族人的名字一般随父姓，少数是随母姓的。可是汉族人的名字还有这么两种格式：

①夫姓＋妇姓＋氏

②父姓＋母姓＋名

这两种格式的发展趋势，恰好是一衰一兴。这一衰一兴，反映了同一个社会现实——妇女地位的提高。

先说说“夫姓＋妇姓＋氏”的格式。这种格式只限于已婚女性。在旧社会里，很多女性没有名字，出嫁前就称“某氏”；出嫁以后，在自己的姓前面加上丈夫的姓，成了“某某氏”。这种取名格式，完全是女性受压迫的产物，它意味着女性不仅没法拥有自己的名字，而且在嫁人后，连自己的姓也不能独立了，这当然是非常不合理的事。

随着女性的解放，这种格式已逐渐被淘汰。

与此相反，另一种取名格式，即“父姓＋母姓＋名”的格式随着女性地位的提高出现了。有些家庭突破传统的命名习惯，在子女的名字中给母姓一席之地，在父姓后面加上了母姓。比如：父姓杨，母姓江，孩子叫杨江海；父姓张，母姓向，孩子叫张向红；父姓陆，母姓阳，孩子叫陆阳春，等等。

这种姓名格式有它的独特之处，它体现了家庭成员之间平等、亲密的关系，子女的名字把全家人紧紧地结合在一起。有的人在使用这种格式时还有一些创新，比如：有这样一家人，父姓陈，母姓张，两个孩子，哥哥叫陈张飞，弟弟叫张陈飞，这是多么有意思的两个名字啊！还有的家庭干脆就用母亲的姓作为孩子的名，比如：父姓杨，母姓江，孩子就叫杨江；父姓李，母姓黎，孩子就叫李黎；父姓白，母姓华，孩子就叫白华，等等。这种格式，也挺简单新颖的。

当然，对于这种姓名格式，目前还有争议。拿“陈张海”来说，陈是父姓，张是母姓，那么他的姓是什么呢？是姓陈，姓张，还是姓陈张？我们倾向于解释成姓陈，母姓张可以算是名的一部分。

这种格式怎样使用最好呢？第一，“父姓＋母姓（即名）”的格式虽新颖，但不宜用得太多，特别是当母姓又是一个人名常用字的时候，如英、华、玉、明、江等。因为这样的取名实际上等于取单名，会增加重名率。第二，在名的部分也可以尝试用双字，这样，整个名字相当于一个三字名，利于降低重名率。因此，最好还是采用“父姓＋母姓＋单字名”的格式，这样起名，既可以降低重名的概率，又比一般的双名新颖。

综上所述，汉族人常用的名字格式有以下几类：

（1）单姓＋单名

（2）单姓＋双名

（3）单姓＋三字名

（4）父姓＋母姓＋名

（5）复姓＋单名

（6）复姓＋双名

在这几种格式中，使用最普遍的是前三种。为了减少生僻字的使用，降低重名的概率，建议取名时多选择双名。（3）和（4）是两种比较新颖的格式，也可以考虑使用。

名字的结构

双名结构最简单的形式，是两个词不分主从，平行并列，诸如将两种德行、品性等平行并列。平行并列的结构有局限性，不能表示更为复杂的关系和丰富的内容。这种名字其实与单名的表意并没有什么区别，只是将容量简单地增加了一倍，没有其他的花样。因此，这种形式似乎不多用。例如：曹吉祥、林祥谦、向秀丽等。此外，民间常用的名字还有福财、福喜、喜禄，以及忠孝、孝文、孝武等。

双名的偏正结构也是比较简单的结构形式，按照现代汉语语法来说，定语修饰中心词的结构、状语修饰中心词的结构，都是偏正结构。这里，我们把两种情形区别开来，以便更好地说明问题。

定语修饰中心词的结构是最为常见的偏正结构。这种结构比较容易组织，表意上也具有优势。比如中心词为才能的“才”，简单地加文、巨、俊、良、世、三、大、仲等定语，就变成了文才、巨才、俊才、良才、世才、三才、大才、仲才等名字。这里的定语可以是名词（如文、世），也可以是数词（如三、仲），但使用最多的是巨、俊、良、大等形容词。偏正结构不像联合结构那样平板，表意灵活、容量大，也更准确、突出。加了定语，就使结构有了些波澜，也就生动一些；同时，它虽然只表现一种事物，但定语使中心词的容量增大了。再有，联合结构不加修饰排列出来的事物显得平淡，而且不一定能表达名字使用者的意愿，偏正结构则克服了这种缺陷，比如联合结构的“忠”“孝”，加修饰语变成“精忠”“纯孝”，意思就鲜明和突出多了。这类结构的实例相当多，如：西晋的氐族首领齐万年，十六国时的范长生，唐朝的来俊臣、高力士，宋代的张九龙、梁红玉，现代的冯国璋、冯雪峰、沙千里，等等。

就汉语的语法而言，状语修饰谓语的结构是偏正结构。此外还有补语修饰谓语的结构，叫述补结构，这两种结构都以谓语为中心词，这里一并来谈。人名中的这两种结构比较少见，因为它们比较难于组织。名字字数必然有限，况且语言实践中状中，尤其是述补的结构本来就比较少见，也正因如此，这种结构的名字往往比较奇巧、有特色，易于给人鲜明、深刻的印象。状中结构的名字如现代史上长期从事地下工作的共产党人钱壮飞，曾任广东省委书记的古大存，新文化运动的领袖陈独秀，等等；述补结构的如冷于冰、温如玉等。

还有一种特殊的结构，由能愿动词、形容词或名词组成，这种结构的名字也是常见的，在这种结构的名字里，能愿动词最具特色，常用的有可、克，如：明代的名将史可法，郑成功的儿子郑克爽；现代人戴克敏、王克勤、熊克武等。

双名中常见的另外两种结构是主谓结构和动宾结构。它们的表意效果和偏正结构一样，也比较好，甚至可以说更好。主谓结构的双名一般是有一个词充当主语，谓语对此加以陈述说明。一般来说，谓语都是由形容词充当的，因为动词要带宾语，双名的容量却不允许再加一个词作宾语。这种结构的名字古今都极为多见，如孙志远、龙世昌等。

动宾结构的名字富有动感，更能表达人们的意愿、志向、抱负，因此多为人们所运用，尤其是改名，用这种结构的很多。表示敬慕、钦敬的名字，大多用这种结构，前用慕、式、宗、从、用、敬、仰等动词，后点出敬慕、钦敬的对象，这类名字已如前述，不再举例。生活中人们还有以梦兆取名的方法，有的就是点出事实——梦的行为及其对象，比如梦麟、梦龙、梦兰等。由上述提及的动词可以看出，动宾结构的人名所用的动词大多是抽象的，这也正是取名不至于琐屑、卑微的原因之一。这种结构的名字还可以举出的例子有钱新之、马占山、孙继先、韦拔群、陈延年、赵醒依等。应该注意的是，有些动宾结构的名字是倒装的，如周春富、周春增等。

以上所谈是双名的结构，没有涉及连姓为名。姓名分离，意思不连贯，这样的人名姓和名之间没有有机的联系。连姓为名则不同，这种人名的姓名之间具有有机的联系。姓与单名的连接，大体与双名的上述结构吻合。姓与双名的连接则有可能产生新的结构，比如主谓宾结构，如马识途、牛得草等。这些名字其实就是一个简单的句子，内涵丰富，也很有意趣。

用字简明易懂的原则

一个人的名字，并不仅仅用在口头上，在大多数情况下还要用于书写。因此就要求取名者在取名时，一要考虑所起的名字便于书写，二要考虑所起的名字便于别人认读。这是取名用字的首要原则。

我们所说的名字便于书写，主要包括两个方面的含义，即便于孩子书写和便于别人书写。通常情况下，在孩子将要识文断字的时候，首先要认识和学写的是自己的名字。这时候，一个笔画简单而又容易记住的名字显然会对他有较强的吸引力，孩子也许学习两三遍便可掌握。相反，如果名字笔画较多且不易记住，这就无形中给孩子增加了难度，孩子也许会在多次练习书写自己的名字而无法掌握之后失去信心，认为自己连名字都不会写是一种无能。殊不知，这是父母或其他取名字的人给他造成的麻烦。同样，当孩子长大走向社会后，其名字要经常在社会上使用，那么，一个写来简单、读来方便的名字也许会为他在社会活动中带来更多好机会。

根据清朝年间编纂的《康熙字典》统计，我国共有4万多个汉字，其中有3万多个都是不常用的，较常用的也不过3000多个而已。在这3000多个汉字中，可用作人名的字则更少。有些人在取名时为了彰显自己的学识渊博，往往选用一些笔画较多且不易让人认识的字。如近代南方有位较有名气的文人，给自己取名“爨䲜麤”，号“鑿鑿龕”，名和号6个字笔画共有176画，可谓我国历代人名笔画之最。其实，这一名字说穿了也很简单，若采用常用的简化字去写，写为“爨鲜粗”“凿凿龛”，其中除“爨”（cuàn）是一个较为复杂的罕见姓氏外，“䲜”“麤”都早已被废弃，是“鲜”“粗”二字的异体字。又如章太炎是近代较有影响的文化名人，他在学界、政界、思想界的地位较高，但他为女儿取名（长女章㸚，二女章叕，三女章㠭，四女

章𤰈）用的都是生僻字，同样有故弄玄虚之嫌，因此也获讥于世。当然，上述两例只是十分特殊的例子，但如果取名如此，既不易写又不易读，该名字的社会功能实际上也就丧失了。

当然，现实生活中也有一些取名者出发点较好，但所起名字效果并不很好的例子。如我国著名京剧演员关肃霜，原来的名字是关鹔鹴，是由师傅取的，意思是希望她像鹔鹴鸟那样出人头地。她的名字笔画太多，许多人不认识，经常被误读为“关鸟鸟”。后来，经周恩来总理提议，她才改名为关肃霜，较原名方便得多。另如1987版电视连续剧《西游记》中猪八戒的扮演者马德华，原名马芮，因为许多人不认识“芮”字，常常被误读为“马内”，“马丙”，甚至被人读作“马肉”，于是他改名为马德华。

由上可见，人名作为人际间交往的符号，应该是让人一看就明白，一写就会的。一个好的名字，应尽量避免使用笔画较多、常人不识的字，特别是生僻的字，别人见了不认识，该读时不读不行，读了又出差错，无形中使别人难堪。

字义吉祥雅致的原则

名字的字义主要包括三个方面：首先是名字的本义，即实实在在的含义，这种含义大多包含着起名者对被起名者的希望和祝愿，也可以包括起名者的个性特征和爱好；其次是名字的寓意，即借用其他事物以寄托本意；最后是姓和名组合的整体意义。

可以说，字义是衡量姓名好坏的一个最重要的方面。如果说字形是形式，那么字义就是内容。虽然形式有时候也起到质的作用，但一般来说，内容决定形式。

受传统文化的影响，中国人在取名时向来十分重视字义和寓意。当人们选定某些字作为名字时，首先考虑的往往是这些字的本身含义，然后才是作为名字时可以赋予什么含义。

可以说，姓名除了其社会功能外，还具有强烈的主观色彩，包含着起名者的期望、追求、寄托和幻想。它既可联系过去，又可说明现在，还可展望未来。有时候，它便是一个人的宣言书；有时候，它也是生活的协奏曲；有时候，它还是命运的交响乐。

如在我国封建社会里，人们多注重尊祖敬宗、子嗣荣昌，因此取名时多选用祖、宗、敬、绍、广、嗣、先等字，并取些诸如绍先、敬祖、广宗、延嗣之类的名字。其中用“绍先”“敬宗”作名字，有缅怀祖先功业、继承先辈遗志之义，是起名者承先辈期望的反映；用“广宗”“廷嗣”作名字，有希望子孙发扬光大自己的事业、使宗族昌盛之义，是起名者启后、兴宗愿望的反映；用“荫孙”作名字，是希望自己的福禄能荫庇子孙，也是起名者启后愿望的反映。总之，一个人的名字究竟使用什么字，字义是首要考虑因素。

我们说取名用字的含义要明朗，意思要通俗易懂，让人一看便知是什么含义。如我们为孩子取名“志坚”，意思是希望孩子意志要坚强，做一个有主见、有魄力的人；为孩子取名“秀丽”，是希望孩子长得清秀美丽，将来成为一个端庄稳重的女性。这些都是较好的名字。如果为孩子取名“发财”“富强”，虽然也有一定的意义，但不免有些俗气了。

我国古今的一些名人，他们的名字大多简单易懂、寓意深刻。如李白、杜甫、白居易、岳飞、王安石、文天祥、史可法等，无不如此。如我国第一位驻外女大使丁雪松，名字也很典雅，起名者用“雪松”来表达对不屈不挠的意志的追求，其效果显然要比直接取名“坚强”之类的要雅致得多。

人是有感情的动物，一个好的名字会给人留下好的印象，一个俗气和乏味的名字无疑会在无形中减弱在别人心目中的好印象。假如有两对男女的名字分别是张华健、王保栓和李薇薇、赵秋菊，在各种条件大致相同的情况下，让他们首先根据名字挑选对象，那么男性首先被选中的肯定是张华健，女性肯定是李薇薇，其中的原因，当然是他（她）拥有一个较为典雅的名字。

有些外国人取名字，也十分讲究名字的含义，比如美国作家马可·吐温名字的含义是船工号子，阿根廷作家荣凯名字的含义是硬汉。但当这些名字被翻译时只能是同音转译，使这些本来含义美好的名字变成乏味的文字堆砌，同时也给人们记住这些名字造成不少困难。

（1）不要起洋味太重的名字

我国汉字大都有丰富的内涵。因此，我们起名时应该通过一两个汉字来表达一个确切的意思。像约翰、玛丽、莉萨、珍妮、洛夫、朱利等，是根据外国人名字音译的名字，除了带点洋味外，没有什么确切的汉语意义。我们中国有悠久的历史和灿烂的文化，有属于自己的道德、伦理、价值观念，故应该采用多姿多彩的汉字来取名。使用带洋味的名字，在人际交往中，往往会使对方产生一种距离感，甚至给人一种崇洋媚外的印象，这就可能会妨碍一个人的发展。

（2）不要起太俗气的名字

名字是人们交往的一个工具，而名字在很多场合又往往影响给人的第一印象。正因为这样，起名用字应尽量避免太俗气的字及字义，如女孩子若起名为翠花、彩姑等，就给人以土里土气的感觉，人们很容易根据名字断定这样的女性没有多少学问。而男孩子起名为富贵、有财，也会给人以粗俗汉子的感觉，还未与人打交道，就已被他人看不起了。因此，给孩子起名一定要慎重，免得将来后悔和带来不必要的麻烦。

（3）要顾及姓与名的字义上的组合

起名要注重字义，这里并不仅是讲名的字义，实际上还有一个姓与名的字义上的组合问题。例如："白如雪"这个名字就是姓与名在字义上的最佳组合。作为一个姓，"白"这个字并没有什么意思，但将它与"雪"联系在一起，就构成了洁白如雪这一高雅、深刻而又完美的字义。再如"周而复"这个名字也是如此，构成了周而复始的完美字义。反过来，不考虑姓与名在字义上的组合，起名时就有可能出差错。"编文"这个名字的字义并不坏，但若与"胡"姓连在一起，就有胡编乱造之意。此外，如胡来、马虎、孙儿等，都是在起名时没有顾及姓与名在字义上的组合。

字音好听响亮的原则

一个人的名字，首先是用来让别人称呼的，其次才是被书写记录的。从名字的"名"的字形看，是指晚上两人相见，因天黑谁也看不清谁，只有互相通报名字才能区分彼此。同样，我们在白天那些声音嘈杂、人群熙攘的环境中想与某个距离较远的人打招呼时，也需要通过呼喊来进行联系。因此，在通过声音来进行交流的过程中，有音节响亮、清脆悦耳等特点的名字无疑是十分重要的。

汉字在读音上有声、韵、调三个基本要素。由于人名多是两个字或三个字的组合，这就牵涉到音节之间的搭配问题。

字音是通过发声来体现的，有外发音（张口形）和内收音（闭口形）之分。

外发音的字词多为形容、叙说或表达事物高大等具有扩张感的词。如：高、大、胖、粗、多、强、广、厚、放等。

内收音的字词，则多为形容、叙说或表达事物本身具有收缩感的词。如：矮、小、瘦、弱、细、薄、收、内、狭等。

汉字发音的特点还有：大字声大，小字声小，长字声长，短字声短。酸字口如食酸之形，苦字口如食苦之形，辛（辣）字口如食辛（辣）之形，甘（甜）字口如食甘（甜）之形，咸字口如食咸之形等。

此外，汉语中的长音给人的印象和联想是宽裕、迂缓、沉静、闲逸、广大，短音给人的印象和联想则是急促、急剧、烦扰、繁杂、狭小。

综合汉字的发音特点及其隐含的内容，我们在起名字的时候就有了参照。

字音要好听响亮，具体应注意如下几个方面：

（1）注意名字的读音声调

汉语有分阴平、阳平、上声、去声四种声调，取名时尽量避免使用声调相同的字，以免显得呆板平直，缺乏动感。相反，在名字中使用不同声调的字，让它们错杂相间，就可以产生抑扬顿挫、悦耳动听的效果。

像这种情况，有时在两个字的名字中表现得还不突出，如李益、王昂，读起来还不算别扭，但到了三字名中，如果取名颜延年、孟庆正、黄康良、李莉丽读起来就不那么顺口了。加上我们在长期的语言交往中，已形成了较为固定的语言定式，语言中相近的两个字可以用同一声调，三个字时就一定要在声调上发生一些变化，只有这样才符合中国人的语言习惯。

（2）注意声母和韵母的配合

名字中的声母、韵母搭配不当，读起来就会让人感到拗口。如有位女士叫颜一烟，名中的“颜”与“烟”读音相近，仅是声调不同，尽管两字之间有“一”字相隔，但读起来仍有些不顺口。

当然，取名时要注意声母、韵母的配合，并不是说名字中有声母相同或韵母相同的字就不是好的名字。如果名字在声韵问题上处理得好，也并非取不出好名字。如黄华、马国光、陈真等名字，有些是声母相同，有些是韵母相同，但读起来并不会让人有拗口之感，说明其处理好了名字读音中声母与韵母之间的关系。一般说来，取这类名字往往需要有较深厚的文字修养，掌握高超的文字技巧。

（3）尽量避免不雅谐音

汉字非常丰富，同音而不同义的字又特别多。例如，材与财、朱与猪、死与石、石与屎、王与亡等。这里就会出现一个问题，即有的名字看起来意思很好，也很文雅，但由于字音与另外一个不文雅的字类似，就会使人很不

舒服。例如："矢石"容易被嘲谑为"猪屎"，"博才"听起来像"破财"，"王国钧"听起来像"亡国君"，"韦君智"听起来就像"伪君子"等。有些人一辈子都被一个不雅的外号所困扰，说得确切些，这些外号大多带有侮辱性，而这些带有侮辱性的外号，大多来自名字本身的不雅谐音。

（4）讲究字音的雅韵

汉字的音韵是很有学问的。同样几个字，按音韵学的要求来组织，就会很好听，反之就可能不好。人们都爱读唐诗，觉得那是一种优美的享受。为什么会这样呢？主要是因为唐代诗人在作诗时，非常讲究诗歌中的声韵和节律，从而使诗歌富有很强的音乐性和节奏感。

起名时如何讲究字音的雅韵呢？概括起来，主要是三个方面：首先，尽量避免声母、韵母相同。如果姓名各字的声母相同，名字读起来就不响亮，而且很拗口。例如，"汪文威"这个名字的声母都是"w"，所以不好听；"白邦北"，声母都是"b"，听起来不顺，读起来拗口。其次，应尽量避免韵母相同。如果名字的韵母相同或相近，读起来也会不响亮、拗口。例如，"黄广宽"、"姚朝涛"这两个名字都犯了同样的错误，读起来拗口、不响亮。再次，应尽量避免同声组合。没有声调的变化，当然也就没有音乐性和节奏感可言。例如，"柳景选"这个名字的三个字都是上声，读起来不响亮，如果改或"柳敬宣"就好听得多了。当然，姓名各字的音韵组合是一个很复杂的问题，并无教条可言，总的原则是好听、响亮，富有音乐性和节奏感。

近年来，随着文化的发展和改革开放的不断深入，一些人在起名时越来越喜欢采用读音相同或重叠的字，诸如陈晨、韩含、陈姗姗、李双双等，这些双音叠字的名字虽然读来较为亲切顺口，但却会受年龄段的限制。这样的名字用在青少年身上较为合适，若用在七八十岁的老人身上就有些不妥了。起名时，不能仅仅考虑一时，应有长远考虑。

字形和谐美观的原则

字形作为组成名字的基本元素，虽不及含义和声音那么重要，但如果在取名时不注意字形的搭配，会使名字缺乏美感，让人觉得不是一个完美的名字。

我国的姓氏在笔画上繁简不一，少则两三画，多则几十画，因此，一定要顾及笔画较少的姓氏和笔画较多的姓氏取名时的繁简搭配，以求得视觉上的美感。

一般说来，独体字的笔画比较少，形体比较简单；而合体字的笔画比较多，形体也比较复杂。在合体字中，上、中、下结构的字和左、中、右结构的字，笔画更多一些，形体也更为复杂一些。

姓名形体和谐、平稳与否，首先取决于姓氏。一个人的姓氏是固定的，而名字则是后起的，因此，每个人的姓也就成了整个姓名结构和形体的基准点和参照物。

如丁姓，是一个独体结构的字，笔画比较少，因此，与之配合的名，最好也是笔画比较少的。如叫丁小平、丁玉川、丁日昌，其整体结构和形体给人的感觉就比较匀称、和谐、舒服。如叫丁繁赢、丁德鹤，就会给人以头小身子重的感觉，不和谐。

又如燕姓，是一个上中下结构的字，笔画较多，与之配合的字最好也是笔画较多的。如取名燕紫蕾，从整体结构和形体来看是比较匀称的。如叫燕一平，就显得有些头重脚轻；燕紫一，又让人觉得失去了平衡。要是叫作燕一蕾还可以，因为其形体左右对称，让人感觉是一条扁担挑两只筐，不失平衡。

单字名也是这样。如丁平、戴麟、王元、燕蕾，整体结构匀称和谐；而用丁赢、王飙、戴立、燕一，就显得头小身重和头重脚轻了。

姓名的形体结构不仅要从字的笔画入手，还要着眼于字形的变化。如姓国，起名叫作“国团圆”，用字都是全包围结构，且不讲其字音和谐与否，单从形体结构来看，就让人感到单调、缺少变化。

字的结构可以分为几种，字的形体也可以分为几类——强型字、弱型字、实型字和虚型字。

强型字：如炎、成、威、豪、容等。给人的感觉是活泼、旺盛、发展，富有生气和活力。

弱型字：如斗、平、年、市、帛、科等。给人的感觉是单薄、平缓、轻柔，象征消极、懦弱、无胆量。

实型字：如衢、露、穗、凤、基、泰等。给人的感觉是充实、丰厚，象征蕴藏丰富且强而有力。

虚型字：如几、口、门、穴、人、方、行、弓等。给人的感觉是空洞、空虚和神秘，象征无思少虑、心高意大或有名无实。

在取名字的时候，也需要注意强、弱、实、虚型字的搭配。如：

“成威豪”，完全由强型字组成，虽呈旺盛之态，却使人感觉盛气凌人；

“年平科”是三个弱型字，让人感到过于平缓、柔弱；

“国基泰”是三个实型字，虽充实有余，却不够活泼；

“弓行方”是三个虚型字，给人的感觉是过于空洞和虚张声势。

从名字的形体来讲，自然是强弱、虚实相结合更好一些。过强、过弱、全虚、全实，都是美中不足。

为了使姓名看起来更美观和谐，写出来更好看、好认，在名字的字形方面应注意以下几点：

（1）注意名字间的组合。无论是笔画较多的姓氏还是笔画较少的姓氏，在我国长达几千年的取名实践中，基本形成了较为固定的规律，即在取单名时，笔画较少的姓氏一般不用笔画较多的字作名，以免视觉上形成反差，造成尾大头小的视觉效果。同样，笔画较多的姓氏也尽量避免用笔画较少的字作名，以免因虎头蛇尾而显得不美观。

经过多年的经验总结，人们逐渐发现取三字名可以减弱视觉上的不和谐感，因为在三字名中，无论最后一个字的笔画多么复杂，只要在它的前面加上一个笔画较少的字，一切问题都可以解决。如取名丰恺、龚飞、蒋龙等，虽然名字含义不错，但从字形的搭配上看总有一些美中不足，如果把它们分别改为三字名，变成丰子恺、龚一飞、蒋子龙，视觉上的不和谐感就不那么突出了，同时也使名字显得更加美观、协调、匀称。

（2）尽量避免用太冷僻的字。有的人在起名字时，总是喜欢用一些不常见的字，有的字甚至在普通字典上也查不到。也许这些人认为，用一般人不认识的冷僻字起名，就会给人一种学识渊博的印象。其实不然，名字是一个人与他人交流的符号，如果别人不认识，这种交流就很不顺畅。而且从心理学角度讲，当一个人对另一个人的名字难以认读时，必然会产生一种不愉快的感觉，甚至不愿与之交往。有位心理学专家做过相关统计分析，凡用比较冷僻的字起名的人，一般社交能力都稍差，显得较为孤僻。

（3）尽量避免用笔画太多的字。例如，“瀛鼕墨”这个名字，姓 19 画，名分别为 25 和 15 画。这个名字好不好呢？从下面两个方面看，这个名字不好。首先，笔画太多，写起来极为不便，其次，这个名字笔画太多，不论是写出来还是打印出来，简直就是三个黑色团团。因此，起名时，笔画不宜太多。

（4）尽量避免姓名各字的偏旁部首完全相同。例如：聂奎、刁习司、何信仆、江浪潮、边连选、空宁字、郭郁邦等，这些名字的字义、字音都不错，但因各字偏旁部首完全相同而给人一种单调、刻板的感觉，缺乏新鲜感。

构思新奇典型的原则

名字是个体间相互区别的符号，应该有突出的个性、鲜明的特征。试想，如果大家都叫张三、李四、王五、赵六，人名也就失去了它的基本特征，变成可有可无。

据统计，我国古今曾使用过的姓氏超过 1 万个，但用于取名的汉字也不过几千个，而我国的人口已突破 14 亿大关。所以说，要这么多的人使用有限的汉字取名字，并让名字与姓氏搭配起来不重复，还要新颖出奇，这的的确确不是一件容易的事情。

在我国古代，也有不少为避免重复和庸俗而取的新鲜名字，但由于取名者刻意追求，结果不免走向了极端。例如：三国时期东吴之主孙休为自己的长子取名“孙𩅦”（wān），表字“苘”（qǐng），所用的两个字都是生僻字；同样，唐朝女皇武则天登基后为自己改名为“曌”（zhào），所用的字是她自己造的字；明朝穆宗名朱载垕（hòu），所取的也是十分古怪的名字。这些名字虽然为当时百姓的避讳提供了不少方便，但从他们名字的本身看，无疑都走进了生僻怪诞的死胡同。

我们所说的取名要新颖出奇，当然不是提倡大家去取上述奇怪名字，而是希望大家在取名上避免雷同，突出个性。

造成名字不新颖、不典型的原因是多方面的，但许多人在取名时不肯动脑筋是一个重要的原因。而有些人虽然动了心思，但只是跟在别人后面转，缺乏创意，以致所起的名字毫无特色，只不过是为同名的人中增加了新的一员而已。如人们都希望子女成龙成凤、健康俊美，名中带有龙、凤、健、康、美、俊、英、勇等字的人特别多，加上有些父母带有强烈的追求时尚的心理，在什么时代就取什么名字，因此也就使的名字典型性更加不突出。比如，在 1990 年北京亚运会前后，取名“盼盼”“亚运”的占了相当大一部分。

当然，由于生活在同一个时代，属于同一个民族，有着共同的欣赏习惯和民族心态，在取名时向一个目标考虑是不可避免的，但重要的是怎样在同

中求异，取出新颖、奇特、典型的名字来。

怎样才能使名字新颖别致呢？要做到这一点其实并不难，只要从自己熟悉的汉字或习惯用语中认真发掘便可。如我国一向忌讳用含有贬义和不吉利意思的字作名字，但事实上如果把贬义词拿来变通一下作为名字，还是能取出别具一格的名字的。像我国历代人名中，有霍去病、辛弃疾、李苦禅、张恨水等，其中虽然使用了让人忌讳的病、疾、苦、恨等字眼，但由于处理手法新颖独到，不仅一扫这些字本身所带的晦气，而且还收到了强烈的艺术效果。

某中学有一位教数学的张老师，就为孩子取了一个很特别的名字：张零。问其原因，他解释说，在数学中“零”是一个奇妙的符号：它独立存在的时候，表示什么也没有，但如果把它置于一个数字的前面或后面，这个数就是原来的数的1/10或10倍。把它放在两个数中间，则表示较大的数之下附有较小的数。“零”的参与能力极强，不参与则罢，一旦参与，它就会使原来的数字发生巨大变化，甚至是质的变化。它的奇妙之处在于，说无它有，说有它无。

毫无疑问，这是一个既新颖又别致且有一定意义的名字。这体现了这位数学老师的数学头脑和数学眼光，但“张零”这名字仅仅表达了取名者对“零”作为数字的理解。另外，“零”的表面的平凡，令人想起中国的许多格言：人怕出名猪怕壮、枪打出头鸟、小不忍则乱大谋……这就不仅仅是数学的内容了，仔细品味还可以发现其中的人生哲学和社会心理。

再如，我国习惯上不把数字和大、小、多、少等词入名，因为这些字眼过于平凡和粗俗。但是，如果把数字与其他字的关系处理好了，也会收到独特的效果，如名叫钱一、李四、王九、程千、马万、苏小、刘多、徐少等，显然过于简单随意。但如果取钱如一、李四光、王九思、程千帆、马万年、苏子小、刘保多、徐少卿等名字，则不仅避免了单调俗气，还给人以雅致的感觉。

另外，一些习惯用语中也有不少可以入名的字，如果对这些字巧妙地加以利用，同样会取出一些令人拍案叫绝的名字。如利用日常习惯用语所取的何其芳、常香玉、梅兰芳、江南春、关山月、凌云志、何许人、黄河清等名字，无不意味深长、妙趣天成。

总之，取出一个新颖奇巧、典雅别致的名字，素材处处都有，就看我们怎样去发掘了。

二、起名的构思法

好名字发端于构思

起名难，起一个音、形、义各个方面都尽善尽美的名字尤难。

起名难在哪里？难在构思。大多数有文化的成年人，虽然都有过给人或给己起名字的经历，但起得好的却寥寥无几。尽管有人引经据典，耗费不少时间和心血，但起的名字仍然不尽如人意。为什么会这样呢？这说明起名难，难在构思。

构思是起名过程中最重要的阶段，是一个内部孕育活动。一个好名字就是在构思阶段中形成的。

起名如同搞文学创作，别看只有几个字，但它同样离不开构思。说起名字简单，只是相对于复杂的事情而言，这个简单并不等于容易，它的构思过程也是痛苦的。有人能写大块文章，能设计复杂的工艺品，但若让他起一个有内涵、有品位、有特点又响亮的名字，他却未必能够做好。

总的来说，起名字的构思过程有如下几个特点：

（1）整体性。即构思过程往往是需要和传达同时进行的过程，冥思苦想以后一挥而就，防止受到干扰，否则起名字的灵感或意兴就会消失或结果不尽如人意。构思过程的整体性决定了所起名字的完整性，通常在起名时感受到的是一个完整的意象、一种独立完整的内容，而不仅是构成名字的几个汉字本身。

（2）自动性。即不受外界干扰因素的束缚，打开自己的思维，不屈服于僵死的“教条”，不假思索，摇笔自来。

构思过程的自动性，使得起名的效率变得很高。因为起名者根本无须殚精竭虑和反复权衡，文思如泉涌。当然，构思的自动性不是绝对的，它离不开起名者的主观能动性，不仅需要有广博的知识，还需要机智周全。

（3）模糊性。这里所说的模糊性，不是由于浅尝辄止而导致的对起名字的不甚了了，也不是因为雾里看花而造成的对所起名字的模糊不清，而是因为客观事物（即名字）本身的复杂性和起名者认识上的局限性，使其难以完全地把握对象。

起名构思过程中，以感受和体验为基础，以情绪和情感为动力，以想象和幻想为主要方式，直观而不乏理性的起名意识比起逻辑的推理和理性的分析来说是模糊的，但它又是丰富具体、生机勃勃的。它可以使所起的名字囊括社会生活的多样性，并有可能使名字具有穿透力。

以上我们了解了构思的特点：整体性、自动性和模糊性。那么，构思是从哪里开始的呢？是从分析姓氏开始的。姓氏是不可变的既成和先决因素，它已先行出现，是名字这篇“文章”的“题目”，而且是“命题作文”，规定着你的起名活动不应超越它或忽略它。

在构思开始之前，起名的第一步必须从分析姓氏开始。

如何进行姓氏分析呢？

首先，我们应该知道，语义分析和结构分析是姓氏分析的两个方面。这里所说的语义分析主要是对语义特点和类型而言，并不是考查其内容。我国汉字姓氏的语义特点和类型大体可以分为以下四种类型：

（1）语义明确型。如：王、陈、周、徐、孙、高、何、郭、罗、谢、萧、程、傅、丁、余、戴、夏、姜、范、方、陆、孔、崔、康、史、顾、万、段、汤、黎、易、常、武、乔、贺、赖、文，共37姓。其中王、孙、罗、郭、谢、萧、傅、姜、段、易、赖等姓起名时通常不借用姓氏的语义。

（2）语义不具体、不明确、不易把握型。此姓起名字时通常难以考虑其语义，如：胡、唐、曹、袁、邓、许、曾、彭、吕、苏、卢、蒋、魏、阎、杜、任、廖、邹、邱、侯、邵、尹等。

（3）形象具体、鲜明型。如：李、张、杨、黄、朱、林、马、叶、钟、海、汪、田、牛、石、熊、金、钮、栗、白、毛、江、龙、雷、钱等。其中毛、熊等姓，通常不按其形象起名字。

（4）起名字时通常有用谐音转化意义的形式出现的类型。如：刘（留、流）、宋（送、颂）、赵（照、兆、罩）、吴（无、毋、梧）、梁（粱、良、凉）、冯（逢）、于（鱼、余、娱）、沈（沉）、贾（甲、价、假）、潘（盼、攀）、姚（遥、摇）、谭（谈、弹）、郝（好）、秦（勤、擒）、孟（梦）、薛（雪、学）、郑（正、诤）、韩（寒、含）、龚（共）等19姓。这些姓氏的谐音、转化意义往往灵活多变、丰富多彩，我们可以根据需要或兴趣尽情选择。

需要指出的是，姓氏的语义特点不同，其构词能力和构词方式也就不同。以上百家姓中，意义明确、形象鲜明的姓氏构词能力最强，它们可以直接参与组词，可以采用以姓连名法命名。这样由几个互相联系、配合的汉字组成的姓名，表现领域比较广阔，不仅语义的含量比较充实、丰富，而且也可以尽可能大地发挥其艺术技巧，借此创造出生动、新颖的名字来。

构词方式因姓氏的语义不同而有所差别。形象鲜明型的姓氏以形象生动、具体活泼为特征，所起的名字往往画面生动，抒情性强。如张天翼、蓝天蔚、马合群等名字，就是这类姓氏的代表。

而意义明确型姓氏虽然在形象性方面稍逊一些，但它们却在叙事说理方面得天独厚，可以充分发挥这方面的优势。如方未艾、陈墨香、程门雪、史可法、顾笑言、何鸣雁等名字，就是这类姓氏的代表作。

谐音型姓氏的构词能力显然没有以上两类姓氏强，而且它们的实际使用意义、转化意义往往具有不稳定性——有时用谐音转化意义，有时又用本义或另一种谐音转化意义。使用时应该把握时机，不要太死板。如梁丰，显然是取谐音“粱”或“粮”，有粮食丰收之意。而梁之栋的“梁”，是取其本义，是“栋梁”之“梁”。梁家民，则显然是取“梁”的另一个谐音——“良”，有良家百姓之意。再如吴垠，是以“吴”为“无”，取一望无垠之意；而吴忘我，则是以吴为“毋”，意为毋忘我。这类姓氏在起名字时有很强的局限性，所以要力求表意明确，容易引起歧义的字最好不用，以免混乱。

语义不明确型的姓氏一般只作一个音节与后面的名字相配合，三个字的姓名实际上只有两个字的意义，内容显然简单，起名字时的构思也相对容易些。不过，其中的一些姓氏，有时候也会显示出一定的语义，可以充分加以利用，如胡、董、彭、杜、贾等姓氏。胡姓就有一定的构词能力，“胡”指塞外、边疆一带古时的少数民族，后泛指北方，因而“胡风”一名就有了北风、朔风之义，又因“胡马依北风”之典而意丰；“董民声”之“董”则取“懂”之义；“侯德山”之“侯”取“猴”之义。这虽然属于个别用法，但却不容忽视。

姓氏的结构分析，是产生知识型、趣味型名字的构思基础。汉字姓氏中可以做结构分析的姓氏如下：

（1）李：木子；

（2）王：干一或一土；

（3）张：弓长；

（4）黄：由共；

（5）吴：口天；
（6）孙：子小；
（7）胡：古月；
（8）朱：牛八；
（9）林：双木；
（10）何：可人；
（11）罗：四夕；
（12）谢：言射或讨身；
（13）冯：二马；
（14）肖：小月；
（15）程：禾呈；
（16）许：言午；
（17）傅：付甫；
（18）吕：双口；
（19）卢：一户；
（20）贾：西贝；
（21）叶：十口；
（22）余：禾人；
（23）杜：土木；
（24）夏：百友；
（25）钟：金中；
（26）田：口十；
（27）姜：女羊；
（28）方：万点；
（29）姚：女兆；
（30）康：广隶；
（31）雷：雨田；
（32）常：尚巾；
（33）武：止戈；
（34）贺：加贝；
（35）龚：共龙；
（36）钮：金丑；

(37) 舒：舍予；

(38) 辜：古辛；

(39) 栗：西木。

还可以举出其他姓氏，但较常见的多是以上这些。

根据姓氏的语义、结构分析进行构思，可以有效地降低失误率，增加名字的美感。

借石攻玉构思法

《诗经·小雅·鹤鸣》有句云：“他山之石，可以攻玉。”即可以借他地的石料，琢磨玉器。起名也应借助外力，兴意联想，展开构思。这外力或他山之石在哪里呢？古人的好名字、现代人的好名字、外国人的名字，甚至有缺点的名字，只要能启发思维，引起联想，推动构思，就是可以助你成功的他山之石。这种由借鉴生发联想，启动思想，展开构思，推动美名制作的方法，就是“借石攻玉构思法”。

比如有人叫水天一，是从水与天的关系入手来构思的一个具有诗情画意的名字，令人不禁想起初唐诗人王勃《滕王阁序》里的名句：“落霞与孤鹜齐飞，秋水共长天一色。”想象一下，在水天一色的清碧之中，红霞在飞动，孤鹜在翱翔，色彩对比鲜明，构成的是何等美丽的一幅图画！“水天一”这个名字就是借助古代名句来“攻玉”的。

我们由此可以提炼出一种关系构思法，引导起名的构思活动。某人姓江，江与山关系密切，江姓的名字就可围绕江与山的关系展开联想，选择恰当的词语，构筑优美的名字。如：江映山——江水化作一面明镜，将两岸山峦之景映入其中，有时清晰，有时朦胧，颇为迷人；江含山——俯视江水，水中有山，山中有景，山景如大江口中含着的一颗明珠，闪耀着迷人的光彩；江依山——江依山而奔腾，山临水而峭拔，仿佛耸入云霄的山峰，是被大江捧起来的，这就是大江对山的宠爱；江崇山——因“宠”而高，转化为崇山，语义双关；江碧山——一道碧水，两岸青山，互相映衬，说不清是青山映绿了碧水，还是碧水染绿了青山。但是，使用这种构思法时，切忌生硬模仿。生硬模仿不是借石攻玉，而是搬起石头砸自己的脚。

逆向思维构思法

在日常生活和工作中，人们习惯用正向思维方式来思考问题，解决问题，这似乎已成分析问题的定式。其实，如果把这种固有的思维程序倒过来，即用逆向思维的方法，常常会有意想不到的效果。

我们如果把那些已有的名字或者用来借鉴参照的名字看作正向思维的结晶，即从起点推理分析至终点，那么，逆向思维法则是由终点推理分析至起点，把原来的思维程序逆转而成的思维方法。运用这种逆向思维法，常常可以构思出一系列新颖独特、优美响亮的名字来。

比如“江映山”这个名字，起点是“江”，到达的终点是“山”。我们把二者都看成正向思维的起点。现在，我们把这种思维方向倒置过来。由姓氏“山”出发，把思维终点落在“江”上，这就是起名构思时的逆向思维法。按照“山→江”的逆向思维方向，经过精心地选择词语，反复地推敲，可以构思出下列一组姓名：山满江——高山倒映江中，仿佛溢出江面，随江而动；山扶江——两岸的高山挟江而立，仿佛扶持着江水；山捧江——巍峨的群山之间，喷涌出一条极富奔腾动感的大江，仿佛高山捧出大江，牵出这条呼啸的蛟龙，奏出一曲强劲的生命赞歌；山育江——“山不在高，有仙则名；水不在深，有龙则灵”，山因水而有了灵气，水因山而有了源头，山为水之源，江为水之汇，是群山汇水养育了祖国的大江大河；山作江——大江之根在高山之巅，大江之血脉连着每一块山石，江是四面群山的得意之作。

逆向思维是一种新型的思维方法，用这种方法构思起名字，往往容易得到鲜明、独特的好名字，而且一般不会产生相同的名字。

三点一面构思法

把表示具体事物或鲜明形象的三个汉字组合拟出一系列形象生动、各具神采的名字的方法就叫三点一面法。如：

李雪涛：李花盛开满园白，恰似雪涛滚滚来。大气、饱满，动中有静，形象鲜明。

柳风清：春光明媚，杨柳依依，清风微拂，温柔舒展，舞姿翩翩。

石玉林：是石林？是玉林？石林玉林难区分。顽石中蕴藏美玉，美玉中包含顽石，天然杂混，尚未开发，就称石玉林。名字中鸣响着弦外之音，令人联想起曹雪芹的名著《红楼梦》，主人公贾宝玉原是一块女娲补天时被废弃一边的愚石，后被道人点化成一块美玉，到人间演绎一段缠绵悱恻、凄婉动人的爱情故事。其实，顽石与美玉，原本就不必分得太清楚的，在道家看来，顽石即美玉，美玉即顽石。

江璧月：光洁如璧的一轮明月映入江水，展开一幅春江花月夜的水墨长轴，画面清丽，意趣盎然，“春江潮水连海平，海上明月共潮生”……

方正平：方方正正，四平八稳。心正了，水自平。三者之间是互相依存的，演绎着人间正气之歌，也昭示着巨大的人格魅力——不偏不倚，品格方正，铁面无私，堂堂正正。

花蝶川：花蝶缘何而到江川中来？只因满川满谷的香气扑鼻。香气因何而生？只因满川盛开的鲜花而生。

路云天：大路通云天，白云游长天。路远云相助，路渐接蓝天。好一幅乘云登天图！令人不禁想起唐代李白的《梦游天姥吟留别》：“脚著谢公屐，身登青云梯。半壁见海日，空中闻天鸡。千岩万转路不定，迷花倚石忽已暝。”不爱那宁静的丘壑、幽雅的林泉，而向往那奇峰绝壑的大山、天外飞来的瀑布、白波九道的江河，要涉足这些雄伟奇险的山川，和天地星辰同呼吸，和天仙神灵相往来，好一个酷爱自由、追求解放的独特性格！

牛马山：牛成群，马成群，满山牛马不见人，小河流水草茵茵。寄情于景，融景入情，情景交融，一幅生机盎然、其乐融融的场面。

雷雨田：轰隆隆的雷声过后，送来阵阵好雨，浇在一望无垠的田地里。醉人的金风中夹杂着浓郁的泥土清香，田中的禾苗迎着风笑弯了腰，又是一个风调雨顺的丰收年。将一个“雷”字折开为名，竟生出如此的奇象。

谷粮川：辛勤朴实的庄稼人，迎来了五谷丰登的好年景，粮满仓，谷盈川，遍地香，人们有了一片属于自己的乐土，再不必担心那“食我黍”的“硕鼠”了。

由上我们可以看到，“三点一面构思法”构思而成的姓名，具有形象鲜明、内容丰富、蕴含哲理、令人浮想联翩等优点，它是我们制作美名的一条重要途径。运用这种方法构思名字，应该注意以下几点：

（1）姓氏必须是形象鲜明、具体生动或意义明确型，否则就不符合“三点一面”法的要求，这是最基本的要素。

（2）构成名字的两个汉字和姓氏这三点之间必须相辅相成，有内在联系性，因为互不相干的三点无论如何难以组成一幅和谐优美的画面，反而显得生涩、勉强，容易弄巧成拙。

（3）构成“三点一面”的三个汉字多数是表示具体事物的名词，只有少数是表示色彩、形态的形容词，选择词语时要充分重视这一点。

写生寄情构思法

这里的“写生”是指对自然景物和社会风物的描写，包括山川、湖海、城乡、天气、风云、星月、花木、建筑、禽兽、珍宝玉器等。这类写生寄托主人的情怀，是起名字常用的构思方法。

要想运用好写生寄情法，必须以熟悉并掌握大量的写生词语为基础。比如：

写山的常用词有：崇山、碧山、春山、秋山、苍山、青山、远山、雨山、雪山、雾山、奇山、金山、玉山、高峰、险峰、奇峰、雪峰、云峰、剑峰、峻峰、峥嵘、巍峨、崔嵬等。

写河的常用词有：大河、长河、黄河、小河、长江、大江、大川、春江、秋江、清江、江涛、江流、江波、大波、清波、洪波、洪流、洪涛、碧波、碧浪、微波、细浪、烟波、烟涛、雪浪、巨浪、春溪、春泉、清泉、甘泉、山泉、玉泉、银泉、银波等。

写湖海的常用词有：平湖、秋湖、镜湖、晨湖、春湖、清池、玉池、碧潭、春潭、秋潭、荷塘、清塘、沧海、碧海、明海、金海、海波、海涛、海光、海日、海曙、海华、海潮、怒潮、春潮、潮波、浩荡、浩瀚、浩渺、波澜、涟漪、澎湃、海啸、蔚蓝等。

写原野的常用词有：平原、高原、山原、绿原、荒原、古原、草原、雪原、芳原、绿野、旷野、秋野、冬野、山野、平畴、林海、茂林、长林、桃林、杏林、金林、玉林、春林、秋林、枫林、松林、竹林、森林、椰林、绿林、田野、沃野、田畴、田园、良田、梯田、水田、麦田、稻田、麦浪、麦香、稻香、粮川、谷川、水泽、山泽、春泽、秋泽、大路、云路、金路、玉路、水路、长路、大道、铁道、坦途等。

写城乡的常用词有：江城、水城、山城、雪城、泉城、玉城、洪城、荣城、春城、花城、海城、古城、新城、油城、铁城、钢城、长城、乐城、山村、渔村、牧村、雨村、山乡、渔乡、水乡、金乡、玉乡、米乡、故乡、梦乡、家乡等。

写天气的常用词有：晴空、碧空、艳阳、晓阳、蓝天、高天、青天、苍天、春风、春雨、春云、雾霭、紫烟、清露、朝霞、细雨、雨露、甘露、彤云、碧云、云飞、云开、秋云、冬云、春温、春暖、秋凉、秋爽、小雪、瑞雪、雨霁、雪晴等。

写风云的常用词有：晨风、清风、和风、海风、晚风、轻风、惠风、金风、热风、寒风、雷鸣、雷震、彩虹、红霞、云霞、霞光、秋霜、晨霜、霜天、霜月、霜叶、霜花、白露、玉露、寒露、飞雪、雪花、雪松、雪峰、雪山、雪梅、雪岭、雪晨、严冰、玉冰、寒冰、冰雪、云海、云山、云天、云水、云路等。

写星月的常用词有：群星、明星、晨星、金星、银星、寒星、星河、星汉、星云、北斗、银河、七曜、红星、皓月、明月、满月、秋月、新月、江月、海月、山月、林月、璧月、星月、月光、月华、月明、月亮、月辉、月升、月桂、朝阳、骄阳、旭日、红日、赤日、日光、阳光、晨曦、晨辉、晨光、春阳、冬阳、东辉、金辉等。

写花木的常用词有：兰花、荷花、莲花、桂花、梅花、翠莲、金兰、玉兰、桂馨、桂香、金菊、翠菊、冬梅、红梅、雪梅、春梅、桃花、春桃、杏花、玉杏、梨花、牡丹、玫瑰、葵花、繁花、百花、红花、凌花、琼花、蓓蕾、芳草、碧草、春草、香草、劲草、绿茵、花涛、花海、花季、花信、花香、青松、白杨、白桦、杨柳、春树、松涛、翠柳、苍松、翠竹、松林、竹林、茂林、梅林、椰林、森林、樱桃、荔枝、凤梨、丁香、金果、松果、金叶、金橘、银杏等。

写建筑的常用词有：广厦、玉楼、金城、金亭、玉亭、华亭、美亭、香亭、翠亭、水亭、江亭、山亭、云亭、松亭、宝亭、书阁、清阁、金阁、玉阁、树阁、建阁、风阁、高阁、宏阁、美阁、金台、玉台、阳台、贵台、瑞台、福台、天台、云台、天坛、香坛、杏坛、云坛、宝坛、金堂、贵堂、礼堂、美堂、寿堂等。

写珍禽异兽的常用词有：仙鹤、天鹅、凤凰、孔雀、大鹏、鸿雁、百灵、画眉、杜鹃、鹦鹉、鸳鸯、八哥、喜鹊、春燕、海燕、天鹰、飞虎、山虎、林虎、健虎、金虎、金彪、雪豹、锦豹、金豹、良骏、家驹、天马、龙驹、蛟龙、飞龙、金龙、黄龙、云龙、翔龙、麒麟、锦麟、金麟、玉麟、翱翔、驰骋、腾云、啸林等。

写珍宝玉器的常用词有：金凤、金鸾、金龙、金雀、金马、金刀、金台、金钏、金钗、金杯、金镜、金钟、玉玺、玉佩、玉环、玉龙、玉兔、玉风、玉珠、玉琴、玉砚、玉镯、玉璞、玉珏、玉笛、玉箫、宝玉、珍珠、珊瑚、琼瑶、明珠、宝石、墨宝等。

选取适当的写生词语，联合姓氏进行艺术加工，就可创造出优美的名字。如：

高山晴：高山一样的深情。用“晴”字比“情”字更含蓄，更富内涵。

梅香亭：梅花簇簇笑脸迎，梅香阵阵溢满亭；观梅闻香闲亭中，熙熙攘攘闹春风。

史存阁：万卷史书阁中存，欲览青史常登临；个人之“史”何处寄，能否入阁传后人？

陆芳原：芬芳的原野，大陆无边，碧云接天。

谢天鹰：“谢”取“射”的语义。挽强弓，射天鹰；灭劲敌，显神威。

以写生词语为基础创作名字时，应出新出巧，避免落入俗套。

七彩争辉构思法

所谓七彩争辉法，就是用色彩编织名字，使名字绚丽多彩，闪耀出无尽的光辉。

先看看一些包含色彩的名字的例子：

红：萧红、李满红、周红兴、任红举、顾正红；赵丹、朱丹、陈丹晨、胡丹沸、汤晓丹、刘志丹；朱彤、丹彤、缪彤、孙彤辉、魏荔彤；王赤、钟赤兵、王赤军、吴荆赤、朱世赤、邓赤中。

橙：龚橙、江橙里。

黄：周金黄、康振黄、蔡济黄、杜修黄、乐黄目、陈黄中。

绿：葛绿、赵绿吟、李绿顺、贺绿汀、张碧、徐碧波、郑碧云、王碧石、曾碧莹、苏双碧、傅崇碧、王绍碧。

青：卫青、柳青、艾青、叶青山、王青林、刘青霞、苏步青。

蓝：柯蓝、刘蓝生、王采蓝、李蓝炎、林春蓝。

紫：叶紫、林紫晨、江紫涛、崔紫云、赵紫宸、张紫媚、高星紫。

白：李白、沙白、瞿秋白、黄辛白、刘白羽、陈白尘、任白戈。

素：杨素、高素兰、李素文、金素梅、王素香、秦素萍、张仲素。

名字中常用的色彩词，除红（丹、彤、赤）、橙、黄、绿（碧）、青、蓝、紫、白（素）之外，还有黑、墨、乌、黛、玄、褐等，如朱黑潭、葛墨林、肖乌野、乐黛云、李玄深、张褐。

人们为什么选取色彩词命名呢？首先因为这些词具有鲜明、形象的特点，可以体现个性、抒发情感；其次因为色彩词具有某种象征意义，可以使名字的内涵更加丰富。在我们的文化传统中，各种色彩的象征意义大体是：

红（丹、彤、赤）：赤诚、无私、献身、热烈、兴旺、健壮、胜利、光辉；

橙：兴奋、活泼、鲜艳、热情；

黄：光明、忠诚、温和、尊贵；

绿（碧）：柔嫩、清新、生命力、希望；

青：沉着、冷静、茁壮、坚毅；

蓝：清爽、恬静、开阔、明朗；

紫：豪华、高贵、典雅、深奥；

白（素）：单纯、洁净、率直、坦诚。

动态显神构思法

动态显神构思法就是通过描绘活动的、变化的场景与画面，使名字显出神气和光彩。这种方法的一个特点就是形神兼备，神采飞扬。

运用动态显神法的关键是动词和名词、形容词的选择与组合。通常情况下，选取准确生动的动词，并由它组成动宾词组，是构成动态画面和意境的中心环节。如麦结华、吕振羽、云照光、李醒尘、常振家、何启志等名字，就是运用这种方法来命名的。这些用名字描绘的画面生动、鲜明、感染力强，并且给人带来启示，容易理解，内涵相当丰富。其中像结、振、照、醒、启都是动词。它们与后面的词联合组成动宾词组，表示动作进行或施予的对象、方向、状态及结果。这个动宾词组再与姓氏联合起来，就能描绘出鲜明的画面，并且能够揭示出深刻的寓意。

采用动态显神法起名字，姓氏一般作动词的主语，如麦结华、李醒尘等即是。但是如果姓氏的语义比较具体、形象，也可以不去充当主语，而用意主要放在创造某种氛围上，如：柳闻莺——柳浪深处闻莺啼，“柳”为

“莺”的活动创造了一个特殊的氛围；云飞燕——片片白云成为小燕子飞翔的场所，创造出一种种欢乐的意境。

这里的麦、李、柳都可以视作客观的物体，作为主语来说是没有问题的。而常、何等姓氏就是另一种情况了：“常”说明一种状态；“何”表达一种疑问，实际上是一种主语的省略。主语在哪里？当然是就名字拥有者本人。常振家：我常以振兴家业为己任；何启志：我靠什么来实现我的理想和志向？另一种情况是诠释性名字，把姓氏作为说明自己的主体形态词语，如：胡天雕——“胡天”指的是我国北方的边塞地区，作为雕的特殊活动场所和领域；沈渊龙——这里的“沈”字同“深”，“沈渊”即是蛟龙自由腾跃之地，即潜伏在渊的龙。这类名字一般以后边的名词为中心，整个名字构成偏正词组，有的使用动词，但多数不用动词。

运用动态显神法起名字要注意准确地选择词语，使人有宛然如画、身临其境、眉目清楚的感觉，要能点睛传神，准确地捕捉对象的特征，给人留下回味无穷的审美空间。而要做到这一点，就必须有丰富的词语积累。比如“叫”字就是个动词，表示人或动物发出的声音，如雁叫、鸡叫、鹊叫等。这样写，就很呆板，没味道。我们的语言中还有吠、哞、咩、嗥、吼、嘶、啸、啼、鸣、噪等动词，从另一个角度说，就是同一个意思，也可以用不同的词来表达，这样效果会更好。比如说某种东西的颜色是黑的，这就有很多种说法，可以说很黑、好黑、真黑、非常黑、特别黑、黑得很、黑极了，甚至干脆是说不出的黑。还可以说得更具体、更形象些，如墨黑、漆黑、焦黑、黧黑、黝黑。相声《卖布头》里的小贩在夸赞他的黑布之黑时是这样叫卖的：“你说怎么那么黑，胜过锅底黑，气死猛张飞，赛过黑李逵，东山烧过炭，西山挖过煤……”这就说得很生动，表现力很强。如果给一个天生黑壮的姓贝的男孩子起名，要表现出他的特色来，该怎么取呢？若是取贝好黑、贝墨黑、贝漆黑、贝焦黑、贝油黑，就显然有些含蓄不足，直露有余，缺乏美感和回味空间，但如果取贝墨、贝黧、贝焦墨、贝玉炭等效果就不一样了。

金声玉振构思法

金声玉振，是指撞击玉石发出的清脆悦耳的声音。用金声玉振的构思方法起名，就是让名字具有音乐美，即呼唤名字时如同金声玉振一般。

让名字具有音乐美感，给人以美的享受和回味，这在汉名现象中并不乏见。

“一切艺术都渴望音乐的条件”，可以说，音乐性是艺术性的一个核心问题，也是起名艺术的关键所在。卢梭把音乐称为“感情交流”，列夫·托尔斯泰把音乐称为一种“对于感情的回忆”，泰戈尔把音乐看作“表现情绪与情感的语言”，这些文学家们对于音乐性的见解是深刻的。从音乐艺术的审美含义来看，姓名构成音乐性的因素不仅仅在于押韵合拍，更为重要的在于感情的节奏与旋律。这是一种无声的旋律，是融合着思想与感情的一种艺术境界。而在表达旋律时，名字的高低迂回便形成了节奏。

姓名的音乐美感，主要表现在以下两方面：

（1）语义上的音乐美，即词语描绘具有音乐性。如：钟长鸣、刘水生、何秋声、罗振玉、李海鸣、瞿淙、丁声树、周鸣风、金剑啸、管松涛、杨鹤唳等。

（2）形式上的音乐美，读起来抑扬顿挫，轻松舒畅，如弹琴鼓瑟，令人赏心悦目。如：丁文昌、王力生、石宝源、刘志丹、陈树湘、白居易等。

这些姓名在语音上的共同点是：

（1）相邻的两个汉字声调各不相同，即声调在连线上是一条变化曲线，就像乐谱的音符一样不断地回环变化，使姓名富有跳跃性，充满动感。

（2）相邻的两个汉字间音高的档次大都不同，从而造成声音的抑扬顿挫。

（3）大多数姓名的中间字取弱势音，最后一个汉字取较响亮的语音，这样不仅音节美，而且所使用的汉字从语音到语义都似金声玉振之美，具有强烈的音乐感。

用金声玉振构思法起名，效果的确非凡。一个具有音乐美的姓名，犹如阴霾沉郁后的淋漓暴雨，乌云散去，阳光相随，空气清新了，大地干净了，听者的心情也会从沉重的思绪中释放出来，品味到一种重见光明的快意。音乐的这种净化作用，对于人的身心是很有益的，我们应当注意在起名时加以充分运用。

个性特征构思法

要想使名字成为个人独有的语言文字标志，最好的办法就是体现主人的

个性特征。个性特征构思法就是将主人与众不同的独特之处融入名字之中，让读者观其名便联想其品性，使名字在与主人的高度统一中获得永久的生命力。

显真、显神、显实、显异是起名时作个性塑造的基本途径。个性鲜明的名字，常见的有以下几种类型：

（1）突出人物性格特点。如：郑直、王诚汉、周洁夫、周至柔、沈尹默、沈柔坚、孟浩然、韦应物、李商隐等。

（2）突出爱好追求。如：

尚七贤：仰慕“竹林七贤”的才华和人品。“竹林七贤”是指魏晋之际的嵇康、阮籍、山涛、向秀、阮咸、王戎、刘伶七人，他们经常聚会于竹林，谈诗论文，被称为“竹林七贤”。

焦菊隐：隐身入菊苑，快活似神仙。做一个不与世俗同流合污的品德高洁的君子。

陶诗言：陶渊明诗歌的崇拜者。陶诗通过朴素的语言和白描的手法进行直率自然的抒写，使人感到其诗好像从胸中自然流出，没有一点斧凿痕迹。

赵绿吟：不羡慕鲜艳的红花，特别偏爱扶持红花的绿叶，象征生命、和平、宁静、淡泊、超越，怎不令人反复吟咏赞叹？

韩劲草：愿做那不畏强暴、火烧不尽、风吹不断的劲草，“野火烧不尽，春风吹又生”，做命运的掌舵人。

金开诚：“精诚所至，金石为开”，坚信只要精诚专一，就没有攻克不了的难关，迈不过的沟壑。

（3）标新立异，以奇制胜。如：朱买臣、沈冰壶、贯云石、萨空了、苏井观、吴浊流、李不䞣、钱若水、张恨水、胡焦琴、牟野云、六龄童、六小龄童、诸葛亮等名，显示了生动、鲜明的个性特征。

以数联珠构思法

以数联珠构思法就是在名字中恰当地运用数词，使其像一根红线一样把闪光的珍珠串联起来，组成一个活泼有趣的名字。如：

于一川：满河的鱼儿自由戏水。

李双江：两水夹明镜，李花飞雪来，好一个洁白的世界。

马冠三：骏马踏云飞，英冠三载归。

毕四海：四海归一统，江山更壮丽。

魏震五：威震五洲，誉满全球。

叶六桐：梧桐浓叶六方开，引得凤凰四面来。

吴七云：三吴七月多巧云，鹊桥翩翩渡仙人。

章八云：文章恰似八段锦，节节段段映彩云。

田九成：稻谷九九即丰收，田家欢歌乐悠悠。

王十朋：一个好汉三个帮，王家十朋多兴旺。

徐百川：百川徐徐归大海，千曲百折势难改。

沙千里：茫茫戈壁千里沙，改造荒漠责任大。

杨万里：高扬垂天翼，鹏程万里行。

这些名字中的数词有很强的表现力，具有一般汉字不能替代的作用。因此，以数联珠构思法是展示数词重要作用，以数取胜的命名方法。

数词与其他词类一样，只有运用得恰当、得体，才能发挥其神奇的作用。数词的主要构词特点是，与名词组合表动作的次数，如初次与多次，罕见与频繁、个别与经常。数词还有些习惯用法：“三”与“九”往往表示数量多；“一”与“十”往往表示完全或圆满，“十”也表示多，“一”却既可表示多又可表示少；“二”与“四”往往表示成双成对或对称；“五”与“七”往往表示各种各样。就拿“一”来说，在名字中它就有多种用法：

（1）表全、满，如于一川；

（2）表同一、一样，如万众一；

（3）表开始、开端，如王一鸣；

（4）表专一、集中，如杨思一；

（5）表一个、一次，如吴一鹏、张一然；

（6）表数量少，如闻一多；

（7）表在最前面的序数，即第一，如郭占一；

（8）表整齐划一，如李划一。

可见，数词当中有许多学问，我们只有充分理解它，才能更好地利用它。

名字中的数词，如果运用得好，就能恰当地表情达意，起到以数联珠的作用；否则，就可能“以数乱石”，损害名字的价值和意义。下面再举一批数词用得好的例子，以供研究：陆定一、高一智、段一淼、顾二熊、王捷三、钱三强、李四光、潘四喜、王云五、李范五、曲六乙、谢六逸、孙七

政、沈尔七、孟八一、孙九鼎、王九思、程十发、仇十洲、黄百谷、邵百昌、梁仞千、吕大千、胡万春、何万祥、王同亿、李万兆。

虚实相间构思法

虚与实是一组矛盾，这组矛盾如果处理好了，就会协调统一，相辅相成。运用这一规律构思名字，就是虚实相间构思法。这里的“虚”是指虚词，“实”指实词，虚实相间就是虚词和实词巧妙地配合使用，产生富有表现力的名字。虚词包括介词、助词、连词、副词、语气词等，实词包括名词、动词、代词、形容词、数量词等。这两种词类相间搭配，往往会起到出奇制胜的效果。例如：

方以智：给主人以智慧的源泉。

茅以升：让茅家的生活如旭日东升，蒸蒸日上。

王之玺：帝王的大印，象征着权势。

卞之琳：卞家的一颗美玉，寄托着父母的希望。

董其昌：懂得它昌盛的道理或规律。

何其芳：芳香之妙实在无从言述。

冯乃超：冯氏立志超越前人。

章乃器：章氏决心成就大器，完成大业。

罗亦农：表示我与您一样，都是农民的儿子。

郑亦秋：表示我与你同时生，都诞生在金秋。

“方以智”与“茅以升”中的“以”是虚词，它的作用很微妙，如果没有这个虚词，那么前后两个实词就可能构成动宾、主谓、联合、偏正四种关系中的一种。“以”使前者成为主体，后者是期望，名字所表达的是使主体达到或实现某种期望，表意是间接、委婉的，循序渐进，容易被人接受。“王之玺”与“卞之琳”中的“之”是虚词，它使名字的中心后移，成为偏正结构，前者主要表明后者的领属关系，并且在语音上“之”字使名字发音更舒缓、悠扬。“董其昌”与“何其芳”中的“其”字是虚词，它为后面的实词指示方向或表示领属关系，“其昌”“其芳”共同说明前面的实词。这里的“其”字既要瞻前又要顾后，是连接两个实词的纽带，作用是很重要的。“冯乃超”与“章乃器”中的“乃”是虚词，有于是、就是的意思，表示前有因、后有果，这里的“乃”字的作用是任何一个实词所不能替代的。

“罗亦农”与“郑亦秋”中的“亦”是虚词，起到承前启后的作用，意思是你是这样，我也是这样，很有亲切感。

起名时常选用的虚词还有尔、则、也、哉、而、于、者、兮、乎等，如贺尔康、林则徐、胡也频、谢觉哉、周而复、袁于令、王者师、张漾兮、林乎加等。这些虚词在名字中发挥着多种作用，如表方向、表阐释、表因果、表状况、表范畴、表转折、表顺承、表同类等。虚词与实词的组合，弥补实词过实的不足，缓和了语气，丰富了实词的内涵，使名字委婉动听、活泼清新、优美而富于变化。

运用虚实相间法应尽量做到通俗易懂，因为虚词属于文言的范畴，弄不好会晦涩难懂，这是起名者应注意的地方。

矛盾统一构思法

矛是进攻的锐利武器，盾是防守的坚固挡牌。矛与盾既是对立的，又是统一的。把表面看来对立的东西巧妙地统一在名字之中，这就是矛盾统一构思法。这种方法运用得好，可以揭示哲理，发人深省，增加趣味性。如白夜、安危、古今、甘苦、张弛、徐速、沈（沉）浮、茅（矛）盾、夏凉、艾兴等，都是体现了对立统一规律的名字。

用矛盾统一构思法应注意三点：第一，选准角度，确定对立点，构成矛盾；第二，与姓氏统筹安排，使矛盾得到统一；第三，加工文辞，深化名字的理性内涵，增加情趣。这三点既反映了命名过程，也指明了思维方向和命名要点。现结合实例阐述如下：

在自然与社会现象中，经常遇到这样一些矛盾：天与地、水与火、大与小、多与少、纵与横、快与慢、新与旧、方与圆、动与静、开与合、上与下、古与今、苦与甜、悲与喜、红与白、冬与夏、始与终、文与武、沉与浮、隐与露、东与西、内与外、强与弱、软与硬、优与劣、胜与败、早与晚、高与低、虚与实、顺与逆、老与少、中与外、美与丑、善与恶、贫与富、明与暗等。矛盾的对立点不同反映了选择角度的差异。比如大与小是从形体上说的，多与少是从数量上说的，快与慢是从速度上说的，上与下是从方位上说的，水与火是从存在关系上说的，动与静是从存在状态上说的，如此等等。我们还可以按照这种思维方法找到许多矛盾。从这众多矛盾中，选定一组最能体现主人特点的来作为名字的主体，这就完成了命名的第一步。

假如选定的是动与静这组矛盾，落实到文字上那就是动静或静动，再与姓氏组合，统筹安排。如果主人姓黄，与名相连就是黄静动，这就完成了第二步。黄静动作为名字显然不够理想，原因是太直白，不优美，没艺术感，且静与动的声调都是去声，连读不悦耳。这就需要修改加工，如将“动”改成“波”，问题就解决了。黄静波，一个暗寓动与静的矛盾，揭示事态变化，文雅优美、语音响亮的名字就这样诞生了。同样，沈柔坚、闻一多、王文武、张经纬、赵守攻、成方圆、谢雪红、廖梦醒、陈宜新等名字，也都体现了矛盾统一构思法的艺术魅力。这里应注意的是，在文辞和选择角度上要力争出新，具有独创意识，以尽量达到比较满意的效果。

思理悟道构思法

思理悟道法就是将事理、道理、哲理之类的理性思考，通过命名体现出来，使名字显示出一定的思想深度，给人以启发和教益。比如我们的传统思想中有崇德、敬才、尚思、重行、师道、尊勤、贵和、望成等意识，这在古今人名中都有所体现。如：

王贵德、李布德、张其德、汤浴德、辛德源——这是崇德类。

王才贵、丁继才、朱良才、张广才、史量才——这是敬才类。

杨思本、吕思诚、卢思道、马思进、张思德——这是尚思类。

王道行、容志行、徐立行、曾敏行、申时行——这是重行类。

朱崇道、陆师道、袁宏道、李行道、沈道贤——这是师道类。

余克勤、茅学勤、尹在勤、田崇勤、王立勤——这是尊勤类。

和自兴、康永和、齐家和、韩仁和、万士和——这是贵和类。

汤学成、梁思成、王铁成、郑律成、万贵成——这是望成类。

用思理悟道法起的名字，其共同点是理性色彩较浓，都有一定的思维深度，但表现形态有鲜明与含蓄的差别。鲜明者其事理、道理一望而知。如：

田崇勤：土地崇尚勤劳的人，一分辛勤一分收获。

辛德源：辛勤劳作、辛勤服务、辛勤创造、辛勤研究是一切美德的源泉，揭示的道理极为深刻。

史量才：一个人的才能用什么来衡量？用历史成就。他一生的功过是判定其对历史进程所产生的影响的根据，也是衡量其才能大小的客观依据。

和自兴：家和睦，百事通；人民团结，国家兴旺；和为贵，这是历史的经验；和自兴，这又是指导事业发展的重要思想原则。这里所揭示的“和”与“兴”的关系，是相当深刻的，也是很有教育意义的。

正因为含蓄，所以需要悟；正因为悟而知，所以才感受深、效果好，富有吸引力，这正是思理悟道法的独特与精妙之处。

用思理悟道法起名较成功的例子还有：

杨柔胜：杨柳以柔取胜，柔才能曲，才能编织工艺品，才能轻盈缥缈、婆娑多姿。

萧复兴：事物都是发展变化的，秋霜渐紧，草木萧条，但待到春风吹来万物又复兴，这是不可改变的自然规律。

范正一：榜样与规范都是十分重要的，榜样具有强大的号召力，规范式的法则具有严格的约束力。两股力量协调一致，就能匡正社会，净化人生。

思理悟道构思法可以寓理，可以寄怀，可以悟道，可以兴思，这是通向美名的一条康庄大道。在你起名感到困难时，它可以助你一臂之力。

返璞归真构思法

有一类名字像山泉那样出自天然，像泥土那样朴实无华，不假修饰，格外亲切，别有风韵。这类名字的起法我们称之为返璞归真。“璞”指朴实、淳朴，“真”指纯真、率真，“朴”与“真”是其特点的集中体现。

这类名字，有的依姓连名，如马德山、于得水、黄谷柳、白云梯、米万钟、柳成行、柴水香、冷朝阳、万道光等，因姓制宜，就地取材，有形象，有寓意，有写实，有寄托。看来似信手拈来，实际上是颇费心机的。其巧妙之处表现在，虽经加工锤炼，却不露斧凿之迹。如“白云梯”，这个名字很形象，又是春秋之际经常看到的天象：山顶上或树梢上，道道平行排列的白云，连着高天，仿佛给我们架起了登天的云梯。这个名字含义深远：登天本是困难的，有了云梯，理想也可以化为现实了。这个名字是有来历的，它可能受到“青云梯”的启发。李白《梦游天姥吟留别》：“脚著谢公屐，身登青云梯。半壁见海日，空中闻天鸡。”诗中写的是登山的神奇场面。由“青云”想到“白云”，由“登山”想到“登天”，不是合乎情理的吗？因此，“白云梯”这个看来很平常的名字，背后很可能包藏着不少玄妙之处呢！

用返璞归真构思法起的名字，其语言形式极为朴实，粗看起来甚至与一些俗语难以区分，但一经品评、仔细推敲便可知道，其内涵及表现手法绝不是一般俗语可以比拟的。比如“马达”与“马天来”相比，前者是以俗语命名，后者是以返璞归真法命名。因为马达是电动机的音译俗称，除了表示动力之源外别无深意。“马天来”更口语化、更好懂，它的意义也非同寻常——从天上来的马，即天马、神马。具有天马的威力、神马的灵性，却又以普通马的姿态出现在人间，这就是“马天来”的含意。从表现技法上看，“马达”是直白式，“马天来”是委婉式，它将寓意隐藏在口语化的语言形式之中，而不是赤裸裸地炫耀自己。由此可知，语言通俗而底蕴丰富、技法高明的，是用返璞归真法命名的，否则就是用俗语命名的。

返璞归真式的名字，是受大众欢迎的，是有生命力的。这类名字还有许多，如元好问、方知里、真山民、过春山、龙大道、连得胜、聂大江、吴作人、白如冰、李明天等都是。

人称代词构思法

人称代词构思法是指用人称代词组成名字的一种方法。常用的人称代词主要有第一人称我、吾、予、己，第二人称汝、尔等。

以“我”入名的，如：朱镜我、费新我、成舍我、安素我、严我斯、张我德等；

以“吾”入名的，如：冯从吾、李翔吾、贺遇吾、毛虚吾、施肩吾、吕新吾、陈吾德、杨吾扬等；

以“予”入名的，如：舒舍予、郑愁予、龚圣予、范启予、孙起予、王用予等；

以“己”入名的，如：李正己、穆修己、段克己、吕胜己、李虚己、殷成己等；

以“汝”入名的，如：田汝成、杨汝岱、许汝霖、李汝珍、高汝砺、王汝璧等；

以“尔”入名的，如：赵尔丰、李尔重、贺尔康、高尔华、林尔蔚、罗尔刚等。

用人称词起名的好处是，语义亲切，可以直接袒露胸怀或面对面地进行评议，给人促膝谈心的感受。但仔细分析起来，不同的人称词又各具特色。用“我”字组名的大致有两种类型：

一是强调自我利益，服从事业大局。如：

费新我： 改造旧我，塑造新我。这类名字都贯穿着严于律己的精神。

二是理直气壮地进行自我宣传，如：

张我德： 大力宣扬自己的美德，以影响世人。

朱镜我： 以我为范、为镜，审视他人与世事，吸取经验教训。

安素我： 不管他人说短论长，我行我素心自安。

这类名字都充满了自信。“吾”“予”入名与“我”字大致相同，只是“我”字口语化，“吾”“予”偏重书面语。“己”字入名与“我”字略有不同，“己”字名自我修养的味道更浓，并且很少有自我宣扬的倾向。如：

李正己： 按道理就应当首先正己，才能正人。

段克己： 要果断地克制个人私欲，努力培养奉公美德。

吕胜己： 不断地战胜自我，才能超越自我。

“汝”“尔”入名通常作“你”或“你的”解释，表示评议、关照、祝愿或领属关系。如：

田汝成： 田地里是你的收成。

杨汝岱： 盼望你成为杨家的泰山（高峰）。

许汝霖： 期望你给许家带来甘露。

李汝珍： 相信你会成为李家的珍宝。

赵尔丰： 形势很好，这是你将要获丰收的预兆。

李尔华： 让你的才华高高扬起，大放光彩。

人称入名法也有明显的缺陷：一是人称词数量不多，挑选的余地不大，容易重复；二是人称词大多表示自我意识或对他人的评议，因而语义的广度和深度都受到一定限制；三是由于人称占据了名字的重要位置，名字的描摹、抒情、达理等文学功能及智趣功能往往难以得到正常的发挥，因而对提高名字的文学性、艺术性不利。所以选择人称词入名时，应权衡利弊，慎重选择。

析字组名构思法

析字组名构思法是以汉字的结构分析为基础，运用组词技巧起名字的方法。前面我们已经对汉族百家姓氏进行了结构分析，按照这种方法，还可以对起名常用字进行结构分析。结构分析的目的是寻找有关汉字在结构上的联

系与区别，进而把握其结构规律，然后依据这些规律选字组词，组成显示不同结构特色的各类有趣的名字。

常见的析字组名法，大致可分为以下七类：

（1）同素异量组名法

同素指基础部件相同，异量指部件的数量不同。这里的基础部件，一般为某个独体字。这就是说，取名用的三个字，都是由某个独体字构成的，只是每个字包含的独体字的个数不同。如：

林木森：三个字都是由“木”字组成的，这就是“同素”，每个字包含的基础部件的个数不同，分别为二、一、三，所以叫“异量”。

属于这种类型的名字还有：

吕品田：“口”为同素体，数量分别为二、三、四。

从人众：“人”为同素体，数量分别为二、一、三。

日昌晶：“日”为同素体，数量分别一、二、三。这里的“日”为较罕见姓，“昌”作为双日看待。

（2）异素同构组名法

异素指基础部件不同，同构指结构方式相同。如：

吕炎昌：基础部件分别为口、火、日，是不相同的，但结构方式相同，都是上下结构，双层重叠组合式。

同类型的名字还有：

林双朋：基础部件分别为木、又、月，结构方式都是左右双层、平行并列式。

圭串多：基础部件分别为土、中、夕，结构方式都是上下双层、重叠组合式。

（3）同件异形组名法

同件指基础部件及数量都相同，即原材料相同，但组合方式不一样，造型也不一样，如：

古叶申：三个字的基础部件都是一个“十”字和一个“口”字，原材料相同但组合方式不一样，造型也不一样。“古”为上下结合式，“叶”为左右组合式，“申”为中心重合式。“古”为长方形字，“叶”为横宽形字，“申”为长形字。同是有“十”与“口”这些原材料，改变一下结合方式与造型，还可以产生另一个名字：

田由甲：“田”字是全封闭式，“由”字为上突式，“甲”字为下伸式。

（4）同笔画形似组名法

同笔画指笔画类型相同或相近，笔画数量相等；形似指文字的造型相近。如：

石右古：三个字都是五画，造型相近，都是横笔起，都有“口”字，差别仅在第二笔。“石”的第二笔斜撇，上端与横画相接；“右”的第二笔为斜长撇，且与横画相交；“古”的第二笔短竖，与横画垂直相交，下面与“口”字相接。这类名字还有：

亓开井：三个字都是两横两竖共四画，造型差不多，区别仅在两竖的上端，高低长短不一样。“亓”的两竖上端从第二横画起笔；“开”的两竖上端从第一横画起笔，与第二横画相交；“井”的两竖上端从第一横画的上部起笔，与两横画相交。

“工土士”也是这种类型，而“毛手丰”“申电甲”“刁力刀”等则是这种类型的变异。

（5）拆姓组名法

即把姓氏分解成两个字组成名字，比如“张”可分解成“长”和“弓”两个字，就可组成名字张长弓、张弓长。这样的名字不少，如王一川、何可人、李木子、章立早、舒舍予、庞龙广、贺加贝、夏百友、岳丘山、许午言、黄共由、佟冬人、栾亦木、雷田雨、晏日安、岑今山、翦前羽等。还可以由这种方法略加变化，派生出一些名字来，如王一士→王一志，罗四夕→罗四喜等。

（6）累加组名法

即姓氏加名的第一字，生成名的第二字。这样的名字较多，如王玉珏、王文玟、高山嵩、文而斋、齐雨霁、秦至臻、宗水淙等。

（7）拆字组名法

把一个字分解成两个独体字，连同姓氏构成名字，如：林白水——白水是由“泉”字分解出来的，林白水的语义仍取“林泉”的意思。这类名字特点是，乍一看往往不解其中味，摸不清它的语义，只有将解析出来的两字还原为一，弄清来龙去脉，才能豁然开朗，显出庐山真面目。这就是它的“情结”和它的诱人之处。如彭加木，这个名字单看字面意义就比较难理解，把“加木”二字还原为一个字“架”，语义就清晰了。这样的名字还有一些，如梁公木（松）、苗力田（男）等。有些名字，解析之后的意思很明确，还原之后的语义也很明确，只是两种语义不尽相同。如李心田（思）、

王日昌（晶）、梁广大（庆）等，这类名字具有双重意蕴，可看作特例。

嵌字组名构思法

嵌字组名构思法就是将预定的内容或要求巧妙地嵌入名字之中，使其具有较高的技巧性、趣味性。如龙腾早，嵌入了生日七月十日的七、十两个数字；古陌香，嵌入了十、百、千三个数字。

嵌字组名法通常在名字中嵌入的内容大致有以下几种情况：

（1）嵌入父母名字的某个标志，以示牢记养育之恩。如父名马飞虎，子名马敬彪，"彪"是小虎之义，又嵌入了"虎"字，表示对父亲的敬仰。父姓林、母名丁紫香，女名林馥茵，"馥"嵌入"香"字。父名顾江亭，子名顾鸿翔，"鸿"嵌入"江"字，表示继承父亲的志愿，展翅高飞。

（2）嵌入故乡或某一地名的标志，以示纪念。如：

刘崇靖：嵌入"山""青"二字，表示对故乡山东青州的怀念。

杨岱星："岱"指泰山，"星"嵌入"生"字，表示生于泰山或泰安。

张冀麟："冀"指河北，"麟"含"鹿"字指涿鹿，表示故乡为河北涿鹿。

梁锡琼："锡"谐音"西"，"琼"含"京"字，表示生于西京即今西安。

袁根宁："宁"是指南京，即生于南京。

（3）嵌入某人的名、字标志，以示仰慕。如：

成仿吾："吾"即指春秋初期齐国名相管夷吾，即管仲；"仿吾"就是以管夷吾为榜样，学习他，效仿他。

杜若甫："甫"指唐代大诗人杜甫，"若甫"即像杜甫那样做忧国忧民的爱国诗人。

这类名字较多，袁尊尼（仲尼即孔子）、张习孔（孔子）、刘师朱（朱熹）、魏承班（班固）、李慕白（李白）、韩作黎（昌黎即韩愈）、施今墨（墨子）、陈向迅（鲁迅）、姚仲平（仲平指晏婴）、岳景飞（岳飞）等，都是嵌入某人的名或字的标志以表示仰慕的。

（4）嵌入"三光"（日、月、星），以示前程光明。

这类名字较普遍，如：张晴晖、王阳明、刘光裕、何景辉、宋月波、罗星芳、郑耀南、赵光炬、陈丹晨等。

（5）嵌入“三才”（天、地、人，重点是人才），以期人才出众。

这类名字也不少，如：何承天、许地山、焦立人、胡良才、萧万才、李三才等。

（6）嵌入“三不朽”（立德、立功、立言），以激励大志。

这是我国的民族传统，这类名字数量较多。如：于树功、陈立德、汤裕德、李嘉言、史纪言、史书翰、吕公著、梁载言、杜存典等。

（7）嵌入四时，以启珍视时光。

这也是常见的命名方法，如：马辛春、王延春、晏春山、邓仲夏、倪夏莲、杨秋玲、李秋岳、桑金秋、林逾冬、赵冬曦等。

（8）嵌入四方，以表志气远大。

这也是常见的命名方法，如：王东华、朱东润、吴冷西、于冠西、万振西、施光南、罗泽南、徐北文、罗北望等。

（9）嵌入生肖，表属相，增强趣味。

这种取名方法可分为两类：一是直接嵌入法，即属龙就用龙字起名，属虎就用虎字起名；二是间接嵌入法，即用与属相配合的地支代替属相，嵌入名中。地支与属相的对应关系是子鼠、丑牛、寅虎、卯兔、辰龙、巳蛇、午马、未羊、申猴、酉鸡、戌狗、亥猪。但也要具体分析，有的名字中用了“龙”字是取其语义，不一定是嵌入属相；有的名字中用了“寅”字，其属相也不一定是虎。因为一字多义，要弄清名字中选择的是哪种语义，才能判断是否是嵌入生肖命名法。

（10）嵌入箴言，以示自勉。这也是常见的命名方法，如：

李齐贤：取见贤思齐之意。

邵经邦：取经邦治国之意。

任志真：取立志求真之意。

张慎言：取言行谨慎之意。

周弘正：取弘扬正气之意。

赵执信：取坚守信义之意。

刘革非：取革除错误之意。

彭百炼：取百炼成钢之意。

由上述例子可知，嵌字组名构思法的领域还是较为广阔的，而且在实践中还会有新的发现、新的创造。

设问起名构思法

设问是写文章常用的修辞手法。其特点是故意设置问题，自问自答，在问答中阐述观点、说明问题，把内容引向深入。设问起名法是只问不答，把名字设计成一个问题，引人思考，发人深省。这样的名字意味深长，启发思维，颇受欢迎。如：何安国——应当如何安邦治国呢？上述名字所提出的问题，都是大家所关心的，所以具有现实性和吸引力。

由以上例子可知，设问起名法必须使用疑问代词。“胡”“何”都是疑问代词，有的是姓，有的不是姓，有的用在名字的开头，有的用在名字中间，用在名字末尾的很少见。由于疑问代词的用法和特点各不相同，所以，不同的疑问代词提出的问题也不一样，因而设问起名法的内容还是比较丰富的。如：

胡兴国：如何才能使国家富强，民族兴旺呢？“胡”就是针对道路与办法发出提问。

魏谁雄：为谁而称雄呢？“谁”就称雄的目标提出询问。

安治学：如何作学问、搞研究呢？“安”就治学的方式方法提出问题。

明孰非：应当弄清谁是谁非。“孰”表示是非的对象。

奚作美：怎样做才算美呢？“奚”就美的内容表现进行提问。

曷国强：怎样才能使国家强盛起来呢？“曷”与“何”的用法相近。

焉以谢：用什么表示感谢呢？“焉”就感谢的方法提出问题。

中间字用疑问代词的还有林何美、陈胡理、史安在、方奚为等。

末尾用疑问代词的虽然不多，但用好了效果也是不错的。如：

顾盼何：左顾右盼，到底想看什么呢？描摹比较形象。

姚望何：登上高处遥望什么呢？画出了有心事的神态。

夏梦何：夏天的夜晚梦到些什么呢？蕴含着甜蜜的诗意。

文赞何：文章赞扬什么，反对什么呢？语义表示应旗帜鲜明。

末尾用疑问代词，主要是“何”字，其他字很少见。

设问起名法必须用疑问代词，这是它的特点，也是其局限性。正因为如此，这种起名法不容易普及，只能在有限的范围内采用。

否定起名构思法

名字中明确表示出对某种不良倾向的否定，是否定起名法的基本特征。这里的否定，包括积极否定和消极否定两种形态。所谓积极否定，是指主动地战胜、克服不良倾向；所谓消极否定，是指抛弃、丢掉不良倾向。如：刘革非——革除错误的、有害的东西，是积极否定；辛弃疾——抛弃疾病的危害，是消极否定。否定起名法的基本规律是，以被否定的反面事物或倾向为基础材料，选定一个表达否定方式的动词与之配合，构成动宾词组，再配以姓氏，就构成表示否定的名字。常用的表示反面事物与倾向的基本词有非、私、己、恶、病、疾、尘、垢、魔、害等，它们的同义词、近义词有邪、怪、污、浊、枯、朽、秽、患、祸、灾、难、瘴、疠、疫等。常用于表示否定方式的动词有革、镇、除、灭、剪、铲、拔、斩、砍、驱、赶、弃、去、拒、绝、歼、扫、擒、捉、降、涤、洗、刷、摧、破、克等。如：

段克己：果断地攻克自己的私字堡垒。

夏斧私：“斧”即“砍”，挥动斧头，毫不留情地砍掉私心之树，与个人主义彻底决裂。

王镇恶：坚决镇压一切邪恶势力。

朱胜非：战胜一切错误的、有害的东西。

高涤尘：涤荡尘世间一切污泥浊垢。

霍去病：赶走病魔，确保身体健康。

汤拒非：拒绝一切有害的东西侵蚀身心。

张非垢：大张旗鼓地否定一切错误的、有害的东西，保证我们的纯洁与健康。

否定起名法的优点是，名字的态度鲜明，主观色彩较浓，个性突出。缺点是，命名方法已形成模式，供选用的词较少，容易雷同或重复。因此，运用否定起名法应在选择用动词来表达否定的方式上多下功夫，努力在这方面出新出巧。

双关语义构思法

双关语义构思法即一箭双雕，一个名字表达两种不同的语义。所起的名字往往相当精彩，蕴含多种内涵，使人不易忘怀。

比如“艾思奇”，这个名字就蕴含两种意义：其一，从表面字义上来看，“艾”字即“爱”字，喜欢的意思；“思奇”，思维奇特，标新立异。“艾思奇”就是思想喜欢标新立异。其二，“艾”即热爱，“思”指卡尔·马克思，“奇”指弗拉基米尔·伊里奇·列宁。

又如“巴金”，也是双关：一是指以巴格宁和克鲁泡特金二人为师；二是作为巴山蜀水的桑梓地的纪念。

再如“江天一”，这个名字也有双重含义。其一，明写自然景致，江水一片茫茫，江天融为一色，无比壮观。另一层则再深入一步，暗寓着社会理想：“江天”暗指江山社稷，“一”则指一色、统一，期待江山一统，天地一色，九州共庆。

采用双关语义构思法所起的名字寓意复杂，往往费人思量，如果思索有果，便会使人意趣盎然，滋生美意。反之，如果玄奥艰深，无从着手，苦苦不解其中味，便觉索然无味。因此，双关命名法成功的关键在于既能引人“入胜”，又能引人“出境”，这就要做到明中寓暗，自然灵活。明写的要浅显易懂，做好铺垫，暗写的要将含义巧妙地附着在明写的文字中，让人能从明义自然过渡到暗义。“艾思奇”中的“思奇”，分别嵌入了革命导师的名字标志“思”与“奇”，启示了思维的方向；而“巴金”的“巴”字，很容易让人想到他的家乡四川，想到他所崇拜的巴格宁，“金”则想到流经四川盆地的金沙江和他崇拜的另一位思想家克鲁泡特金。“江天一”中的“江天”除了表现自然景观外，还恰与江山、天地、社稷暗中相合，让人自然联想到这一层寓意。只有明中藏暗，明暗互不脱节，才能启发读者的联想和想象，理解到特殊的内涵，体会到弄懂奥妙的快乐。

双关起名的方法主要有三种：

（1）借助一词多义构成双关。许多汉字的含义往往都不止一个，这就为双关命名提供了一个有利的条件。如，杨非雪这个名字中的关键字“非”有两种解释：一是在选择对象时表示否定，语气较平和、客观；二是不再、不再是，语气较为强烈，主观色彩较浓。于是，“杨非雪”也相应地便有了双重含义：其一是满天飞舞的杨花像雪花一样轻盈，但它不是雪花；其二，杨花是春天的象征，雪花是冬天的标志，杨花开放了，就意味着春天来临了，标志着冰雪肆虐的严冬逝去。

（2）借助象征的修辞手法构思双关式名字。如：冯毅之，第一层是字面意思，遇到困难应当坚毅地对待它；第二层是象征意义，“之”是一个象形字，象征着曲曲折折的不平路。“冯毅之”这个名字就象征着人生的道路曲折，随时都会遭遇艰难险阻，必须保持坚强的毅力，才能奔向理想的彼岸。

（3）借助成语的含义构成双关。如：华而实，这个名字的字面意义是既有春华又有秋实，不仅枝繁叶茂，而且硕果累累。它的深一层寓意是借助成语华而不实产生的。“华而不实”是对徒有其名或哗众取宠者而言。“华而实”则正与之相反，是对徒有其名或哗众取宠的人品和作风的一种反对，这样“华而实”就构成了双层意蕴。再如：林竹风，这个名字给人的感觉很清新，有“林”，有“竹”，有“风”，一派苍翠迷人的风光，这是它的表层意思。根据“竹”“林”的提示，我们很容易联想到竹林七贤，这个典故又赋予了“林竹风”第二层含义，即以竹林七贤为代表的高雅文人学士之风。

回文构思法

回文是一种修辞手法，意思是来回皆成文。回文构思法就是运用回文的方法构思名字，所起的名字正读成文，倒读也成文，别有一番趣味。比如：

“江映山”倒读为“山映江”：美丽的山色倒映江水上，别有情趣。

“山育江”倒读为“江育山”：碧绿的江水养育了满山的翠色。

“方正平”倒读为“平正方”：平平正正又成方。

“史存阁”倒读为“阁存史”：书阁中存放着历代的史籍。

“钟长鸣”倒读为“鸣长钟”：空中传响着经久不息的钟声。

“曲鸣奏”倒读为“奏鸣曲”：乐曲形式之一，一般由三个或四个性质不同的乐章组成，用一件或两件乐器演奏。

“金开诚”倒读为“诚开金”：精诚所至，金石为开。

“黄百谷”倒读为“谷百黄”：谷物成熟了，田野里庄稼一片金黄，描绘出丰收的图画。

“闻一多”倒读为“多一闻”：多听多闻。

“和自兴”倒读为“兴自和”：兴旺来自和睦团结。

“马天来”倒读为“来天马”：来自天上的神马。

“石九音”倒读为“音九石”：能发出多种声音的宝石。

“安素我”倒读为“我素安”：我一向平安；对生活、工作等感到满足、合适。

“从人众”倒读为“众人从”：众人簇拥着，颇具声威。

“高山嵩”倒读为“嵩山高”：中岳嵩山高耸于中原大地，十分壮观。

“夏梦何”倒读为“何梦夏”：是什么原因把夏天的往事引入梦中？

“杨非雪”倒读为“雪非杨”：雪花与杨花是两码事，不能混为一淡。

“史纪言”倒读为“言纪史”：用语言文字记载人类的历史。

以上例子表明，回文构思法是可以推广而又效果良好的起名方法，应当引起人们的关注。

用回文构思法起的名字，大都语音响亮、连续流畅，语义含有具体的形象、生动的画面、鲜明的动作及声响，可感性较强。由于既可正读又可倒读，所以增强了趣味性，并且便于记忆。从姓名的组织结构上看，大致有如下特点：

（1）姓氏大都形象具体、鲜明或语义明确。如江、山、史、苗、云、钟、曲、石、金、黄、马、高、夏、杨、闻、和、从、安等，多数为名词，小部分为动词、形容词。

（2）姓氏以外的两个字以动宾词组为最多，如映山、育江、存阁、照光、补天、开诚、纪言、梦何等。

（3）姓氏参与第一步组合的较少，上述例子中只有两例，即高山嵩、从人众，其余都是第二三字先组合，然后再与姓氏组合。

这三点是回文构思法起名的一般规律，我们在起名时应自觉遵守，否则就会走弯路，从而事倍功半。

第二章　起名的方法

一、以姓生名的起名法

以姓连名法

一般来说，姓和名是没有关系的，但如果构思巧妙，就可以使姓和名结合成一体，成为妙趣横生的名字，如：牛得草、江问渔、田野、金山等。这些名字使姓和名巧妙地连接在一起，构成一个完整的词语，得到一个完整的概念。具体说来，这种起名方法又可分成四个小类：

（1）词语式

词语式就是把姓和名组成独立的词语，这类名字因为是现成的词语，所以容易记住。如高原、田间、丁香、周密、章程、边疆、温泉、金川、叶子等。这些都是字音和字义结合得比较好的姓名，但是这类名字也有一个明显的不足，就是用这种方法起出的名字多是单名，因而重名的可能性比较大。这类名字的另一不足之处是，有时这类名字在文章中出现时，使人一下分辨不清是词语还是姓名，要反复读几遍之后才能分辨清楚，如文章、沈阳等。因此，在使用这种方法起名时，一定要谨慎，如果能做到组合新颖，不易重名，就可以考虑使用这种方法；如果您的姓决定了做不到这两点，那就要考虑用其他方法起名字了。

（2）姓名意义连接式

姓名意义连接式是姓与名的字义紧密联系的一种起名方式。众所周知，姓氏除了是所属家庭的代号外，本身还有字面上的意思。所以，这就使我们有可能将名与姓从字义上直接联系起来，构成一个完整的概念，这类名字生动有趣、寓意深刻，令人回味无穷。如我国著名经济学家骆耕漠，原名丁士通，于 1934 年改为现名，意在自勉。这类名字还有苗得雨、梁上燕、车向

前、白如冰、盛中国、岳非丘、牛饮泉、马永勤、万盘根、关山月、连天雪等。

（3）矛盾式

矛盾式是利用姓的字义，取名时用其反义而选字，往往能给人以新颖、和谐、突如其来的感觉，从而给人留下深刻的印象。如牛敏捷，本来按字义，牛给人以体形硕大、辛勤耕作、迟钝缓慢的印象，与敏捷、迅速等词不沾边，而把牛和敏捷连在一起，有寓意又有期望，成为一个构思巧妙的好名字。再如黄河清，黄河给人留下的是浑浊的印象，一个“清”字，充分表达了对美好的向往。这类名字还可以举出一些，如夏凉等。

（4）简缩成语或俗语式

简缩成语式是利用姓名在字义上的内在联系，巧妙地将姓与名融合成某个成语或典故的简缩形式。运用这种方法起的名字，富有哲理，引人深思。如“修治平”是成语“修齐治平”的简缩。读到现代作家万籁鸣的名字，就使人想起“万籁俱寂”这个成语，给人留下很深的印象。用此方法起的名字还有：马成功——马到成功，安立业——安家立业，周而复——周而复始，路遥——路遥知马力，严阵——严阵以待，马识途——老马识途，叶知秋——一叶知秋。

运用这种方法起名的不足之处是易造成重名，因为运用这种方法起名可供选择的余地比较小，因此在起名时，一定要多推敲一下，争取起一个既符合起名习惯又不容易重复的名字。

此外，还有不少名与姓能组成的如珠似玑且富有哲理的名字，这些名字常与中国的俗语或成语有着千丝万缕的联系，因此寓意深刻，能给人以深刻的警示和启迪。如石破天，来源于诗句“石破天惊逗秋雨”，表达了名字主人高远的胸怀和不寻常的人生抱负。再如梅傲寒，寓言“梅花香自苦寒来”，人生只有经历磨难，才能走向成功，也正如歌中所唱到的那样，“不经历风雨，怎能见彩虹，没有人能随随便便成功”。诸如此类的名字还有许多，如：水均益、成方圆、白里溪、刘清白等。

起这样的名字也并不难，只要从姓氏入手进行发掘，牵线搭桥去寻求名与姓之间在情感或寓意等方面的内在联系，并对之进行精确巧妙的构思锤炼，使之与古今名言、佳句或成语俗谚融为一体，浑然天成，既精练又充满意境，那么你定会得到你所想要的绝妙名字。

姓名求通法

所谓姓名求通法，就是根据姓氏的字面意义，寻找与姓相同、相近、相通或相反的字词作人名。这类名字有耐人寻味之处，如：

朱彤：“朱”即“彤”，“彤”即“朱”，都是红色。

梁栋：“梁”与“栋”意义相同，反过来读为栋梁，又喻有用之才。

庞雄：“庞”与“雄”都有大的意思。

雷震：巨雷之声，震天动地，“雷”和“震”意义相通。

徐迟：“徐”，缓慢；“迟”也有缓慢义，慢上加慢。此名初看似乎比较消极，但其中暗寓“欲速则不达”之意，翻出新意。

阙补：“阙”同“缺”，有过失意，有过失而能补之，“阙”与“补”意义相连。

方圆：“方”与“圆”意义相对。“方”是做人之本，“圆”是处世之道，没有规矩不成方圆。

文武：“文”与“武”意义相对，又有能文能武的意思。

夏冬：“夏”与“冬”一暖一寒，两季相对。

廖洪：“廖”有“小”义，“洪”有“大”义，其意相反。

曲正直：“曲”与“正直”意思正好相反。

鲁迅：“鲁”，反应迟钝；“迅”，快，意思相反。

鲁睿：“鲁”，思维迟钝；“睿”，聪颖，意思相反。

张弛：一张一弛，文武之道。

运用姓名求通法，可以通过字义相通来加深寓意，也可以通过字义的反差来进一步体现本人的个性特点，以及名字的辩证关系。

双姓合璧起名法

儿女是父母爱情的结晶，这种感情不仅体现在父母生活中对儿女无微不至的照顾上，而且还体现在儿女的名字上。现实生活中，许多男孩、女孩的名字都是一种珠联璧合式的名字，双亲的姓氏都在其中。这种名字于无形之中便教育了儿女，使他们懂得，自己的生命是父母给的，要尊敬和爱戴父母，因为名字既体现了起名文化中的男女平等观念，也促使儿女和父母的关

系更加紧密、和睦。

这种珠联璧合式的名字通常有这样几种形式：

一是直接取父母姓氏按一定顺序排列的姓名。如父亲姓宋，而母亲姓梅，女儿便可名为宋梅，还有父亲姓王而母亲姓江，儿子可叫王江，还有诸如孙蒲、李柳、肖白、安康、马林等。这种情况通常是二字名，有些人便考虑到需要再点睛式地加入一个字使名字更加焕发光彩，如杨青叶或杨叶青：杨和叶中间或后边加了一个"青"字，顿时使名字增色三分。再如花寒舒：一个姓花，一个姓舒，如果单是简单加在一块叫花舒，只是一种很平常而浅显的意象，但加入"寒"字后便增加了想象的空间，让人回味，使人在优雅意境中畅想。

此外，还有一种情况是继承一姓，把另一姓以其谐音的形式与之合璧，这样的名既形象又有趣，如夏华（花）昌、罗文赋（付）、陈舟（周）、赵瑾阳（杨）、宣佳沁（秦）等；还有许多，如路遥（姚）、高伟（魏）、孙立（李）、赵梦（孟）得、古章（张）等。

有的姓氏存在明显的意义，因此在起名时应回避内容所引起的反面意思和谐音的意义。如：

郝——有"好"之谐音	赵——有"照、兆、罩"之谐音
孟——有"梦"之谐音	吴——有"无、毋、梧"之谐音
龚——有"共"之谐音	梁——有"粱、良、凉"之谐音
沈——有"沉"之谐音	于——有"鱼、余、娱"之谐音
冯——有"逢"之谐音	贾——有"甲、价、假"之谐音
刘——有"留、流"之谐音	宋——有"送、颂"之谐音
潘——有"盼、攀"之谐音	姚——有"遥、摇"之谐音
谭——有"谈、弹"之谐音	秦——有"勤、擒"之谐音
薛——有"雪、学"之谐音	韩——有"寒、含"之谐音

这些姓氏的谐音转化意义往往灵活多变、丰富多彩，我们可以根据需要、兴趣进行选择。

在用双姓合璧起名法时，父母们一定要避开搞笑的情况，特别像一些比较难取名的姓氏，取出来的名字非常搞笑，无疑是给孩子添加了一个别样的绰号。比如父亲姓朱，母亲姓廖，给孩子取名为朱廖，是不是就立马想到了猪饲料呢？如果在这两个字中间加入一个爱字，名字叫朱爱廖，还是非常奇怪。

还有像把父母其中一个姓氏取谐音的，如父亲姓雷，母亲姓郑，父母立马就想到雷震子，因此就取了这样一个名字，你说这个名字不会成为笑料吗？

因此，父母在利用姓氏给孩子取名字的时候，要认真构思，如果名字取得不好，不仅会影响孩子的自信心，甚至还拉开孩子与父母的距离。

拆分姓氏起名法

在古代，有相字、测字之说，即是拆开姓氏偏旁或打乱字体结构，加以附会，以推算吉凶。拆字是一种文字游戏，即把一个字拆开，使其成为一个词或一句话。正因为汉字如此奇妙，人们便经常用拆分姓氏的方法来取名。

拆分姓氏起名法，是指把姓氏所用的汉字分解开来成为名字的一种方法，如老舍，原名舒庆春，他就将“舒”姓拆分为“舍予”，以舍予为笔名。类似的笔名如许午言、张长弓、董千里、雷雨田、霍雨佳等。

拆字看似容易，但真正做起来却有一定难度。字不能随意地拆，如果拆得不伦不类，就失去了拆字的意义。而且，姓氏中的独体字和某些会意字是无法拆开的，如石、刁、司、水等，那些如上官、皇甫等复姓拆起来就更难了。拆分姓氏取名主要有以下方法：

（1）直接将姓拆分成名。如“晏”字可分成“日”“安”两部分，可取名为晏日安，类似的还有王一川、何可人、贺加贝、栾亦木、岑今山等。

（2）从声、形的角度来拆分成名。这种字拆起来有一定的难度，拆开之后，乍一看似乎不解其中意味，其实只要将拆开的两部分还原，便可豁然开朗，显出庐山真面目。如“江”拆为“水”和“工”，“冀”拆为“北”和“异”，“孙”拆为“子”和“系”，“陈”拆为“阜”和“东”，“聂”拆为“三”和“耳”，“杨”拆为“木”和“易”，“祁”拆为“示”和“耳”，“褚”拆为“衣”和“者”等。

（3）将单名拆成双名。有时为了避免重名，人们经常将单字名拆成双字名，这种拆字法取出的名字也有很好的效果。如彭加木，“加木”原为一个“架”，拆分后的名字“加木”就寄托着“架”桥的美好理想。诸如此类还有于庞——于广龙，严何——严可人，刘翁——刘公羽，周许——周午言等。

此外，有些古代人受汉字可以拆分的启发，把名分解为字或号，如宋代诗人谢翱字皋羽，明代文学家章溢字三益、画家徐渭号水田月道人，清代的尤侗字同人、李楷字皆木、毛奇龄字大可、邵晔字日华。当代有些人把旧姓氏分解为新姓名，如电影演员古月，原名胡诗学；或者把姓氏与别的字合在一起组成

名字，如白水泉、王京琼、田力男等。这些也都是较为巧妙的起名方法。

姓名字义搭配法

人们通常认为姓除了表示血统关系，没有其他意思。旧时的人所谓的传宗接代和延续香火的观念，就是出于要使本家族的姓氏传递下去，否则就“绝了后”的考虑；今天的人们当然不会再抱残守缺，但还是没有把姓氏与其他意义联系起来。

姓氏是用文字来表示的，而表示姓的文字除了用作姓氏以外，多数还有其他含义或者与其他的字谐音。比如赵、钱、孙、李四个姓氏都是有其含义的，在命名的时候，尤需注意到的是先要把姓氏用字的义、音都搞清楚，这样才能做到姓、名一体。比如天宇这个名字，单独来看，词义和读音都挺好，气势恢宏，志向远大。但是假如一个人姓殷，搭配起来谐音成了“阴天（下）雨”，意思就不好了。

姓在命名时只要字义使用得当，会使一个普通的名字顿生光彩；使用不当，则会使一个铿锵的好名黯然无光。

比如国民党军统头目沈醉，“醉”为喝多了酒之混沌状态，用白话来说就是“烂醉如泥”，谁也不想将此字入名；然而当“醉”字与“沈”姓合在一起，则意味深长。《三国志·蜀·蒋琬传》中，蒋琬谈吐才华横溢，满腹经纶，因刘备轻视而被大材小用，故以酒浇愁而沉醉。蒋琬继诸葛亮任丞相、大将军之后，杨仪恃其资历口出怨言，刘禅欲杀之，蒋琬宽怀大度而将其解救。所以“沈醉”这个姓名，暗指怀才不遇，又有难得糊涂之意。

但是，倘若不顾姓氏，刻意模仿，取什么“张醉”“李醉”“王醉”等名字，则只能是略添笑料而已。

上面所举的这个沈姓，除了作为姓氏，还有其含义，若名字搭配得当，则意味深长，如沈重。沈重，有深沉庄重的意思。《后汉书·刘恺传》有“沈重渊懿，道德博备”之语。再如沈达。沈达，意为深通事理，明达懿睿。

在中国古代，有许多借用姓的字义，与名相合而构成姓名的人。早在战国时期魏国的“回头浪子”段干木，就是一例。西汉尚书令孔光，晋初氐族首领齐万年，五代时著名战将杨光远，宋代诗人杨万里和大画家马远，明代大将军蓝玉、兵部尚书齐秦、礼部尚书温体仁、右都御使金声，清代平南王尚可喜、浙东学派甬上支派创始人万泰、云贵总督杨名时、翰林院修编戴名世、著名京剧琴师梅雨田、著名苏州弹词艺人马如飞，等等，皆为借姓而名者。

纵观中国的姓氏，其中百分之八十以上有字义，剩下的也与其他字谐音。利用好姓氏的字义，一是注意当姓氏与名字搭配在一起时，不要产生不好的意思；二是姓氏的字义与名的字义合为一词而产生整体感强的（可分的或不可分的）姓名，选择领域相当宽广，但不要选别人已用的；三是不要为了姓名一体而“姓名一体”，牵强附会，选择那些晦涩难解、音韵拗口的古词或废字。

连姓成意起名法

中国人的姓连名，许多组合起来就是很有意义或很有趣的词语，以此作名，连贯易记，简单风趣，过目难忘。这种姓与名连贯合成一定词组来表示一定意思的起名方法，远在先秦就已存在，汉晋开始流行（如汉代有文不识、郑当时、萧望之等），到唐宋为士大夫阶级和文化艺人所乐用。此时文人有江万里、李无言、魏嗣石、安如山、凌万顷、王佑才、王者辅、韩晋卿等，大家最熟悉的恐怕是唐代诗人孟浩然，文化艺人有云朝霞、敬（镜）新磨、罗衣轻、靖边庭、贺寿、王贺喜等。元代有马致远、云从龙、匡国政、包长寿等，明嘉靖之前有凌云翰、成始终、湛若水、舜用禹、富好礼、傅如楫等。据说明永乐年间，福建有一才子赴京赶考，途中恰遇永乐皇帝微服出巡，皇帝询问其名，他说“江中立”，皇帝笑着问：“既是江中立，何日得身干?”江中立回答说：“赤日当头照，身干有何难。”永乐皇帝一听，龙颜大喜，钦赐江中立为状元。这位机智的江中立，其名也是连姓成意的。连姓取意为名的，明嘉靖之后至清代更为增多，如王者宾、王之臣、席上珍、张问行、王日叟、江天一、万象春、游于诗、周尚文、莫如忠、古之贤、史可法、古道行、田生金、马如龙、林其茂、强克捷、白云生等。此风也影响到文人学者的创作，例如清代小说《绿野仙踪》中就有冷于冰、温如玉、连城璧、黄河清等人物出现。

连姓成意取名之风至今未衰。二十世纪二三十年代的《东方杂志》收录有戴天仇、何许人、蓝天蔚、王者师、石补天、柳雨村、史直书、常三省、叶成林、唐鸣、凌霄、权量等。当今我们常听说的则有著名岭南画派大师关山月，豫剧著名丑角牛得草，表演艺术家梅兰芳、常香玉、白杨，作家碧

野、马识途、梁上泉等。

名姓组合成意起名的方式很多，各人可根据自己的姓氏特点而用之。

（1）可组成简单明了易记的词语。如柳青、方正、方圆、边疆、高山、高原、江梅、汪洋、扬帆、舒畅、华丽、严肃、张扬、路遥、远征、远航、远望、郑重、白玉兰、流沙河、秋海棠等。有的还可以演绎为一句话或者一句话的简缩，如：梁上泉——山梁上有淙淙的泉水；苗得雨——禾苗得到雨露的滋润；莫非仙——莫非是神仙。

（2）具有内涵的成语或成语的缩略语，启人联想：

沙金——沙里淘金；路遥——路遥知马力；舒展——舒展大方；张帆——张帆远航；成竹——成竹在胸；文彬——文质彬彬；周而复——周而复始；石成金——点石成金；成方圆——无规矩不成方圆；程立雪——程门立雪；安如山——安如泰山；丁卯——丁是丁，卯是卯；于为烈——于今为烈；马成功——马到成功；风浪静——风平浪静；风雪月——风花雪月；风同舟——风雨同舟；方未艾——方兴未艾；水清华——水木清华；龙凤鸣——龙飞凤鸣；龙虎跃——龙腾虎跃；付一笑——付之一笑；乐知命——乐天知命；成立业——成家立业；任道远——任重道远；安无恙——安然无恙；严律己——严于律己；来方长——来日方长；何不为——何乐不为；言成理——言之成理；言心声——言为心声；冷冰霜——冷若冰霜；陈相因——陈陈相因；闻知十——闻一知十；朱玉润——珠圆玉润；莫为甚——莫此为甚；顾自雄——顾盼自雄；高景行——高山景行；海天涯——海角天涯；温尔雅——温文尔雅；雷万钧——雷霆万钧。

（3）可组成反义词或同义词。如：甘苦、文武、方圆、夏冬、徐迟、蓝青等。

（4）可利用谐音引申出姓名的特别含义。如：盛利，意为胜利；蒋理，意为讲理。其他如尚（上）下、尤（有）为、郑（政）策、殷（音）乐、冼（先）锋、于（鱼）跃等。

（5）可连义推想。如画家程十发，连义推想才知道其连姓成意起名之妙。程、发均系古代度量名称，《说文解字》释曰：“程，品也。十发为程，十程为分，十分为寸。”程十发即一程等于十发之意。

（6）可取意义相近或字形（偏旁、字头）相同的字，这些字多表示同一类物。如：夏春秋，表示季节；杨柳松，皆为树木。其他像江海洋等。

连姓成意起名，还可回文倒读，这也充分反映了中国文字所富有的艺术特色。如：我国早期电影演员王人美，倒读便是美人王；被国民党特务所暗杀的著名学者闻一多，倒读则为多一闻。其他如池华琼，倒读为琼华池；张自帆，倒读为帆自张；许如清，倒读为清如许（取意朱熹的诗“问渠那得清如许，为有源头活水来”）。还有江河、石岩、江思海等。

连姓或意起名法固然搭配巧妙，容易记忆，但过分追求也不好，因为这样会导致思路狭窄，姓名容易雷同。

兹再列举部分连姓成意起名的名字，供参考：白雪、常青、岑寂、崔巍、霍然、满亦谦、宁靖、秋景宜、史今清、杨柳青、叶知秋、应运生、余兴在、竹友梅。

姓名字形相似法

姓名字形相似法是以姓的汉字字形为基础，挑选字形和它相似的字为名。这类名字在字形上别具一格，容易给人留下深刻的印象。

汉字从体形上讲，有独体和合体，合体是由独体滋生出来的。合体字在汉字中占绝大多数。大多数汉字可分可合，各有独立的意义。起名时就可紧紧抓住汉字这一特点，给人名增加美感和艺术性。

如果用与姓的偏旁或以字头相同的字起名，一则独树一帜，引人注目；二来符合汉字多为合体字的特点，较容易选字组合；最后可为兄弟排列或辈分排行选用。所以，此方法起名亦较常见，而且所起名字多给人留下深刻印象。

一般汉字都具有两个或两个以上的部件。若这两个或两个以上的部件结合起来构成该字的意义，这就是会意字；若两个或两个以上部件，其中一部分表音，一部分表该字的意义或该字的类属意义，就是形声字。利用与姓相同的偏旁（或者形旁或者声旁）相同的字起名，便可体现出和谐之美。利用这种方法起名，可采取以下几种格式：

（1）姓名同旁式。即姓与名均包含相同的偏旁，除这一相同偏旁外，还有别的组合部分。如江淹、沙汀、流沙河，这些都是同一偏旁。崔嵬，姓与名都有“山”这一形旁。鲁鲸，是利用“鱼”这一相同偏旁取名，“鱼”在“鲁”中是声旁，而在“鲸”中是形旁。这些偏旁相同的姓与名，巧妙地构成了很新颖的名字。这类名字还可以举出很多，例如：古克南、刘剑刚、何仰儒、傅仲伟、伊攸俊、任似信、陈阵阳、洪汛涛、江漫波、江潮清、池源

溪、宁宜安、谢谦、雷震霖、柳枫梅、杨柳榭、符简策。

（2）姓作名旁式。即利用姓字作为偏旁另组字为名，把姓当作一个整体而不拆开。例如：

魏巍：以“魏”作“巍”的声旁。

王匡：以“王”为“匡”的声旁。

林彬：以“林”作“彬”的声旁。

高嵩：“嵩”是一个会意字，从山从高，“高”正好成了“嵩”的形旁之一。

武斌：“斌”从文从武，“武”又正好是姓。

（3）取姓偏旁为名式。即姓是一个合体字，选择其中的一部分为名。例如：

陈东：“陈”是一个合体字，由“阝”和“东”组成，“东”是“陈”的声旁。

阮元：以姓中声旁“元”作名。

聂耳：以“聂”的上半部分“耳”为名。

张弓：以“张”的形旁“弓”为名。

再如胡月、贾西、吴天、李木、莫大、杨木、雷雨、舒予等，都属于这种起名法。

（4）姓名字形相仿式。即选择与姓形体相近的字为名。汉字中很多字的形体是相近的，如乙、己、已、巳以及戊、戍、戌等字，稍不注意就容易混淆，但巧妙地运用在名字中会显得很有趣味。例如：

陈阵：两字的差别在于“东”字的两点和“车”字的一横，两字写快笔时，几乎无法分辨。

佘佘：形体相差甚微，在于“佘”字一笔不出头。

孔乙己：利用天干地支相配人名，而“乙”和“己”形体相近。

卡卞：读作 kǎ biàn，“卞”字是下字头上加一点，“卡”字是下字头上加一竖一横。

沈沉：“沈”和“沉”在古代本为一字，最后才分化出来，但差别甚小。

梁粱：差别在于一字下面从“木”，一字下面从“米”，但嵌在下面，稍不注意就会被忽略。

再如万方、申中、尤龙等，都属于这种起名法。

（5）姓名字形结构相同式。即选择与姓字结构完全相同的字起名，如品字结构、全包围结构、半包围结构、上中下结构、左右结构等。例如：

聂晶、聂磊等都是品字结构。

包旬、包甸等，姓和名都是半包围结构。

国园、国团等，姓和名的字形都是全包围结构。

姓氏字义生名法

字义上以姓生名是一种直接的派生方式。我们知道，姓氏除了表示家庭血缘关系之外，有时它本身作为一个汉字，也有字面上的意义。例如：属于动物字义的姓氏有马、牛、羊、熊、鱼、燕、龙等；属于颜色和植物字义的姓氏有红、黄、白、黑、蓝、花、树、林、竹、柳、叶、柏等；属于方向、方位字义的姓氏有东方、东郭、东门、南门、南宫、西门等；属于自然界姓氏的有江、山、水、路、洪、石、空、冷等，这里就不一一列举了。

既然绝大部分姓氏均有它本身字面的含义，这就使得我们有可能将名与姓从字义上直接联系起来，使之构成一个词组、一个成语、一个典故，一个完整的文字字义，从而起出一个生动有趣、含义丰富、寓意深刻的名字来。下面我们欣赏这方面的佳名。

著名豫剧表演艺术家牛得草，原名牛俊国。牛得草这个名就很好地利用了牛姓的字面之义，而配以“得草”使之组成一个很好的、完整的意思，真可谓独具匠心！属于这类型的佳名还有马上飞、马识途、丰收年、国家旺、燕南飞、叶落根、贺新年……这类型的例子，举不胜举。

名和姓组成独立的词语，也很有趣。这方面的例子有方圆、周密、卫国、杨柳、章程、苏醒、雷雨、白云、常青、田间等。这些都是一些字音、字义、字形均好的姓名，读来新鲜，听来有趣。不过，用姓与名组词的起名方法也有不足之处，因为这种方法起出的多半是单名，因而重名比例很高，这一点请读者注意。

从字义上以姓生名还有一种方法，也就是所谓的成语典故法，即利用姓名在字义上的内在联系，将某些成语或典故简缩而成姓名。这样的姓名一般显得很高雅，也很特别，耐读、耐听、耐看。正因为这样，这种起名方法运用起来比较困难，非有些文学素养不行。这方面的例子有石成金（点石成金）、温知新（温故而知新）、万长青（万古长青）、万更新（万象更新）、左逢源（左右逢源）、石天惊（石破天惊）、包万象（包罗万象）、白无瑕

(白璧无瑕)、安无恙(安然无恙)、任唯贤(任人唯贤)、明秋毫(明察秋毫)、金科律(金科玉律)等。

姓氏笔画增减法

这种起名方法充分利用汉字的特点，巧妙地改变姓的字形，灵活多变，饶有趣味，甚至可以说是一种文字游戏。

清人李松石所著《镜花缘》第八十六回所描述的，可能是这种起名方法的最佳例子：

有一家姓王，兄弟八个，求人替起名字，并求替起绰号。所起名字，还要形象不离本姓。一日，有人替他起道：

“第一个，王字头上加一点，名唤作王主，绰号叫作‘硬出头的王大’。(王字加一点成主字，所以叫作硬出头。)

“第二个，王字身旁加一点，唤作王玉，绰号叫作‘偷酒壶的王二’。(王字旁加一点成玉字，所以叫作偷酒壶。)

“第三个，就叫王三，绰号叫作‘没良心的王三’。(王字中间抽去一竖成三字，所以叫作没良心。)

“第四个，名唤王丰，绰号叫作‘扛铁枪的王四’。(王字中间一竖，上下出头成丰字，所以叫扛铁枪。)

“第五个，就叫王五，绰号叫作‘硬拐弯的王五’。(王字旁加拐成五字，所以叫硬拐弯。)

“第六个，名唤王壬，绰号叫作‘歪脑袋的王六’。(王字上改一撇成壬字，所以叫歪脑袋。)

“第七个，名唤王毛，绰号叫作‘弯尾巴的王七’。(王字加一竖变钩成毛字，所以叫作弯尾巴。)

“第八个，名唤王全。绰号叫作‘不成人的王八’。(王字加一‘八’字似人，同时又因王八不是人，所以叫作不成人的王八。)”……

一个王字化成了“主”“玉”“三”“丰”“五”“壬”“毛”“全”八个名，这八个字在字形上均不离本姓“王”，真是令人叫绝！更有趣的是，从本姓“王”字化为八个绰号：“主”为硬出头，“玉”为偷酒壶，“三”为没良心，“丰”为扛铁枪，“五”为硬拐弯，“壬”为歪脑袋，“毛”为弯尾巴，“全”为不成人。字形变化奇诡，讽刺淋漓痛快！读者不妨细细品味。

曾经有一位数学老师名叫黄祖仁，他有两个弟弟分别叫黄祖仕、黄祖任。三兄弟的名字形体十分相似，各名字只差一笔。这是不是很有趣呢？

整体形象表达法

在运用整体形象表达法起名时，其要领是首先从姓着手，紧紧联系与姓相关的意义，使姓与名形成一个表示形象的整体。这种起名法的优点是具有明显的意义，能给人留下深刻的印象。

牛斗星：牛，牵牛星；斗，北斗星。牛斗星即牵牛星和北斗星，即星光灿烂之意。

安如山：安如山即风雨不动，安稳如山，姓与名形成一个很稳定的形象。

桂中行：月中有桂树，以桂代月，桂中行即月中行，给人以飘飘欲仙之感。

元亨：《易经》中乾卦象辞曰“元亨利贞”，按一家说法，元为春天，亨为夏天，元亨即春夏。

王侯喜：王侯喜即为王侯所喜，或王侯高兴。

罗衣轻：罗衣轻轻，衣袂飘飘。

云朝霞：太阳初升，云化朝霞，一派光彩。

江万里：长江万里，浩浩荡荡。

叶荫庭：叶即树，大树给庭院遮阴。

秋如春：秋天好像春天一样温暖。

江腾蛟：江中腾起蛟龙，名字起得霸气。

林道静：林中小道静悄悄，暗喻人的性格与心理。

利用现成词语起名法

利用现成词语起名，可以分为两种情况：

（1）把现成词语放在姓之后组成人名。如：

郑当时：汉代陈人。“郑”与“正”谐音，正当时意义是正当其时，当时为现成词语。

陈万年：汉代相人，字幼公，官至右扶风，迁太仆。

常珍奇：豫州汝南人，南北朝时期军事人物。

鲍同仁：元代针灸家，字国良。“同仁”意为同行或同事。

陈性善：明代浙江山阴人，字复初。性善为现成词语，又用《三字经》“人之初，性本善”典。

郑成功：明代人，率将士数万，收复台湾全岛。

刘永昌：明代安东卫人，崇祯末为镇守江淮总兵官。

陈文学：明代贵州宣慰司，字宗鲁，曾任耀州知州。

饶凤翔：明代安陆人。

钱千秋：明代海盐人，字真长。天启举人。

马光辉：清代大兴人，官至直隶山东河南三省总督。

陈学海：清代松江人，字浩如，工诗善弈。

俞长城：清代桐乡人，字桐川，康熙进士。

到了现代，这种取名的例子就更不胜枚举了。如：徐向前、胡乔木、王启明、赖春风、崔建国、张国强、陈胜利、吴光辉、向红梅等。

（2）如果词语的第一个字可以作姓，那么就直接用词语作姓名。由于汉语词语中以双音节词语占优势，所以这类人名多为两字。如：

方向：明代人，字与义，成化进士。

甘露：明代怀宁人，字沛之，洪武举人。

安然：明代祥符人。

江东：明代朝城人，嘉靖进士。

丘陵：明代兰阳人，字志高。

金华：明代人，字宗实。

文献：明代徽州人，成化举人。

高山：清代人，字子仁。

现代这类人名更多，如：杜鹃、樊篱、万言、艾叶、楚荆、叶茂、史书、周济、许言、顾盼、安宁等。

二、寄托希望的起名法

寄望子成龙之愿的起名法

从孩子呱呱坠地时起，父母就承担起了培养孩子的义务。父母总是根据社会、时代、周围环境特点、孩子本身的天赋，加上父母本身的职业、爱好、想法培养孩子。绝大多数父母都希望自己的孩子走正道、务正业，练就一身好本领，能有所作为。世代为将者，希望自己的后辈从武；官宦之家，希望自己的后辈为官；书香门第希望自己的后辈从文。总之，人人都不甘心自己的子女落于人后，以免自己脸上无光，家族蒙羞。有这种想法的人不在少数，体现在起名方面自然也就很多。

岳飞：字鹏举，“飞”与“鹏举”意义相连。取大鹏展翅，鹏程万里意。岳飞果然没有辜负父母的厚望，一心精忠报国，成为南宋抗金名将。

曹传赞：传赞，乃到处受人传颂称赞，此乃世人瞩目的非凡之人。

宋世雄：世雄乃一世之雄意，从名字可见父母的殷切希望。

邓龙翔：龙翔化用成龙上天意，成龙者，即在社会上有作为之人。

姬鹏飞：取大鹏展翅高飞之意。

金圣叹：圣叹其才，可见其才高。

高翔：姓名相连，其意为高高飞翔，前程远大。

冯骥才：骥才，千里马之才，乃世上少有之才，再联系姓“冯”，“冯”拆开乃二马，与名意义密切相连，此名使人不禁称妙。

邓世杰：世杰，世上豪杰，抱负远大。

袁伟民：伟民者，乃杰出之人。

高士奇：可分解为高士、士奇。高士，乃古代隐居山林之士，均为有才之人；士奇，此人很奇特，不愧为奇才。

王世名：世人有名，确乃时人所望。

盖国梁：国梁，国家之栋梁。盖，超过。姓名相连，意为超过国家栋梁，确是非凡之人。

王邦柱：名字化用成语中流砥柱，邦柱即国家栋梁。

像这样的名字，其中寓一生有所作为，成为非凡之人的意义，在人名中占的比例较高。

寄学识渊博之望的起名法

世人中才高八斗者虽然为数极少，但为父母者绝不希望自己的子女目不识丁。中国人深受“万般皆下品，唯有读书高”思想的影响，于是乎就有“养儿不读书，莫如养头猪”的说法流传。在古代，由于科举制的规定，人

们要走仕途，就得读四书五经等。父母望子成龙，直接表现为希望儿孙十年寒窗苦读，以求将来金榜题名。

随着社会的发展，特别是到了现代社会，人们越来越意识到了知识的重要性。“科学技术就是第一生产力”这一认识，已经越来越深入人们的头脑中。人们要适应现代社会，文化知识就成了必不可少的武器。为父母者为了子女今后有更好的发展，当然希望自己的子女学识渊博，虽然并不是都能做到这一点，但父母还是对子女抱有极大的希望。起名时，这种希望自然成了一个很重要的内容。如：

程骏：后魏人，字壤驹，敏而好学。骏、驹，都是千里马之意。

孔学思：唐代人，以博学闻名。欲博学，不思不可。子曰：“学而不思则罔，思而不学则殆。”“学思”一名便是孔子这句名言的浓缩。

司马才章：唐代人，曾与孔颖达、颜师古等一同撰写《五经义训》。章即彰，是显著的意思，才章即文才显著。

文彦博：宋代介休人，字宽夫。著有《潞公随》一书。“彦”与“渊”谐音，文彦博即文渊博。

方元修：宋代桐庐人，字时敏，少有诗名。元修，意思就是说开始就好好修身。

仇博：宋代新安人，字彦文，质敏博学。13岁时便能诗善文，苏轼见而奇之，拍着他的后背说：“后生可畏。”博乃博学之意，父为之取名极好，仇博也没有辜负父望。

程端学：元代人，字时叔，通《春秋》。端学即好好学习。

文林：明代人，字宗儒，成化进士。联系名与字，可见父辈希望他通读儒家经书。

孔希学：明代人，一生好读书，善书法。“希学”果能学，为学之意呼之欲出。

王文渊：明代安喜人，字巨卿。名取“文渊”，意即学问很深。

文行远：清代江西德化人，名字化用典故“文质行文不远”，甚妙。

再举几个现代人名的例子：

林博：其意就是希望其有广博的知识。

童冠贤：冠贤，贤才之冠，再联系童姓意更妙，少年就成为贤才之冠。

车文博：希望其知识渊博，学富五车，才高八斗。

王英才：英才乃杰出之才。

朱良才：良才意同英才。

张希才：希才，希望成才，“希”又与“稀”谐音，希才又是稀有之才。

以名字寄学识渊博之厚望，这种现象在人名中随处可见。

寄济世安民之望的起名法

作为一个有爱国心的人，总希望民族振兴，国家繁荣。当国家民族四分五裂的时候，希望能尽早统一；当国家民族遭受外族侵略时，希望能抗御外寇，收复失地；当人民处于极端苦难的时候，希望能拯救人民于水火之中；当国家处于盛世时，总希望能保住强国地位。这些远大的抱负，不管是否能够实现，都是值得赞许的。在名字中寄寓济世安民、治国安邦的远大抱负，在历代人名中很多，试举几例加以分析：

魏兴邦：邦，国家，“兴邦”即振兴国家。“魏”与“为”同音，联系名字看，意为振兴国家。

张康国：“康国”意为使国家安康。

王定国：“定国”乃使国家安定之意。

孔安国：“安国”乃使国家安定之意。

项安世：“安世”乃使世界平安之意。

张国强：“国强”乃使国家强大之意。

廖国遴：遴有选择之意，“国遴”即国家遴选之才。

廖邦杰：“邦杰”乃邦国杰出人物之意。

贾公望：“公望”乃世人所望。

贾公杰：“公杰”乃世人中杰出者。

尚振宇：“振宇”使尘宇得以振兴。

陈振寰：“振寰”使人寰得以振兴。

刘兴中：取振兴中华之意。

李唤民：取唤醒民众之意。

廖匡济：“匡”和“济”都有拯救之意，此名隐含着匡时济世的意思。

一些人名虽然没有直接表达要济世救民的抱负，但从另外多种角度阐明了“天将降大任于是人也”的思想，例如“王任重”，取任重道远之意，要兢兢业业，不懈地为人民谋利益的思想从名字中就已显示出来。又例如“许世友”，其一生证明他确实一贯与人民为友。像这样的名字，不胜枚举。

盼望智力超群的起名法

一个人要发展，天赋是必要的因素之一。一个人智商甚高，对他的学习将大有裨益，再加上勤奋，那么他有所成就的概率将大大增加。当然，勤能补拙，又另当别论。但我们可以设想，如果两个人同样勤奋，学习方法同样很好，在相同时间内，智商高者的收获必将大得多。

父母当然都希望自己的孩子聪明伶俐，这也就很自然地反映在给小孩取名方面。比如：

孟速思：“速思”即反应敏捷。

马思聪：“思聪”即思维敏锐。

留睿：明代人，字若愚。“睿”即聪颖，联系名与字来看就是大智若愚。

何敏中：“敏中”即思维敏捷，言论中肯。

再举几个现代人名的例子：

傅聪：傅雷之子，著名音乐家。“聪”即聪明。

朱少智：“少智”即少小就很聪明。

张仲谋：“仲谋”即足智多谋，同时用孙权的字“仲谋”入名，意为要像孙权那样足智多谋。

黎自明：“自明”即任何事情自己都很了解，很清楚，这样的人当然很聪明。

梁诚智：“诚智”即确实聪明。

像这种以智、聪、敏、睿、明等字入名的，一般都是取聪明之意。

向往姿容俊美的起名法

爱美之心，人皆有之，谁不希望自家儿子英俊潇洒，自家女儿美貌端庄。外貌形态是先天的，现代社会虽有美容术，但选择从根本上改变自己相貌的还是少数。不过，不管自己的孩子长相如何，家长们都认为其俊美超群，至少在内心里希望如此。因此，用表俊美之意的字眼入名，就属于人之常情了，这类例子就简单列举了，比如：

陈世美：“世美”，世上少有的漂亮。

王士俊：“士俊”即此人美丽、聪慧。

杨丰俊：“丰”“俊”两字均是美丽之意。

蒲英姿：“英姿”即俊秀的风姿。

谌容：“容”，美的容貌。

以漂亮、美丽的字义入名，在女性人名中最为常见，有时甚至给人这样的印象：凡是带有美好意义的词都可以作为女性名。

花对人们来说是供观赏的植物，它能引起人们的美感，所以，凡是一个民族对之有好感的花，都可以作为女性名，表示漂亮之意。

直接用“花”字入名，如张春花等。

古代“华”与“花”相通，因此以华入名者也不少，如邵华、曾春华等。

以具体的花名入名，如：

梅：梁春梅、尹梅、史冬梅等。

兰：任兰、华如兰等。

竹（花中四君子之一，这里也把它算在花之列）：林竹、兰竹等。

菊：江秋菊、范菊华等。

桂：何桂花、覃桂等。

蓉：段蓉、艾蓉等。

薇：祝薇、周晓薇等。

玉本来的价值比较高，再加上它外形美观，色泽宜人，人们都很看重玉，以玉字旁的字作为女性名的例子也很多。如：

红玉：《聊斋志异》中的人名。

梁红玉：宋代抗金将领韩世忠的妻子，是一位巾帼英雄。

杨玉环：即杨贵妃，受宠于唐明皇。环非凡品，且是玉环，当然既贵重又美丽。人如其名，长得漂亮，又很尊贵。

选用与玉意义有关的字入名，如：

珏：王珏、孙翠珏等。

莹：杨莹、安秋莹、顾莹等。

翠：何玉翠、邓永翠等。

瑛：郑瑛、朱玉瑛等。

琼：袁莉琼、朱琼、黄作琼等。

瑶：琼瑶、李佩瑶、谢瑶环等。

珠：马丽珠、邱贞珠等。

在视觉上能引起美感的事物常常被选入女性名中，如选用某些动物入名：

燕：韩燕、党春燕等。

雁：朱雁、南雁飞等。

鹃：杜鹃、夏丽鹃、茹志鹃等。

以一些自然现象入名：

冰：何冰、白冰等。

霞：丁霞、阳霞等。

雯：孔雯、文雯等。

虹：潘虹、常虹等。

雪：孔香雪、白雪等。

以四季入名：

春：阳春、孟立春、秋如春等。

夏：江夏、何林夏、覃耀夏等。

秋：梁秋、周丽秋等。

冬：韩冬、李冬雨等。

在嗅觉方面引起美感的事物也经常进入女性名：

芳：陈芳、侯芳、甘丽芳等。

香：丁香、余金香、陈菊香等。

芬：秦时芬、乔芬等。

五彩缤纷的色彩，本身能引起视觉上的愉悦和心理的快感。因此，这类字眼多用于女性名。

红：江红、黄红等。

绿：夏绿、李绿江等。

彤：于彤、李晓彤等。

以带女字旁的表漂亮意的字入名，更是女性名的独有特征。

娇：林娇、吴娇妮等。

婉：李晓婉、李婉珍、任婉等。

娟：伍娟、吴晓娟、何丽娟等。

娅：余娅、肖娅怡等。

希望幸福富足的起名法

从拥有孩子那一刻起，父母就开始为他精心地规划未来的生活，想为他创造一条通往幸福之路。如果出生于名门望族，长辈希望他能光前裕后；如果出身贫寒，父母则希望孩子可以通过努力改变命运，不再像父辈那样受苦受穷。总之，人们都希望自己的孩子生活富足，平安喜乐。因此，很多人在给孩子取名字时都寄托了这种希望。

在现代社会，虽然物质生活水平有了很大提高，但父母还是希望孩子将来的生活更好一点。当然，父辈的愿望也无可厚非。不过，相比之下，以富、福、昌等表示富足、昌盛的字眼入名，在古代人名中比较多一些，现代人在这方面并不是没有希冀，而是暗藏心中，不愿意直露出来。此类人名有张介福、何景福、郭裕、张天禄、朱昌颐等。

父辈生活富足，当然希望下一代也吃穿不愁，甚至于子孙万代都不受穷。许多父母心里是这样想的，实际上也是这样做的。他们拼命省吃俭用，希望能攒下一大笔钱财留给孩子；他们不图个人的享乐，只图家族的兴旺发达。中国人的这种思想观念根深蒂固，这一点在古人所取名字中体现得极为明显。如：

曹胤昌：“胤”意为后代、后嗣；“胤昌”就是使后人昌盛。

何承裕：“承裕”既有承继先人财富之意，又有让后人承继家族财富之意，不管哪种意义，都是希望家族永远发达。

何嗣焜：“焜”为明亮之意；“嗣焜”就是希望后代前途光明。

朱鼎延：鼎是古人烹煮用的器物，只有贵族才能用得起，所以贵族之家又称钟鸣鼎食之家。将鼎延顺下去，其意就是让家族永远兴旺。

李富孙：“富孙”的意义很明白，就是让子孙富足。

再举几个现代人名为例：

赵承福：“承福”就是承接福分的意思。

朱继祚：“祚”也是福的意思，“继祚”与“承福”意思相同。

朱延禧：“禧”是幸福的意思，让幸福延续下去，不仅自己受益，也让子孙受益。

康延泽：“泽”是恩惠的意思，与幸福有相近之处；“延泽”与“延禧”差不多。

钱良：以“良”谐“粮”，钱粮俱有，生活富足。

不过，在这里需要提一句，希望广有财物，并不是可耻的事情。但有些人认为只追求物质是庸俗的，因而不愿意用福、富等字入名，这种顾虑当然也是有一定道理的，取名应着重从理想、希望出发，不可只看重物质利益。但是，在取名时完全排除这类字眼也是没有必要的。当然，福、富、财等字人名在旧时代比较普遍，为避免重复，避免落入俗套，少用这一类字也是应该的。

希望健康长寿的起名法

“身体是革命的本钱”，拥有健康的身体，是追求其他一切的基础。尤其是父母，必然希望子女能健康成长，一生安乐。这种愿望也反映在所取的人名之中。如：

辛延年：“延年”是延年益寿之意。

王延寿：“延寿”与延年同义。

朱百年：“百年”即百岁，活百岁当然是长寿。

朱寿昌：取长寿兴旺之意。

丁鹤年：据说鹤能活到很大岁数，“鹤年”显然就是长寿之意。

牛鹤龄：“鹤龄”与鹤年一样，也是长寿之意。

方龟年：龟是长寿动物，曹操有诗云：“神龟虽寿，犹有竟时。”

李彭年：“彭年”意为年龄活到彭祖那么大，彭祖活了八百岁，当然是长寿了。

严彭祖：直接用了“彭祖”为名。

霍去病：去病就是除去疾病，身体健康。

再来举几个现代人名为例：

康健：“康”与“健”意义相同，均取健康意。

翁独健：名与姓意义相接，意为此人独为健翁。

刘青山：“刘”谐“留”，代用“留得青山在，不怕没柴烧”，意即一定要保重身体，以待来日。

从以上列举的人名不难看出，有些表健康意的字或词，如寿、翁等，放在孩子身上或许不太合适。一个刚会走路的小孩就叫“××寿”“××翁”，就会显得过于老气横秋。关于这一点，父母及长辈们在给孩子起名时应该注意。如果要从健康角度命名的话，应该多动动脑筋。

祝愿一帆风顺的起名法

每个人从出生开始，就要面临一连串的难题。生活不可能总是一帆风顺。但越是这样，父母在给孩子起名时，越是希望他们能平步青云，万事亨通。自然而然地，这种希望就被嵌入孩子的名字之中了。

在古代，人们的这种思想又主要表现在官运亨通、仕途如意上。读书人都希望能在金榜题名之后，扶摇直上，光宗耀祖。另外，人们的一些宏伟抱负，如“致君尧舜上”的理想，在那样的时代也只有走进官场才能得以实现。这就使得一些具有宏伟抱负的人为了实现其理想，不得不走上仕途。人们不仅希望入仕，更希望仕途坦荡，如鱼得水。这种心理在各个时代的人名中都有很明显的体现，如：

孔顺：单名顺字，希望一切顺利。

吕兆祥：“兆祥”即征兆吉祥，将交好运。

伍启运：“启运”即开运，交运。

伍遇亨：“亨”就是顺利之意；“遇亨”即经历顺利，万事亨通。

王亨泰：“泰”是平安的意思；“亨泰”即又太平又顺利，此名吉祥顺利的意思再明显不过了。

伍举：“举”是提拔、上升的意思。

方中通：“中通”即通达。

方仕：取“仕”入名，显然是希望能做官。

方政：以“政”为名，显然希望他继承家业，能在政界不断被重用。

方升：“升”与“举”相同，与方姓相连，意取如旭日东升，暗含自己不断得到擢用的意思。

王思政：“思政”即时时都想着政事，进入官场之意甚明。

王泰：“泰”与“通”意义相近，名与字相结合，表达的都是通达的意思。

王陟：“陟”即登高、升迁，意即不断被提拔重用。

伍仕阶：取名仕阶，意思是希望走向仕途，就像上楼梯一样。

吕必用：名必用，意思是希望得到擢用。

孔颖达：“颖达”即聪颖通达之意，可见取名时希望一生亨通。

魏国用：“国用”即希望能得到国家重用，实际是想当大官。

古人取名，虽希望仕途如意，但有些不直接说出来，而说自己是良臣、良弼、君佐，实际上是希望得到皇帝重用，以展其才。如：

尹良佐：“佐”就是辅佐的意思，“良佐”即良臣，当然是给皇帝当辅臣。

吕公弼：“弼”也是辅佐的意思，表面上是辅佐公家，实际上还是辅佐皇帝。

王明弼：“明弼”即良弼。

何君佐：直接言明辅佐国君，其名字用意更明显。

吴承恩：“承恩”即承受皇恩，也就是能得到提拔升迁的意思。

再举几个现代人名为例：

傅经顺：“经顺”即经历顺利。

金承运：“承运”即交运，走运。

安如山：万事顺利，风雨不动，如山一般。“如山”与安姓相连，名起得妙。

杨得志：“得志”就是使志向得以实现。

张达志：“达志”即实现志向。

王步高：“步高”即一步一步地向上升。

贺吉祥：以吉祥入名，直接表万事如意。

抒发职业爱好的起名法

职业是人的第二生命。当人们以毕生精力从事某种职业时，必然会对其产生特殊的感情。如果在职业上有所建树，春风得意，就会更加喜欢它；如果在职业上屡受挫折，徒劳无功，就会对其产生厌恶感。得意者尝到了甜头，往往希望下一代也从事与自己相同的职业；失意者吃尽苦头，则不希望子承父业。因此，在给孩子取名时，有的父母总愿意在孩子的名字中体现自己对他们的期望，说得更具体一些，就是从事什么职业。于是，他们的愿望便会在下一代人的名字上自觉或不自觉地体现出来。

从大处来看，职业可以划为两类：一是文职，一是武职。因此，从古至今，以文、武二字命名的极为普遍。如：

孙希武：“希武”就是希望从武事。

魏希文：“希文”就是希望有文才，从文事。

毛宗文：“宗文”就是文宗，以文为宗旨，立志从文之意甚明。

现代人也喜爱以“文”“武”入名，如：

陆文夫：“文夫”意为从文之人，立志走文学道路。

杨成武、杜从武、张经武：从名字看都有希望其成为武将之意。

除了文、武两种职业外，其他职业也可入名。如：

方唐：笔名，现代著名漫画家，“方唐”谐音“荒唐”。他的漫画运用夸张、讽刺手法，看似荒唐却有深意，让人在捧腹大笑后有所思考。

莫非仙：艺名，杂技演员，莫非仙魔术团组织者。联想其鬼神难测的手法，真能使人产生莫非是遇仙人的疑惑。此名与职业相配得巧妙。

陈师道：其名表示自己愿当好一名人民教师，做好传道授业解惑的本职。

崇尚优良性格的起名法

性格的形成是由多方面因素决定的，主要是由所处的生活环境，包括家庭、社会以及周围的自然环境决定的。男性一般更加刚毅，女性一般更加柔和，社会及家庭一般也是这样认为的。但也有父母及长辈在这一方面吃过亏，为了不让后辈重蹈覆辙，便希望男孩不要过于刚烈，可以刚中有柔，女孩不要过于怯懦，应该柔中有刚，以求刚柔相济。这些在人名中都有所反映。如：

王勇：北周武川人，性勇猛，数有功绩，官至大将军。单名“勇”字，确实英勇。

王直：明代人，字行俭，永乐进士，“直”字代表着性格爽直。

王秉刚：清代江山人，乾隆年间武进士，嘉庆初随征黔楚有功，官至右江镇总兵。“秉刚”即秉性刚直，与其武进士身份很相适。

陈淑娴：淑，好；娴，贤惠。淑娴就是性格又好又贤惠。

陈淑贞：淑，好；贞，坚定，有节操。淑贞就是贞节美好。

除了希望性格刚强或温柔外，还有的希望性格爽直、天性活泼、性格幽默等。如：

句龙爽：以“爽”字入名，求爽直意。

王乐天：“乐天”就是快活。

房天乐：“天乐”与乐天同义。

严济慈：“济慈”就是心地慈善，乐于助人。

崇尚贤良品质的起名法

品质是一个人修养的重要方面。中国人受儒家文化影响至深，因而在取表品质意思的名字时，主要以儒家的道德观作为标准。

品质包括多方面，如宽宏大量、与人为善、自恭自谦、克勤克俭、谨言慎行、言而有信、彬彬有礼等。

这里就其主要方面，择其要点来分析。

（1）从品质总的方面起名字

有的人取名并不具体涉及人品的具体内涵，而是从总的品质修养角度来取名。试举几例：

程修己：“修己”即“修身”，修身就是使品质高尚，只有自己品质高尚，才会受人尊敬。

高汝砺：“砺”就是磨刀石。像用磨刀石磨刀一样严格磨炼自己的品质，比“修己”意义更深一层。

程正己：“正己”取“正人先正己”。只有自己做到正直，然后才能要求别人正直；只有自己做出榜样，才可以正本清源。

雷伟节：“节”即节操，“伟”即壮美，“伟节”就是节操高尚美好。

于省吾：“省吾”出自《论语·学而》：“吾日三省吾身。”“省吾”即反省自己。

陈三省：同样典出“吾日三省吾身”。“三省”即多次反省。

龚自珍：“自珍”即自我珍重，也就是要注重自我修养。

沈德潜：“德潜”的意思就是德深，德深就是德高。

林昭德：“昭德”就是让德行昭然于世。

（2）从品质的具体方面起名字

起名时根据个人所愿对品质的具体方面做出自己的选择。对于这些方面，让我们分开来讲一讲。

①对人要重义，要宽宏，要忠诚。

方从义：“从义”即对人要重义。

毛思义：“思义”即时时都要想到注重道义。

周义山：“义山”即义重如山。

盛以弘：“弘”与“大”同义；“以弘”就是胸怀大度，意为对人要宽宏大度。

黄植诚：“植诚”即树立诚心。

②对己要自恭自谦，重贞重节。

留恭：“恭”意为肃敬、谦虚；“留恭”就是留住恭，显然是希望保持自恭。

王克恭：“克”是能的意思，“克恭”即能恭。

盛汝谦：“汝谦”即对人要谦虚。

于奕正：“奕”有盛大之意，“奕正”即非常正直。

孔贞元：“贞元”即元贞，“元”有开始、根本之意，“贞”之意为忠贞、坚定不变。“贞元”就是保持原有的忠贞，不妥协多变。

王尚廉：“尚廉”即崇尚廉洁。

③在言行上要谨言慎行，言而有信。

于慎思：“慎思”意为三思而行。

钱信忠：“信忠”即要忠诚，言而有信。

④注重礼仪。

于守礼：“守礼”“仲仪”，都是重礼仪的意思。

程端礼：“端礼”即礼节周到。

田厚仪：“厚仪”即注重礼仪。

尚礼：将崇尚礼节浓缩而命名，姓与名搭配正好成立。

⑤生活上克勤克俭。

方克勤：“克勤”即能够勤俭。

吕克俭：意取能够勤俭。

郑永俭：“永俭”，永远俭朴。

称颂坚强意志的起名法

一个人要有所成就，具有坚强的意志是一个很重要的因素。

父母及长辈对孩子抱有很大的希望，总是希望他们长大后意志坚强，做事持之以恒，干出一番大事业。没有毅力，做事就容易半途而废，希望就将化为泡影，因此，父母在给孩子取名时很注重这个方面。如：

刘志坚：“志坚”就是意志坚强。

何守志：“守志”即始终如一地坚持自己的志向，这同样需要坚强的意志。

关盛志：“盛志”即强志。

苻确坚：“确坚”，的确坚强。在苻坚（前秦皇帝。诛杀暴君，登基为帝）名中加一“确”字，用典甚妙。

傅如一：“如一”即始终如一，持之以恒。

盛以恒：“以恒”即持之以恒。

仰慕起名法

名字因仰慕而起，大致有两种形式：一种是直书借用，完全袭用古人的名字。如汉代司马相如崇敬战国时蔺相如的为人，就直接用他的名字，其他如严武慕苏武，顾野王慕冯野王。近代作家严独鹤名祯，是景仰元代文学家杨维祯而名。另一种是在名字中就表示了仰慕师法之意，如崇敬颜回，起名希颜、望回；钦佩韩愈，起名师韩、次韩、乔愈等。

因仰慕而起名的情况是很多的，舜帝时百典乐之官名夔，他的职责是使“八音克谐，无相夺论，神人以和”（《尚书·尧典》），后有名字潘景夔、胡师夔。

商汤时有名臣伊尹，辅佐商汤伐夏桀，被尊为阿衡。后有名字潘景尹、许景衡、张少伊、李志伊。《孟子·万章》有语：“伊尹耕于有莘之野，而乐尧舜之道焉。”后者名字刘伊耕、张莘老。

孔子，名丘，字仲尼，是儒家的创始人。后人有起名孔宗尼、张景丘、李敬丘。

孟子，一代名儒，时称“亚圣”。后人有起名马希孟、赵师孟。

孔子有弟子三千，贤人七十二，其道德、文章皆为后人所推崇。钦敬曾皙或曾参而名者如冯子曾、赵师皙、张志参等。

张良，字子房，“汉初三杰”之一。后人因仰慕其而名者有张希良、周仰良。

唐代政治家、谋臣李泌周旋于仕隐之间，声名特重。因仰慕其而名者有张慕泌、王式泌。

近现代的人因仰慕名人而以名人之名起名的也很多。如柳亚子，原名柳慰高，因仰慕法国著名思想家卢梭，改名人权，字亚卢，意为亚洲之卢梭，后觉不够谦逊，改为亚子。

作家高兰，原名郭德浩，各取外国文学家高尔基和罗曼·罗兰名字中一字，以示对两位大作家的景仰。

女作家陈学昭，原名陈淑章，因喜欢研读南北朝梁代文学家萧统编著的《昭明文选》，易名学昭。

著名教育家、经济学家马寅初给长女起名仰班，系仰慕我国东汉时的才女班昭而名。

舞蹈艺术家吴晓邦原名吴祖培，为学习波兰音乐家肖邦而改名晓邦。

这里应当指出的是，人们因仰慕古圣先贤而起名，总是从自己的思想观点出发，各取所需，以自己仰慕的人物之名入名。有崇尚帝王将相的，有钦敬民族英雄的，有景仰名儒隐士的，有爱戴革命先烈的，等等，性质相近，着眼点各自不同。当然，一般受人敬慕的人，都是拥有高尚人格的人，我们还没有见到过哪个敢冒天下之大不韪而起名景纣、慕桀、师跖的。

以长辈意愿起名法

受儒家思想浸润了数千年的中国社会，提倡忠孝、齐家、睦族，使得整个社会也如一个大家庭一般，每个人首先要尽对家庭与祖先所应尽的责任，在此前提下求治国平天下。故命名的内容大体上多包含有理想与希望，无论是出于他人所命，或是由己自命。那么，承先、启后、敬宗、延族，自然是理想与希望的一大主流。看看史书上所列的历代人名表，如光祖、述祖、兴祖、胤宗、继宗、敬宗、耀宗、孝宗、显宗、继先、绍先、耀先、孝先、嗣先、延先……此类名字是表达传承中国传统宗族思想之意最明显的例子。我们稍作分析，便可看出其思路约向以下几方面发展：

其一，寄托于承先的，如绍祖、继祖、孝先、敬先。

其二，寄托于启后的，如广嗣、延嗣、裕孙、蕃孙。

其三，寄托于继业的，如绍箕、绍裘、绳武、克武。

其四，寄托于兴宗的，如显祖、亮祖、光宗、延族。

其五，寄托于亲情的，如怀祖、念祖、怡祖、悦孙。

元朝大画家黄公望，字子久，据杨迁端《画史》说："其父九十始得之，曰，黄公望子久矣。"所以取名公望，字子久。清袁枚得子时也已年过花甲，颇嫌来得太迟，便名为袁迟。

这里需要指出的是，对起名方面的宗族思想不能简单对待。特别是在 20 至 21 世纪，人们寄希望于后代，愿其有所作为、光宗耀祖，这本身也包含了为国家、为民族出力做贡献的愿望，包含了推进社会主义事业发展的愿

望。例如：

绍曾：化学家杨石先小时候聪明、文静，祖父给他这个宝贝孙子起名绍曾，意思是继承曾祖父的事业。

万绥：画家蒋兆和出生时，按排行是万字辈，父亲给他取名万绥，意为永远平安。

福禧：现代戏剧作家熊佛西，父亲给他取名福禧，字化侬，希望他将来能过上幸福而欢乐的生活。

蛰龙：中山大学昆虫学教授蒲蛰龙 1912 年出生，父亲望子成龙，给他这个长子起名为蛰龙。

佛年：现代教育家刘佛年的父亲给他起名佛年。“年”字表示排行为“年”字辈，“佛”则表示父亲当时正热心于研究佛学，具有纪念意义。

戎生：粟裕的儿子粟戎生在江苏扬州的外公家，外公希望子承父业，给外孙起名戎生。粟裕很喜欢这个名字。

演达：邓演达 1895 年生于广东惠阳，父亲邓镜人为他起名演达，字择生；给他哥起名演存，字竞生，兄弟两个的名和字，均从《天演论》中的“物竞天择，适者生存”中取义，既表达了邓演达之父对进化论和新学的向往，也表达了父亲希望两个儿子参与社会竞争而有所作为的愿望。

大成：这是一个有趣的故事。一对夫妇生育了四个儿女，希望他们长大后成为建设国家的栋梁之才，给孩子依次起名大成、大为、小专、小家。四个名字联系起来看，即是“大大小小成为专家”。

彭年：文学史专家杨荫深出生时，祖父给他起名彭年，取“彭祖八百年”（长寿的象征）之意，寄托老人对孙子健康长寿的祝愿。

实际上，父母长辈的意愿是多方面的，并不像我们列的那么简单。这一点，做过父母的人都知道。举这些例子，只是想告诉读者，以父母长辈的意愿起名是一种极为常见的习俗，大部分人的名字体现了他们父辈的期望和嘱托。您如果有了孩子，也不妨将自己的热切期望与嘱托体现在孩子的名字之中，这将会给您带来莫大的乐趣。

当然，将父母的期望和心愿体现在孩子的名字上，这里主要是指好的期望和心愿。要是把一些过分重财利、名望，尤其是重男轻女的思想体现在孩子的名字上就不好了。据说以前有一位教书先生，重男轻女思想极为严重。当他妻子第一胎生下的是一个女孩时，他叹了口气说：“这又何需呢？”于是给第一个女儿起名何溪（需）。当第二胎生下的又是一个女孩时，他又叹了口气说："这又何必呢?" 于是给第二个女儿起名何碧（必）。也许是命运有意捉弄这位教书先生，他妻子生下的第三胎还是一个女孩。这位老先生老泪纵横："天哪，这又何苦呢?" 他干脆就给三女儿起名何苦。这当然包含着对这个教书先生的讽刺。

直抒胸臆的起名法

所谓直抒胸臆起名法就是把所要表达的意愿用清楚明白的文字直接表达出来。比如，唐代柳宗元有一个本家叫柳谈，非常推崇儒家学说，干脆以中庸为字，很直接地把推崇中庸之道的意愿表达出来。

这种方法在起名中用得最广最多，大部分人名是用这种方法取成的。比如：

为了表达济世济民的愿望，可直接以"振华""兴中""兴邦""中华"入名；

为了表达希望成为非凡之人的愿望，可直接以"伟民""世杰""少奇""世奇"入名；

为了表达学识渊博的愿望，可直接以"文博""文林""文渊"等入名；

为了表示远大志向，可直接以"志远""思远""有志"等入名；

为了表示对某种道德品质的重视，可直接以"德怀""忠诚""自谦""自珍""义山"等入名；

为了表示对某种性格的向往，可直接以"秉""刚""勇""强""娴""惠"等入名；

为了表达万事顺利的希望，可直接以"顺""经顺""通达"等入名；

为了表达对幸福生活的追求，可直接用"富""贵""福""财"等入名；

为了表达身体健康、延年益寿的希望，可直接用"延寿""延年""健""康"等入名。

还有这样一个例子：有位海外华人，非常思念家乡及家乡的亲人，便给孩子分别起名为望乡、念乡、思乡，其意甚明。这个例子可以看作运用直抒胸臆起名法的典型。

激励上进的起名法

凡是有大成就的人，其名字都有一种积极向上的意味。这一点在那些为

民从政者的名字上体现得最明显。

又如著名科学家钱三强，再三自强，进取之心明显。著名将领徐向前，取勇往直前，绝不后退之意。宋代诗人杨万里，取行万里路之意，可见志向远大。再如蒋大为，取大有作为之意，成为全国著名的歌唱家，闻名海内外，确实是大有作为。王大任，取自“天将降大任于是人也”，大任既降，焉能不努力？

这些人在起名时，其父母亲不一定会想到他们将来会成为非凡之人，但有了表示向上意义的名字，对其本人肯定有一定的激励作用。所以，不能说他们所做出的贡献与他们的名字毫无关系。

反之，如果当初起一个消极的名字，如弃世、居后、闲逸等，虽然不至于影响有志者的奋发，但至少缺少一种应有的激励作用。对于父母来说，当然是希望外界包括名字在内的一切因素对其子女的正面激励作用越大越好。

三、传统习俗的起名法

道德规范起名法

名字是人类社会的反映，是凝练的诗篇，同时也是一部包罗万象的百科全书。

既然说名字反映的是时代观念，是不是意味着我们现在起的名与过去的名字毫无关系呢？绝不是的！

尽管古今历代人们的认识有许多差别，然而有一点是共通的，那就是把美好的意愿寄托到名字中。由于有许多观念古今传承，因此，我们中国人今天绝大多数的名字与过去的名字所表述的意思相同或相近。

《白虎通·姓名》中说：“人必有名，所以吐情自纪、尊事人者也。”可见人名所表达的意思、所使用的字，本不应有什么限制，只要意思好、音韵好、符合习惯就行了。

在中国古代，男子名字多体现“五德”“四维”“五福”“三多”等观念。俞成在《萤雪丛说》中写道：“今人生子，多取文武富贵四字为名。”道出了当时起名的特点：

（1）以五德观念起名。历代均以儒家五德为正人君子的准则，所以依据五德观念起名者甚多。五德亦称作“五行”“五常”，共分三类：

①儒尚五德：仁、义、礼、智、信；

②将帅五德：智、信、仁、勇、严，另有柔、刚、仁、信、勇；

③至孝五德：庄、忠、敬、笃、勇。

儒尚五德，常与三纲连用，称为“三纲五常”。《荀子·十二子》：“五行、五常，仁、义、礼、智、信是也。”三纲指“君为臣纲，父为子纲，夫为妻纲”。儒家认为五德是长存不变的五项道德标准，因此，历代人们多以五德之字起名，如仁惠、仁杰、叔礼、守义、崇义等。

将帅五德出于孙子。《孙子兵法·什篇》说：“将者，智、信、仁、勇、严也。”另外，在《淮南子·兵略》中，以“柔而不可卷也，刚而不可折也，仁而不可犯也，信而不可欺也，勇而不可凌也”把将帅五德归纳成“柔、刚、仁、信、勇”五种。历代武臣战将多以此五德起名，如西汉军事家韩信、东汉将领班勇等。

至孝五德始于春秋。《吕氏春秋·孝行》以“庄、忠、敬、笃、勇”为至孝五德，并解释道：“居处不庄，非孝也；事君不忠，非孝也；莅官不敬，非孝也；朋友不笃，非孝也；战陈无勇，非孝也。”以至孝五德起名者，在历史上也不乏其人，如守敬、世忠等。

（2）从四维观念起名。四维即礼、义、廉、耻，始于春秋时代。《管子·牧民》中说：“四维张，则君令行。”“何谓四维？一曰礼，二曰义，三曰廉，四曰耻。”

四维本是管仲协助齐桓公推行政令而制定的四项准则，后人以其为道德依据，多以四维观念起名，例如王守礼、陈钦廉等。

（3）以三宝、三多、五德等道家观念起名。老子和庄子为道家代表人物，皆以“道法自然”为主，主张“齐物我，齐是非，齐大小，齐生死，齐贵贱”，按今天的说法就是“宿命论”。

《道德经》中有“三宝”的记载：“我有三宝，持而保之，一曰慈，二曰俭，三曰不敢为天下先。”

《庄子·天地》论“三多”（多福、多寿、多男子）道：“尧观乎华。华封人曰：‘嘻，圣人！请祝圣人，使圣人寿。’尧曰：‘辞。’‘使圣人富。’尧曰：‘辞。’‘使圣人多男子。’尧曰：‘辞’。”后人多以此为祝颂之辞。如明代李渔在《慎鸾交·赠妓》中有“长幡绣佛祝三多”之语。

“五福”的记载见于《尚书·洪范》：“五福：一曰寿，二曰富，三曰康宁，四曰攸好德，五曰考终命。”攸好德，即所好者德之意；考终命，即善终不横夭之意。

道教是中国三大教（儒、道、佛）之一，流传甚久，对中国古代文化、思想影响很大。用道教思想起名，是一种很流行的起名方法。以陶渊明为代表的“逍遥派”，多具有很浓厚的超世观念。体现此思想的人名如：毛延寿、严济慈、王克俭等。

（4）以墨家思想起名。墨家创始人墨子竭力主张“兼相爱，交相利”。《墨子·非乐》中有“赖其力者生，不赖其力者不生”的论述，认为“官无常贵，民无终贱”。

虽然战国以后，历朝历代多崇尚儒教，然而墨家思想仍深入人心，以墨家思想起名者亦不在少数，如尚贤、尚同等。

中国的思想文化多受儒家思想影响，名字多以其为依据，所以千余年变化并不甚大。直到中华人民共和国成立后才算有点出新。

另外，中国人宗族观念很重，在起名中多有体现，如绍祖、孝先、延嗣、继业、念祖、显祖、绍箕、悦宗等。清朝的袁枚之孙名叫祖志，便是以此命名的。唐安禄山部将田承嗣、北宋名将杨继业、明末兵部尚书杨嗣昌、清朝文华殿大学士兼军机大臣尹继善等人的名字都体现了宗族观念。

最后值得一提的是女子的名字。中国妇女数千年来社会地位一直低下，起名字也往往依据“三从四德”“三贞九烈”。《周礼·天官》说四德为“德、言、容、功”。历代女子名中带有“贞”“淑”“贤”“顺”的俯拾即是，直到今天，有些人仍给女儿这样起名，如陈蓉贞、李淑贤等。

五行起名法

《孔子家语·五帝》中说：“天有五行，水、火、金、木、土，分时化育，以成万物。”

五行，指的是五种物质元素，即水、火、金、木、土。中国古代朴素唯物主义（阴阳家）认为，这五种物质是万物的起源和根据。

战国时期，五行相生相克的学说颇为流行。朴素唯物论认为：一物对另一物有促进作用（或相互促进）即为“相生”，而一物对另一物起抑制作用（或相互排斥）则为“相克”。

五行相生：木生火、火生土、土生金、金生水、水生木。

五行相克：水克火、火克金、金克木、木克土、土克水。

人们为什么要以五行理论命名呢?

人的思想是社会的产物，与对自然、社会的认识紧密相关。阴阳五行学说的盛行，使人们把一生中的荣辱祸福系于五行生克上，所以在起名时，借以求得阴阳盈虚的调和、刚柔的相济，认为这样可以逢凶化吉，一帆风顺。这大概就是千百年来人们不断以五行理论为根据而命名的缘故吧。

人们是怎样以五行理论命名的呢?

以五行理论命名始于周秦时代，主要是把商殷的干支命名法与五行观点配合而命名。人们除了有名外，还要取字，因此主要是以天干配五行，取出名和字来。如楚公子名壬夫，字子辛，即以水配金，则水生于金，刚柔相济。

到了宋代，以五行理论命名更为流行，然而，那时却不重视八字的欠缺，只取五行相生之义用来序辈。

宋代应用五行相生命名方法如下：

木生火：父名属木，则子名应属火；

火生土：父名属火，则子名应属土；

土生金：父名属土，则子名应属金；

金生水：父名属金，则子名应属水；

水生木：父名属水，则子名应属木。

宋朝宰相张濬，名属水，所以要给儿子取一个属木的字，故其子名张栻。张栻名属木，其子应以火名，故张栻之子名叫张焯。

以后历代，人们多以生辰八字的欠缺配以五行而命名，因此称作“五行四柱起名法”。生辰八字就是古代星相家以人出生的年、月、日、时为“四柱”，配以天干地支，每项两个字，合四柱的干支共为“八字”。根据其缺欠，取五行中水、火、木、金、土中相应的字来补救。如：八字中欠金，可用“鑫”字；八字中欠水，可用“淼”字。

八卦起名法

所谓八卦起名法，就是利用八卦来给孩子起名的一种方法。但是，什么是八卦？有很多人不一定懂。我们就先来介绍八卦的基本内容。

在《周易》中，八卦是代表八种具有象征意义的图形，每个图形用三条

线组成，不断的直线“——”代表阳，叫作“阳爻”；间断的直线“— —”表示阴，叫作“阴爻”。阳爻和阴爻的不同搭配，成为八种图形，象征八种自然现象，即天、地、雷、风、水、火、山、泽。而乾代表天，坤代表地，坎代表水，离代表火，震代表雷，艮代表山，巽代表风，兑代表泽。

我们先来看一下八卦图：

古人认为，八卦中乾、坤两卦最为重要，是自然界和人类社会一切现象的根源，而乾与坤、震与巽、坎与离、艮与兑是四个矛盾对立的形态。传说周文王姬昌将八卦互相结合，得到六十四卦，并用来象征自然现象和社会现象的发展变化。八卦图除了图形外，还有其方位，用以配合各卦的性质。

下面是八卦图形名称对照表：

卦名	卦象	五行属性	后天方位
乾	☰	金	西北
兑	☱	金	正西
离	☲	火	正南
震	☳	木	正东
巽	☴	木	东南
坎	☵	水	正北
艮	☶	土	东北
坤	☷	土	西南

由于《周易》中的八卦常被人们用来预测自然和社会事物，民间也还有人用它来占卜吉凶，因而卦辞对于有着趋吉避凶心理的中国人有着莫大的吸引力。

在用八卦进行占筮的同时，有人便产生了运用八卦来命名的念头，他们认为这样做一方面可以趋吉避凶，一方面又可借助卦辞中的神秘力量增强自身力量。

八卦起名的主要方法：

（1）直接使用卦名命名。八卦与八方的相配是：震为东方，巽为东南，离为南方，坤为西南，兑为西方，乾为西北，坎为北方，艮为东北。人们往往用八卦的方位来取名。

南宋末年有一位才学渊博的学者名叫黄震，他的字是东发。将名、字联系起来，他的名字就将八卦与方位相对应起来。《礼记·月令》记载仲春之月，“雷乃发声”；东发又与“万物出乎震”的意思暗合。

中国历史上以八卦取名的名人还有许多，如东汉大臣杨震，唐朝大臣郭震，明朝文学家茅坤、学者吕坤，等等。

（2）配卦起名法：是以姓名笔画数除以八的余数来配卦。即余一的为乾卦，余二的为兑卦，余三的为离卦，余四的为震卦，余五的为巽卦，余六的为坎卦，余七的为艮卦，除尽的为坤卦。知道本命卦后，参考对火水未济卦的看法，就可推演性格与命运倾向。

（3）采用卦象名起名。有些人运用八卦来取名，他们不直接使用卦名，而是采用卦象名。例如：

乾卦的卦象：天、君、父、玉、金、冰、大赤、良马、老马、瘠马、驳马、木果。使用上述卦象来命名的，其实质都寓含了“乾卦”之意。如明代文学家李梦阳，字天赐，号空洞子，其名梦阳，正与乾卦为纯阳之卦象合。“天赐”的“天”又是乾卦象，号空洞子，又寓有“天”“圆”之义。

坤卦的卦象：地、布、釜、吝啬、均、子母牛（小母牛）、大舆（大车）、文、众、柄、黑。凡是使用坤卦卦象的命名，都寓含了“坤卦”的意思。如三国时期的名将吕布，字奉先，吕布的“布”是坤卦的卦象，“奉先”有“母”的含义，故可视为以坤卦命名。

震卦的卦象：雷、龙、玄黄（苍色）、大涂（大路）、长子、决躁（急速）、苍稂竹（青色幼竹）、蕉苇（青色芦苇）。在关于马的象征中，象征善于鸣叫的、足部有异色的、足部特长的、白色额头的马；在关于农作物的象

征中，象征那些果实生于土中的作物，都是为了合震卦之意。

至于以巽卦、坎卦、艮卦、离卦等卦象来命名的，历史上一定为数不少，因为巽、坎、离、艮四卦均像树木；巽像幼树，坎像大树，艮像老树，离像枯树。艮又与碎石、小石、门阙、小路等常见物有关；离与火、电、太阳、戈甲、鳖、龟等物有关；坎与沟渎、劳马、月、地下水、弓轮等物有关；巽与木、长女、风、绳索、气味、高等有关。这些卦象都是日常所见之物，易为人用来取名。以卦象而得卦名，如南宋初官员黄龟年，龟年既有长寿之意，又与离卦卦象中的"龟"相合。

运用八卦来命名，是典型的中国智慧的运用。由于《周易》深奥难懂，一般民众很少使用八卦来命名，采用此种命名方式的大多是文士名流，或者是精于算卦之人。明清以前，运用八卦命名比较讲究含蓄、隐晦，以寓意曲折绵密取胜。到近代，运用八卦来命名则一反前风，以较简明、直接的方式来命名，除前文所述之外，近代资产阶级革命家熊秉坤也是一例，他字载乾，其名取八卦中的坤卦名，其字也是取八卦的乾卦名，坤为地，乾为天，天地相合，取意美满至极。

生肖属相起名法

以生肖属相为孩子起名，是我国古代流传下来的一种习俗，也是中国文化中的特有现象。以十二种动物代表的不同属相、不同性格和情趣来命名，主要是根据一个人出生年属于哪一生肖而确定的。

人有属相，这是中国古代流传下来的一种习俗。以十二种动物配十二时辰，形成十二属相。

子鼠：据说天地生辰于子时（午夜11至1点钟），生之初，没有缝隙，气体跑不出来，物质无法利用。老鼠有打开天体之神通，子时就属鼠了。

丑牛：老鼠打开天地之缝，牛方出来耕耘大地，于是丑时（午夜1至3点钟）就属牛了。

寅虎：传说人生于寅时（凌晨3至5点钟），"寅"字有敬畏之意，人最怕老虎，寅时就属虎了。

卯兔：卯时（早上5至7点钟）已经进入清晨，但太阳还没有出来，月亮还控制大地的亮度，而月宫中唯一的动物是玉兔，于是卯时就属兔了。

辰龙：传说辰时（早上7至9点钟）正是群龙行雨的时候，此时自然属龙了。

巳蛇：蛇利用草掩护其行踪，据说巳时（上午9至11点钟）蛇不在人行走的路上游动，不能伤人，所以巳时属蛇。

午马：午时（上午11至下午1点钟）阳气达到极限，阴气刚欲产生，是属阴类动物，故午时属马。

未羊：传说羊吃了未时（下午1至3点钟）的草，并不影响草的再生，未时就属羊了。

申猴：申时（下午3至5点钟）有“伸”的意思，而猴子最善于伸屈攀登，申就属猴了。

酉鸡：酉时（下午5至7点钟）鸡开始归窝，此时当属鸡。

戌狗：戌时（晚7至9点钟）天渐渐黑了，狗开始守夜，这时就属狗。

亥猪：亥时（晚9至11点钟）已入夜，万物寂静，天地混沌，而猪和天地混沌一样，除吃以外一无所知，亥时就属猪了。

如何配合十二生肖与属相起名呢？一种是直接以十二生肖与属相起名的方法，例如：

王子鼠　　牛丑牛　　孙寅虎

郑卯兔　　公辰龙　　张巳蛇

江午马　　李未羊　　王申猴

黄酉鸡　　吴戌犬　　龚亥猪

这种方法虽然能明确地将十二生肖与属相体现在名字中，有纪念出生时辰的意义，但有两个弱点：其一，中国人口多，用这种方法起名，同样容易造成同姓同名率极大的现象；其二，这种方法比较简单直接，没有反映十二生肖与属相的内在含义。

配合十二生肖与属相起名的另一种方法，是依据十二生肖与属相的内在含义，在名字的字形（即部首偏旁）上避凶趋吉。这种习俗很古老，流传很广，各地方也不尽一样。但有一点基本是一致的，那就是根据十二属相的特征，选择那些比较好听、吉祥、好意头的字来起名；生肖五行与起名用字要相宜。例如火命人起属火的名字，火上加火的话可能会导致性格行为方面异于常人，五脏六腑健康也受影响。

现将属相与起名用字的习俗宜忌简述如下：

（1）鼠年出生的人取名宜用字

①鼠为杂食动物，喜欢吃五谷杂粮，名字宜选用有“米”“豆”“麦”

“禾”“革”等偏旁的字。如程、稼、颖、芬、芸、莉、茗等。

②老鼠喜欢打洞，作为藏身之所，名字宜有“口”“宀”等偏旁，有部首“厶”的字也可用。如：台、定、君、吉、含、富、安、哲、嘉、超等。

③老鼠为第一生肖，排名最前可称王，名字中宜选用有“王”“令”“君”“大”“太”等偏旁的字。如：玲、琴、奇、琦、玮等。

④老鼠喜欢披彩衣，名字宜选用带有“彡”“巾”“纟”“衤”“礻”偏旁的字。如：彩、彬、彦、希、继、纲、绿、绮、裕、祝、福等。

⑤老鼠生肖属子，“申、子、辰”为三合。三合的力量很大，如能选用三合的字形，可优先考虑，尤其在名字的第二个字。如：玖、袁、媛、振、丽、云、麒等。

⑥亥、子、丑这三个地支会合，水属性最强，利北方。三会的力量有贵人运，对自己也有所帮助。起名时可选用带有“亥”“豕”“牛”偏旁的字。如：刻、家、象、毅、聚、生、特、隆、牟等。

⑦老鼠喜欢夜间活动，起名时尽量选用带有“夕”字偏旁部首的字。如：铭、名、多、夜、梦、外等。

（2）属鼠的人起名忌用字

①老鼠怕光，白天活动危险多，有道是“老鼠见光死”。因此起名时应尽量不用带有“日”“光”偏旁的字。如：旦、旬、旭、明、昆、旺、昌、春、星、晓、晃、晟、景、晖、智、辉等。

②老鼠怕蛇，蛇会吞食老鼠，因而起名时要避免用带有“之”“廴”“几”“弓”“邑”等如蛇形偏旁部首的字。如：张、廷、迎、迪、逢、进、运、达等。

③老鼠怕人，俗话说“老鼠过街人人喊打”，老鼠见到人就会提心吊胆。因而起名时应避免用含有“人”“亻”偏旁的字。如：介、今、仁、任、仲、佐、佩、佳、微、行等。

④鼠为子，马为午，子午对冲。起名时凡带有“午”或“马”字形的均应避免使用，否则犯对冲，伤害极大。如：马、骏、竹（竹为马象）、许、驰、骥、骁、骑、驷等。

⑤子为水，水火不相容，因而起名时应避免使用带“火”“灬”偏旁的字。如：烈、煜、熊、炽、熹、烨、烂、炳、炫、焯、照、然、焕、炎等。

⑥羊为未，鼠为子，子未相害。古语云“羊鼠相逢一旦休”，伤害力也很大，因而起名时应避免用带有“羊”字形的字。如：善、美、羡、翔等。

（3）牛年出生的人起名宜用字

①牛以草为主食，起名字宜选带有“艹”“禾”“麦”“米”“豆”等偏旁部首的字，代表粮食丰富，一生不愁吃穿。如：莉、华、芝、茹、萍、莲、艺、菁、苗、芹、荣、茵、荷、莎、芸、葵等。

②巳为蛇，鸡为酉，牛为丑，巳、酉、丑为三合，可互相帮助，因而起名时宜选用带有“辶”“酉”“鸟”“羽”偏旁部首的字。如西、迈、鸾等。

③牛喜欢在洞穴或阴凉处休息，起名时宜选带有“宀”部首或字形的字，“宀”意为房子，代表牛在屋檐下休息。如：家、宏、宜、婉、容、宣、宁、富、客、密等。

④牛在田野吃草或耕田，都适得其所，尽其本分，任劳任怨，因而起名时宜选择带有“田”部首的字。如：甲、由、申、男、界、畴、疆、蕾、野等。

⑤牛喜欢车，牛拉车有升格为马之意，因而起名时宜选带“车”字形的字。如：莲、军、轼、辄、轮、轲、轸、载、轫、辕、转、辉、连等。

⑥亥为猪，子为鼠，丑为牛，亥、子、丑为三合，会有力量，有贵人相助，因而起名时宜选取带有“亥”“子”“丑”偏旁部首的字。如：豪、学、季、孝、孙、存、洪等。

（4）属牛的人起名忌用字

①牛以素食为主，不喜欢吃荤，因而起名时避免用带有“忄”“心”“月”偏旁部首的字。如果属牛者名字有“心”“忄”“月”旁者，便易有精神失落感，有肉却食不得。如：志、忠、怡、恒、惠、情、爱、慧、怀、明、朝、望等。

②避免用带“马”部首的字，因为牛马相刑，丑午相害，古语有“青牛遇白马，不战而逃”“牛头不对马嘴”“风马牛不相及”。如：骏、玛、骅、骆等。

③避免带有“彡”“巾”“衣”“采”“示”“礻”等偏旁部首的字，因为牛披上彩衣，不是变成祭品就是变成火牛阵，一生为别人无怨无悔地付出，直到老死。如：彩、裕、祖、禄、福、祥、裴、袭等。

④牛羊正冲，因而起名时应避免用带有“羊”“未”偏旁部首的字起名。如：妹、美、样、祥、珠、洋、羡、翔等。

⑤牛在太阳下耕作，变为“喘”牛；牛走山路也很辛苦，牛上山头步履

维艰；古时候天子祭天，牲牛必在太阳下。因而起名时应避免用带有“日”“山”部首的字。如：明、旭、旺、春、晖、峰、峻、嵘等。

⑥人怕出名猪怕壮，牛也忌肥大，牛肥大容易成为牺牲品，再者牛在生肖中排行第二，因而在起名时避免用带有“大”“太”“王”“令”“长”“君”“帝”“冠”“玉”等偏旁部首的字。如：玲、玫、瑜、璋、奎、邻、郡、珏、冠等。

（5）虎年出生的人起名宜用字

①老虎大都栖息在森林，被人称为“山林之王”，在山林里可以充分发挥老虎的潜能，因而起名时宜选择带有“山”“木”部首的字。如岑、岱、岳、峰、峻、昆、嵘、杉、松、柏、柳、栋、朴、樟等。

②老虎喜欢食肉，因而起名时宜选用带有“肉”“月”“心”“忄”部首的字，表示粮食丰富，内心充实。如：青、朋、朗、朔、朝、育、胜、肯、必、念、惠、爱、慈、愉、怀等。

③老虎喜彩衣，彩衣不但华丽，还可以增其威风俊秀，因而起名时宜选择带有“彡”“纟”“巾”“衤”偏旁部首的字。如：彤、彬、彩、彰、影、希、常、帜、沛、缦、紫、福、禧等。

④老虎喜欢水，水能生寅生木，因而起名时宜选择带有“氵”“冫”“水”部首的字。如：冰、凌、湄、沁、沈、汪、法、求、泰、泉、津、清、深、涣、温、源、澈、潮、湘等。

⑤老虎为森林之王，喜欢发号施令，因而起名时宜选择带有“王”“君”“令”“大”“帝”“长”“冠”偏旁部首的字。这些字蕴含着可掌大权之意。如：玖、珏、珠、球、琳、琛、瑞、瑜、瑶、莹、瑾、璋、环、璇、夫、太、天、铃、群等。

⑥虎为寅，兔为卯，辰为龙，寅、卯、辰为三会，三股力量会合在一起，有互相关照，贵人相助之意。因而起名时宜选择带“卯”“辰”“兔”部首的字。如：柳、卿、昂、印、勉、庞、逸、宸等。

⑦虎为寅，马为午，狗为戌，寅、午、戌为三合。三合力量大，相互扶持，因而起名时宜选用带有“马”“午”“犭”“犬”“戌”“火”“灬”偏旁部首的字。如：许、玛、骏、煌、炳、炫、烈、烽、焕、犹、猛、独等。

（6）属虎的人起名忌用字

①虎忌蛇，“蛇遇猛虎如刀戳”，因而起名时宜避免带有“辶”“一”“虫”“廴”“邑”“几”“弓”“走”偏旁部首的字。如：迪、迅、述、建、

达、运、远、张、郎、虹、蜜、蝶、萤、融等。

②老虎怕人控制，也会被人所伤，因而起名时宜避免用有“人”“彳”“亻”部首的字。如：仁、代、仙、仲、伊、仰、伶、佐、健、信、倩、循、微、彻、徨、往、德、徒等。

③老虎怕到草原、田间，所谓“虎落平阳被犬欺”，因而起名时就避免用带有“艹”“田”部首的字。如：艾、芳、芬、花、芸、芝、茂、范、若、茹、莉、蓓、茜、苔、略、畴、疆、申、男、界等。

④老虎开口不是伤人就是伤己，或者是有困倦之感，不易展现其威，因而起名时应避用带有大“口”或小“口”部首的字。如：可、召、右、尚、名、向、吉、吾、品、哥、哲、喜、嘉、器、国、圆、团等。

⑤老虎喜欢在树荫下或山洞里休息，不喜欢在太阳下活动，因而起名时应避免用带有“日”“光”部首的字。如：晶、早、明、旭、易、旺、昱、星、昀、春、昶、映、晋、时、晏、晔、晖、替、晴、景、智、辉、耀等。

⑥虎为寅，猴为申，寅申正冲，两者相刑相克，因而起名时应避免用带有“申”“袁”偏旁部首的字。如：绅、坤、伸、坤、辕等。

（7）兔年出生的人起名宜用字

①兔子喜欢洞穴，俗话说“狡兔三窟”，兔子常在洞穴里窜来窜去，因而起名时宜选择带有“口”“穴”“宀”“冖”偏旁部首的字。如：台、古、司、同、合、名、谷、告、和、周、唐、哲、唯、岩、园、容、守、宏、尚、富等。

②兔子喜欢吃五谷杂粮。因而起名时宜选带有“禾”“米”“豆”“麦”偏旁部首的字。如：秀、科、秦、程、秉、稠、种、稿、谷、积、坚、梁、粲、精等。

③兔子喜欢吃青草，并以草做窝，因而起名时宜选择带有“艹”部首的字。如：芬、芳、芙、苗、茗、茵、莉、萍、莎、菊、菽、苇、蓉、菁、葵、叶、蕾等。

④兔子着重毛色，喜欢彩衣，因而起名可选择带有“彡”“纟”“衣”“巾”“衤”“采”偏旁部首的字。如：彦、彰、彩、彬、红、素、统、练、绮、线、绣、初、袁、裕、礼、祝、福等。

⑤兔子喜欢木，常在树下打洞。“木”属东方，“卯”亦为木，兔子见到木，有见到同类的感觉，因而在起名时宜选用带“木”部首的字。如：术、杉、森、材、村、林、果、松、桔、梅、霖、朴、桦、树等。

⑥兔为卯，猪为亥，羊为未，卯、亥、未为三合，三合有互相帮助，互相扶持之意，因而在起名时宜选用带有“亥”“未”“羊”偏旁部首的字。如：象、家、豪、聚、毅、朱、美、善、群、洋、祥、羡等。

⑦兔为卯，虎为寅，龙为辰，卯、寅、辰为三会，三会有互相扶持，贵人相助之意。因而在起名时宜选择带有“寅”“虎”“辰”“龙”偏旁部首的字。如：演、彪、虚、晨、珑、宸等。

（8）属兔的人起名忌用字

①兔子是草食动物，见到肉会有失落感，看得到而不能吃，因而在起名时应避免用带有“心”“月”“忄”部首的字。如：必、快、念、忠、思、恭、恒、恩、悦、惠、愉、忆、怀等。

②兔子不喜欢人拎它的耳朵，因而在起名时应避免用带“阝”旁的字。如：却、郊、郎、郡、郁、郑、都、娜、阡、阳、陀、陌、陪、陵、隘、隍等。

③兔子不喜欢太阳，“月中玉兔”，日月正冲。因而起名时避免用带“日”部首的字。如：明、旦、曾、旭、晨、昊、昆、旺、星、时、晁、晏、晶、晰、暑、晖等。

④兔子不喜欢受人控制，因而起名忌用带“人”“亻”偏旁部首的字。如：仁、代、仙、仲、任、伯、仿、伉、伍、伶、伸、佐、作、佩、佳、使、依、俊、信、伦、修、健、伟、傅、仪等。

⑤兔子与鸡正冲，“卯”与“酉”对冲，因而在起名时应避免使用带有“鸡”“酉”意思的字（“西”“酉”“鸡”“几”“羽”“金”等部首的字都代表西方“酉”）。如：要、覃、酥、醇、羿、翁、翎、翌、翔、翡、耀、鸾、钧、铭、银、锋、锐、钢、锦、键、鉴、秋等。

⑥避免用带“冖”字头的字，因为“冖”字头加上本身肖兔，即为“冤”，不吉。如：军、农、冠等。

（9）龙年出生的人起名宜用字

①龙升天，喜欢与日、月、星、辰为伍，因而起名时宜选用带有“日”“月”“星”“云”“辰”偏旁部首的字。如：青、清、旺、早、明、昆、易、昌、春、昶、映、洵、晃、时、晨、晶、景、普、晰、暑、暖、晖、畅、望、期、朝、霖、腾、宸、振等。

②龙喜欢水，龙得水千变万化。龙得水，如人得志，因而起名宜选用带有“冫”“氵”“水”“雨”偏旁部首的字。如：冰、永、泳、江、汪、添、

法、泰、泉、注、沛、淳、海、淋、涵、清、汤、涣、滢、渝、洁、潮、济、凌、准、雪、霖。

③龙在中国人心中地位最高，名声最大，皇帝亦称自己为“真龙天子”。故龙有绝对权威，能发号施令，不宜称小，因而在起名时宜选用带有“王”“大”“君”“主”“令”“长”“帝”偏旁部首的字。如：玲、琴、珏、珍、珠、球、现、琳、琪、璇、玛、瑗、瑶、璞、璋、环、琼、珑、太、夫、天、奏、旺等。

④龙为辰，猴为申，鼠为子，申、子、辰为三合，三合有“一个好汉三个帮”，互相扶持，贵人相助之意。因而起名宜选用带有“申”“子”偏旁部首的字。如：绅、坤、坤、伸、学、孟、孚、享等。

⑤龙和马在一起，会有“龙马精神”的干劲，努力开创锦绣前程。因而起名时宜选择带有“马”“午”偏旁部首的字。如：驻、骋、骏、腾、骜、骞、驰、驱、驾、驷、驹、许、骁、骄等。

⑥龙抬头可展其威，教化人民。倘若龙低头，便成为一条“降龙”，屈服于人了。因而在起名时宜选择带有抬头部首的字。如：有、存、育、彦、真、青、升、博、聿、律等。

（10）属龙的人起名忌用字

①龙不喜欢山，因为山为老虎之乡，犯“龙虎斗”。因而在起名时应避免选用带有“山”“丘”“虍”“艮”“寅”等与山、虎有关的偏旁部首的字。如：岑、屹、岷、岱、冈、岸、岩、岳、峒、峋、峙、峰、岛、峻、峡、岗、崇、崔、崧、岚、岭、巍、峦、良、虎、虔、彪、演等。

②龙不喜欢洞穴，洞穴、洞口会形成困龙之意，因而起名忌用带有“口”“宀”“穴”部首或部件的字。如：台、古、可、名、召、史、司、右、同、合、后、吉、向、吕、含、呈、吟、吾、和、品、哥、哲、柬、喜、嘉、器、宁、宽、宪、宙、宴、容等。

③龙不喜欢蛇，龙与蛇为伍，会有由大变小、由尊变卑的降格之感，因而起名时忌用带有“辶”“廴”“弓”“川”“几”“巳”“邑”“虫”部首或部件的字。如：元、允、尤、充、光、先、兆、克、弘、强、弼、州、迁、延、建、虹、蜜、蝉、萤等。

④龙入草丛，有龙困浅滩之意；龙入田间，也有龙陷困境之感。因而起名忌用带有“艹”“田”部首或部件的字。如：艾、芳、芬、花、芝、英、若、兰、艺、蓉、苗、申、由、男、界、畴、疆、富、迪等。

⑤未（羊）、戌（狗）、丑（牛）乃天罗地网，龙不喜欢天罗地网。地支卯辰相害，所谓“玉兔见龙云里去”，因而起名时应避免用带有“羊”“未”“戌”“犭”“卯”“兔”部首或部件的字。如：善、美、翔、羚、群、卿、勉、逸、柳、威、狮、犹等。

⑥龙不吃肉。因而起名忌用有“心”“忄”“肉”部首或部件的字。如：蕊、必、念、恬、怡、恩、恒、息、思、悦、惠、慧、怀、慰等。

⑦起名忌用带有“臣”“士”“相”“人”“小”“少”部首或部件的字。因为看到这些字会使人想到龙降格为臣、为士、为民，由尊而卑，气势下降。如：尖、尚、就、志、贤、临、卧、涛、壹等。

（11）蛇年出生的人起名宜用字

①洞穴是蛇栖息和冬眠的地方，蛇喜欢在洞穴钻来钻去，因而在起名时宜选择带有“宀”“冖”“口”部首的字。如：司、可、台、名、同、如、合、向、含、君、呈、品、员、喜、嘉、严、回、因、国、圆、团、宅、安、宇、廉、定、宜、宛、宪、富、宁、宝、宾、冠、察等。

②蛇喜欢吃肉。因而在起名时宜选择带有“月”“忄”“心”部首或部件的字。如：必、志、念、思、恬、恒、恩、悦、悟、惠、爱、慈、愉、慧、怀、育、肯、肖、慢、恰等。

③蛇喜欢木，蛇上树有升格变为龙之意，因而起名宜用带“木”部首的字。如：本、未、杰、东、林、松、桂、格、栋、枫、森、楚、榜、柏、荣、樊、朴、桥、树、柯、柳、根、柱、楼、棣、梅、果、桃等。

④蛇喜欢彩衣，披上彩衣有升格为龙之意。因而在起名时宜选用带有“彡”“纟”“衤”“礻”“采”“巾”偏旁部首的字。如：彤、彦、彬、彩、彰、影、纪、素、绮、绍、紫、经、绿、纶、维、练、纬、缤、祈、祝、祖、帝、席、师、常、帆、祥、福、祎等。

⑤蛇喜欢在田间活动，“田”字有四个洞穴，亦有藏身之所的意思。因而起名时宜选择带有“田”的字。如：由、甲、申、男、甸、町、界、留、畔、畦、略、番、画、畸、畴、疆、福、思、迪、富等。

⑥蛇喜欢曲折，不爱平直，行走路线弯弯曲曲，成“之”字形。因而起名时宜选择带有“辶”“廴”“弓”“几”“巳”“虫”“邑”“走”偏旁部首的字。如：巴、元、兆、克、廷、延、建、迅、连、通、运、远、机、起、蚩、蛾、虹、蝉、蟠、莹等。

⑦蛇为巳，马为午，羊为未，地支巳、午、未为三会，三会有帮扶的力

量和贵人相助之意，因而起名时宜选用带有“马”“午”“羊”“未”部首的字。如：许、腾、驿、驹、骊、洋、群、祥、翔、姝、妹、驰、驱、驷、骏、骐、骑等。

（12）属蛇的人起名忌用字

①蛇怕太阳，怕热，常在洞穴和树荫下活动，很少在阳光下暴晒。因而起名忌带“日”“光”偏旁部首的字。如：晶、旭、旦、早、旬、旺、明、晃、昌、易、映、昀、春、昱、晏、袒、晋、晟、晨、普、晴、智、暖、暄、晔、畅、晓、辉、耀、旷、晖等。

②蛇怕水，因为蛇在地支中属火，所谓“水火不相容”，二者互相克制，因而在起名时忌用带“冫”“氵”“水”“雨”偏旁部首的字。如：永、冰、江、池、汝、汪、汛、决、冲、沛、治、波、泉、泰、洪、津、浩、浪、淑、凌、深、清、添、淼、游、涣、渊、港、源、洁、泽、济、涛等。

③蛇怕人，人见到蛇就打，蛇碰到人也会咬，人类可以说是蛇的天敌之一，因而起名忌用带“人”“亻”“彳”部首的字。如：仁、今、介、付、代、仙、令、似、仰、仲、任、伍、伯、伸、佐、作、佳、依、侯、俊、俐、俏、信、修、伦、倩、伟、健、仪、儒、优、德、微、征、往、复、彻等。

④蛇不食五谷杂粮等素食，爱吃青蛙等肉类食物，因而在起名时忌用带有“豆”“米”“禾”“麦”偏旁部首并与五谷有关的字。如：豆、丰、登、树、秀、秋、秉、科、秦、程、积、穆、穗、粱、粉、粲、精、黍、黎、稻、颖、稼等。

⑤蛇不喜欢猪，因为在地支中“巳亥相冲”，两者相刑相克。起名忌用带有“亥”“豕”部件的字。如：象、豪、豫、家、毅、缘、聚、该、刻等。

⑥蛇不喜欢老虎，古语云“蛇遇猛虎似刀戳”，所以在地支中“巳寅相刑”，蛇虎相克。因而在起名时忌用带有“虍”“山”“虎”（因为老虎为山中之王，山是老虎的领地）部首或部件的字。如：虎、彪、虔、虞、虚、岗、仙、峥、嵘、岱、岳、岐、峰、岑、崧等。

（13）马年出生的人起名宜用字

①马是素食动物，有草则肥壮；粮食丰盛，则内心世界充实。马喜欢在草原上奔驰，因而起名宜用带“艹”部首的字。如：艾、芝、芬、芳、花、芷、苑、苓、若、茗、苹、萍、茂、莉、茵、茹、荷、莎、菁、萱、苇、

莲、荟、蓓、著等。

②五谷杂粮是马的主食，因而起名时宜选用带有“禾”“豆”“麦”“米”“谷”偏旁部首的字。如：秀、秉、秋、科、裕、秦、犁、稼、积、秒、秸、稿、程、稻、穆、颖、稳、登、豌、粉、粱、粲、精等。

③马喜彩衣，良马披上彩衣则威风无比，精神倍增，因而起名宜选用带有“彡”“巾”“纟”“衣”“采”“衤”偏旁部首的字。如：纪、纯、素、级、绅、紫、纬、衫、裕、彤、彦、彬、彪、彰、帆、席、常、彩、帼、红、结、缓、编、绪、禧、禅、祺、福、祯、祖、祝、祟、社等。

④马喜欢在树下乘凉，爱在屋檐下或山洞中避风挡雨，因而起名宜用带有“木”“宀”部首的字。如：琳、东、杭、林、霖、柔、杰、栋、森、楚、桢、楣、树、桦、松、柱、桂、楼、宁、守、安、宗、宜、宣、家、容、实、宽、宝、寓、富、宦、密、宴、寄、宰、官、审等。

⑤马为午，虎为寅，狗为戌。在地支中，寅、午、戌为三合；蛇为巳，羊为未，在地支中，巳、午、未为三会。三会三合有贵人相助，财运亨通，再说龙和马结合会产生龙马精神，因而在起名时宜选用带有“辰”“龙”“虎”“虍”“犭”“未”“羊”“巳”“辶”偏旁部首的字。如：袭、珑、宠、振、宸、彪、虚、虞、猛、独、犹、狮、婉、进、凯、建、强、妹、群、美、祥、翔等。

⑥马有大眼睛，美丽有人缘。马喜欢一人，为忠贞之马，因而在起名时宜选用带有“目”“亻”“人”偏旁部首的字。如：直、相、县、盼、看、眉、真、睦、睿、省、今、仁、介、令、仕、仙、仿、仲、任、伍、全、佐、佑、似、佳、体、伯、佟、佩、信、保、俊、倡、修、停、健、优、储等。

（14）属马的人起名忌用字

①马不喜欢遇二主，二主为无节马，因而起名忌用带“彳”部首的字。如：彼、征、往、役、彷、很、律、徐、得、徒、从、御、循、德、微、彻、薇等。

②战马、骏马下田耕种，表示委曲求全、怀才不遇；山路崎岖，马不能狂奔快跑，不但辛苦而且才能无法施展，因而起名忌用带“田”“山”偏旁部首的字。如：富、由、申、甲、男、甸、界、单、留、画、畸、畴、疆、畔、略、番、思、福、迪、岸、岳、岱、岭、崇、峨、岛、峰、峻、峭、岩、崴、岚、峥、嵘、巍等。

③马怕青牛，马不喜欢太阳，因而起名忌用带有“日”“牛”“丑”“光”偏旁部首的字。如：旦、旭、旬、旺、昌、昆、昀、明、昇、昕、昶、春、昭、映、星、昂、晏、时、晁、晨、景、暑、晖、耀、辉、生、牵、牟、牧、隆、特、牡、妞、纽等。

④马不吃肉，因而起名忌用带有“月”“忄”“心”偏旁部首的字。如：必、志、忠、忻、念、怡、恒、恬、恰、思、恩、息、悠、惇、惠、惟、想、意、感、愉、慈、慧、慷、态、怀、育、郁、胧、望、朝等。

⑤马为火，水火不相容，因而起名不宜选用带有“、”“冫”“氵”“子”“壬”“癸”“北”偏旁部首的字。如：永、冰、求、泛、池、江、汛、汶、决、冲、沛、治、法、泓、波、泉、泰、洋、浩、浪、海、涵、淮、涣、游、源、洁、润、潮、泽、济、涛、凌、冬、存、孝、孚、孟、季、学、燕等。

⑥姓名三字中不宜见到两个口，因为两口马形成一个“骂”字，容易招人嫌，是非多，衰运连连，做事不顺。如：吕、品、哈、咭、哥、喜、单、煦、嘉、嘻、器。如果姓有一“口”形，则名字尽量不用带“口”形的字。

（15）羊年出生的人起名宜用字

①羊喜欢吃草，因而起名宜选择带有“艹”部首的字。如：卉、芎、英、芝、艾、芮、芬、芳、芸、苒、苔、苗、若、茗、苹、萍、茱、茹、草、荷、莠、莉、菊、菁、萱、苇、蓉、莲、艺、芾、苙、范、芹、芩、芷、茂、莫、荇、荀、苑、萃、菲、蓄、荟、蕊、蓝、蓬等。

②羊为素食动物，也喜爱五谷杂粮，因而起名宜选择带有“米”“禾”“谷”“豆”“麦”偏旁部首的字。如：粟、精、粲、粱、粹、秀、秉、秋、科、秣、秦、稠、稻、谷、稷、稼、积、稣、稀、稳、登、豌、颖、穆、穗、程、稚、种等。

③羊吃树叶，喜欢树，因而起名宜选择带有“木”部首的字。如：本、术、札、材、村、朴、杰、杞、松、枋、林、果、柳、株、槿、梁、梓、棋、栋、椒、森、枫、楣、楚、荣、槐、树、橙、横、桧、樱、杈、桂、杭、枝、查、束、枚、析、柱、柘、柯、柜、柔、柏、校、根、桃、桓、梅、格、楼、棣等。

④羊喜欢在洞穴中休息，并爱用脚跳跃，自得其乐，因而起名宜选择带有“口”“宀”“足”偏旁部首的字。如：司、古、同、和、哈、回、圆、园、国、图、团、君、吾、宇、容、守、定、宜、宣、家、富、宽、骞、

宏、安、冠、路、露、璐、跳、跃、跄、距、践、踏、踊等。

⑤羊为未，猪为亥，兔为卯、地支中未、亥、卯为三会；蛇为巳，马为午，地支中巳午未为三合。三合三会有互相帮扶，贵人相助之意。起名宜选择带有“亥”“豕”“兔”“虫”“辶”“巳”“马”“午”偏旁部首的字。如：家、豪、稼、聚、毅、象、豫、刻、迎、骏、许、驰、驷、迪、巡、通、速、连、逢、运、道、延等。

⑥羊有跪乳的习惯。因而起名宜选择带“儿”形偏旁部首的字。如：兀、允、亢、兄、兆、充、先、克、免、勉、儿、亮、机、凡、抗、帆、航、岚、枫、筑、汛、凯等。

（16）属羊的人起名忌用字

①羊为素食动物，看到肉，却不是自己喜欢的东西，心中自然不高兴，也会有失落、失意之感，因而起名忌用带有“月”“忄”“心”部首的字。如：必、忍、忌、志、忒、忘、忡、快、忧、忻、忠、念、悟、悠、情、悖、惕、惟、惠、想、恰、意、协、悦、惋、慎、肯、育、胥、脉、能、朗、朝、望、肖、期、明、朋、朔、胧、蕊等。

②羊最不喜欢喝水，也最怕雨淋，因而在起名时忌用带“冫”“氵”“水”“雨”部首的字。如：江、池、汝、汶、沂、沛、河、波、沼、洋、洪、洲、海、消、涵、淑、淋、淮、清、添、涣、渊、游、湖、润、湘、泽、澈、涛、冬、冰、冲、冷、凌、决、凉、永、求、泉、泰等。

③羊不愿意见到彩衣，因为羊披上彩衣时，就是被用作供品或祭品。因而起名忌用带有“彡”“衣”“巾”“纟”部首的字。如：彤、彩、彦、彰、彪、影、衫、彫、表、袁、市、布、帆、希、帅、师、帝、常、帜、帧、红、纪、纹、索、纱、纳、纯、绅、紫、统、经、绡、纲、绯、绪、练、绘、缓、编、袖、裕、褚等。

④羊是三牲之一，长大了就容易被用来当祭品、供品。羊见到帝、君、大王之日，就是它成为祭品、供品之时，因而起名忌用带“大”“王”“长”“君”“帝”部首或部件的字。如：太、天、夫、央、奇、奉、奎、奕、奂、奋、春、珊、琪、玖、玦、闰、玲、玳、琨、珍、珠、珩、球、理、琅、琛、琦、琮、琳、琰、玮、瑜、瑛、珲、瑰、玛、瑾、琏、璋、璞、瑗、环、琼、珑、张、帐、缔、群等。

⑤羊不喜欢天罗地网，辰为天罗，未为地网，同理亦不宜见到“戌”“犬”。未为羊，羊见到羊必然争斗，也是不吉。因而起名忌用带“辰”

"未""戌""犭""犬""丑"部首或部件的字。如：晨、振、犹、猷、献、获、妞等。

⑥"刀""金""戈"均为利器，是用来杀羊的；"皿"是用来盛羊的；"酉"属酒，是跟羊一起被当作祭品或跟羊一起被人享用的；"车"是马或牛拉的，羊看到车拉不动会产生自卑感。因而起名时忌用带有"刀""钅""戈""皿""酉""车"部首或部件的字。如：刁、刃、切、分、初、剪、劈、沏、钊、钞、钛、钠、钝、铃、铭、锐、铁、锦、锡、镕、我、找、或、战、戴、成、戒、戌、盈、益、盛、盟、酒、酌、酣、酬、醒、醉、军、轩、轲、轼、辉、辈、轮、辐、轿、轰等。

（17）猴年出生的人起名宜用字

①猴子喜欢在洞穴中休息，有"美猴洞""水帘洞"等，因而在起名时宜选用带"口""宀""门"偏旁部首的字。如：司、古、右、召、台、史、吉、同、名、向、合、君、告、呈、含、兄、和、哉、哈、品、哲、唯、善、喜、嘉、器、冠、宇、安、守、完、宏、宗、宦、宛、宜、定、宝、宫、宸、容、实、宁、宽、宾等。

②猴子喜欢模仿人类的动作和语言，喜欢以人为榜样，因而起名时宜选用带有"人""亻""彳""讠"偏旁部首的字。如：介、今、令、全、金、仁、仕、任、仍、代、仰、仲、仿、伍、休、伶、佐、佑、作、佩、依、俊、俐、促、俏、信、修、值、倩、伟、健、仪、优、俪、彷、往、征、彼、徊、循、徨、得、德、徒、待、律、微、彻、计、许、诏、词、试、诗、语、诚、谊、谋、诺、谦、识、证、让、警、评、诵、谈、讳、译等。

③猴子爱漂亮，喜彩衣，模仿人穿衣，因而起名宜选择带有"彡""巾""糸""纟""采""衣""衤""礻"偏旁部首的字。如：形、彤、彩、影、彰、彬、彪、帅、师、席、帷、布、帕、常、带、帏、幅、帧、帼、幡、纪、红、约、纺、纹、素、级、纳、纯、组、细、绅、紫、绌、统、结、综、绽、绮、纲、绰、绯、维、绪、袈、裁、裕、裴、褚、禅、祖、祝、祚、福、祺、祥、禧等。

④猴子爱爬山，爱在树上玩，爱称王，因而在起名时宜选择带"山""木""王"部首的字。如：峰、岳、峻、冈、屹、岐、岸、岫、岱、岭、岩、峙、崧、崇、峨、岛、峭、崎、昆、峥、嵘、嵋、崴、岚、本、杏、材、东、松、林、柏、柳、柱、格、桃、桓、梁、棋、栋、棠、森、楷、棒、榕、槐、桦、机、樱、玉、玖、玟、玲、玳、珍、珊、珏、珩、现、

球、璇、琪、琛、琴、琳、瑛、瑜、瑶、莹、环、琼、珑等。

⑤猴为申，鼠为子，龙为辰，地支中“申、子、辰”为三合；鸡为酉，狗为戌，地支中“申、酉、戌”为三会。三合三会，贵人相助，互帮力量巨大，因而起名宜选择带有“子”“辰”“龙”“戌”“犭”部首或部件的字。如：孔、字、存、孝、孜、孙、学、孺、孚、季、宸、振、晨、珑、庞、猛、独、犹、狮等。

(18) 属猴的人起名忌用字

①猴子践踏五谷，浪费粮食，起名忌用带“禾”“谷”“米”“豆”“田”部首或部件的字。如：秀、秉、科、秋、秒、种、秦、秣、程、稀、稚、称、稼、稷、稻、穆、颖、浴、裕、粉、粗、粱、粲、粹、糖、粮、登、豌、艳、申、由、甲、男、界、留、番、画、畴、町、甸、畦、畸、疆等。

②猴子不吃肉，因而起名忌用带“心”“忄”“月”部首的字。如：必、忘、忙、忑、态、忍、忱、快、忠、思、恩、恒、念、忽、忡、怡、悟、悄、惟、慊、慢、有、明、朋、服、朔、朓、育、肯、朦、望、期、朝、朗、肖等。

③金属是利器，易伤猴，猴怕金。西方为金，酉亦为金。“鸟”为鸡类，亦是金，“皿”大多也是金属做的。因而起名忌用带有“钅”“酉”“鸟”“皿”偏旁部首的字。如：钊、钛、钓、钠、钧、钝、铉、钰、铭、银、铃、铊、配、酣、醉、醇、酬、醒、鸠、鸣、鸽、鸯、鸳、凰、鹏、鹊、鸾、盂、益、盎、盛、盟、盘等。

④猴虎对冲，猴猪相刑，所谓“猪遇猴似箭投”，因而起名忌用带“虍”“寅”“豕”部首或部件的字。如：虔、彪、虚、虞、虎、演、家、象、豪、豫、缘、豹、貂、貌、毅等。

(19) 鸡年出生的人起名宜用字

①鸡的主食为五谷杂粮，鸡见到食粮就欢欣鼓舞；有了食粮，鸡的内心才能充实饱满，因而起名宜用带“禾”“米”“豆”部首或部件的字。如：秀、秉、科、秧、秒、秩、程、秋、种、秤、秣、租、秸、税、稈、稃、稀、稚、称、稼、稷、稻、穆、稳、颖、秦、积、粟、粱、粲、籽、粉、粒、粤、精、糊、糠、登、豌等。

②鸡喜欢扒土，鸡为酉，酉为金，有土生金的意思，因而起名宜用带“土”部首或部件的字。如：圣、圭、佳、桂、地、在、坊、址、坐、均、坪、坷、坡、坦、坤、块、垂、垠、型、埔、培、坚、基、堂、场、堡、

塑、堑、境、塔、茔、墅、墩、壁、垦、壕、垒、坝、任、仕。

③鸡上山头，可展其英姿，有提升格局地位、可变凤凰之意。因而起名宜用带“山”部首的字。如：岂、凯、岗、岱、岳、岷、岸、峙、嵇、嵋、嵩、嶂、峥、嵘、岭、岩、峋、峪、岵、峭、峰、峻、峨、岛、崇、崛、崧、崖、崴、嵌、仑、崎、岚、嶓、巍、峦等。

④鸡在洞穴休息，在屋檐下避风挡雨，“宀”有保护的作用，因而起名宜选用带“宀”“冖”“口”“囗”部首的字。如：宅、安、守、宋、宜、宣、宛、字、宙、宁、定、家、寂、审、官、完、宗、琮、宦、室、宥、客、宰、宸、宵、宴、宫、密、寄、寒、寓、寐、寔、寨、实、寤、察、宽、宝、容、冠、司、古、右、台、吉、同、茗、铭、向、合、君、吾、呐、含、呈、品、和、员、圆、园、唯、回、国、围、四、器等。

⑤鸡为酉，蛇为巳，牛为丑，在地支中“巳、酉、丑”为三合。三合有“一个好汉三个帮、贵人相扶”之意，因而起名宜用带“辶”“廴”“虫”“牛”“丑”部首或部件的字。如：进、连、选、迅、莲、迪、巡、造、迈、建、廷、逢、道、达、虹、蚪、萤、融、螯、蜂、特、生、妞、纽、牟、牡等。

⑥鸡大都抬头挺胸，昂首阔步，因而起名宜选用带有抬头形象的字。如：少、尖、尚、士、土、吉、就、志、喜、卧、贤、巾、平、聿、中、华、市、彰等。

(20) 属鸡的人起名忌用字

①鸡遇水会变成“落汤鸡”，因而起名忌用带“冫”“氵”“水”偏旁部首的字。如：冰、冷、冶、净、凌、准、凋、汗、汛、江、池、汝、汰、沐、沛、沁、汪、汶、沏、注、泳、汫、沸、洞、泛、波、法、沫、治、泊、洲、海、洪、流、浴、淙、浩、淹、渊、渠、湖、湃、澈、洁、鸿、济、泽、滢、潭、湘、永、泉等。

②鸡为酉，兔为卯，地支中卯酉对冲；卯居东方，酉居西方，东西对冲，因而起名忌用带“卯”“兔”“东”偏旁部首的字。如：柳、卿、泖、茆、勉、逸、菟、陈、栋、冻等。

③金属为利器，可杀鸡。另外鸡为酉金，在五行中，金与金组合过重，容易犯冲。因而在起名时忌用带“钅”“金”“酉”“申”偏旁部首的字。如：钧、钊、铃、银、铭、锋、锐、钱、钟、镇、钗、钰、钜、钢、锡、镕、锭、锁、鑫、配、醒、伸、坤、坤、绅、砷等。

④鸡以素食为主，不爱吃肉，因而起名忌用带有“心”“忄”“月”偏旁部首的字。如：必、忍、志、态、忘、忠、念、急、恐、恣、悠、惠、意、愚、愿、慈、愈、慧、慰、蕊、蕙、忻、怡、恒、恬、悦、悔、情、惇、怀、忱、快、恭、恰、悛、惊、惋、惟、恽、愧、慎、慷、懂、惯、慢、憬、肯、有、能、胥、明、服、朕、朔、胱、脉、期、朝、青、育、肖、胧、胜、消、朗、望等。

⑤“金鸡独立”为最佳状态，鸡脚分开即为病鸡；鸡折脚也是因被人宰杀享用或被当作祭品，因而起名忌用带“儿”“厶”“乂”“八”的形似鸡脚分开形状的字。如：兀、匹、元、允、兄、充、先、光、亮、克、兑、凡、亢、冗、肌、机、抗、炕、帆、航、筑、枫、凰、凤、岚、凯、免、兢、党、弘、泓、弦、雄、宏、网、冈、攀、共、烘、般等。

⑥鸡长大后多半会变成盘中佳肴，故属鸡的人起名忌用带“大”“王”“君”“刀”“力”“虍”“扌”偏旁部首的字。如：太、夫、央、奇、硅、玫、玟、珊、珍、珠、球、理、琦、瑞、玛、群、切、刁、初、券、剪、劈、功、加、努、劾、劲、勋、勇、势、劝、虚、彪、抒、扶、扑、招、拓、持、挑、括、拾、排、采等。

（21）狗年出生的人起名宜用字

①狗是忠于主人、喜欢与人为伴的动物，因而起名宜选用带“人”“亻”部首的字。如：今、令、伶、仑、企、余、杰、任、仲、伸、住、伯、佩、佳、依、俊、倩、伟、健、传、仪、优、仁、仕、付、仙、仿、伉、化、伍、伊、伏、伐、佐、佑、似、体、作、使、供、信、俏、保、俐、倍、倡、倚、俱、修、儒等。

②狗披彩衣，华丽其身，壮其威势，有提升地位之意，因而起名宜选带有“彡”“巾”“纟”“糸”“衣”“衤”偏旁部首的字。如：形、彤、彦、彩、彪、彭、彰、衫、影、彬、市、布、帆、希、帘、帖、帕、帛、帝、帅、师、席、帐、常、帷、帏、幄、幅、帧、幔、幕、帼、帜、幡、帮、约、红、绅、绚、线、绿、维、纬、纪、纺、纹、级、纳、纯、绊、组、细、经、纲、素、紊、累、紧、繁、装、袁、衷、袈、裘、裁、裴、表、褚、袄、衲、衿、袒、袖、袗、褂、袆、初、襦等。

③家狗有主人饲养，有主人保护，有自己的安乐窝；野狗不但到处流浪，忧吃忧住，还忧人打杀，因而起名宜选用带“宀”“冖”部首的字。如：宇、字、守、安、宏、宜、宣、宁、宙、宥、家、富、宅、完、宋、

宓、宗、宕、官、宛、宦、室、客、宰、宸、宵、宴、密、寇、寄、宿、寒、寓、实、寤、察、宽、审、冠、冗、容等。

④狗喜欢吃肉，肉还象征着生活优越美好，因而起名宜用带“心”“忄”“月”偏旁部首的字。如：必、志、忠、思、恩、念、慈、慧、忍、忞、怱、怠、恙、恿、惑、憨、想、慰、慕、恭、懿、忻、恒、情、惟、怡、怍、恃、恒、怀、恬、恪、悦、悟、悄、惋、悻、慷、憬、憧、懈、愉、育、有、青、肯、胜、腾、明、朋、朕、朔、跳、朗、望、朝、期、朦、胧、肴、能、肖等。

⑤狗为戌，虎为寅，马为午，在地支中“寅、午、戌”为三合。猴为申，鸡为酉，在地支中“申、酉、戌”为三会。三合三会有同甘共苦、贵人相扶之意，因而起名宜用带“虍”“寅”“马”“午”“申”“矣”偏旁部首的字。如：虎、彪、虚、虞、演、玛、笃、骏、驷、驻、骋、骆、骐、骞、腾、骧、骅、驭、驮、驰、骄、骤、许、绅、珅、坤、伸、侯等。

⑥狗以小为可爱，狗也愿意和臣、士在一起，因为臣、士有亲和力，不像帝君那么威严，所以起名宜用带“小”“臣”“士”偏旁部首的字。如：少、肖、尖、步、频、杪、渺、秒、缈、妙、卧、壬、壮、任、仕、壹、嘉等。

（22）属狗的人起名忌用字

①狗忠于主人，但如果一条狗同时侍奉几个主人，则成为不忠之犬，因而起名忌用带“彳”部首的字。如：行、律、徐、德、彻、微、彷、役、往、征、彼、徊、待、徘、徒、循、徹等。

②一口一犬为“吠”，两口一犬为“哭”，三口一犬为疯狗吠日，因而起名忌用带“口”　“日”部首的字。如：司、古、右、召、另、台、吉、回、同、名、向、合、吾、兄、哈、哲、唱、唯、喧、唤、嘻、器、喃、嚣、旦、旬、旭、早、昉、旺、昊、昔、昌、昆、昀、明、昇、昂、昕、昱、昶、春、昭、映、星、晏、时、晁、晨、晟、晚、晶、晕、暑、暖等。

③狗怕水，水对狗不利，另外“落水狗”也是为人所厌的，因而起名忌用“冫”“氵”“水”“雨”部首的字。如：冰、泠、冶、凌、冽、冻、准、凋、净、汛、江、池、汉、汝、汶、沈、汪、沭、汰、沏、注、泳、沁、泓、沫、法、洞、泛、洋、治、涪、淙、渠、湘、渭、湃、源、滔、满、漪、泉、雷、霖、霞等。

④狗为戌土，五行中木克土。假如犯了木克土，心情会很压抑，力量则无从发挥，因而起名忌用带“木”部首的字。如：术、木、林、村、杜、

森、松、枝、果、柳、校、根、格、杰、桔、梁、梅、梓、栋、棠、杨、楚、楷、榕、榜、荣、标、模、横、树、机、权、棣、楼、柔、柯、株等。

⑤俗话说“金鸡遇犬泪双流”，因而起名忌用带“酉”“鸟”“羽”“兆”等与鸡有关的偏旁字。如：酒、酊、配、酎、酌、酰、醒、酣、酥、酬、酩、酪、酵、醇、醉、醋、鸠、鸣、凤、鸦、鸵、鸪、鸢、鸯、鸳、鸽、鸿、鹅、鹊、鹊、鹭、鸥、鹰、翠、翁、翊、翔、翡、耀、翰、窕、晁等。

⑥狗不喜欢见到另一只狗。两犬相遇，会引起争斗，有狗咬狗之嫌，因而起名忌用带“犭”“犬”偏旁部首的字。如：狄、狐、狮、独、狭、猛、猜、犹、状、伏、献等。

（23）猪年出生的人起名宜用字

①猪吃五谷杂粮，有了五谷杂粮，猪不愁会挨饿，就会有丰盛感、满足感，因而起名宜用带“禾”“米”“豆”“艹”偏旁部首的字。如：秀、秉、科、秋、秒、种、称、秤、秬、租、稍、程、稀、稚、稼、稳、穆、稷、颖、秦、粟、粤、粱、粲、精、粉、糊、糖、登、豌、菊、草、花、芸、芹、芝、芷、茂、茹、英、蕊、萍、蓓、菜、荷、莉、莆、菁等。

②“宀”意为居屋，家养之猪较有福气，整天就是吃喝拉撒睡，悠然自得，因而起名宜用带“宀”“冖”“人”“门”偏旁部首的字。如：家、宇、宁、字、安、宋、宏、宙、宜、宣、定、富、官、完、宗、宦、室、客、宰、安、密、冠、寄、寓、寒、宿、宽、审、宝、冗、冠、冥、全、金、铨、淦、今、仝、介、谕、令、企、余、伶、会、创、馆、伦、沦、闵、阔、闭、润、闲、阁、阅、闯等。

③猪是爱吃的动物，一天到晚都吃个不停，而吃就必须用口，“口”意味着有口福，因而起名宜用带“口”部首或部件的字。如：合、吞、周、商、善、回、司、右、召、台、史、吉、同、名、告、浩、含、咖、和、哉、哈、品、哲、唯、吾、器、员、园、国、圆等。

④猪在田间，有五谷杂粮可吃，逍遥自在，其乐无穷。因而起名宜用带“田”部首或部件的字。如：申、甲、由、留、畴、町、男、甸、畏、界、畔、畦、略、画、番、畸、疆、富等。

⑤猪为亥，鼠为子，牛为丑，在地支中“亥、子、丑”为三会；兔为卯，羊为未，在地支中“亥、卯、未”为三合。三合三会有互帮运，有贵人相助，因而起名宜用带“子”“丑”“牛”“卯”“未”“羊”“丫”“丬”偏旁部首的字。如：孝、孟、孔、孺、字、存、学、孤、孜、季、李、特、

生、性、造、隆、牟、牡、妞、钮、柳、卿、妹、美、善、群、翔、洋、珠、朱、祥、江、湘、河、湖、治、泉、泰、津、浩、涵、淦、淳、深、源、泽、凌、冰、冷、凋等。

⑥猪为亥水，金能生水，故金对亥有帮扶之意，因而起名宜用带“金”“钅”部首的字。如：钧、铃、钿、铭、铨、镇、锐、锋、镒、钟、钊、钛、钒、钏、钝、钥、银、鑫、锡、锟、锦、钢、镁、镕、镜等。

⑦木属东方，东方卯兔、月兔。而“亥、卯、未”为三合；同时猪在树下，也可获得短暂的休息，因而起名宜用带“木”部首的字。如：林、森、松、树、栋、桂、柔、柏、槐、沐、杰、枫、荣、楚、楣、横、权、樱、棋、梓、果、梁、柳、梅、本、材、村、札等。

（24）属猪的人起名忌用字

①猪为亥，蛇为巳，亥巳正冲。正冲伤害最大，不管六亲之缘分，财运、事业、健康均受影响，因而起名应避免用带“辶”“廴”“川”“一”“乙”“几”“邑”“阝”“弓”等偏旁部首的如蛇形的字。如：迅、迫、近、迪、返、迷、通、达、造、速、连、逢、逸、运、廷、延、建、州、洲、圳、酬、三、仁、乙、之、凡、亢、冗、机、抗、夙、凰、岚、枫、航、邦、娜、邵、郁、郎、郭、都、部、引、弘、泓、弦、强、弼、弛、躬、弯等。

②在五行中，亥申相害。古语云：“猪遇猿猴，似箭相投。”两者相犯，伤人、伤身、伤情，一切不利，因而起名应避开带“申”“袁”“爱”“矦”偏旁部首的字。如：伸、坤、绅、珅、袁、缓、媛、爱、侯等。

③猪是民间祭品中所列入的三牲之一，猪长大了就意味着要被杀。古语云“人怕出名猪怕壮”，猪见到帝王君长之日，往往便是变为祭品之时，因而起名忌用带“大”“王”“君”“长”“帝”偏旁部首的字。如：大、天、夫、太、夷、奇、奂、焕、奚、央、侠、奉、奈、奄、淹、奕、契、奏、奎、奖、奠、奥、奋、王、玨、琴、玫、珍、玳、珉、珍、珠、班、斑、珩、佩、理、球、琬、琰、瑛、瑜、瑟、瑄、瑞、莹、玛、瑾、璇、瑗、璋、璞、环、璨、珂、珈、玻、珊、珀、琪、琳、琦、玮、瑀、瑶、瑰、琏、璀、璐、璧、珑、君、群、莙、帝、缔、碲、禘、渧等。

④猪披上彩衣，意味着要被摆上供桌前，因而起名忌用带“彡”“巾”“衣”“衤”“礻”“采”“糸”“示”偏旁部首的字。如：形、彤、彦、彩、彬、彪、影、彭、彰、市、布、帆、希、帝、帅、师、席、常、帧、帘、

帕、帛、帙、帷、带、帏、幅、帼、衷、表、袁、裹、装、裳、裴、襄、裁、哀、裂、袄、袂、夹、裕、裯、袆、褚、禅、初、衿、礽、祀、社、祁、祉、祠、祜、祖、祝、祥、祺、福、禧、礼、祟、票、采、纪、红、约、纯、纲、绮、绍、结、绚、统、绛、经、绿、维、纬、缎、继、绩、紫、素、絮等。

⑤用刀能杀猪，用力能打猪，用皿能装猪，因而起名忌用带“刀”“力”“皿”偏旁部首的字。如：刁、刃、分、初、剪、券、劈、功、加、助、努、劭、劾、劲、勃、勇、勤、动、勒、勖、劳、势、勋、勰、劝、盂、盈、盆、盘、益、盎、盛、盏、盟、监等。

以地名、祖籍起名法

以地名起名，古已有之。上古时代的神农因居住于烈土，也称烈士氏。黄帝居住于轩辕之丘，也称轩辕氏。帝喾居住于高辛，也称高辛氏。至于伏羲居于东方，蛰居于西方，后人称为太昊、少昊，《礼记训纂》曰：“‘古《尚书》说，元气广大，谓之昊天。’则昊昊广大之意。以伏羲德能同天，故称昊。以东方生养，元气盛大；西方收敛，元气便小。故东方之帝，谓之太昊；西方之帝，谓之少昊。”今人名姓合一，多以出生地或籍贯等起名，而古人则多属于地望称或宦地称，即姓加地名。前者，地名只能是该人的祖居地或出生地；后者则是指某人当官宦任职治所的地名，通常是该人为官时间久，政绩显著或贬谪左迁，对其一生产生过重大影响的地方。地望称、宦地称，一般并非正式的名字，而是由后人称呼的，也有自称的现象，如张曲江是指唐代诗人张九龄，因他生于韶州曲江；柳宗元，人称柳河东（山西河东人）；王安石，人称王临川（江西临川人）；张居正，人称张江陵（湖北江陵人）；汤显祖，人称汤临川（江西临川人）；康有为，人称康南海（广东南海人）；孔融因曾任北海相，人称孔北海；陶渊明，曾任彭泽令，故世人称其陶彭泽等。古人以地望或宦地相称，一方面表明了对故土的深厚感情，另一方面也反映了“父母在，不远游，游必有方”的传统观念。而今人以地名起名主要表明对家乡故土的感情。

（1）以出生地起名

大家熟悉的女歌唱家关牧村，生于武王伐纣决胜战牧野之战之地——今河南省新乡市，其父母为了让她不忘生养她的地方，起名牧村。田汉为子取名海男，是因其“妊于东京湾而生于上海”，故以海男命名之。郭沫若，原名郭开贞，出生于四川乐山地区，少年时在这里成长。为了不忘生他养他的土地，为了寄寓对故乡山水的深情，他将四川乐山两条河流的古名沫水（即大渡河）与若水（即雅砻江）合起来，取名沫若。

像关牧村、郭沫若这样以出生地起名的，在我国很普遍，有以出生的家庭、医院、村庄、区乡连带起名的，也有借出生的县、市、省的名称起名的，还有以家乡某一标志如建筑物等起名的。如 1933 年，大作家老舍的大女儿出生于济南，老舍给她取名舒济。艺术大师黄宾虹，本名质，他家乡安徽省歙县西乡潭渡村的一座桥南端有一亭子，叫滨虹亭，为了寄托对故乡的思念，他自号滨虹，后以“宾虹”之名流行于世。作家柔石，原名赵平福，1920 年生于浙江省海宁县城西方祠前。祠前有桥名金水柔石，他觉得不错，加之敬慕明代方孝孺的品德（方祠即是乡人为纪念方孝孺而建），于是取桥名“柔石”作笔名。郑成功小名福松，据说是因为“产于苍松之下”。以出生地起名，明白简洁，又易会意，故人多用之，常见的有同仁（医院名）、武威（县名）、京生（北京生）、申生（上海生）、榕生（福州生）、宁生（南京或西宁生）、汉生（武汉生）、云生（云南生）、秦风（陕西人）等。

（2）以籍贯起名

现代人为了事业和理想，常常四海为家，但终归“月是故乡明”，他们对故乡仍有深厚的感情，因而在为孩子起名或为自己改名时往往以父母、祖父母、外祖父母的籍贯来取名，以表达对故乡和亲人的眷恋和思念。著名作家、评论家王任叔是四川人，四川古称巴蜀，于是他即以巴人为笔名。在甘肃、青海、新疆、宁夏和云南、贵州、广西等省区，有许多当年响应党的号召去支援边疆建设的人，他们好以籍贯给孩子起名，如李粤、黄辽、思湘；有些父母还以各自的籍贯连起来给孩子起名，如徐海宁、韩湘蓉等等。

（3）以出生地与籍贯结合起来起名

20 世纪 60 年代，许多上海知识青年响应国家的号召，支援大西北建设来到新疆。他们在那里生儿育女，让子孙后代为新疆的发展繁荣做贡献。他们中的部分人在为孩子起名时，就将上海与新疆联系起来，如沪新、申疆、海新、海疆、新浦、新海等，既表达了对故乡的思念、对新疆的热爱，又表达了对子女的期望。

在我国，尤其在城市，这种在祖籍地与出生地地名中各取一字，连缀成名的较多。如：京穗（北京—广州）、申杭（上海—杭州）、秦湘（陕西—湖南）、闽苏（福建—江苏）、皖青（安徽—青海）、宁宁（南京—宁夏）、吉贵（吉林—贵州）、甘津（甘肃—天津）等。

以地名起名还往往和时间联系在一起，如春天出生在北京或河北叫燕春，夏天出生在成都叫夏蓉，秋天出生在福州叫秋榕。

兹列举部分以地点起名的名字，供参考：

安九华（安徽省九华山）、朱四明（浙江省四明山）、姚建德（浙江省建德县）、许仙居（浙江省仙居县）、沙澄江（江西省澄江镇）、邱奉新（江西省奉新县）、梁南平（福建省南平市）、邵清流（福建省清流县）、郭正阳（河南省正阳县）、宁安皋（河南省安皋镇）、杨竹溪（湖北省竹溪县）、江宜昌（湖北省宜昌市）、聂沅陵（湖南省沅陵县）、岳怀化（湖南省怀化市）、林珠海（广东省珠海市）、廖海丰（广东省海丰县）、覃玉林（广西壮族自治区玉林市）、韦怀群（广西壮族自治区怀群镇）、徐桂林（广西壮族自治区桂林市）、宁中卫（宁夏回族自治区中卫县）、石永登（甘肃省永登县）、甘天水（甘肃省天水市）、卢伊宁（新疆维吾尔自治区伊宁市）、游昌吉（新疆维吾尔自治区昌吉州）、袁白玉（四川省白玉县）、倪江津（重庆市江津区）、金光义（贵州省兴义县）、童修文（贵州省修文县）、蔡鹤庆（云南省鹤庆县）、鲁昭通（云南省昭通市）、黎三亚（海南省三亚市）等。

以出生时间起名法

以孩子出生时间起名，是我国人民最喜欢的传统起名习俗之一。以孩子出生时间起名，有不同的表示方法，下面介绍主要的几种。

（1）以出生的时辰起名

古人常用十二地支表示十二个时辰，每个时辰恰好等于现代的两个小时。近代又把每个时辰分为初、正，列表如下：

地支	子	丑	寅	卯	辰	巳	午	未	申	酉	戌	亥
初	23	1	3	5	7	9	11	13	15	17	19	21
正	24	2	4	6	8	10	12	14	16	18	20	22

子正即为24点，申初即为15点，有些人习惯采用这种计时方法给孩子起名。当然也有其他的计时表示法。下面是几个例子：

酉：著名相声演员侯宝林的乳名叫酉。因为他出生于酉时，侯宝林家人给他起“酉”字，因北京人习惯用儿化韵，前加“小”后加“儿”，又叫小酉儿。

正午：文学史家杨公骥于1921年1月16日午正出生于河北省正定县，祖父为其起名正午。

凌凌：出生于凌晨零点，用谐音字表示。

（2）以出生日起名

庆春：老舍生于农历立春第一天，父母给他取名庆春。

国庆：即出生日是10月1日中华人民共和国成立的纪念日。

正一：正月初一出生。

（3）以出生月或季节起名

冬生：出生在冬季的男孩。

腊梅：腊月出生的女孩。

（4）以出生年起名

我国古代多以干支纪年，十干和十二支依次组合为六十单位，称为六十甲子：

甲子	乙丑	丙寅	丁卯	戊辰	己巳
庚午	辛未	壬申	癸酉	甲戌	乙亥
丙子	丁丑	戊寅	己卯	庚辰	辛巳
壬午	癸未	甲申	乙酉	丙戌	丁亥
戊子	己丑	庚寅	辛卯	壬辰	癸巳
甲午	乙未	丙申	丁酉	戊戌	己亥
庚子	辛丑	壬寅	癸卯	甲辰	乙巳
丙午	丁未	戊申	己酉	庚戌	辛亥
壬子	癸丑	甲寅	乙卯	丙辰	丁巳
戊午	己未	庚申	辛酉	壬戌	癸亥

六十甲子轮完后又重新开始，这种纪年法到今天仍使用，如1992年，也叫壬申年。一些人的名字叫作庚辰、辛卯等就是根据干支纪年而取的，使别人一看便知其出生年份。用干支纪年起名，有的人只取其中一个字为代表，如乙丑年，起名张乙等。

计年还有用生肖来表示的，每个属相代表一年，与十二个地支搭配：子鼠、丑牛、寅虎、卯兔、辰龙、巳蛇、午马、未羊、申猴、酉鸡、戌狗、亥猪，十二年轮回一次。如出生在2009、1997、1985、1973、1961、1949、1937、1925、1913、1901年等都属牛，民间喜欢把这些年份生的孩子起小名为“阿牛”“牛仔”等，这种以干支、生肖纪年起名的方法，称得上是我国独特的起名方法。

（5）以出生年代起名

除了借该年发生的各种大事来起名，如1958年“大跃进”，许多家长给孩子起名跃进等外，还可用年代（时期）来表示。

即使在今天改革开放的新时期，人们也常借用一些有时代特征的词来给孩子起名，只不过是更加突出一个时期的社会政治气氛罢了。

当然，以出生年代起名的方法很容易造成同名现象。因此，以出生时间起名应含蓄一点，思路可拓宽一些，可从谐音、转义、引义等方面去考虑。

以山川湖海起名法

生活环境、志趣爱好与名字往往紧密联系在一起。海边生子，希望他有大海的胸怀；大山生子，希望他像高山般雄壮坚强。孔子以丘为名，郭沫若以水为名。海洋、江河、湖泊、溪泉、涧流、池塘、崇山、峻岭、峰麓、嵩岳、山峦、丘陵、谷壑、岩石，以及岱、岚、嶂等，无不入名。以山水起名，特别是名山大川，多与出生地或父母的游历有关，但也不尽如此，更主要的是表达父母或自己的心愿。

山川湖海，雄伟壮丽，多姿多彩，以此取名，多带有象征意义。如云山、明山、如岱、松谷、梅溪、秋池、香海、月岩、仙麓、明湖、晴岳、玉溪、星河、雪峰、白石等。也有人名直取山水，明白清畅，简单易记。如胡大海、张大山、范长江、刘西湖、黄河浪、龙江水。

以山水湖海起名，最多见的是与出生地相联系，如海生、岳生、岱生、山来等。不少名字取自名山大川，如一周姓男孩在黄山出生，叫周黄山；一李姓男孩出生在洪泽湖旁边，叫李洪泽。其他像泰山、华山、嵩山、恒山、衡山、南岭、昆仑、长江、黄河、珠江、海河、东海、西海、南海、北海、黄海等均常见于人名中。

根据出生时的特点起名法

出生时，孩子的长相、性情、重量等生理特点和出生时的其他情况往往给父母和家人留下深刻的印象。据此给孩子起名，也就成为最早流行，而今余风犹在的起名方法。

《左传·桓公六年》中记载有古人关于命名的方法，其中就涉及长相等生理特征，其曰："名有五，有信、有义、有象、有假、有类。"有信，"以生名为信"，即以婴儿出生时的生理特征起名。如鲁公子友出生时，手掌上的纹路像"友"字，于是就起名为友。晋成公出生时，屁股上有明显的黑块，以此起名黑臀。有义，"以德名为义"，德作"得"解，即大人以为婴儿相貌非凡，独得天赋，据此起名。如周文王出生时，周太王见有圣瑞出现，认为周族当兴，于是给这个孙子取名昌。周武王出生时，据说文王见其一派非凡之相，认为其长大后必发兵诛暴，所以给他取名发。有象，"以类名为象"，即据婴儿外貌长相像什么取名。如孔子父母求子心切，祈祷于尼丘而怀孕，孔子一生下来头又像丘陵形状，因此起名丘，字仲尼。

以小孩出生时的长相、性情等生理特征取名的，多见于乳名。如楚公子黑肱、晋成公黑臂等。秦汉之后，名字渐尚文饰，人们往往觉得幼名俗气，不适宜于社会活动和人际交往，为应付社会交际，于是另立一正名。如三国人物里小名阿瞒的曹操、小名阿斗的刘禅，又如小名客儿的南北朝诗人谢灵运、小名寄奴的南朝宋武帝刘裕。有些因生理特征取的小名可用改谐音或加字取义的办法逐渐文饰，以后也就成为正式名字。例如我党早期主要领导之一瞿秋白，由于生下来时头顶上有两个发旋，母亲叫他阿双；七岁上学时，以"双"谐音取名为瞿霜。由于银白的霜雪一般要到深秋季节才能降临，所以他自己又取字秋白。

在不少地方常见的还有以重量起名。例如：鲁迅小说《风波》中曾有九斤老太，反映了当地以出生重量起名的习俗，现实生活中以重量起名多见于小名，如七斤，即出生时七斤；六六，表示出生时六斤六两；七五表示出生时七斤五两。假若用作大名，一般用谐音代替，如期午、启武（出生时七斤五两）等。

人长大后要进入更大范围的社会生活，取一个严肃、庄重的名字固然重

要，但以出生时的性情、长相、重量等特征所取的小名自有其意义。它是父母、家人对子女的昵称，是父爱与母爱的自然流露，这在特定的范围内叫也显得自然、亲切、风趣和不拘一格。这些小名仍在民间家庭或亲属小范围内流行，如黑蛋、小囡、大眼、扁头、丫丫、七斤等，而有些好的小名长大后仍可沿用，以至成为学名。

总之，以出生时的特征给孩子起名，表明了家人对孩子的疼爱。许多人长大后废去小名，但小名是伴随人生的美好回忆，废去不免可惜。沿用小名或改起新名，又使人对未来充满信心，从而去努力开拓新的生活。

以天地日月起名法

用天地、宇宙、日月星辰等取名，往往象征崇高、广大、高远、光明、炽热和一定程度的威严，表明宏大的理想与抱负，也代表自己的希望与寄托。上古曾认为天上有十个太阳，所以以天干命名，实际上也是以日取名。宋朝曾禁止用天、龙等入名。随着人们对宇宙和自然界认识的不断深入，自然界带给人们的神秘感、恐惧感逐渐减少，宇宙和银河、太阳、地球、金星、木星、水星、火星、土星、天王星、海王星、冥王星等进入人们的认知世界，所以这些都可以用来起名。如张宇、王宙、孙天苍、赵明星、盛地、周海星、黄金星、方阳、柳月、韩日新、孙星斗等。

以星起名表明对星的喜爱，以月起名表示对月的属意。现代诗人戴望舒之名即取于月亮。望舒是神话中为月神驾车的神，后来成为月的代称。戴望舒取此名，表达他作为诗人对月亮纯洁光华的喜爱和对真、善、美的热烈追求。

天、地、太阳等又有一些同义字，如天可用乾代表，地可用坤代表，天地或乾坤又可代表阴阳。以此取名亦常见，如李定乾、文乃坤等。

现代科学的发展日新月异，各种人造卫星遨游太空，宇航事业前景辉煌。为表达人们对科技事业的关心、展望和对子女的期望，有些人爱用此类词起名，如宇航、卫星、航天、宇飞、登月、天翔、天行。

以经历起名法

人生的道路曲折坎坷，父母、家人的生活环境、生活经历不一，婴儿出生时的情况不一，生男孩、女孩的心情不一，于是有些父母在给孩子起名时或自己改名的时候也会依其经历而定。

春秋时期的郑庄公叫寤生，倒着生的意思，是因其母亲姜氏生他时难产，脚先出来，最后才是头。作家刘吟小名雪生，这是因为其母亲怀她后期某天看到下雪，弟妹正在堆雪人，并喊她一起玩，一时高兴跑下楼梯，不小心摔了一跤，结果当晚生下女儿，家人遂叫刘吟小雪人，小名雪生。以上是根据婴儿落地前后的经历起名的。

根据父母或家人经历给孩子起名的亦常见，如足球名将容志行小名海生，这是因为他是在父母航海途中出生的，父亲为纪念这次为谋生而出走的艰难旅途，给他起名海生。

根据自己的生活经历给自己改名，一般是长大成人之后。如艺术大师徐悲鸿，原名徐寿康，他六岁便和父亲读四书五经，后又学绘画，但因家境贫寒，没有进过正规学校，也谈不上学历和文凭，为此常遭到冷落和歧视。面对社会不公，世态炎凉，他深感前途渺茫，不禁悲从中来，犹如鸿雁哀鸣，于是改名为悲鸿。

还有因时世对个人或群体心理状态的影响而取名的。如著名文学家茅盾，名沈德鸿，字雁冰，茅盾是他的笔名。1927 年蒋介石发动“四一二”反革命政变，汪精卫集团发动“七一五”反革命政变后，以极大热忱从事革命活动的沈雁冰被迫从武汉回到上海。他重新拿起笔，开始了职业写作的生涯。他以在武汉大半年波涛起伏的生活为题材，写出了小说《幻灭》。当他把书稿交给《小说月报》代理编辑叶圣陶时，署名茅盾。其含意，沈雁冰后来在《腐蚀》的新版后记中作了如下说明：“‘五四’以后，我接触的人和事一天一天多而复杂，同时也逐渐理解到那时渐成为流行语的‘矛盾’一词的实际；1927 年上半年我在武汉又经历了较前更深更广的生活，不但看到了更多的革命与反革命的矛盾，也看到革命阵营内的矛盾，尤其清楚地认识到小资产阶级知识分子在大变动时代的矛盾，而且，自然也不会不看到自己生活上、思想中也有很大的矛盾。但是，那时候，我们看到不少人的思想上实在有矛盾，甚至言行也有矛盾，但又总自以为自己没有矛盾，常常侃侃而谈，教训别人，我对这样的人就不大能够理解，也有点觉得这也是‘掩耳盗铃’之一种表现。大概是带着点讽刺别人也嘲笑自己的文人积习吧。于是我取了‘矛盾’二字作为笔名。但是后来还是带了草字头出现，那就是我料想不到的。”

草字头是叶圣陶给加的，叶圣陶觉得《百家姓》里没有姓矛的，同时用“矛盾”作笔名太显眼，一看就是假名，容易引起麻烦，从此以后现代文坛就出现了“茅盾”这个响亮易记的名字，其本名反而不少人不知道。

改变名字或笔名的人，有以此纪念漫长的人生旅途中难以忘怀的经历和遭遇的，也有以此纪念一件事或一次活动改变了自己的人生道路上或生活中发生的大的转折的。前者如20世纪30年代东北地区一对并肩战斗的青年作家，女的叫张乃莹，男叫刘鸿霖。他们合著小说散文集《跋涉》，又一起到上海会见鲁迅先生，在鲁迅指导下从事创作。这一对浪迹天涯的青年作家，为了表达休戚与共的坚定信念，特起了萧红（张），萧军（刘）两个笔名，合起来就是“小小红军”，萧军后来干脆改姓萧，子女皆姓萧。后者如电影演员康泰，原名刘秉璋，他从小就是一个电影迷，中学毕业后考入华北影艺学校，从此开始艺术生涯。在话剧《重庆二十四小时》中，他扮演主角康泰，一举成功，引人注目。为了纪念那次成功的演出，他自此以“康泰”为艺名，投身电影行业。又如电影演员吴茵，原名杨瑛。在中学念书时被选中在影片《新女性》中担任角色。公演时，制片处长因她原籍江苏吴县，匆匆替她取个艺名——吴茵，寓意于“吴县芳草绿成茵”。

梦兆起名法

做梦，是一种最常见的现象。古人认为，孩子未生，如得吉梦，便可预知孩子必为人中俊杰。诞生之前，如获梦兆，尤其是大吉之象，常以此取名。如晋公子黑臀出生前，他母亲梦中有神人指着孩子的黑屁股道“使有晋国”，便命名为黑臀。本来黑屁股是一种隐疾，和春秋的命名规条“不以隐疾”是抵触的，因为神人有让其做晋国国王的吩咐，便不怕内丑外扬，更不计较与规条抵触了。这个梦是公子黑臀成为晋成公之后才传出来的，也许是他母亲为孩子的丑名遮羞所致。但古来由梦名而得到瑞应的，史不绝书。如郑文公的妾燕姞梦见仙人给她一朵兰花而生穆公，以兰有王者之香，便命名为兰。岳飞之母梦见大鹏止于其屋而生岳飞，故命名曰飞，字鹏举。陆游之母梦见秦少游而生陆游，故命名曰游，字务观。才女姚月华之母梦皓月入怀而生姚月华，因而为其起名曰月华。这种父母以梦兆为子女起名的事例很普遍。

在我国民间，的确存在着以梦兆起名的习俗。以下三个名人的例子就能说明这一点。

文豹：郭沫若的乳名。因郭沫若母亲怀孕时，曾梦见一个小豹子咬了她左手的虎口，生下儿子，便给他起了个文豹的乳名。

星海：冼星海的母亲怀孕时，做过一个梦。梦中她抱着孩子坐在船头，仰望夜空，满天都是星星，远处一颗星飞落海里，她们母子俩朝着星落的方向划去，把星星从海里捞起……她把梦中的故事告诉丈夫。丈夫听后说：“孩子生下来，就叫星海吧！”伟大音乐家冼星海的名字由此而来。

揢：作家苏金伞出生时，其母亲做了个梦，梦见一匹大马从家里逃走了，奔腾跳跃，结果被本村一个名叫孙马的人拉住，于是父母给孩子起乳名叫揢（ké）（豫东语，逮住的意思）。

随意巧合法

俗话说，“无巧不成书，巧中生妙”。起名也是一样。有时冥思苦想，按部就班却不得好名，但有时随意巧合，灵机一动，信手拈来，竟得佳名。请看下面例子。

六曾：作家黎烈文出生时，曾祖父刚好过六十寿辰，曾祖父替他取乳名“六曾”，表示他是曾祖父六十岁时出生的曾孙。

孝生：刘伯承1892年出生于四川开县张家坝一户农民家庭，因为他出生后七日内祖父母先后离世，家人给他起名孝生。后来取学名明昭、伯承。

罗庚：华罗庚出生时，父亲正好背了个箩筐走进自己开的小杂货店铺。父亲把孩子轻轻放进箩筐里面，说：“进箩辟邪，同庚百步，就叫罗庚吧！”

则徐：据说，林则徐出生那天，福建巡抚徐嗣曾从门口经过，父亲由此联想给儿子起名叫则徐，希望儿子像徐嗣曾一样成为高官显贵。

随意巧合起名有两个明显的优点：首先，新鲜有趣。既然是随意巧合，就没有一定之规，因此，这样的名字往往新奇独特，其含义一般很难一眼看出，一旦说出来就是一个很有趣的故事。其次，极难同名同姓。

因时起名法

起名用字是自由的，尽可以海阔天空，随意组合。但起名又与个人经历、生活环境、时代文化背景密切相关。某人叫韩抗战、邢解放、黄建国，

你能猜测到该人生于抗日战争时期或1949年前后；某人叫任援朝、许跃进、谷超英，你能感觉到20世纪50年代的时代气息。起名选字的时代特色往往给人留下深刻的印象。

观其名而知其时代，并非现代才这样，各个时代都有其时代的常用名，这实际上也反映了汉民族生活习俗的一个特点。

（1）历史上各时期起名的时代特色

夏、商多以天干地支命名。周代起名讲究“五则”（有信、有义、有相、有假、有类）与“六避”［避免用国名、山川名、官名、疾患名、祭品（牲畜）名、祭器名］。

西汉至三国时期，由于尊儒复古思想的影响，文武显官和士大夫阶级命名都以圣洁文雅为风尚。王莽当权禁用双名，崇尚单名之风延续300多年，像刘歆、王匡、马援、班超、曹操、孙权、周瑜、刘备、关羽、赵云，以及“建安七子”“竹林七贤”等，都是清一色的单名。

魏晋南北朝时，士大夫阶级以清高自得，起名字要求高雅，选字特别讲究，当时最时髦的是用“之”字取名，如大书法家王羲之一家三代，从羲之到儿子献之，到孙子桢之、静之，都以“之”字为名尾。还有祖冲之、刘牢之、裴松之、顾恺之等。从此时起，由于诗歌的兴盛使用双名的风气开始盛行，如当时的作家陶渊明、谢灵运、刘义庆、颜之彬、郦道元等。最有趣的是六朝佛道盛行，当时不少佛教徒喜欢用梵语取字或名，有些人并非佛教徒，也喜欢用此法。而道教徒则喜用道、祖、玄、德、灵等字。

唐代武则天以后，佛道渐衰，科举制巩固，人们常用文、德、儒、士等字命名，忠、信、贞等字亦入名。唐朝还对武将功臣赐名，所赐名字含有精忠报国等义，如唐末农民起义的叛徒朱温降唐以后，赐名朱全忠。唐朝末年，还开始盛行以典故起名。

唐末五代，不少人喜欢用“彦”字取名，彦有“美士”的意思，如王彦章、史彦超等。自古以来带“彦”字的名字一直都很流行，史书记载以“彦”字起名的有彦章、彦超、彦卿、彦进等多人。

中国素有尊老敬长的传统，到了宋代，不少人喜欢以老、叟、父（甫）等尊老字取名，如胡唐老、孟东老。武人喜用俊、顺、平、胜、进等字取名。这个时期，由于道学盛行，用金、木、水、火、土五行命名也成了时髦。著名的如哲学家朱熹的父亲名松（木），其名熹（水），几个儿子名塾、登、在（土），孙名钜、钧、鉴、铎、铨（金）等，曾孙名渊、潜、济、凌（水）等，五代全以五行相生序辈命名。当时还有一种习惯，社会上有地位的人，许多称“秀”，如张三秀；一般平民则称“郎”，如李四郎等。

辽金时代，用“哥”“奴”字取名的人很多。有人把用“奴”字命名归纳为如下两种：①带宗教气息的，如观音奴、金刚奴、菩萨奴、罗汉奴等；②带卑贱气息的，如张奴、宫奴、万家奴、丑奴等。以“哥”命名的有铁哥、定哥、喜哥等，也含有卑贱的意味。“哥”“奴”等字的盛行反映了当时社会阶级压迫和民族压迫的沉重。

在元代，一些从政的汉族人为了取悦统治者，以用蒙古族名为荣。蒙古族取名的方式多样：有的根据颜色命名，如察罕（白色）、哈剌（黑色）、阔阔（青色）、忽兰（红色）等；有的用数字命名，如朵儿制（四）、搭本（五）、乃蛮（八）；有的用珍宝命名，如按弹（金）、迷不台（珠）、帖木儿（铁）等；有的用禽兽命名，如不花（牯牛）、不息（鹿）、巴尔思（虎）、阿尔思兰（狮子）、脱来（兔）等；有的用蒙古族部落的名称为名。

以族谱辈次命名的风气到明清进入高潮，皇亲国戚、各族大户几乎无一例外。同时明清时代科举制度的影响很大，人名中常出现奎、元、科、第、恩、光、禄、赐等字，反映了人们追求功名的思想。明清的女子也多用贞、静、芳、芬、珠、翠、锦、乡等字取名。当然，当时男尊女卑，男女有别，许多女子只有小名而无大名，长大后出嫁一般只称姓而无名。

清末以后，民族意识开始强烈起来，名字中常见华、汉、振、亚、兴、强、雄等字。例如：清末革命党人愤恨清朝统治，志切复国，受民族革命思潮的激发，投入革命队伍，纷纷更改名字，如章太炎、赵炎午、蔡子民、胡汉民、于右任、戴天仇等，在当时这些名字表现了鲜明的思想倾向。又如：清末严复翻译的赫胥黎《天演论》为知识分子所接受，风行一时。受《天演论》思想的洗礼，不少思想超新的读书人侈谈“物竞天择，适者生存”，有些人以此起名命字，如陈竞存（陈炯明）、秋竞雄（秋瑾）、胡适之（胡适）、李天择、张竞生等。辛亥革命前，称字称号的风气一直很盛。辛亥革命后，特别是五四运动后，随着新文化新思潮的发展，称字称号的人骤减，而“一名主义”的风气延续至今，人们已经习惯了一个名字。

（2）当代起名的时代特点

名字的时代特点，是人们了解社会变化的一面镜子。从下面的当代人名

表，我们可以看出时代和社会环境对人们取名有着深刻的影响。

新中国成立前：贾得宝、孙发财、姚有禄、庞天佑、李梦福、胡富孝。

新中国成立初期：郑解放、向天明、叶南下、秦建国、张同庆、纪土改。

抗美援朝时期：司卫国、邓援朝、朱抗美、方卫平、靳停战、韩朝胜。

20世纪50年代中期：高建设、申互助、童和平、李亚非、瞿建强、时志方。

“大跃进”年代：孟跃进、潘唯天、王超英、方卫星、戴红花、陈公社。

三年困难时期：任自力、林更生、沈抗洪、许奋发、宋图强、齐移山。

20世纪60年代中前期：钱克农、董加耕、高学雷、艾学锋、方永进、安四清、王卫星。

社会主义建设时期：韩振兴、李跃华、姜文明、高四化、陈兴达、温富民。

以上名字，时代特色鲜明，响亮易记，但作为反映社会生活变化的一个缩影，其中有些名字已时过境迁，却有经验教训值得吸取，这也是我们今天结合时代特色起名时所应注意的。

（3）起名的时代性与相习仿效

有一对联故事，说明代文学家李梦阳任江西提学副使时，某日视察学堂，见名册中有个学生也叫李梦阳，便将小梦阳唤出来，出了个上联：

蔺相如，司马相如，名相如，实不相如。

贬斥之意十分明显。小梦阳略作沉吟，对出下联：

魏无忌，长孙无忌，彼无忌，此亦无忌。

魏无忌即战国信陵君，长孙无忌是唐初功臣。小梦阳毫不示弱，借古讽今，回敬了李梦阳。

以上人名的重名，说明起名的时代性对人影响极大，一名若好，大家纷纷相习仿效，故历史上同名颇多。怎样给孩子起既有时代特色又有自己特点的名字，尽量不与别人重名，这才是我们起名时应该注意和研究的。

综上所述，名随时代，因人而异，名字的时代性是很鲜明的。起名的时代性可以从两方面看：一方面有深刻的思想内涵，把个人的身世同所处的时代结合起来，缓慢的、长期的、渐进的，如儒家、阴阳家、佛家、道家思想对人的影响；强烈的、明显的、起伏的，如近现代天演论思潮、新文化运动的影响。另一方面属于时尚，多为相互效仿。明智的起名，与环境与时代相结合，富有进取性，含有积极的意义；简单的起名，盲目地赶潮流，模仿效尤。

鉴于名字的时代性，在起名时，还应当注意顺应时势，不要把一些时过境迁的潮流所时兴的名字重新拾起，因为那太落后于时代了。如在我国古代，人们以丰满为美，所以古人以肥为名者，屡见不鲜。如春秋时鲁国大夫季孙肥，西汉初年的齐悼惠王刘肥，可见，“肥”字在古人那里是多么美好的一个词呀！再如龟，在古人心里是长寿的象征，所以古人名中，用龟字的也很多。唐贞观年间的嗣楚王叫李灵龟，玄宗时有一位著名的乐师叫李龟年。后来龟却有了不好的喻义了。“龟奴”“龟公”“龟子”成了最恶毒的骂人话。今天如果有人取名用“肥”“龟”字，尽管是取其佳意，也会让人笑掉大牙的。

互相仿效法

在人类社会的发展过程中，各个社会、国家、民族之间免不了互相接触、互相影响。在上古时代，各个国家之间的接触不多，而且也只是和邻近的国家发生接触。人类越进步，社会的政治、经济、文化等方面越发达，社会间的交往也越频繁，交往的区域也越广阔。由于交往的频繁，就要互相学习彼此的民族语言，语言词汇之间不断互相借用，这些给人名的起法及使用都带来一定的影响。

以辽、金时代为例，游牧民族在汉族区域住久了，多以汉语命名，这些都可以看作命名时初步接受汉文化的标志。也有一部分人在本族的本名之外，另起一个纯粹的汉名。随着元朝建立，由于民族不同，帝王大将多不通晓汉语汉文，并且颇有以夷化汉之心，对汉人常以赐蒙古名示宠，无形之中，也就有汉人仿效蒙古名来取名的。元代时，有不少汉人常取用蒙古名。如：贾塔尔珲，本来是冀州人；张巴图，本是昌平人；刘哈喇布哈，本是江西人；杨朵尔济、迈里古思，本是宁夏人。

元代统治者对于令他们满意的汉人，常常以赐名表示宠爱。如张荣造舟济师，太祖赐名兀速赤。有些没有得到赐名的汉人便加以模仿，一时形成风气。

五四运动以来，西方很多作品被翻译介绍到我国，由于汉字和西方文字属于两种不同的文字体系，用汉字来翻译西方的一些人名，一般采用音译

法。在翻译过来的人名中，如果音节较少，并且具有汉民族人名的特点，或翻译过来的人名第一个音节与汉语中的姓氏音同或音近，就直接作为人名。如：玛丽亚、玛丽、安琪、安娜、乔治等。

还有在姓氏之后加上翻译过来的人名，如徐曼丽、惠丽娜、吴燕妮、许美妮、赵栗姐、萧约翰等。这些人名一般都带有外国人名色彩，具有“洋味”，迎合了一些人的崇洋心理。于是，一些崇洋少年也就用这种时髦的方法起名。改革开放 40 多年以来，在许多的开放城市，这类人名也就从无意地起变成了有意地跟从。

还有一种现象，日本文字体系中至今还有一部分汉字，并且日本人一般也是利用这一部分文字来起名的，这给中国人取名也带来一些影响，如利用日本人名中相连两个字入名。有的取名属于崇拜此人，如黄枭雄、田裕子（田中裕子的缩减）、薛苍健、杨宏田等。不过，这一部分人名可以看作汉族本族的名字，因为这些文字本来就是汉字，语音上并不具备日本民族语的特点。

人名受民族文化的影响，一是因为政治的干预，元代汉人多用蒙古名即是；二是出于有意或无意的模仿，五四运动以来汉人名字具有外国人名色彩即是。

四、男女有别的起名法

男子起名的艺术

自从进入父系社会以来，“男子汉”这个词就越来越响亮。在世界各国，男子汉的名字都有自己的特色。

就我国封建社会的历史来考察，男女名字的区别也是十分明显的。首先，人们对男女的重视程度不同，对男女名字的重视程度也不同。古时候的礼书规定了男子命名的一套仪式，又规定了男子成年取字，妇女却没有，并且给女子取名时很不在意、很不用心。因此，古籍中提到的名字男多女少，像教子很有名气的孟子母亲，也只是被称作孟母，《三字经》里说：“昔孟母，择邻处，子不学，断机杼……”其次，就使用来说，女名不出家门，只在自己的家中使用。在家里除父母、兄嫂、丈夫，此外几乎没有人叫她的名字。××家的女儿、××的媳妇、××的夫人、××的母亲，这种用别人来称呼女人的方法是很常见的。就妇女的名字本身而言，也与男子有所区别。比如古人常以美德命名，然而，表现全社会普遍美德的字眼，比如仁、义、谦恭、诚信、勤俭、贤良、方正等，都只用于男名，很少用于女名。女子要以美德命名，只能用表示“女德”的字眼，比如贞、淑、端、庄、娴、婉、静等。

就身体结构而言，男子魁梧伟岸，女子婀娜柔媚；男子魁梧有力，女子则秀婉温和。因此，无论哪个社会，男女名字的主要区别，总的说来是男名具有阳刚之气，女名则重阴柔之美。具体说来，中国汉族男子的名字在内容上主要有以下特征：

（1）表现男性强壮雄健的体魄

一般用强、壮、健、力、高、伟、彪等字。如：李永强、高健、李力、黄云高、刘伟、何彪等。

（2）表现男子美好的品德

一般以仁、义、礼、智、信、德、诚、伦、孝、忠、良、勤、俭、廉、文、章、斌等字入名。如：黄植诚、周克勤、韩信、何守义、陈振信、朱有德、宋廉等。

（3）表现男子的志向和抱负

一般用宏、登、大、杰、博、邦、国、举等字入名。如：彭建国、胡耀邦、杜文杰、蒋大为等。

（4）表现男子豪爽、坚强的性格和阳刚之气

一般用勇、猛、刚、坚、毅、韧、豪、雄、英、俊等字入名。如：薛刚、方毅、马胜利、李直、朱为雄、李国豪等。

（5）表现男子继承父业、传宗接代、光宗耀祖的愿望

一般用祖、宗、先、昌、根、柱、世等字入名。如：李耀先、张宗昌、郭继先、沈继祖等。

（6）表现对平安吉祥、富贵安康的生活的向往

一般用福、禄、贵、寿、财、禧、康、年、安、祥、平、吉、瑞等字入名。如：包三福、高富贵、李有财、安祥、冯永瑞、郭小平、张少康、毛延寿、蒲松龄等。

（7）用地理名词和地理位置命名

以江、山、湖、海等字命名，如：黄沧海、沈阳山、范长江等。以地理

位置命名，如：黄振中等。以表示大之意的“宇”“寰”命名，如：梁宇、陈振寰等。

（8）用男性专用字命名

表示排行的：伯、仲、叔、季、昆，如陈伯达、彭福仲等。

值得注意的是，和女子名字一样，在男性名字中，也经常用动物、景物来作比喻或象征，但与女子名字用来作比喻象征的事物是截然不同的。拿动物来说，女子一般用美丽的鸟，而男子却用勇猛的虎豹，如唐伯虎、西门豹等。拿景物来说，女子用柔和的风、花、雪、月，而男子则用雄壮的山、峰、海、涛。即使使用同一事物作比喻，着眼点也不同，如同样用“凤”起名，女子着眼于它的美丽，而男子则着眼于它的富贵不凡；同样用“华”起名，女子多取其本义开花，男子则多取才华、风华和中华的意思。还有一些用作比喻、象征的事物，对男子和女子都适合，但在用字上却有所选择。如表示珍贵多用带“王”或“玉”部首的字，其中宝、琦、瑜、瑾等字，男子用得较多；珍、珠、琪、环、琳等字，男女都用；而琼字则女性用得较多。

女子起名的艺术

许多国家都有女子婚后必须改随夫姓的规定，到了近代，这一传统习俗虽然受到了冲击，发生了不少变化，但仍不同程度保留着。

封建社会将妇女们紧紧地束缚在“三从”“四德”上面，女子不仅不能讲究起名的艺术，而且多数人连拥有名字的权利也被剥夺，在家用小名称呼，到婚后往往就“隐姓埋名”，在夫姓与父姓之后加上个“氏”字，作为她的终身代号，如陈李氏、张梁氏、刘洪氏等。中华人民共和国成立后妇女的地位有了很大的提高，广大妇女有了使用自己名字的权利，家长可以随心所欲地为自己的女儿起名字了。但现代女性的取名却受到古代妇女起名模式的很大影响，甚至可以说在这方面古今变化不大。家长在给女孩子起名时，应注意吸收古人女性用名的可取之处，剔除其封建糟粕。

纵观我国女性古今用名，大致可归纳为以下 10 类：

（1）用女性字

这是最基本的方法。带有“女”字旁的字，直接从字形上反映了女性色彩，已成为女名的专用字，这类名字很多，如玉婷、素娥、玉姑、亚妮、丽娜、宝婵等。

（2）用女德字

社会所提倡和称道的男女性情、品德不尽一致。与男子相比，女子比较温柔、贤淑、文雅、安静。这在名字中也会表现出来，表示才、德、慧的字有贞、淑、贤、端、庄、娴、静、洁、慧、巧、雅等，人名如冯婉贞、李淑贤、何慧玲、梁端庄等。

（3）用花鸟字

人们常把女性比作鲜花或小鸟，因为鲜花或小鸟能象征女性的天真活泼和温柔之美。表示花草的字如花、兰、菊、莲、梅、柳、莉、茜、薇等，人名如张茜、殷秀梅、田华、白莲花、林莉、王小菊等。表示鸟类的字有凤、凰、鸾、莺、燕、雁、鹃等，人名如徐小凤、新凤霞、陈鸣凤、苏紫鹃、叶春莺、迟晓燕、陆秋雁等。

（4）用闺物字

这类字包括女人的首饰、服饰、化妆品以及其他闺阁日用物品。这类字有钗、钿、环、绣、锦、缨、黛、香、线、瓶等。人名如杨玉环、傅锦华、林黛玉、何秋香等。

（5）用珍宝字

以珍宝字入名，一是比喻其尊贵美丽和志行高洁；二是寄托一种希望，希望珠玉满屋、珠宝盈门。这类的字有玉、珠、宝、珍、金、银、珊、莹、琼、瑶、琳、玲、璧等，人名如丛珊、琼瑶、李玲玉、朱琳、陈莹等。

（6）用柔景字

天地间柔和、婉顺、明快的景物，不仅给人以愉悦感，而且与女性的阴柔之美恰好协调，如果用春、夏、秋、冬、云、霞、虹、雪、冰、霜、雯、霓等字入名，确具女性魅力。人名如潘虹、林青霞、龚雪、冰心、江月、周春梅等。

（7）用柔情字

人之情爱，最真的莫过于父母对子女情感的自然流露，情之真，爱之切。此类字有喜、爱、惜、念、怡、宠等。人名如秦怡、郭爱莲、江惜春、苏喜娇等。

（8）用彩艳字

颜色五彩缤纷，本身就能引起视觉上的愉悦和心理上的快感。以色彩入名取其漂亮义，追求的正是美感。表示色彩的字有彩、艳、红、绿、紫、彤、青、翠、秀、倩、素、黄、绛、丹、碧等，人名如苏红、王丹凤、陈丽

红、张彤、邓碧兰、朱美艳等。

（9）用重叠字

按读音习惯，重叠字一般读轻声，因此用重叠字入名能给人一种轻松亲切的感觉，重叠之后显得天真活泼，具有“小”义。这种名字随处可见，如：燕燕、婷婷、倩倩、丽丽、红红、君君、盼盼、芳芳、媛媛、莎莎、丹丹等。

（10）用芳香字

具有芳香气味的事物，能从嗅觉上引起人们的舒适感。表示芳香的字有香、芬、芳、馥、馨等，人名如秦香莲、王馥荔、田芬、张瑞芳等。

叠字起名法

叠字起名，即用两个相同的字作名。这种起名法，男子很少用，主要用于女名。据考证，这种习俗从唐代开始，那时是以男性为中心的社会，女人的存在是以男人的评价为价值标准的。女人起叠字名的原因一是简单，二是给人以轻松亲昵的感觉，而这正好符合男人的心理要求。正因为这样，这种叠字名最先在歌伎、舞伎中出现，随后便作为一种起女名的习俗而流行开来。例如崔莺莺。

在现今，起叠字名仍然极为普遍。不过，今天起叠字名不再有取悦男性的含义，而保留了天真可爱、轻松亲昵的感觉。这种叠字名对于女孩子的生活和工作，特别是社交，是很有帮助的。

起叠字名时，应特别注意字义、字音的选择，最好能选择一些在字义、字音上富有女性美的字，至少应选择中性字。用像铁、钢、石、山、坡、坚、峰、谷、空、宇、斗、争、劲之类富有阳刚之美的字为女孩起叠字名，那就有些不伦不类了。

此外，起叠字名实际上就是起单名，如张英和张英英，均是由“张”和“英”两个字组成，因此，同名同姓的可能性极大。根据有关统计，叠字名的同名同姓率与单名的同名同姓率一样高。这一点，读者在起名时应该多加注意。

用闺物字起名法

我们常说的“闺女”一词反映了封建社会未嫁女子在家庭中的地位，那时讲究女子大门不出、二门不迈，因此，外面的世界似乎和她们无关，女子起名用字许多就和家中闺阁及其中的物件联系起来了。

闺阁用字取名如闺臣、闺秀、闺英、绣阁、英阁等。

还有将钗、钿、簪、环、钏、琴、书、裳等首饰和用具入名，如宝钗、翠钿、秀簪、玉环、金钏、银钏、宝琴、书琴、云裳等。

妆、粉、秀、黛等化妆品字入名有美妆、玉粉、香兰、玉黛等。而针、线、纫、台、瓶等女工或摆设用字也入名，如英台、玉针、红线、纫蕙等。

当今，妇女走向社会，自立自强，如果仍用闺莲、闺柳、绣阁、英阁等反映闺物的名字，那未免与现代社会格格不入了，既不合时也不应该。

以色彩起名法

谁不希望自己的生活环境美丽多彩？白云，蓝天，青草，绿树，红、黄、紫、粉等各色的花，清雅素净的家……和谐的色彩使人愉悦、欢快、舒畅。人们对色彩的喜爱也常常表现在自己或子女的名字上，赤、橙、黄、绿、青、蓝、紫、白、黑、乌、苍、朱、红、灰、绛、素、粉、翠、金、黛、银、丹、彩、艳等色彩字也被用于名字中。如：杨朱、李白、梁红玉、赵青、萧红、于蓝、叶紫、周贻白、刘大白、陈白尘、曾虚白。

色彩字入名，男名较少，只有白、青、黑、紫等几字，而女名甚多，因为这些字颇能体现女性的娇美艳丽。有的名字直接明了，用色彩字作为单名或叠名，如红、青、翠翠、丽丽等。有的与其他景物相连，反映景物的外在特征，体现女性的美艳，如紫荷、红珠、素心、素娟、黄绮、玉倩、翠萍、碧菡、赤缨、银凤等。

色彩字入名，不仅能使人产生观感上的愉悦与大脑的联想，而且到近现代，色彩字还有社会与政治上的象征意义，并对生理、心理产生重要影响。故此，以色彩字起名，又多了一层新的含义。

如红色表示热烈、兴奋、欢庆等。在许多国家，它象征人们为国家独立或民族解放而斗争的精神，象征国家的兴旺发达。在我国，它常被用来表示人民民主专政，表示英雄先烈的业绩，所以在取名时也常用“红”字，如卫红、永红等。

黄色表示华贵、柔和、快乐，常用于象征阳光、黄金、矿藏、资源和财富，如黄龙、黄绮、黄鹤等，作为姓使用表达效果更佳，如黄河浪、黄河

源、黄叶秋等。

绿色代表生命，给人以生机勃勃之感，被认为是美好吉祥的象征。入名时多与其他字相连，如芳绿、绿杨、绿莎等。

蓝色表示宁静，使人感到明快而清新，常用来象征海洋、河流、湖泊、港口和天空。“蓝”既是姓，又可以入名，取名较易，有的很有趣，如蓝玉、蓝天野、于蓝等。

白色表示雅素、洁净，一般象征和平、纯洁、公正，又能反映多种事物的外在特征，所以“白”字入名较多，前面已有列举。

其他可以用于名字的色彩字或暗含色彩的字有彩、艳、青、翠、素、紫、月、云、霓、雯、露、雪、霞、冰、霜等。名字有彩纨、曼艳、碧倩、玉青、素心、绿荷、紫绡、黄绮、抱月、彩云、丽雯、白露、绛雪、春霞、冰心、菊霜等。

以花草树木起名法

如果没有花草树木，人们的日常生活与周围环境会显得单调乏味。各个民族都有自己喜爱的花草树木，以花草树木给孩子起名，正说明了人们对自然生态的热爱，表达了人们对花木倾注的感情和通过花木反映出来的某种希望和寄托。以松、柏、榕、槐等高大而年久的树木取名，象征雄伟挺拔和富有生命力；以牡丹、梅、菊、兰、荷等取名，表示漂亮、娇美、艳丽或秀雅韵致。中国人习惯了同自然融合，常常借花木及其他景物的自然属性来比喻人的品性，因此人的某些特性与花木的某些特性常合而为一。用花木取名，男名多具阳刚、果敢、正直、高雅之情操；而女名多具阴柔、纤巧、妩媚之感，有一种美艳和清丽感。

以松取名，甚为广泛。《论语·子罕》云：“岁寒，然后知松柏之后凋也。”后凋，实际是不凋、长生。松柏耐寒而又常青的自然特性被引申理解为抗击环境变化而能保持自身不变的社会品性和坚强不屈的精神。李白有诗赞松：“太华生长松，亭亭凌霜雪。天与百尺高，岂为微飙折？桃李卖阳艳，路人行且迷。春光扫地尽，碧叶成黄泥。愿君学长松，慎勿作桃李，受屈不改心，然后知君子。”（《赠韦侍御黄裳·其一》）以松取名，多取其精神与品性之象征意义。如青松、石松、劲松、寒松、松青、松玉、松强、松德、松鹤、松立等。

杨柳亦常入名。杨柳对环境有较强的适应能力，春天又早于其他树木发芽、长叶，被认为是春的使者，加之垂柳婀娜多姿，风流可爱，在人们的审美意识中占有一定地位。《诗经·采薇》有“昔我往矣，杨柳依依”之句。惜别折柳，清明插柳早已成为习俗。人们也习惯了取杨柳字为名，如白杨、杨柳、柳依、柳滨、柳青、春柳、倚柳。

古人称梅、兰、竹、菊为“四君子”，称松、竹、梅为“岁寒三友”。“山有嘉卉，侯栗侯梅”，《诗经·四月》里的诗句说明梅是人们最早喜爱的花卉之一。梅，花姿秀雅，风韵迷人。有人叫冬梅、雪梅，是说梅耐寒；有人叫春梅，是说梅报春早；有人叫香梅、梅芳，是说梅有清香。古人还把梅花的五瓣比喻为寿、福、康宁、好德、善终五福，民间常在新春贴“梅开五福”的横额。古今文人赞梅、咏梅、写梅的诗、文、画甚多，而现代民间取名用梅字的亦众，如评梅、寒梅、玉梅、笑梅、爱梅、梦梅、景梅、艳梅、梅芳、梅玉、梅芬、梅竹、梅君、梅姿、梅影……

“姑娘好像花一样”，人们常用花来比喻女性的美貌。父母爱把自己的女儿称作园中的鲜花，以花名给女孩起名，更显得女孩娇美、艳丽。牡丹素称国色天香、花中之王，以其为名，取其雍容华贵、艳美富丽之意。兰花婀娜多姿，清新高雅，以其为名，除取花色之外，多寄托幽幽之情、高洁之志。菊花与兰花同为花中君子，它傲霜挺立，凌寒盛开，花姿绰约，高雅秀逸，以菊为名，多取其素洁淡雅、凌寒傲霜的品德。荷花“出污泥而不染，濯清涟而不妖”，以其为名，取其清丽、高洁、秀美之意境。

除以上几种外，可入名的花草树木字还有芍药、月季、水仙、杜鹃、海棠、石榴、灵芝、卉、惠、竹、柏、杨、槐、椿、榆、桑、桃、李、杏、桂、桦、樟、桉、枫、荔、冬青、紫荆等。起名如于桑、柏森、张卉、杨槐、李梦竹、乔思蕙等。

以吉祥动物起名法

世界上各个民族都有自己的吉祥动物，我国亦如此。龙、凤、麒麟等虽属虚构，但却常见于名中。以动物起名，表达了人们对某些情感的寄托：麒麟、凤凰常用于表示吉祥嘉瑞；龙则表示有力量、威风、尊严；虎、狮等用来表示勇猛、威武；等等。动物反映的瑞象，表达了人们的某种心理满足和希望，反映了人们追求和平、幸福、吉祥、长寿的心理。动物入名，就是这

种心理的体现。

动物入名较多，这里谈几种主要的。中国人说的龙，世界上没有谁见过，但以龙取名者却很多。龙在中国文化中是一种变幻莫测的神物，封建帝王把自己当作它的化身，自称真龙天子，平民百姓把它当作神灵来虔诚求拜。经过几千年的演变，它已成为中华民族的伟大象征，以至我们都自称龙的传人。而现代以龙起名更成为一种风气，似乎以龙起名，就会像龙一样有一种永不衰竭的力量，并同那内涵丰富、思想深邃的龙文化结合起来。以龙入名的名字有子龙、金龙、文龙、龙生、龙海、龙山、龙天等。

凤凰、麒麟作为一种组合型动物，借助人们的想象创造而成。凤凰被看作美丽、仁道和天下安宁的象征，麒麟则象征统一和太平。特别是汉宣帝在麒麟阁立功臣像后，此后至今2000余年，多以麒麟比喻杰出人物。对聪明的小孩，也称其“麒麟儿”。以凤凰、麒麟入名，其含义不言而喻。随便举几个大家熟悉的名字，如太平天国将领林凤祥，清末烈士徐锡麟，评剧演员新凤霞，电影演员王丹凤，抗战名将李兆麟等。现再列一些带凤、麟等字的名字：彩凤、玉凤、金凤、银凤、丹凤、凤仪、凤祥、凤鸣、玉麟、玉麒。

古人认为虎是山兽之君，是勇猛、威武、刚强的象征，以虎为名也表示人们的一种愿望，如唐伯虎、杨虎成等。

其他可入名的鸟兽动物还有孔雀、仙鹤、雁、燕子、鸿鹄（天鹅）、大鹏、鸳鸯、喜鹊、黄鹂、百灵、杜鹃、鸽子、画眉、莺、鸾、蝶、鹄等。名字如飞燕、秋鸿、鸣凤、玉鸾、春莺、飞燕、惊鸿、秋燕、紫鹃、一鹤、莺莺等。小牛、猴、狗、牛、羊等若入人名多为乳名。

以金属及珠玉珍宝起名法

金、银、铜、铁、珠、玉、珍、宝、剑、戈、鼎、犁等是名字中常见的字。用上述字起名，一般表示珍贵器重。古人用它，还希望发财富贵，子孙富有；今人用它，既有希望发财致富的，也有图吉利、赶时尚的。如某家兄弟姊妹五人，用“金”字排列命名，分别为金福、金花、金芝、金贵、金芳。古今带金、银、玉、珠、珍、宝的名字很多，岳飞的女儿叫银瓶，杨贵妃叫杨玉环，其他的如金凤、银凤等。和玉相联系的字，如璋、琮、琼、璧、圭、璜、玺等字亦成名，如雷洁琼。

用铜、铁、钢、石等字起名，表示坚强有力，经得起任何磨难。这种取名一般可分为小名和学名，小名在农村中运用得较多。典型的要属山西农村，孩子生下来，父母爱选用钢、铁、铜、石、锁等带有坚硬、结实特点的字作孩子的名字，希望孩子长得强壮有力，经得起摔打，如铁蛋、铁柱、铜锁、石头、石柱等。这些小名有些后来可能成为正名，也有些需要改名。但从我们周围人群姓名看，带铁、钢等字的学名常见，如铁剑、铁平、铁强、铁成、黄钢等。

用剑、弓、戈、鼎、犁等字起名一般象征锋锐贵重，有时亦用来表示豪情锐气与进取心。此类名字有张戈、孙犁，还有潘剑锋、钱剑平、汪剑铖等。

中国文化是极重视玉、珠的。玉是温润而有光泽的美石，用之比喻洁白美好。人们也用玉作为敬美之辞，如：玉趾，称人行止的美辞，犹言玉步；玉音，对别人言辞的美称。珠则是蛤蚌壳内由分泌物结成的有光小圆体，用作装饰物，亦可入药。人们都十分喜爱以玉、珠类的词起名，这类词前面用上佩、宝、珍、有、来、如、美、怀等，都可以组成很好的名字。如“珂”是一种似玉的美石，可以起名玉珂、宝珂、怀珂、如珂等。

五、讲究学问的起名法

讲究声韵的起名法

名字作为一种代号，最早是用来称呼的。在没有文字的时代，名字只以口头语言的形式存在，因而音韵就极其重要。就字形来说，“名”这个字是用古代六种造字法之一的会意合成的，可以分解为“口”和“夕”，它的意思是：晚上（夕）我看不见你，你看不见我，碰头时要用嘴巴（口）说出自己的名字来，才能相互知道对方是谁。这就要求名字的发音首先要响亮。除了这个基本要求之外，名字的声韵还应该富有音乐美，叫起来悦耳动听。因此，取名的时候，就应该尽量避免使用声韵哑仄的字眼，搭配上也要避免造成这种不良效果。

名字是否响亮，不仅关系到人际交往，而且往往给人一种暗示，影响听者的心理。读来哑仄、听来模糊的名字，会使人联想到名字的主人同样消

沉、颓唐，无精打采，疲沓困顿，甚至让人联想到他身体瘦弱、个头矮小……相反，一个读来响亮、听来清晰的名字，会使人联想到名字主人目光炯炯有神，步伐自信有力，性格刚毅，胸襟开阔……

我国历来有声韵之学，不仅写诗要讲究声律，而且散文、对联等都要讲究抑扬顿挫，姓名自然也不例外。那么起名时应该注意哪些问题呢？

（1）声调的搭配很重要

一个名字叫起来是否顺口，声调的搭配是最重要的。一般来说，姓名的几个字最好不取同声调的。有人从北京地区抽取了988个人名，并对这些姓名的声调搭配情况做了一个统计，为了便于说明问题，所选名字的格式均为“单姓＋双名”，根据用字的声调情况，把这些名字分成四类：第一类，三字同调，即平调型的，读起来感觉费力而单调；第二类是相邻两字同调（或前两字，或后两字），即部分抑扬型的，读起来感觉较好；第三类是一三字同调；第四类是三字异调。三、四类都属于抑扬型。第三类虽然是两字同调，但不相邻，所以实际上形成了两个变化，效果和第四类相同。抑扬型的名字听起来跌宕起伏，读着也顺口。四类名字的统计结果如下：

类型	三字同调	相邻两字同调	一三字同调	三字异调
数量	51	265	246	426
百分比/%	5.2	26.8	68	

由上表看出，第三、四类名字占了大多数，再加上第二类部分抑扬型的，这三类名字就占了绝对优势，三字同调的名字只是极少数。这说明人们在取名时，无意中遵从了声调变化的规律。

我们既然知道了姓名的声调规律，就可以在取名时有意避免三字同调，而选择声调不同的字。这里还应注意一点：如果你的姓是个复姓，而且复姓的两个字是同调的，比如东方、司空、淳于，若取单名，这一个单名用字就不要和姓氏字同调；若取双名，则双名的第一个字不要和姓氏字同调，像东方闻樱、司空图这样的名字，在声调搭配上都是较好的。

（2）注意声母和韵母的配合

几个声母发音部位相同的字放在一起，读起来就有些费力；如果同时韵母也相同，就更费力。绕口令就是根据这个道理编出来的。我们起名字，自然要力求好读，这就是注意不使所起的名字的几个字出现上述的情况。

下面，我们把应避免同时出现的声母列成表格，供大家参考：

声母分组	姓名举例	
	声母发音部位相同韵母不同	声母同上韵母相同
b、p、m	白宝平	包宝茅
d、t	邓丹婷	邓腾登
n、l	兰丽莲、南乃兰	李黎丽、李尼莉
g、k、h	耿可贺	柯克和
zh、ch、sh、z、c、s	詹春成、蔡纯宗	詹占山、孙存春
零声母	于蕴玉	俞玉竽、英莹映

上表“声母分组”的每个格里是一组发音部位相同的声母。我们在起名选字时，最好不要选同一组声母的字，如果实在难以避免，也尽量要用韵母不同的字，如上表“姓名举例”第一列的名字，读起来的感觉就比第二列的名字好一些。这里特别要注意“n、l”组和“zh、ch、sh——z、c、s”组，由于一些方言区“n”与“l”不分，“zh、ch、sh”与“z、c、s”不分，而且在讲普通话时“n”与“l”交替，“zh、ch、sh”与“z、c、s”交替也比较困难，所以同时用声母为“n”和“l”的字，就不如只用声母为“n”或只用声母为“l”的字，同时用声母为“zh”组及“z”组的字，就不如只用声母为“zh”组或只用声母为“z”组的字。比如：兰丽莲就比南乃兰好读些，詹占山就比孙存春好读些。

（3）末字的读音要响亮

如果您想让一个名字响亮动听，那么就要在姓名的末字上做文章，把读音响亮的字尽量放在末尾。一个字读音是否响亮，关键在韵母。包含哪些韵母的字读音比较响亮呢？大致有以下两类：

首先是带鼻音韵母。根据韵腹（主要元音）和韵尾的不同，又可以把带鼻音韵母分成几个小类。现在，我们把几类带鼻音韵母和以它们为韵母的人名常用字分列如下：

第一类：前鼻音韵母。

①an　安、凡、丹、潭、南、兰、占、山、善、然

ian　燕、年、连、莲、坚、建、健、前、先、仙

uan　端、观、宽、欢、焕、川、传、拴

üan　渊、原、源、元、园、娟、全、泉、权、宣

②en　恩、芬、奋、根、珍、贞、真、仁、森

in　宾、斌、民、林、金、琴、芹、新、欣、信
un　伦、昆、坤、春、纯、存
uen　文、闻
ün　云、芸、运、蕴、军、均、群、勋

第二类：后鼻音韵母。

①ang　昂、邦、芒、方、芳、刚、章、昌、常、长
iang　良、梁、量、亮、江、强、香、湘、相、祥
uang　旺、望、光、匡、煌、庄、双、霜

②eng　鹏、孟、梦、风、逢、凤、登、衡
ing　英、平、萍、明、婷、宁、玲、晶、青、清
ueng　翁
ong　东、同、龙、红、洪、宏、中、忠、崇
iong　炯、琼、雄

以上第一类是前鼻音韵母，第二类是后鼻音韵母，二者相比，后者比前者更响亮。在第一、二类内部，又各自分为两个小类。①类韵母的韵腹为开口度最大的“a”，②类韵母的韵腹为开口度较小的“e”“o”“i”“ü”，二者相比，前者比后者更响亮。这样看来，读音最响亮的要数①类那些字了。此外，声调对响亮程度也有一定影响。上声字因为是曲折调，所以响亮程度稍差。请你读一读下面的几组字，体会一下声调对响亮程度的影响（每组字的前字为非上声字，后字为上声字）：

漫—满　弯—碗　宣—选　民—敏
浪—朗　光—广　莹—颖　雍—勇

其次，在非鼻音韵母中，韵腹（主要元音）开口度大的响亮程度较高，具体地说，有下面几个韵母：

a　发、达、娜
ia　家、霞、侠、（雅）亚
iao　瑶、要、（晓）笑、孝
ao　（宝）道、滔、韬
ai　（乃）耐、斋、赛
uai　怀、淮、槐、帅
ua　花、华、化

上面的例字中，括号中的为上声字，响亮程度也较差。

《谐音起名法》

谐音起名法就是利用谐音字来起名字的一种方法。所谓谐音字，就是利

用某字词与某字词在语音上相同或相近这一特点，互相假借。

汉语拼音方案有21个声母，35个韵母，声母韵母配合起来有上千个音节，这就造成了很多字词的同音或音近，这在客观上为我们从谐音角度来起名提供了条件。另外，起名者苦心研究，寻求名字的变化，往往也有意或无意地使用了谐音假借。人名主要是用来称呼的，因此，叫出来的声音和所谐音的词在语法上相同或相近，就使人自然而然地联系起谐音词的意义形象。同时，人名也要用来书写，写在纸上成了文字，也会给人一种变化感。当我们读一个名字时，头脑中想到的不仅是这几个字的意义，而且还有它们的同音字的意义，有时后者还是主要的。例如：“庞博”这个名字，除了有广博、博学的意思，还和“磅礴”一词同音，读起来自然让人联想到气势宏大的意思。

以谐音来起名，俯拾皆是。如：

武岳：谐音“五岳”。

潘峰：谐音“攀峰”，取攀高峰之意。

文彦博：“彦博”谐音“渊博”。

江不凡：“江”谐音“将”，取将来不平凡之意。

宗臣：“宗”谐音“忠”，取忠臣义。

诸如以上这些同音不同形的字，人们一听到这些名字，就自然而然地与语言中有意义的词的相同语音联系起来，使名字的内涵更加丰富。如“刘洋”这个名字，人们一听到这种语音，总是与“留洋”联系起来。

还有一种谐音取名比较特殊。有一些字有多种读法，用作姓氏时读音和平常读音有区别，而取名者就利用这种一字多读法来故意制造谐音，给人耳目一新的感觉。这种名在称呼时，一般不认为是谐音，而只有书写成文字时，才自然地会想到谐音。例如：

朴素，作姓名时读“piáo sù”，称呼时“朴”不与什么字谐音，但一旦书写成文字，人们立刻会把它与表示颜色、式样等不浓艳、不华丽，生活节约含义的“朴素”（pǔ sù）一词联系起来。

还有像曾经（姓名读 zēng jīng）与曾经（一般词读 céng jīng），解方（姓名读 xiè fāng）与解方（一般词读 jiě fāng）等，都是运用了谐音起名法。这种方法只有在充分掌握语音、文字知识的基础上，才能使用和理解，所以用这种方法起名的人不多。

谐音有时是有意的，有时是无意的。按人之常情，给自己的子女取名，

都会取褒义词或至少也是中性词谐音的。如“高健”（谐音“高见”）、“程刚”（谐音“成钢”）等，都是很成功的。但在特殊情况下，也有故意取带有贬义谐音的名字的。比如电视剧《新星》中有一位村干部叫潘苟世，他脱离群众，仗势欺人，作者对他的批判态度是很明显的。为他定名潘苟世，有苟活于世的意思，同时也谐音狗势，暗含着狗仗人势的意思。谐音起名的优点在于含而不露，意在言外，使人感觉含蓄、不落俗套。用谐音起名还有一种情况，那就是雅化。有人小时候没有大名，只有小名，长大后觉得小名不雅，又不愿改动太大，就用谐音的办法，找一个或两个比较文雅的同音字来代替原来的名字。比如小名阿狗，长大后叫阿苟；小名叫影子，长大后叫英姿；小名叫小兰，长大后叫晓兰。还有广东人名字中“亚”字很多，原因是粤语“阿”“亚”音近，小名叫阿某，长大后就叫亚某，这也可以算是一种雅化。

谐音还有无意造成的，其中当然也会有褒义谐音，但歧义似乎更多些，这是由于起名者只注意了名字本身的意思，却忽略了和名字同音的词或词组的意思。例如：于刚会使人想到鱼缸，侯岩会使人想到喉炎，范婉会使人想到饭碗。为了避免造成这种不愉快的联想，在取名的时候，就要考虑得全面些。

在正常的情况下，姓和名是合在一起，而不是分开的，所以对于名字的谐音，一定要将其和姓氏连在一起考虑。比如“信”字，意、音皆好，用作名字很有男子气概。西汉军事家韩信，气宇轩昂，破楚霸王项羽于垓下，其名正如其人。然而明朝洪武年间新乐知县也名叫信，不过姓吴，称吴信。本来姓归姓，名归名，但读出来谐音无信，是不讲信用、没有音信的意思。堂堂一名知县，没有信誉，可想见其尴尬。

上面所讲的吴信，好歹也是父母之官，为人清廉，可谓“狗其名而圣贤其行”，一生也未为名所恶。然而同是明朝洪武年间一名人，却有因姓名谐音而闹大笑话的。据《明史》记载，锦衣卫指挥使宋忠曾议娶韩国公李善长之女，其时李善长正卧病在床，问其姓名，答曰“宋忠”，李善长大怒，将其逐出府门。原来，宋忠谐音送终，李善长正患病，女婿却来“送终”，不由他不怒。没过三年，宋忠与燕兵大战，死于阵前。

从以上谐音的例子中，我们可以看到，谐音用得好，可以使名字生辉；用得不好，轻则有损尊严，重则有碍前程。

中国姓氏中有许多姓氏的谐音皆需留意。历史上谐音案最为有名的要算是慈禧怒贬王国钧（谐音亡国君）了。

王姓，使用得当则生华彩，如元代作家《西厢记》的作者王实甫、晋代书法家王羲之、北宋宰相王安石等人的姓名。但使用不当，“王”字会使人联想到谐音“亡”字。如有一个王姓小朋友，乃家中珍宝，世上正流行“佳”字，故以佳名之，但谐音亡家（家破人亡），这就不好了。

不单王姓，用吴姓命名时更需注意。因为“吴”与“无”谐音，搞不好便有反其名之意的可能。“礼”本是一个好字，而叫吴礼（无礼）就不好了。另如刘放、魏阳、韩渊、杜子达、王炎等名，谐音出来就成了流放、喂羊、含冤、肚子大、阎王（回文）等晦气又不堪入耳的词；又如“扬”字常入名，但与张姓相配，得名张扬，殊不知“张扬”一词在俗语中就是轻佻虚浮、爱咋呼的意思。

像这样姓名合起来谐音不好的，在历史上很多，即使在今天也屡见不鲜，所以，在起名之时，一定要把姓名的音韵合起来考虑，尽量避免那些字音不雅、字义不佳的谐音。

译音起名法

外国译音起名有多种情况：

有的表示与外国的联系，反映了人民之间的友好往来与国家间的亲密关系。例如：在中国的新民主主义革命中，许多外国友好人士来到中国，积极协助中国人民的民主革命，他们的名字也大多由本名而音译为中国名字，如艾黎、白求恩、柯棣华、马海德等。又如：20 世纪 50 年代中苏友好时期，不少孩子起名带点苏联味，如徐安娜、刘斯基、方丽亚、韩维奇、乔莎等。

有的受周围环境的影响，如港、澳、台地区常见王布朗、谢埃伦、林切尔、陈安妮等名字。有些人图新鲜有趣，给孩子取一个译音名，更有人以“洋”为美，不仅给孩子，甚至也给自己取一个洋味十足的名字。

译音起名有的是表示一种志向与愿望。如写《暴风骤雨》等作品的作家周立波，原名周绍仪，他改“立波”之名乃取自英文“liberty”（自由）一词的译音。译音起名有的是因为出生在国外或出生时父亲在国外留学，所以取一外文译音名或外国地名译音名。如塞纳（法国巴黎塞纳河）、哈佛（美国哈佛大学）、弗吉（美国弗吉尼亚大学）等。

外国人的名字与中国人的一样，也都具有其特定的含义。在以外国译

音起名时，一定要注意弄清楚原文是什么意思，才能做到名实相符，否则是会闹笑话的。以英国、美国人名来讲，一些常见的名字的含义是很有趣的，如 Alice，艾丽丝，含义是真理；Anne，安妮，含义是优雅、仁慈、祈祷；Catherine，凯瑟琳，含义是纯洁；Helen，海伦，含义是光；等等。如果我们不假思索地去模仿，比如 Ursula（厄修拉，本义是母熊），如果是一个葛姓的小伙子，用谐音取名葛修拉，意思是葛母熊，那岂不是太滑稽了吗？

利用成语起名法

成语一般来自古代诗文典籍、寓言神话以及有名的事件，一般寓意深刻、含蓄隽永。以成语起名，能使人名显得文雅含蓄。

成语一般为四字格，而取名一般为三个字、两个字（复姓可以是四个字），这样就不能直接以成语入名，而要灵活变化使用。

（1）直接从成语中抽取相连的两个或三个字为名

如王任重选用“任重道远”中前两个字而成其名。又如明代人留睿，字若愚，取自成语“大智若愚”。郑鹏程、郑万里两兄弟分别取成语“鹏程万里”中两个字作名。王居安，取自成语“居安思危”。盛以恒，取自成语“持之以恒”。

如果成语中的某个字正好是某人的姓，在这种情况下，用相连的两三字取名，就会显得巧妙生动，耐人寻味。马识途，就是利用成语“老马识途”中的后三个字而起名。又如马行空，利用成语“天马行空”中的后三个字作名，表明自己无拘无束的天性。再如周而复，利用成语“周而复始”中的前三个字作名。清代文学家平步青，利用成语“平步青云”中的前三个字作名。叶知秋，利用成语“一叶知秋”中的后三个字作名。成于思，取自成语“行成于思”。于得水，“于”谐音“鱼”，取自成语“如鱼得水”。

（2）从成语中抽取两三个主要字为名

这里的主要字指的是成语中表达主要意义的那两三个字，而这几个字结合起来，就能表达成语的意义。

这样利用成语来取名的例子较多。如：

刘德重：“德重”取自成语“德高望重”。

周义山：“义山”取自成语“义重如山”。

易了然："了然"取自成语"一目了然"。

任卓群："卓群"取自成语"卓然超群"。

谢质彬："质彬"取自成语"文质彬彬"。

方可畏："可畏"取自成语"后生可畏"。

方未然："方"与"防"谐音，取自成语"防患未然"。

江不凡："不凡"取自成语"不同凡响"。

梁冲霄："冲霄"取自成语"直冲云霄"。

冯正君："正君"取自成语"正人君子"。

刘海粟："海粟"取自成语"沧海一粟"。

黄火青："火青"取自成语"炉火纯青"。

钱未闻："钱"与"前"谐音，取自成语"前所未闻"。

（3）化用成语入名，即不直接从成语中抽取字词来取名，而是用别的文字来表达成语意义，而又起到传达原有意义的作用

如：何通海，化用成语"百川归海"。"何"与"河"谐音，河就是川，"通海"就是"归海"。

引经据典起名法

中华民族历史悠久，文化发达。历代祖先不但为我们留下了大量的物质财富，也为我们留下了宝贵的精神财富。

浩瀚的历史文献、诗词曲赋、成语典故和各种习惯用语，不但充分展示了古人的智慧，同时也为我们取名提供了大量的宝贵素材。

名字用典，也与诗文用典一样，讲究手法高妙。清人方东树对用典方法曾有一番品评："大抵质用不如借用，明用不如暗用，正用不如翻用，整用不如拆用，顺直不如倒逆；腐者新，板者活，生者熟，熟者生；直之揉之，散之链之；以我用事，不为事所用。"

此段论述可谓精辟至极，很值得引经据典的取名者玩味。

（1）取名引经据典，从内容上分，可分为两种：

①利用古代诗文中的典故

中国诗文汗牛充栋，卷帙浩繁，加上名人名家极多，名句名诗更数不胜数，为我们起名用典提供了丰富的资源。以古代诗文的典故取名的例子很多，如：

马三立：“三立”出自《左传·襄公二十四年》：“大上有立德，其次有立功，其次有立言，虽久不废，此之谓不朽。”

莫砺锋：“砺锋”出自诗句“宝剑锋从磨砺出”。

纪鹏飞：“鹏飞”出自《庄子·逍遥游》：“鹏之徙于南冥也，水击三千里，抟扶摇而上者九万里。”

孔学思：“学思”出自《论语》：“学而不思则罔，思而不学则殆。”

陈三省：“三省”出自《荀子·劝学篇》：“吾日三省吾身。”

于省吾：“省吾”出自《荀子·劝学篇》：“吾日三省吾身。”

方致尧：“致尧”出自杜甫《奉赠韦左丞丈二十二韵》：“致君尧舜上。”

刘青山：“青山”出自凌蒙初《初刻拍案惊奇》：“留得青山在，不怕没柴烧。”

张弛：出自《礼记·杂记下》：“张而不弛，文武弗能也；弛而不张，文、武弗为也；一张一弛，文武之道也。”

裴冲天：“冲天”出自《韩非子·喻老》：“虽无飞，飞必冲天；虽无鸣，鸣则惊人。”

马千里：语出韩愈《杂说·马说》：“古之有千里马。”

易家言：“家言”出自《史记·太史公自序》：“凡百三十篇，五十二万六千五百字，为《太史公书》序略，以拾遗补缺，成一家之言。”

傅楚：语出《孟子·滕文公下》：“有楚大夫于此，欲其子之齐语也，则使齐人傅诸？使楚人傅诸。”

周树人：“树人”出自《管子·权修》：“一年之计，莫如树谷；十年之计，莫如树木；终身之计，莫如树人。”

蒲至清：“至清”取自《汉书·东方朔传》：“水至清则无鱼，人至察则无徒。”

舒广袖：出自毛泽东《蝶恋花·答李淑一》：“寂寞嫦娥舒广袖。”

雷思行：“思行”出自《论语·公冶长》：“季文子三思而后行。”

于飞：语出《诗经·大雅·卷阿》：“凤凰于飞，翙翙其羽。”

萧春晖：“春晖”出自唐代孟郊《游子吟》：“谁言寸草心，报得三春晖。”

②利用古代人名或地名中的典故

利用古代人名起名，主要是为了表示自己要以之为楷模。以地名起名，或表示自己出生于此，或为了纪念自己与此地有关的事情。如：

刘希孟：这是仰慕孟子的表白。

罗希吕：希望能成为吕蒙正那样的人。

林大春：因汉代有先贤井丹，字大春，他便以其字为名。

还有在同姓的先贤的姓名中间加仰慕字的，如：张希良、孔宗尼、颜慕渊、周今旦、梁式鸿、孟敬舆、萧仰何、李慕白等。

丁思孔：以“思孔”为名，是为了表示自己要潜心学习儒学，追求圣人之道。

陈去病：以去病为名，取健康意。同时以霍去病的“去病”为名，表示自己想报效祖国。

张仲谋：以孙权的字仲谋取名，一是表示自己聪明，二是表示自己愿向孙权学习。辛弃疾《南乡子·登京口北固亭有怀》有诗句“生子当如孙仲谋”。

流沙河：著名诗人，《西游记》中有流沙河。

汤易水：易水在今河北，古代燕国多出壮士。荆轲入秦行刺秦王，来到易水边，其友高渐离作歌送别时唱道：“风萧萧兮易水寒，壮士一去兮不复还。”以易水为名，表明自己的豪迈气概。

（2）从运用的形式分，用典可分为五类：

①直用类

即直接用典，直白晓畅。如：

唐代诗人孟浩然，名字就出自《孟子·公孙丑上》“善养吾浩然之气”。

宋代词人周邦彦，字美成，其名出自《诗经·羔裘》“彼其之子，邦之彦兮”，字则出自《论语·颜渊》“君子成人之美”。明代人高明，字则诚，取自《中庸》“明则诚”这一句。

无产阶级革命家陶铸之名取自《庄子·逍遥游》“是其尘后秕糠，将犹陶铸尧舜也”。

著名评论家、美学家王朝闻，原名王昭文。他对《语语·里仁》中“朝闻道，夕死可矣”这句话特别欣赏，便取“朝闻”二字为名，而且恰好与昭文谐音，改得极妙。

作家东方白，东方是复姓。他的姓名出自《前赤壁赋》中“不觉东方之既白”，既是用典之名，又是连姓成义之名。

②暗用类

暗用类用典方法因为比较含蓄隐晦，所以一般要有较深厚的知识功底，而其名如果不由起名者自己解释一番，外人通常是难以看出来的。

晋人潘岳，字安仁，是当时著名的文学家。他的名字借用《论语》中“仁者乐山”之意。而他以“岳”代“山”，显得更加含蓄一些。

孔子的后裔孔白，字子上。他的名字是用《礼记·檀弓》“殷人尚白”之说，因为孔子出生于宋国，是殷商的后裔。“上”字，实即“尚”字，二字在古代相通。“白”即白色，他用“殷人尚白”之说，暗寓追怀故国的意思。

还有近代资产阶级革命者经权，字子衡。其名取自《孟子·梁惠王上》中“权，然后知轻重”。

③倒用类

倒用类用典是将名和字颠倒过来使用，即字用正典或前典，名用补典或后典。如：

明代人易三接，字康侯。他的名字就取自《周易·晋卦》中“康侯用锡马蕃庶，昼日三接”。其名不宜使用“康侯”二字，而使用“三接”，前后倒用。

倒用类一般是古人有名有字时前后颠倒使用的一种用典取名方法，而今人一般不取字，因此这种办法在现今的名字中也就表现不出来了。

④散用类

这类名字用典极为散漫，让人不易觅出其典之源，非国学渊博之士不能识其门径。

宋代史学家李心传，字微之。他的名字取自《尚书·大禹谟》“人心惟危，道心惟微，惟精惟一，允执厥中”，其意思是：人心凶险，道心精微，必须精心一意，真诚地遵守不偏不倚的中庸之道。

明人王恕，字宗贯。其名字是用《论语·里仁》中“吾道一以贯之”和“夫子之道，忠恕而已矣”两句文意而成。

明人王云凤，字应韶。他的名字是用《尚书·益稷》中“箫韶九成，凤凰来仪”文句而成。

有意思的是，古人似乎对“箫韶九成，凤凰来仪”这一文句特别感兴趣，竟有许多人引用此典来起名。如南宋学者张九成，字子韶，是用“箫韶九成”来取名字；南宋学者陆九韶，字子美，也是取自此句，前句为名，后句为字（“美”是指“凤凰”）；南宋数学家秦九韶，字道古，其名取自“箫韶九成”，其字暗寓追踪古人之道之意。

⑤点化类

点化类名字是用典时稍作点化，而不是完全截取文句中的字构成名字。

南宋哲学家陆九渊，字子静。其“九渊”一名取自《庄子·列御寇》中“夫千金之珠，必在九重之渊”。贾谊《吊屈原赋》云“袭九渊之神龙兮，沕深潜以自珍”又有潜心修养之意，故字子静。

明人沈仕，字懋学。其名字取自《论语》中“学而优则仕”一句。

清代名儒钱大昕，字晓征。其名字取自《礼记·文王世子》中“天子视学，大昕鼓征，所以警众也”文句。不过，他将“鼓”改为“晓”，既避免了用典直白之嫌，又照应了名中的“昕”字的字义（清晨的意思）。

利用我国传统文化引经据典取名，如果没有丰富的知识和深厚的古文字基础是起不出来的，若勉强为之，则可能适得其反。如清朝有个人姓楼，名叫更一，字上层。虽然其名出自唐诗“更上一层楼”，但因为过于平直呆板，反而让人觉得有些弄巧成拙。打算用古诗文作名字的人，要引以为戒。

在我国民间文化的历史积淀中，还有一些流传极广且有一定警世意义的格言警句、日常俗语，如果对这些语言加以提炼，也是能用来作名字的。如有句话叫“无规矩不成方圆”，歌唱演员成方圆就很好地截取了这句话的后三个字，取名相当新颖巧妙。

另外，我们在日常生活中使用的一些词语，如文化、青春、长江、丰收、海洋、中国、凯歌、前进、建筑、智慧、长城、幸福、成功等，其实也都是一些很不错的名字。大多数人因为这些词语太平常而不去留意，但若真的留意起来，把它们用作名字，也是能收到奇妙效果的，例如小提琴演奏家盛中国、电影导演陈凯歌、心算学家史丰收、喜剧小品演员潘长江等，这些名字无一不是因为来源于日常用语而出奇制胜的。

以文章诗词、成语典故、格言俗语取名，是中国人起名的一大艺术特色。用此方法所起之名，不仅新颖脱俗、典雅工巧、含蓄隽永、意味深长，而且在起名前后能耳濡目染中国传统文化精髓，并潜移默化地受到民族文化的持久熏陶。因此，这一取名方法，具有极强的生命力和艺术魅力。

引用诗文起名法

我们中华民族有悠久的历史、灿烂的文化，历史上流传下来的优美的诗词文章，简洁精粹或含义深邃的成语典故等更是我们民族文化的瑰宝。有意摘取文章、浓缩诗词起名，“如陈设古玩，各有攸宜”（袁枚《随园诗话》）。这既传承了我们传统民族文化的精粹，又适应了社会生活文化环境，显得新

颖脱俗、典雅工巧、意味深长，而且不易与其他人名重合。

唐代茶圣陆羽，字鸿渐，其名、字出于《易经》：“鸿渐于陆，其羽可用为仪，吉。”

现代教育家杭苇，原名杭锡奎，上学时校长根据《诗经·河广》中“谁谓河广，一苇杭之”的意思给他取名“杭苇”，字一之。

无产阶级革命家张太雷，幼名叫张泰来，泰来是他外祖父据《易经》中“否极泰来”之意取的名。后来他取谐音表明愿把自己化作巨雷，冲破旧罗网的宏大抱负。

方志敏烈士之名出自《尚书·兑命下》：“惟学逊志，务时敏，厥修乃来。”后有成语逊志时敏，意为谦逊好学。

“雨巷诗人”戴望舒，原名戴朝宗。望舒取自屈原的名作《离骚》：“前望舒使先驱兮，后飞廉使奔属。”望舒即神话中为月神驾车的神，后来成为月的代称。

邹韬奋是我国现代著名的新闻记者、出版家。他原名邹恩润，因其一生的主要著述及许多活动都用“韬奋”这个笔名，他的原名反被淹没。关于“韬奋”一名，他曾向人解释过：“‘韬’是韬光养晦，‘奋’是奋斗不息，用以自勉的意思。”郭沫若曾就他的笔名作过嵌名对联：“韬略终须建新国，奋飞还得读良书。”这副对联对我们也是很有教益的。

著名女作家冰心之名，出自唐代诗人王昌龄的诗《芙蓉楼送辛渐》：“寒雨连江夜入吴，平明送客楚山孤。洛阳亲友如相问，一片冰心在玉壶。”“冰心”一名会使人想起清高之志、纯洁之情。

现代作家张恨水，原名张心远。“恨水”一名也蕴含着一段深意。南唐后主李煜《乌夜啼·林花谢了春红》词云：“林花谢了春红，太匆匆。无奈朝来寒雨晚来风。胭脂泪，相留醉，几时重，自是人生长恨水长东。”张恨水幼年酷爱词章，读了此词后，从中悟到光阴的可贵，于是取“恨水”二字作名，以告诫自己不要让光阴像流水一样白白逝去。

无产阶级革命家王若飞，原名王运生，自幼崇拜英雄。当他读《木兰辞》，看到“万里赴戎机，关山度若飞”的名句时，十分向往那种奋战疆场、马革裹尸的战斗生活，遂改名若飞，表达了他不畏艰难、勇往直前的豪气与救国救民的迫切心情。

从以上名字的由来可见，从古诗文中摘字取名，立意新颖，语意隽奇，可使人名寓意深刻，韵味悠悠。同时人名中浓缩了优秀诗词的清词丽句，既可以发人深省，又可以反映出多种不同的风格。

以文章、诗词取名，需要有较高的文化修养和古典文学根基，因而它也是上乘的取名方法之一。随着文化水平的逐渐提高，人们普遍喜欢用文章、诗词中的字义起名，这是一件可喜可贺的事情。下面再列举一部分这类可作名字的词语，供欣赏和参考。

（1）古文摘选法

盈克——《左传》：“彼竭我盈，故克之。”

民川——《国语》：“防民之口，甚于防川。”

无极——《大学》：“君子无所不用其极。”

知本——《大学》：“此谓知本，此谓知之至也。”

时中——《中庸》：“君子之中庸也，君子而时中。”

可均——《中庸》：“天下国家，可均也。”

诚明、明诚——《中庸》：“自诚明，谓之性；自明诚，谓之教。”

至性——《中庸》：“唯天下至诚，为能尽其性。”

祯祥——《中庸》：“国家将兴，必有祯祥。”

自成、自道——《中庸》：“诚者自成也；而道自道也。”

可继——《孟子》：“君子创业垂统，为可继也。”

天时——《孟子》：“天时不如地利，地利不如人和。”

浩然、养浩——《孟子》：“我善养吾浩然之气。”

若云——《庄子·逍遥游》：“其翼若垂天之云。”

无涯——《庄子·养生主》：“吾生也有涯，而知也无涯。”

非止——《庄子·秋水》：“非梧桐不止。”

高博——荀子《劝学》：“不如登高之博见也。”

溥至——宋玉《风赋》：“溥畅而至。”

昆玉——李斯《谏逐客书》：“今陛下致昆山之玉。”

蔓苓——枚乘《七发》：“蔓草芳苓。”

士谔——司马迁《史记》：“不如一士之谔谔。”

振宇——贾谊《过秦论》：“振长策而御宇内。”

华野——王粲《登楼赋》：“华实蔽野。”

良实、志纯——诸葛亮《出师表》：“此皆良实，志虑忠纯。”

怀文——曹丕《与吴质书》：“而伟长独怀文抱质。”

鹰扬——曹植《与杨祖德书》：“孔璋鹰扬于河朔。”

济性——嵇康《与山巨源绝交书》："夫人之相知，贵识其天性，因而济之。"

修竹——王羲之《兰亭集序》："茂林修竹。"

舒啸——陶渊明《归去来兮辞》："登东皋以舒啸。"

独影——江淹《别赋》："回文诗兮影独伤。"

方知——孔稚珪《北山移文》："吾方知之矣。"

兰谷——萧统《陶渊明集序》："兰之生谷，虽无人而自芳。"

道微——刘勰《文心雕龙》："道心惟微，神理设教。"

文约——刘勰《文心雕龙》："文约为美。"

华鹤——庾信《哀江南赋》："华亭鹤唳，岂河桥之可闻！"

思慎——魏征《谏太宗十思疏》："忧懈怠，则思慎始而敬终。"

星驰——王勃《滕王阁序》："俊采星驰。"

腾蛟——《滕王阁序》："腾蛟起凤。"

飞羽——李白《春夜宴从弟桃李园序》："开琼筵以坐花，飞羽觞而醉月。"

成思——韩愈《进学解》："行成于思毁于随。"

德馨——刘禹锡《陋室铭》："斯是陋室，惟吾德馨。"

卧波——杜牧《阿房宫赋》："长桥卧波，未云何龙？"

如山——杜牧《阿房宫赋》："倚叠如山。"

汀兰——范仲淹《岳阳楼记》："岸芷汀兰，郁郁青青。"

自广——苏辙《上枢密韩太尉书》："无高山大野可登览以自广。"

逸群——陈寿《三国志》："犹未及髯之绝伦逸群也。"

深秀——欧阳修《醉翁亭记》："望之蔚然而深秀者，琅琊也。"

名实——王安石《答司马谏议书》："盖儒者所争，尤在于名利，名实已明，而天下之理得矣。"

遗世——苏轼《前赤壁赋》："飘飘然如遗世独立。"

质直——元好问《送秦中诸人引》："人质直而尚义。"

硕师——宋濂《送东阳马生序》："又患无硕师、名人与游。"

天际——王守仁《瘗旅文》："连峰际天兮，飞鸟不通，游子怀乡兮，莫知西东。"

相生——李贽《杂说》："首尾相应，虚实相生。"

花晨——袁宏道《虎丘记》："凡月之夜，花之晨，雪之夕，游人往来，纷错如织，而中秋为尤胜。”

（2）诗词摘选法

思远——《诗经·载驰》：“视尔不臧，我思不远。”

清扬——《诗经·野有蔓草》：“有美一人，婉如清扬。”

明哲——《诗经·烝民》：“既明且哲，以保其身。”

素荣——屈原《橘颂》：“绿叶素荣，纷其可喜兮。”

飞扬——刘邦《大风歌》：“大风起兮云飞扬。”

养怡——曹操《龟虽寿》：“养怡之福，可得永年。”

南翔——曹丕《燕歌行二首·其一》：“群燕辞归鹄南翔。”

雄杰——阮籍《咏怀八十二首·其三十八》：“岂若雄杰士，功名从此大。”

飞鸿——谢灵运《登池上楼》：“潜虬媚幽姿，飞鸿响远音。”

葳蕤——张九龄《感遇十二首·其一》：“兰叶春葳蕤。”

陶然——李白《下终南山过斛斯山人宿置酒》：“陶然共忘机。”

采薇——王维《送綦毋潜落第还乡》：“不得顾采薇。”

清秋——孟浩然《秋登兰山寄张五》：“兴是清秋发。”

芳原——韦应物《东郊》：“微雨霭芳原。”

舒波——韩愈《八月十五夜赠张功曹》：“清风吹空月舒波。”

锦茵——杜甫《丽人行》：“当轩下马人锦茵。”

予心——骆宾王《在狱咏蝉》：“谁为表予心。”

磬音——常建《题破山寺后禅院》：“惟闻钟磬音。”

玉珂——杜甫《春宿左省》：“因风想玉珂。”

笠翁——柳宗元《江雪》：“孤舟蓑笠翁。”

荷风——孟浩然《夏日南亭怀辛大》：“荷风送香气。”

秋岚——岑参《六月三十日水亭送华阴王少府还县（得潭字）》：“新雨带秋岚。”

白涛——李白《送友人寻越中山水》：“涛白雪山来。”

洪波——李白《古风五十九首·其四十五》：“洪波振大壑。”

海云——李白《关山月》：“苍茫云海间。”

逐流——李白《江夏行》：“心逐江水流。”

远帆——李白《黄鹤楼送孟浩然之广陵》：“孤帆远影碧空尽。”

净娟——杜甫《严郑公宅同咏竹》：“雨洗娟娟净。”

世才——杜甫《狄明府》：“时危始识不世才。”

一羽——杜甫《咏怀古迹五首·其五》："万古云霄一羽毛。"

冰清——韦应物《赠王侍御》："诗似冰壶见底清。"

虚竹——白居易《池上竹下作》："竹解心虚即我师。"

占春——温庭筠《太子西池二首·一作齐梁体》："柳占三春色。"

别韵——崔道融《梅花》："香中别有韵。"

弄影——张先《天仙子》："云破月来花弄影。"

念远——晏殊《浣溪沙》："满目山河空念远。"

双燕——欧阳修《采桑子》："双燕归来细雨中。"

梅妆——欧阳修《诉衷情·眉意》："呵手试梅妆。"

平林——冯延巳《鹊踏枝》："平林新月人归后。"

兰舟、晓风——柳永《雨霖铃》"兰舟催发""晓风残月"。

疏桐——苏轼《卜算子·黄州定慧院寓居作》："缺月挂疏桐。"

余生——苏轼《临江仙》："江海寄余生。"

素娥——晁端礼《绿头鸭·咏月》："素娥淡伫。"

韶光——李元膺《洞仙歌·雪云散尽》："早占取韶光共追游。"

清野——周邦彦《夜飞鹊》："迢递路回清野。"

凌波——周邦彦《瑞鹤仙·高平》："凌波步弱，过短亭，何用素约。"

静江——江藻《点绛唇》："夜寒江静山衔斗。"

紫薇——廖世美《烛影摇江·题安陆浮云楼》："紫薇登览最关情。"

壮怀——岳飞《满江红·写怀》："壮怀激烈。"

劲风、千羽——张孝祥《六洲歌头》："霜风劲""千羽方怀远。"

玉界、素月——张孝祥《念奴娇·过洞庭》："玉界琼田三万顷""素月分辉"。

芳菲——陈亮《水龙吟·春恨》："恨芳菲世界，游人未赏，都付与莺和燕。"

如虎——辛弃疾《永遇乐·京口北固亭怀古》："气吞万里如虎。"

东流——辛弃疾《菩萨蛮·书江西造口壁》："青山遮不住，毕竟东流去。"

冷香——姜夔《念奴娇·闹红一舸》："嫣然摇动，冷香飞上诗句。"

高梧——张镃《满庭芳·促织儿》："月洗高梧。"

蕙畹——张镃《宴山亭》："竹槛气寒，莼畹声摇。"

兰心——史达祖《东风第一枝咏春雪》："巧沁兰心。"

枫桥——吴文英《惜黄花慢》："枫落长桥。"

玉关——张炎《解连环·孤雁》:“暮雨相呼，怕蓦地，玉关重见。”

如海——朱弁《春阴》:“诗穷莫写愁如海。”

香凝——吴文英《风入松》:“有当时，纤手香凝。”

雨萍——文天祥《过零丁洋》:“身世浮沉雨打萍。”

玄戈——戚继光《登盘山绝顶》:“但使雕戈销杀气。”

运用美辞起名法

起名重意义，所以，那些表示美好意义的字词自然在首先考虑之列。汉语中表美好意义的字词很多，一般都可以入名。但由于汉代以来命名传统的影响，频率较高的往往集中在为数不多的字上，为人们竞相选用。掌握这些美辞，对给孩子起名是相当有用的。下面就对这些常用人名美辞分类介绍一下。

(1）称谓美辞

己、予、吾：均为第一人称，与“我”字同义。以“己”入名，如李正己、宋无己、殷克己；以“予”入名，如范启予、龚开予、钱圣予；以“吾”入名，如毛新吾、孙虚吾、俞玉吾。

臣：古时官吏对皇帝的自称，也是“我”之意。以“臣”入名，如裴敬臣、田德臣、史良臣。

我：“我”字也可直接入名，如范我素、宋我成。

汝：第二人称。以“汝”入名，如华玉汝、冯汝言、宗汝霖。

友：第三人称。以“友”入名，如范友梅、杨友松、孙友竹。

卿：古时君称臣为卿，夫妻或好友之间的爱称也是卿。以“卿”入名，如任少卿、司马长卿、盖巨卿。

君：兄弟或朋友之间的敬称。以“君”入名，如谭君山、朱君理、段君谋。

侯：泛指达官贵人。以“侯”入名，如杜伯侯、张君侯、郭明侯。

宾：客也。以“宾”入名，如李延宾、张庆宾、辛世宾。

伯：在兄弟排行中代表老大。以“伯”入名，如陈玄伯、林伯渠、张伯义。

仲：在兄弟排行中代表老二。以“仲”入名，如张仲景、范仲年。

叔：在兄弟排行中代表老三。以“叔”入名，如陈叔同、王叔文。

公：第一等爵位，又为对上年纪者的尊称。以公入名，如黄公略、王公明、周公瑾。

郎：少年男子之美称。以郎入名，如王文郎、刘君郎。

（2）虚词美辞

虚词本身虽无实际意义，但入名后却可以在形式上起调节作用，使其具有变化之美，读起来有抑扬顿挫之感。

虚词美辞有可、以、如、若、斯、也、哉、之、然等。

以“可”入名，如常适可、吴文可、林明可。

以“以”入名，如黎以常、周以言、邵以先。

以“如”入名，如萧如翰、姜如农、王如晦。

以“若”入名，如方若宏、董若雨、汤文若。

以“斯”入名，如王百斯、李斯和、杨如斯。

以“也”入名，如孙久也、许也纯、庄牧也。

以“哉”入名，如孟伟哉、刘承哉、顾良哉。

以“之”入名，如黄会之、王献之、陈勉之。

以“然”入名，如焦孝然、赵伯然、杨思然。

（3）身份美辞

士：旧为四民（士、农、工、商）之首，又可作对人的美称，读书人又泛称为士。以“士”入名，如庞士元、陆士龙、邓士载。

子：中国古代士大夫的通称，也用作对男子的通称。以“子”入名，如刘子义、华子良、杨子荣。

民：即老百姓，此为谦逊的美辞。以“民”入名，如周山民、徐逸民。

彦：古代指有才学、德行的人。以“彦”入名，如王彦方、曹彦黄、贺彦先、朱彦、黄文彦。

倩：本义为古代男子的美称。因倩有美丽意，所以后世多为女性起名所用，如高玉倩、王倩茹、李倩云。

（4）形容美辞

孔：大也。以“孔”入名，如周孔和、廖孔璋、司马孔业。

景：大。以“景”入名，如刘景升、徐景山、郭景纯。

大或太：古代“大”与“太”通用，以“太”入名，如王太如、温太真、韩经太。

伟：盛大，壮美。以“伟”入名，如徐伟、华伟台、李伟南。

威：有尊严，有气概。以“威”入名，如杨威方、赵威豪、李古威。

茂：盛，美。以“茂”入名，如张玉茂、董茂安、李茂曾、黄泽茂、李祖茂、陈振茂。

曼：美也，《子虚赋》中有“郑女曼姬”句，多用于女性名，如赵一曼、王曼殊。

永：长久。以“永”入名，如王永元、李永刚、袁永宁、黄永胜、陈永贵。

初：开始。以“初”入名，如杨本初、陆智初。

元：开始。以“元”入名，如杨文元、陈元茂、高元才。

（5）德性美辞

道：道德、道理。以“道”入名，如张道良、黎道元、尹道真。

德：道德品行好。以“德”入名，如杨祖德、张翼德、司马德林、朱德、刘培德、李德伦。

义：正义，合于情理。以“义”入名，如杨义山、申义举、皇甫义真、刘重义。

惠：仁爱。以“惠”入名，如张惠康、邱钟惠、吴文惠、麦惠、李惠群。

孝：孝顺。以“孝”入名，如蒋孝先、高孝然、王孝纯。

恭：恭敬顺从。以“恭”入名，如史文恭、周恭远。

敬：尊敬，敬仰。以“敬”入名，如丁敬礼、蔡敬达、孙敬先、孙敬修、张敬德。

文：意义与“武”相对，《论语》有“行有余力，则以学文”。以“文”入名，如张文远、舒绣文、魏文长、廖学文、李博文、何文有。

正：纯正。以“正”入名，如刘文正、张中正。

允：公平、适当。以“允”入名，如曾允南、王允诚、黄允、张允原。

思：思念。以“思”入名，如程思远、张学思。

宣：公开、宣扬。以“宣”入名，如王文宣、谢宣明、周敬宣、范宣伟。

方：正直，取自《孟子·万章上》的“君子可欺以其方”。以“方”入名，如陈元方、李严方。

逸：超过一般。以“逸”入名，如张云逸、谢希逸、陈汝逸。

（6）行为美辞

奉：献给。以“奉”入名，如吕奉先、袁奉高。

承：承接，继承。以“承”入名，如丁承先、王承宗、潘承明。

继：继承、继续。以“继”入名，如孙继先、王继业、戚继光、陈继文。

成：成为，成功。以“成”入名，如郑成功、王成名、李成学。

（7）其他美辞

除了以上几种美辞外，人名美辞还有一些，如器物美辞，鼎、轩等字经常入名，如李鼎名、宋国轩等。

在居处美辞中，斋、堂、庄、亭、居、处等字均可入名，如马本斋、李仁堂、王万庄、李湘亭、张居正、王处一等。

在山川美辞中，峰、谷、溪、岩、池、山、海等字均可入名，如郭义峰、王石谷、张松溪、林古岩、李秋池等。

在动植物美辞中，虎、鹤、松、竹、梅、雁、燕、花等字均可入名，如王文虎、向梅、沈雁冰、宋仁花等。

在职业美辞中，农、耕、工等字常入名，如田归农、董加耕、王工才等。

在气象美辞中，云、雨、风、雪等字常入名，如王云鹤、谢雨田、王文风、吴雪等。

运用修辞起名法

请看下面两组名字：王长寿—王松龄，李高耸—李云峰，你看了之后有什么感觉？是不是觉得两组名字中的前一个太露，后一个含蓄些，也生动些呢？回答会是肯定的。那么，这样的效果又是怎样形成的呢？原来，后者分别用了象征和比喻的修辞方法。在取名时适当运用某些修辞方法，可以使名字更加生动，更耐人寻味。下面就介绍一下起名时常用的几种修辞方法。

（1）比喻

比喻就是打比方，是用某些有类似点的事物来比拟想要说的某一事物。用在人名中，就是用与人的相貌、品德有共同点的事物来比拟被命名者。比如小姑娘长得很美，兰花也很美，就把姑娘比作兰花，为她取名兰、兰花或兰香。

比喻有三个要素：本体、喻体和比喻词。本体指被比喻者，喻体指用作比喻的事物，比喻词指连接本体和喻体的词——像、如、是等。根据本体、喻体和比喻词的关系，比喻可分三种形式——明喻、暗喻和借喻。明喻的格

式是本体 + 像（如） + 喻体，人名中用这种格式的不太多，一般用“如”连接，比如：颜如玉、李如兰、王如虎、江如龙、杨如月、白如雪、丁如松。暗喻的格式是本体 + 是 + 喻体，这样形式的名字更加少见。人名中使用最多的是借喻，即不出现本体和比喻词，直接拿用作比喻的事物当名字，如：李小虎、张大龙、王玉兰、崔莲花、赵红梅等。

（2）象征

象征就是用具体的事物表现某种特殊意义，如红色象征热烈，白色象征纯洁等。人名也常用象征的方法。

比如希望富贵，可以直接用富、贵、福、禄等字取名，但是这样的名字用得多了，显得有些俗气。于是人们想到了象征物——用代表富贵的事物来取名。用得最多的就是各种玉器的名称，因为在古代，玉总是和王侯将相联系在一起的，比如玺是帝王权力的象征，珪、璋是贵族朝聘、祭祀、丧葬所用的礼器，做官的人身上佩带的玉更是五花八门。所以人们都爱用各种玉器的名称来取名，除了玺、珪、璋之外，还有珊、珠、珮、瑁、琪、琨、琮、瑜、瑶等，有时也用形容玉的声音、光彩的字来取名，如玎、玲、璟等字。

又如旧社会妇女常取名为钗、簪、环、钏、锦、绣、绮、纨等，处于奴婢地位的妇女更常以此命名。这一方面表示着她们的美貌，同时也象征着她们的从属地位。

还有，人们以“冰”为名，因为冰象征纯洁；以“松”或“竹”为名，因为松竹象征着气节；以“兰”为名，因为兰象征着高雅；以“朝晖”或“晨曦”为名，因为它们象征着朝气蓬勃；以“鹏”为名，因为鹏象征着前程远大；以“云峰”“雪莲”“劲松”为名，因为它们象征着坚强。

“红”是一个典型的象征性的名字。“红”字带有双重含义：一方面，红色艳丽，可表示女性的美貌，所以女性常以红为名；另一方面，红象征着革命，所以随着革命意识的深入人心，以红取名的日益增多。

象征使抽象的东西形象化了，所以象征性的人名比一般人名显得更生动。同时，由于要表达的思想被寄托在具体事物中，因而也显得更加含蓄。

在使用象征方法取名时，要注意两点：第一，象征的意义要明确、贴切；第二，有些象征物用得太滥，失去了新鲜感，就要避免使用了。

（3）用典

有一种修辞方法叫引用，就是援引别人说的或书中现成的话来说明自己要表达的意思。引用的内容可以是一段话，也可以是一句话或一个词组。由于我国先辈留下了丰富的典籍，所以人们在写作时常常引用古书中的故事或词句，这就是用典，即使用典故。人名中也时常用典。由于规模的限制，人名引用的对象常常是经典的古诗文或现代伟人的诗词。引用的方法是从诗文中摘取一个词或一个字，或用一两个字概括诗文的思想或意境。比如《孟子》中有“我善养吾浩然之气”的话，唐代诗人孟浩然的名字引用了其中的“浩然”二字，这就是用典。

从形式上看，人名的用典可归纳为三类：整用、拆用和活用。下面分别举例说明：

①整用

就是完整地引用诗文中的一个词。例如：

郑板桥（清朝画家，扬州八怪之一）原名郑燮，后来改名板桥。板桥一名取自唐代诗人刘禹锡的《杨柳枝》一诗：“清江一曲柳千条，二十年前旧板桥。曾与美人桥上别，恨无消息到今朝。”他把这首诗融进了自己的名字，借此讽刺了当时的世态炎凉。

②拆用

就是从某一诗文的两句话或两个词中各取一字，凑成一个名字。例如：

“泊宁”取自诸葛亮《诫子书》：“非淡泊无以明志，非宁静无以致远。”

③活用

活用即不拘泥于诗文原来的词句，而是将原文的意义浓缩成两字词语，构成一个名字。例如：

著名儿童教育家孙敬修的名字取自《兑命》：“敬孙务时敏，厥修乃来。”意思是只有勤奋专一，学问才有长进。孙敬修人如其名，六十年如一日，不怕困难，不怕挫折，把智慧和热情全部献给了意义深远的儿童教育事业。

不过，用这种方式起名，要注意两点：一是要选择有意义的典故。二是要注意分寸，用典意在含蓄，所以不宜用得太显露。另一方面，含蓄地用曲折隐晦的方式表达要说的意思，并不等于让人不理解。有的名字用典过于隐晦，别人根本不理解其中的含义，这样的名字也是不成功的。

人名使用的修辞方法，除了上面说的三种以外，还有一些，比如谐音是双关的一种方式，因为在别的章节已经谈过，这里就不细说了。

注意美好形象的起名法

一个人的形象在很多时候也可以通过名字表现出来。很多人你可能只闻其名，不知其人。在这种情况下，名字就是每个人的独特信息。名字取得好，就会给人一种好感，起码不反感。如许世友，以世人为友，听到这样的名字，一般人都会产生亲切之感。

名字还可以引起别人的想象。比如，冠华意为中华之冠，听到乔冠华这个名字，你的脑海中很可能会出现一个英气勃发的男性形象。再比如王鸿儒，听到这个名字，你也有可能把对方想象成一个温文尔雅的饱学之士。

名字的这种联想作用对于每个人都是很有意义的。假如某位对你来说很重要的人物，未等见面，刚听到名字他便对你有了不好的第一印象，岂不是凭添烦恼吗？

这种事情在现实生活中确有其例。永乐年间的殿试，拟定的第一名叫孙曰恭。皇帝看到这个名字后，立刻产生了反感，因为“曰恭”上下摆在一起与“暴”字相像，“暴”给人的印象显然不好。于是皇帝就把原本的第二名刑宽定为第一名。

用名字来帮助塑造美好的个人形象，作为父母的应该尤为注意，所谓注意，就是在起名时，千万不要起容易出现歧义或引发不好的联想的名字。比如，姓杨者给孩子取名为“杨伟”，“伟”字意义不错，但与杨姓相连就和“阳痿”谐音。孩子小的时候，小伙伴们还不懂得阳痿是什么意思，这还不要紧。可是长大之后，周围的人知道了它的含义，就会以此作为笑柄。再如，有人虎年得子，便取名为虎生，意为虎年出生之意。然而他却没想到，虎生又可作老虎所生解。果然，有好事者便给这个孩子起了个“老虎崽子”的绰号，从而刺伤了孩子的自尊心。

多胞胎起名法

近年来，多胞胎越来越常见了。在忙乱和欢乐的同时，如果再给孩子取上一个极有意义的名字，则是锦上添花了。

在一胎多育的情况中，机会最多的是双胞胎。

如果说，要为双胞胎取一个普通的名字，其实也未尝不可，但显然不如

取一个能突出双胞胎特点的名字更有意义。双胞胎父母较通常的做法是，为自己的孩子取一个能相互联系的名字。

比如说，在20世纪60年代的足球运动场上，活跃着一对双胞胎兄弟，他们的名字分别是李惟妙、李惟肖。如果把两人的姓氏去掉，名字合在一起就是成语“惟妙惟肖”。仔细分析起来，这对兄弟的名字起得绝妙、贴切。因为两人是孪生兄弟，长得酷似，本来就可以用“惟妙惟肖”来形容，进而把形容两人相貌的词语分解成两人的名字，依次各用两字，并且“惟妙”为大，“惟肖”为小，既照顾了两兄弟的排行，又不打乱原来成语的次序，可见是有较高艺术性的。

上述两兄弟的名字代表了当代人为双胞胎取名的一种重要方法，即成语连贯法。在我国现成的语汇中，像“惟妙惟肖”一样可以用来为双胞胎取名的成语其实是很多的，如鹏程万里、温文尔雅、水木清华、毕恭毕敬、任重道远、安然无恙、金玉满堂等，每个成语都可以分作两个人的名字。此外，如果有些双胞胎的父母喜欢为孩子取单名的话，也可以采用上述方式选取一些只有两个字的常用词，然后为两个孩子各取一字作为名字。

还有一些比较随意的双胞胎取名法。如先为两个孩子选定一个字，然后以大小进行区别，取一些诸如大双、小双，大林、小林，大丽、小丽之类的名字。还有些人用相同的两个字为双胞胎孩子取名，只是把两字的排列次序颠倒一下，表示两个孩子有所区别。如有户人家在一个明月当空的夜晚生下两个孩子，便为先生下来的孩子起名明月，另一个孩子取名月明。这种取名方法，其实也是很有巧思的。

除上述情况之外，还有一些为双胞胎取名的变通手法。如取名时从孩子是父母感情的结晶这一方面考虑，让孩子的名字从父母的姓名中产生。此外，还可以打破传统的让孩子随父姓的方法，让两个孩子一个随父姓，一个随母姓。如一对双胞胎的父母分别姓孙、杨，并为孩子取名为明月，那么两个孩子的名字就可以叫作孙明月、杨明月，这样的名字也是很有意义的。再如，父母的姓氏不同，且两个姓氏连在一起又比较文雅，生下双胞胎以后，也可以用互相交换姓氏排列次序的方法为孩子起名。举例来说，假如夫妇两个一个姓张，一个姓文，生下双胞胎后就可以为其中的一个取名为张文，另一个取名文章（张的谐音）。

为三胞胎、四胞胎起名，所采用的方法也大抵如上所述。生三胞胎和四胞胎的情况比较少见，在为这些孩子取名时，更应该发挥聪明才智，为孩子取出更加不同寻常的名字来。

避免同名的方法

名字是代表人的符号，是人们彼此相区别的一个记号，简而言之，是人们进行交往的工具。正是从这个意义上说，起名最重要的一点就是尽量避免同名。同姓不可避免，但如果同名同姓，那么姓名就会失去其符号和交往工具的作用，并且会给工作和生活带来许多不便。

谁也不愿意自己的姓名与别人相同，但在有几千个姓、十几亿人口的中国，要想从根本上消除同名同姓现象，几乎是不可能的。我们的对策只能是尽量避免同名同姓。怎样做到这一点呢？做法有三种：

一是尽量不起单名。曾经盛取单名有多种原因，主要与文化因素、家庭因素及从众心理有关。我国的姓氏非常集中。据《二〇一九年全国姓名报告》，我国目前使用的汉字姓氏约为3050个，而“百家姓”总人数占全国户籍人口的85.9%。在这100个姓氏中，王、李、张、刘、陈、杨、黄、赵、吴、周、徐、孙、马、朱、胡、郭、高、何、林19个大姓的人口就占了汉族人口的55%左右。很显然，在同姓率极高的情况下，起单名而造成的同姓名率也会很高。为了避免与他人同姓名，在起名时要尽量不起单名，而多起复名。

二是扩大起名方法，克服从众心理。我国人民在长期的社会生活实践中积累了大量的起名方法，有的重形式，有的重意义，有的讲究字音的搭配，林林总总，各有特色。总之，给孩子起名，应以美学观点作指导，力求不俗气，不雷同，不粗浅，不简单化。

三是传统的子女承父姓再加名的方式似可改变，建议改为父母合姓加双名（或父姓加三字名），即采用“四字姓名制”形式。据推算，如以3000个现代汉语常用字计算，若起单名，那么总共只有3000个人名；若起双名，将这3000个字任意排列，即可构成600万个名字。而如果采用父母合姓再加双名或父姓加三字名的方式（即四字姓名），那3000个常用字就可组合成270亿个名字！我国只要有一半人能起四字姓名，那么同姓名的问题就可基本得到解决。

第三章 起名的禁忌

《忌起粗俗名》

爱美是人的天性。每个人都不希望自己长得口歪眼斜，满脸麻点。起名也是如此，美名当然不能采用丑陋的字眼。但相当一部分人还是习惯用粗俗字起名，其表现也是五花八门。

（1）以家畜来命名

在人们的审美意识中，猪、狗、驴之类被赋予了侮辱性的含义，它们在文学作品中，也常是愚笨、固执等的代名词。所以，将某人以猪、狗、驴来比喻就等于骂人了，是很令人恼火的。然而在现实生活中，有些地方由于受贱名长命意识的影响，却常以之命名。这种情况尤以农村为甚，譬如赵二狗、周大猪等，这与时代的发展，与讲文明的风尚是极不协调的。

（2）以丑陋之物或现象命名

在人们心目中，既有美好的事物，也有与之对应的丑陋事物。除猪、狗、驴之类，秃鹰、乌鸦、毛虫、蚂蚁等也常被赋予了一些不好的含义，若起了个带有这些字眼的名字，也是不受人欢迎的。

（3）自然灾害也是起名的大忌

如狂风、地震、山崩、海啸等都是起名时要避开的。这些字眼令人心惊肉跳，所以最好不用。

《忌起恶劣名》

这里的“恶劣”包括两层意思：一是指品行方面的，二是指造成恶劣后果的。用这两种意思起名，都会给正直、善良的人们带来负面影响，因而是不可取的。

表示品行恶劣的名字，如粟刁、刁协（邪）、唐狡、况狡、熊疑、赵奢、田横、吴贱安、李混子等。这样的名字，有的令人望而生畏，不敢接近；有的令人见而设防，害怕上当；有的令人望而生卑，一种鄙视、瞧不起的情绪顿时涌起。这些情绪，对于建立良好的人际关系都是不利的。对名字的这些感受，自然会影响到对名字主人的态度。因此，这类人名在社会实践中发挥着消极的作用，而无积极的效果，应当废止。

表示后果恶劣的名字，如崔夭、陈完、闵损、赵衰、杨弃、普穷、叶光、田芜、营终、周公卒、孔翁归、国归父、郭则沉、陈大悲、熊负羁、毕祖朽等。这些名字令人沮丧，情绪低落，容易给人造成颓丧感、压抑感、失落感，而毫无生气和鼓舞向上的力量，所以也是不可取的。应当说明的是，这些名字中有的含有几种意义，上述分析仅取其一。如“周公卒”，起名的本意可能是愿做周公帐下的一名小卒，但“卒”的另一义为死亡，从这个角度讲，周公卒就是诅咒周公早日死亡。同样，孔翁归、国归父的“归”，也有归天、归阴即死去的意思，与周公卒属同一类型。总之，不管用哪种形式的恶劣字取名，都是消极的、不利的。

忌起嫌疑名

所谓嫌疑字，是指人们特别敏感的一些字，龟、秃、醋、酸、臭、绿等。名字中直接用这类字的几乎没有，但是谐音转化成这类字的偶尔仍有出现，这也是应当避免的。如吴（乌）金贵（龟）、王霸（八）业、吕（绿）金（巾）荣、项尚（上）图（秃）、班之侣（驴）等。这里要说明的是，古人的名字中用“龟”的不少，如汉代的李龟年，唐代的陆龟蒙，宋代诗人陆游晚年以龟堂为号写了不少诗。这是因为古今对龟的看法不大相同。古人把龟列入“四灵”（龙、凤、麟、龟）之一，认为龟来自天上，知人情吉凶，又是长寿的动物，所以用龟占卜，以龟命名，视龟为宝。后来对龟的迷信逐渐淡化、消除。从元代开始，人们发现龟不能性交，所以称外淫之妻的丈夫为“乌龟”；明代则有“缩头龟”“龟奴”“龟公”等骂人话流行。近代则把“乌龟王八蛋”连用，成为社会败类、渣滓、坏人的代称。因此，现代人将龟以及与之有联系的字列入嫌疑字，讳莫如深，当然就成了取名之忌。

还有一类起名时应当回避，那就是诸多不吉祥的字词。刀枪击杀类：刀、枪、击、杀、灭、伤、刺、斩、丧、降、伏、垮、败、刑、罚等；污秽尘垢类：污、浊、秽、垢、尘、埃、垃圾、渣滓、灰烬、血腥、肮脏、腐朽等；鬼怪妖魔类：鬼、怪、妖、魔、狰、狞、狡、诈、狠、毒、残酷等；黑

暗恐怖类：黑、暗、阴、沉、昏、冥、狱、牢、关押、网、卡、陷、堕、坟、墓、漆、夜、恐、怖等；困扰坎坷类：困、扰、艰、难、纠、葛、坑、湾、曲、折、坎、坷、压、抑、损、挫等。其他还有疾病类、灾祸类、诅咒类、失落类等多种不吉祥的字词，都不宜于用来命名。但是，这些一般人认为不吉祥的字词，并非绝对不能用。如果用得巧妙，也可以收到良好的效果。如尚方剑、戈战妖、廉涤尘等，都是有积极意义的好名。

忌起凶坏名

凡是表现凶恶而又对人类有害的东西，都应归于“凶坏”的范畴。“凶”与“坏”是人们的冤家对头，我们应当千方百计铲除它，战胜它。用这类字词命名，是违背人们的意愿的，是一种悖谬行为，应当终止。

过去用凶坏字取名，主要表现在两个方面：一是用病疫字取名，如范痤、石痴、宿瘤女、王伛、陈橐等。这些名字不仅表明了身体的病态，还给被起名人带来了精神的压力，使人难得开心一笑。二是用凶祸字取名，如元凶、朱邪、郭老虎、许赤虎、王罴、李劫夫、洪水、乌云、黄天等。这类名字，有的是指洪水、猛兽，威胁着人们的生命安全，是人类的大敌；有的是指大难不死的幸存者，对灾祸心有余悸；有的则有直接以凶、邪的面貌出现，原意似乎是以凶对凶、以邪治邪，但无意间又给人们的心灵带来了阴影，令人担惊受怕，难以安生。在科学技术日趋先进的现代社会里，尽管人们的安全感已经提高了、增强了，但这类名字的存在给人们带来的总是不安与不快，而绝不会有丝毫的安全与欢乐。

忌起伤残名

身体受了伤或留有残疾，是件痛苦的事情。用伤残的遗症起名，等于揭人的伤疤，这样做是不道德的。如果以伤残字起名，呼唤者与名字主人都会产生不愉快的感觉，所以，应当避免用伤残字起名。但是，用伤残字取名的现象却古今皆有。战国著名军事家孙膑原名孙宾，因受刑去掉了膝盖骨（即膑骨，也写作宾骨），后改名为孙膑。近代书画家、篆刻家吴昌硕，由于晚年双耳失聪，故自称大聋。现代诗人、爱国志士苏郁文，由于抨击袁世凯的窃国行径，惨遭迫害以致双目失明。他愤然自号眇公，以示对迫害者的控诉。以上都是用伤残字命名的例子，但各自的情况及用意不尽相同。孙膑以膑为名，是为了铭记庞涓的罪行，并发奋以雪耻。吴昌硕晚年自称大聋，是一种自称，不是别号，更不是名字，严格说来不算以伤残字取名。苏郁文自号眇公，从情节上看与孙膑有些相似，但眇公是别号不是名字，号与名是有区别的。对以上情况应当这样看，给未成年的人起名，忌用伤残字，以免伤害其心灵。成年人自己起名，除有所寄托及另有含义者外，不宜用伤残字词，以免引起读者的不快。给别人起绰号，更不应以生理缺陷为话柄，用伤残字刺激对方。对身体伤残者，应给予体贴和关怀，让他们感受到社会的温暖。

忌起赚人名

所谓赚人，即指赚人的便宜。名字是用来称呼的，有些词语用作名字，甲称呼，乙应答，在一呼一应中乙就赚了甲的便宜。这样就容易引起不必要的纠纷或者造成被呼叫人的心理障碍，影响正常的社会交往，起名时应注意回避这类词语。

容易造成赚人效果的词语主要有两类：一类是用于尊长的称谓词，如父、叔、翁、公、老、伯、祖、宗、姑、娘、母、奶、婆等。用这些词命名的如刘文叔、张诚伯、史太翁、郑光祖、李发姑、张玉娘、云四婆等。这些名字，如果呼应，就有赚人之嫌。另一类是用于表示官衔、职称及尊称的词语，如相（丞相）、尹、令、公、侯、总理、部长、科长、师长、连长、政委、教授、高工、专家、明星、经理、先生等。用这些词及谐音词起名的有魏相、伊尹、袁于公、庞德公、张侯、宋行长、何宪章（县长）、傅正（政）委、骆指挥、高干、王大仁（人）、谢大夫等。这些名字在称呼中容易造成误解，而这些误解会产生不良后果。

起名时应考虑周全，要避免选择可能赚人的词语命名。这里还应说明一点，“父、甫、叔、伯、公、翁、侯”等字，都曾是古代男子起名命字的美辞，那时用这类字起名不存在赚人问题，后来这些字的意义和用法起了变化，才出现了这个新问题。

忌起贬义名

前面说过，名字应当音、义、形兼美。用贬义词起名，不符合义美的要

求，因而应当忌用。但是，从古到今，用贬义词起名的现象层出不穷，这是应当引起注意的。

让我们先去看一下用贬义词起名的典型例子：希卑、慎溃、冀缺、孟陋、文丑、汲黯、刁踕、严重、向隅、贾混、百家奴、唐士耻、邓扒才、张落魄、阎大肥、严怪愚等，这些名字的贬义鲜明，一望而知，不必解释。还有一类是需要略加评点的，如史（失）策、胡笃（糊涂）、郭（锅）翻、吴（无）德、韦彰（违章）、叶光（叶子落光了）、陈规（陋习）、黄粱（黄粱美梦）等。经过评点，这些名字的贬义摆在明处，起名者心中自知；后一类的贬义藏在暗处，起名者心中不一定清楚，可能是考虑不周造成的。

这就是说，用贬义词起名，有的是有意的，有的是无意的。故意用贬义词起名，其原因大概是受贱名长命这种落后意识的影响。要解决这类问题，就要努力提高全民族的文化素质。

无意用贬义词起名，而名字中隐藏了贬义的内涵，这是起名者粗心或缺乏经验造成的。藏在暗处的贬义，主要是借助谐音转化而成的。只要在起名时，把有关的同音词、近音词都梳理一遍，杜绝贬义词混入，问题就能解决。

忌起狂妄名

起名用字不能太狂妄、太放肆。因为狂妄、放肆是缺乏修养的表现，不仅是一种自我暴露，而且也是对他人的不敬，容易引起反感。古代用狂妄字取名的如强梁、霸王、天皇、存霸、万岁等；现代用狂妄字起名的有驭球、驭寰、无双、天才之类。前面已经说过，名字的语义与主人的作为，大体说来应名副其实或者名略高于实。如果名高而实低，二者极不相称，那就成为狂妄了。这种名字是不仅令人厌恶，而且还可能产生讽刺效果——名字是对主人作为的一种讥笑。事实上，出言狂妄的人，多数干不成大事业；而成就了大事业的人，多数是并不狂傲的。就名字而论，孔丘、孙武、嬴政、项羽、李世民、司马迁、屈原、李白、杜甫、曹雪芹、李自成、洪秀全、孙文等，这些历史上的名人，他们的名字既没有文圣之气，也没有武霸之风，然而这些名字是不朽的。所以，名字不要以狂妄、放肆为美，那实际上是一种丑，这就是起名忌用狂妄字的道理。

忌起粗野名

粗与细是相对的，野与文是相对的。所谓粗野字就是粗糙的、未经加工的、带有原始味道的字词。美的名字应当是一种精致玲珑的艺术品，粗野是与它格格不入的。用粗野字起名有两种主要表现：一是用词粗鲁、俗气、未经加工，如狗蛋、牛仔、石头、黑孩、毛妹等。这些大多是乳名，有的又用作大名。二是虽做了一定的文字加工，但是仍给人一种野气、冥顽不驯的印象。如胡泥、栗腹、裴鳓、类犴、玄嚣、雷娃、毛小、黑枷、恃气等。

这些名字，有的显凶，有的露卑；有的吵闹，有的阴森；有的逞威，有的执气，给人的感受是丑多于美，恶大于善。粗野是不文明、不优雅的表现，人们不喜欢粗野的作风，同样也不喜欢粗野的名字。随着全民族文化素质的提高，这类名字将逐渐被淘汰。

忌起绕口名

有些名字读起来费劲、听起来吃力，弄不好就会读错、听错。原因何在？起名用字拗口，几乎成了绕口令。如沈既济、叔孙州仇、夏亚一、金镜清、周啸潮、胡富芬、耿精忠、姜嘉锵、张昌商、陈真仁、胡楚父、吕励芝、傅筑夫等。这些名字，有的连用两个同声母字，如亚一、金镜、姜嘉、吕励等；有的连用两个同韵母字，如夏亚、镜清、啸潮、胡富、励芝等。前一种是双声，后一类是叠韵。有的连用两个同音字，如既济；还有的三个字同韵，如张昌商、陈真仁、胡楚父、陈政恩、傅筑夫等。有的三个字中有一组双声字、一组叠韵字，即双声、叠韵交叉，如夏亚一的前两字为叠韵；胡富芬的前两字为叠韵，后两字为双声；吕励芝的前两字为双声，后两字为叠韵；姜嘉锵的一二字为双声，一三字为叠韵。由上述分析可知，所谓绕口字，主要是指双声字、叠韵字和同音字。声母相同的字，连读起来发音费力，韵部相同（即韵母的主体部分相同或相近）的字连读，发音也较困难；所以，双声叠韵是造成绕口的主要原因。同音字是声母、韵母都相同的字，也可以看作双声叠韵的一种特例，因此连读同音字更加拗口。这样看来，忌用拗口字起名，主要是指不用双声、叠韵字起名。掌握了这个规律，起名时只要认真落实，就能够做到。

忌起繁难名

繁字是指笔画多、结构复杂的字，这样的字写起来麻烦又不好看。所以名字中繁字多了就会造成黑白失调，黑乎乎一片，令人产生憋闷感。难字是指不易认读的字，也是不常用的字。这样的字一般人不认识，既不会读，也不理解它的意思。用这种字起名字，会影响交流，妨碍名字正常功能的发挥。即使名字具有艺术性和趣味性，但在不识不懂的多数人面前，也只能是一个文字符号，甚至闹出笑话，产生误会，带来不应有的损失。所以，起名字要用常用字，不要用繁难字。

名字中的繁难字有两种情况：一种是因为该字的意义较狭窄，平时不常见，不常用，于是不为一般人所识。如王个簃，“簃”多用作书斋名；许宝騄，“騄”为古代所说的一种骏马；吴廷璆，“璆”为一种美玉；王正黼，“黼”是古代礼服上的花纹。用这样的字起名字，大有显示自己识字多的嫌疑。另一种情况，是用异体字起名。这种异体字通常情况下已停止使用了，所以用到名字里，多数人都不认识。如果方槑（梅）、孔偘（侃）、孙恩麐（麟）等。“梅、侃、麟”都不是难字，改换成“槑、偘、麐”，多数人便不认识了，这样做除了想给人出难题外，别无意义。由此看来，用繁难字起名的做法，的确是不可取的；忌用繁难字起名的主张，符合多数人的利益和要求。

怪僻字比繁难字更少见，因而更难认识和理解。所谓“怪”，即奇异且不平常；所谓“僻”，即不常遇到。可以说，怪僻字是离开字典大家都不认识的字，用这样的字起名字的确是有故意给人找麻烦的意味，这种做法自然会受到多数人的反对。

忌起过火名

过火，指超过了分寸，超过了合适的度。常见的有两种情况：一是夸过火，造成自吹，效果不佳。如陈万策、卜万科、管万敌、万国权、李万寿，这些“万”字显然是过分夸大了自己的作为和力量。把自己看得如此神奇、有威力，其他人的位置又该如何摆呢？翁独健这个名字，一个“独”字表明，“健”者唯“我”用，别人是不配享用“健”字的。正是众人皆病，

"我"独健，众人皆病，"我"自安，这就是一种自夸的心态。另一类是自谦过火，形成自贱、自贬。谦虚应当有个限度，那就是不能违背实事求是的原则，否则就会走向反面——不是自贱、自卑式的虚伪，就是变相的骄傲。这里因自谦过火而形成的自贱、自贬会给人一种虚伪的感觉，如：王拙、刘迂、袁痴、虞愚。他们真的认为自己拙笨、迂腐、愚蠢吗？当然不是。莫我愚，这个名字更有意思，听口气像是在与别人争愚，"谁也没有我愚蠢"，那"我"自然是争愚的胜利者了。本来不愚却要装成最愚的样子，这不是假惺惺又是什么？李慕愚，这个名字很不一般。常人名字中"仰圣""慕贤"者多矣，而此人标新立异，却要慕愚。他所"慕"的"愚"，不是"愚蠢"的"愚"，而是"大智若愚"的"愚"。仰慕大智却偏说"慕愚"，这是一种"狡猾"的技巧，也就是说，这个名字中虽然也用了"愚"字，但它已不属于自谦，而是借"愚"说"智"的艺术技巧。因此，"拙、迂、愚"等不一定都是自谦词，要具体情况具体分析。

不论是自吹还是自贬，都属不正常的过火的行为。名字要想美，就要摒弃这些不健康的做法，向着以真、善为生命的方向发展。

忌起杂凑名

有些人名字不是经过深思熟虑、反复推敲、精心选字组词而得到的，常常是随意找几个字凑起来的。杂凑的名字像个拼盘，它有如下特征：

（1）中心意思不明确；

（2）字词的搭配不和谐；

（3）字词之间存在着矛盾与混乱现象。

例如：

田川流：这个名字的中心或主体，是说田、川还是流？或者是田川、川流？很难说得清楚。中心意思不明确，令人不知所云。原因何在？"田"与"川"的关系难以琢磨，是互补还是相克？关系搞不清，就造成了思维的混乱。这是杂凑字起名的通病。

陈妙汉：这个名字中"妙"与"汉"很不协调："妙"一般用于女性，有阴柔美；"汉"一般用于男性，有阳刚美。这二者并列，拼凑在一起让人如何理解？是说一个具有女性特点的男子呢，还是一个具有男性特点的女子？似是而非，难以断言。

林森火：这名字是什么意思？是林、森都是生火的原料，还是森林需要防火？这两种解释，内容都不甚明确，缺少内涵。这个名字，由于没能处理好“森”与“火”的关系，令人费解。

毛铁桥：“毛”与“铁桥”配搭是为何意？

齐如山：平齐的山少见，而像山那样整齐似乎又不通，用“齐”与“山”并存，这样的名字违背常理，是典型的杂凑。

用杂凑字取名，是极不严肃的，其效果自然不会好。起名字，多花精力和时间，认真对待，反复推敲，才可能取得良好的效果。

忌起萎靡名

所谓萎靡字，是指情绪低落、精神不振、具有消极作用的字。用这样的字词起名字，是对主人心灵的侵蚀和伤害，也会对社会造成不良影响，因而应当忌用。

萎靡式的名字古今中外都有，大体分为三种类型：

（1）纤弱型，如石缝里的小草那样纤细瘦弱，让人可怜。秦瘦鸥、陈秋草、邵飘萍、王忍之等都是纤弱型的代表。

（2）忧伤型，听起来忧伤孤独，内心酸楚，令人哀叹。徐悲鸿、郑愁予、张恨水、独孤郁、黄连茹、辜鸿铭、韩颓当等都是忧伤型的代表。

（3）灰暗型，听起来寒风嘶鸣，阴霾沉重，前途暗淡，令人心灰意冷。陆厥、孙默、张偃、孙抑、姜晦、严霜、陈残运、周懒予、谢念难、徐悉艰等都是灰暗型的代表。

这三种类型的名字，给人的印象不是软弱可怜，就是心灰意冷、忧伤可悲，它们都缺少鼓舞人奋发向上的力量，表现的是萎靡消沉的情绪。好的名字应当具有教育作用、鼓舞作用、审美作用和益智作用，因此，用萎靡字取名，一般都不可能成为美名，我们应当汲取这个教训。

忌袭名人名

起名时追随伟人和先贤并企望以之为楷模，在创业上有法、治学上有为，能终成大器，这种想法是好的。但以名人名字为模本，为自己和他人起名，这种仰慕之情与客观效果并没有必然和直接的因果联系。换言之，名取李白，未必就能写得一手好诗；名取戴尧，也可能只是平民一个。名随古圣先贤本身就是一种机械式的搬用，毫无创造性，也不符合独创的精神。

另一方面，许多青年随着年龄的增长和阅历的加深，逐渐在盲从和追求时尚、偶像崇拜的心理驱使下对自己的名字产生疑问，甚至在与别人相比时感到自己的名字俗气、低人一等，或者感觉父母起的名字该“退休”了；面对新生活、新事业，觉得自己应该有个新的名字，于是便沿袭别人的名字，追求时髦和所谓的“个性解放”。这同样是起名的大忌，结果将会弄巧成拙。这种社会现象令家长深思。因此，要尽量克服盲从心理，倡导一种理性的、能展示个人特色、时代内涵和审美情趣的起名新思维。

忌起浅白名

浅白是指名字表达得浅陋，如同白话。这种名字意思肤浅，缺乏内涵和意境，初见其名，给人一种无聊乏味的感觉。这种名字如同没经过加工的石料，难以给人美感。名字内容单一肤浅，自然不能引人注目，获得人们的好感；只有富于变化和有深度，才不会使名字如同白开水一样索然无味。

从另一种意义上来说，语义不深，没有分量即是浅薄，这是指名字在内涵上的要求与名字在表达方式上的直白有所区别。后者的方式可产生浅薄的结果，但内容浅薄的原因颇多。

其中两个主要的原因，一是名为单字，与姓连在一起，如一片浅而明净的水洼，可一视到底，缺少寓意深远、回味无穷的感觉，如高山、满月、罗汉等；二是双字挖掘创意，内容仍没摆脱浅薄的束缚，如张建国、方阳刚等。

如何解决这一问题？一是要努力使姓与名之间产生关联，使这种联系的内涵趋于丰富，深刻而不浅薄，语义有了多维性之后自然就使名字超凡脱俗了。二是使其结构富于变化，而非一种简单的堆砌，如同建筑学中墙的构成有空心、实心一样，而且砖与砖之间的垒砌、衔接方式也变化多样。这样便可达到姓氏和名字之间最巧妙的协调搭配，不仅结构层次丰富，而且意义深刻。

起名最好含蓄一点，在这方面，古人为我们做出了表率。唐代大诗人韩愈，以“愈”寓“退之”，充满了玄机。大书法家张旭，以“旭”（初出朝阳）来展示自己的远大抱负。清代豪儒王国维，取“维国”的倒置形式，既

取谐音“为国”，又有维系华夏之意，可谓一石二鸟，令人回味无穷。相比之下，诸如富有、宏伟、豪杰等名字便逊色三分了。

现代人名中也有许多妙如诗词、贵如珠玑的好名字，如林默涵、杨再春、舒庆春等，这些名字含蓄且充满了生机。

忌起陈旧名

起名按俗套旧规，或套用俗语，体现落后的价值观和审美意识都是俗的表现。在现实生活中，很多人起名仍旧围绕着“福寿安康”“耀祖光宗”“三纲五常”打转，手持易经、相法之书，讲五行、卜凶吉、论八字，儿女一出生，什么马金宝、常有德、李来福、张宗礼、赵守贤等老套名字便开始与他们相伴为伍了。

也有人将现成的常用语拿来起名，如起名法正、华夏等，此也为俗。

名字如衣冠，衣不洁、冠不正则为人所耻笑，因为名字要跟随我们每个人一辈子，名字体现了一个人的审美情趣和追求。一个粗俗的名字，尤如一个清秀漂亮的人穿着一件肮脏的衣服，那将是终身遗憾的事。因此应起高雅、有涵养的名字，会让他人多上几分好感的。高雅的名字妙如诗、美如画、醇如酒，令人回味，使人难忘，如清晨阳光下弥漫在花间的温馨气息，沁人心脾，会陶冶名字主人的心灵，起到潜移默化改善其行为的作用。

因此，只有弃旧图新，随时代发展和社会变迁去更新观念，解放思想，才能为自己和他人的名字注入新的观念和审美情趣，使之成为具有时代特色、充满生机和活力的艺术品。

忌起异化名

这里的异化是指女起男名，男起女名，在名字上造成性别的混乱。好的名字应当体现性格特点，应当便于社会交流。异化名字不符合这些要求，因此不宜提倡。

具有明显异化倾向的名字是，男子用红、彩、花、香、静、凤之类的字取名；女子用雄、豪、壮、伟、飞、龙之类的字取名。完全异化的名字是，男子用女、妹等字取名；女子用男、郎、汉等字取名。

这类男名如赵继英、林文芳、薛佩珍、曹如玉、侯顺香、周凤玉、尹雪曼、萧楚女、罗林妹等。这类女名如徐林侠、阎宏伟、丁鹭飞、熊汉灿等。当前名字的异化有发展的趋势，这是需要抑制并促其转化的。

忌起歧义名

歧义本身就是语病，名字出现歧义就会更令人费解了。名字出现歧义的主要原因是作为人名的汉字多音多义。汉字多义（包括同音多义与非同音多义）固然是语言财富，为取名提供了丰富的资源，但是弄得不好，又容易使人们对名字产生误解，使取名的意图与实际效果相悖。

用了多音字作人名，则对字音怎么念，本义是什么，还有什么比喻义和引申义，要十分细致而慎重。否则，名字音念错了，义也可能偏了。

如蜀后主刘禅的“禅”字，有人念“shàn”，但多数人念“chán”，哪个音对呢？禅字有两个义项，一作“祭名”“禅让”“授予”解，读作“shàn”；一作“静思”解，这是梵语或巴利语音译词，读作“chán”。再对名字作进一步分析，据《三国志·蜀志·后主传》说：“后主讳禅，字公嗣。”而刘禅的小名阿斗，又字升之。古人名和字在意义上是有一定的联系的，小名“斗”和“升”均为物量词名，那么大名“禅”和“公嗣”在意义上同样有关。嗣者，诸侯嗣国也，即诸侯继国君位，也有“禅让”的意思。如若是这个意思，就要读“shàn”音。要不是花这么大力气去考证，这个“禅”字的读音就很难确定。

又如北宋的大书画家米芾的名字，缺乏汉字基本知识的人一下子就会误念为“shì”，因为他把“芾”的下半部误以为“市”。秀才认字念半边嘛！一知半解的人“纠正”为“fèi”，并说“芾”是小的意思，汉语有“蔽芾（fèi）”一词，形容树干与树叶微小。但是，真正用于人名的“芾”同“黻”（这是米芾为了名字简单而自己更换的），念作“fú”。“黻”是古代礼服上边的花纹。《现代汉语词典》中“芾”的第二解为“同‘黻’。宋朝书画家米芾，也作米黻”，想来只有查过字典或知道米氏改名情由的人，才不会出错。

社会上不少人的名字从字面上看没有什么不妥当的，有的名字还颇有意境。然而经过人们随意谐音变成口头上的称谓，有的便面目全非了。这种因谐音而引起的歧义一旦发生，往往会产生许多笑料。如我国文坛泰斗巴金，原名李芾甘，这个“芾”自然同“黻”，如果错念成“fèi”，别人再一谐读，

就变成了“李肺肝”，这还像个正常的名字吗？

我们熟悉的鲁迅先生，他原字豫山，同学们都谐读为雨伞，后遂更为豫才。

喜欢在别人的名字上发现或制造歧义的人，有的是善意的谑侃，有的是恶意的中伤，有的是客观上的审美辨赏和文化批评。比如：有人取名李朝柏，谐音朝北（方言），成了李朝北，成了不吉利的名字（旧时，人被杀时要朝北）；有人给儿子取名为杨伟，谐音阳痿，成了自辱的名字；有人给女儿取名春晴，谐音春情，成了一个使女孩尴尬不已的名字；等等。

另外，《百家姓》中的莫、贾、吴等姓，其语义（有的是谐音后的语义）很鲜明，便于与名连意，在取名时不可大意。不仅要注意名字字面表达，而且要注意口头称呼的语感，尽量增加积极性，减少消极性。如：姓莫的，不要取莫学善、莫思贤、莫爱国等名字；姓贾的，不要取贾情、贾义、贾正金、贾道学等名字；姓吴的，也不要取吴良德、吴祖仙、吴修嗣、吴友朋等名字。

第四章　改名的原则和方法

改名的原则

命名有一条基本的原则就是名随主便。取名是这样，改名也是这样。没有亲密的关系和感情，没有特殊的需要和原因，没有别人的请求和同意，是不能给人家改名的。否则，即使是更改一个字，在一般人看来，也是不尊重其人名，不尊重其人格。

2018 年 7 月，62 岁李乃甫发现集体土地建设用地使用证上自己名字被误写为“李乃浦”，为此跑了相关部门 15 趟才更正解决。2019 年 12 月 9 日半岛都市报为该日 A18 版《厉兵东亚》报道中写错半数球员名字发表致歉声明。

某电视台的一档栏目，其主持人把战国时著名人物樊於期（Fán Wūjī）读成了“fán yú qī”；把战国时著名思想家墨翟（Mó Dí）读成了“mò zhái”，令人感到遗憾。

至于有人把乾隆写成“干隆”，把慈禧写成“兹西”，也是一种轻疏和无知的体现。

《语文世界》（中国语文报刊协会会刊）上曾经有一则小幽默，一位语文老师名叫徐仁保，他在课堂上对学生说：“汉字嘛，一字念半边，不会错上天。”随后举了一大堆例子。谁知第二天学生们便在私下叫他“余二呆”，弄得这个老师非常尴尬。

《领导工作研究》（湖北省委组织部主办）也曾讲到某单位一个处长在一份批件上，将在自己身边工作多年的一位科长的名字写错了。有人提醒他，这样做欠妥当，可他却满不在乎地说：“只要我的名字不错就行了。”后来那位科长捧着一份写的不是自己名字却要自己办事的批件，感慨万千，无可奈何。同事们一致认为：一个领导，如此看重自己的名字，而忽视（错写）下属的名字，不是小事情。这反映了领导的作风和群众观念。

在汉字规范化过程中，遵从化繁为简的原则，有的原来几个字，变成了一个字。这些字在用作姓名时要认真对待。

著名历史学家翦伯赞，不能改为剪（没有姓剪的）伯赞；相传西汉农学家氾胜之（著有《氾胜之书》）不能改为泛（没有姓泛的）胜之；中国人民志愿军战斗英雄邱少云不能改为丘（丘也是姓氏用字）少云；明代人於竹屋不能改为于（于也是姓氏用字）竹屋。否则，就等于改了人家的姓，也就是改了人家的名。所以，国家在有关的汉字使用规定中特别指出：停止使用的异体字中，有用作姓氏的，在报刊和图书中可以保留原字，不加改变。

朱镕基的“镕”字，是比较生僻的字。旧《辞海》把“熔”看作“镕”的俗字，《第一批异体字整理表》把它作为“熔”的异体字而废止。但汉字作为一种形声字占绝对优势的语素文字，一个重要的特点就是要通过改换意符以区别意义。“熔”和“镕”的意符不同，其意义就不同（或差别很大）。“熔”是加热把固体变成液体，就是熔化的意思。而《说文解字》上讲：“镕，冶器法也。”朱骏声说：“木曰模，水曰法，土曰型，竹曰范，金曰镕。”“镕”是一种冶金用的模型，“熔”和“镕”是处在不同的意境之中的。因为就一般词汇意义而言，“熔”和“镕”在现代汉语中几乎已无差别。而从人名用字的角度来看，“镕”字在这里是“型范”的意思。清朝大臣吴文镕（1792—1854），字甄甫，“镕”与“甄甫”有因果关系。《汉书·董仲舒传》：“夫上之化下，下之从上，犹泥之在钧，惟甄者之所为；犹金之在镕，唯冶者之所铸。”所以，后来基于人名用字的需要，《现代汉语词典》修订本又将“熔”和“镕”分列。凡是人名中的“熔”，都不能用“镕”，反之亦然。

在世界许多古老民族中，一个男人在自己一生中的每个阶段都可获得一个新的名字。

而我国则不同。在我国古代，按照儒家的思想，一般是不容许更名的。儒家认为名得之于父母，就像“身体发肤，受之父母，不敢毁伤”（《孝经·开宗明义》）。

尽管如此，古代改名之举，仍史不绝书，尤其是春秋战国时期常见于楚、吴等地。楚国君主在获得君位时就有改名的习惯，如楚共王庶子公子围杀掉兄之子郏敖后获得君位，即改名为虔；楚平王原名弃疾，即位后改名为居；楚昭王本名壬，取得君位后亦依例改名作轸。吴国似乎也有这种惯例，如吴公子光在杀掉吴王僚获得君位后，即改名为阖闾。而且越往后，更名的否决原则就越是淡化，越是“放开”，更名的因由也越来越多。然而，由于传统思想的影响，我国人民仍把改名当作一件十分庄重、严肃的事情。在有的人看来，改换名字（除避讳外），特别是改换常用的行世之名，就意味着一个人旧的身份的改变或新的生命的诞生。

起名是常例，是每个人一生都要经历的；改名却只是偶尔为之的特例。然而，从另一层意义来说，改名也是起名，只不过基础不是“一张白纸”，而是抹去原名重起。因此，改名也实属正常之举。

孩子出生时，起名只能由父母长辈去完成，所取的名字也都是根据父母的性情喜好取得的，孩子长大后不一定喜欢，也不一定能体现孩子的性情、志趣，因而可能会改名。在前些年的农村，人们有给孩子取丑名的风气，以为丑名能够消灾辟邪，而孩子长大读书后，觉得名字难听、粗俗，因而希望重新起名。有时候是自己取，有时是父母主动请人帮助改名。

有人改名，不一定是因为原名封建、鄙俗，也可能是想根据工作社交的需要取一个更有意义的名字。比如，有的女孩子觉得萍、花、芳等不够高雅，而且使用者又多，便决定换个新名字，或者把名字中的这类字去掉，留下另一个意蕴丰富的字。比如张慧芳，去掉一个“芳”字，单名“慧”字，听起来感觉就有些不同，更显文气、优雅。这类名字的更改，大都出于对理想和美感的追求，对新生活的向往。近代革命家秋瑾，原名秋闺瑾，小名玉姑，她为了表示女子不甘落后的革命抱负，去掉了名中温婉的“闺”字，改名秋瑾，又自称“竞雄”“鉴湖女侠”。

时代风潮也是改名的原因之一，思想文化之风的转变必然会影响到一些人。如清末的革命党人，因投身革命队伍而改名，胡汉民、蔡元培等名字都是这种新思想的产物。胡汉民原名衍鸿，改名汉民，表示堂堂大汉之民，具有排满意味。蔡元培本来是清朝进士、翰林院编修，字鹤卿，思想转变后，改字孑民，表示为炎黄的孑遗之民。

二十世纪二三十年代，西渡留学之风渐盛，受之影响也有人改名，比如著名作家巴金，原名李芾甘，在巴黎留学时，一度崇尚巴枯宁和克鲁泡特金的无政府主义，因此从二人名字中的首尾各取一字，成现名。教育家陶行知少年时崇拜王阳明的“知行合一”思想，故名知行，留美后又受实验主义的影响，认为凡事并非知而后行，而是行而后知，于是又改名行知。

一般情况下，改名是出于自愿，出于自己对新事物的追求和热爱，但偶尔也有人被动地改名。汉语同音字较多，偶然写了别字，又不便于纠正，就只好将错就错地用了。著名地质学家李四光的改名就是如此。李四光原名李仲揆，14岁时赴日留学，不小心在护照姓名栏里填上年龄“十四”。护照不能涂改，于是他就将“十”字添笔改为“李”，“四”字无法改。但李四这名太不雅观，他无意间抬头看到“光被四表”的横匾，就在“四”后边加了一个“光”字，“四光”有四方皆光明的意思，也算一个不错的名字。不过，这种被动改名纯属意外，另外的情形则是非改不可。在封建时代，皇帝的好恶关系到一个人的身家性命，皇帝不喜欢，名字就得改。有个叫杨村的人参加科举考试，有人说他的名字与反叛首领的名字相同，应当改名，否则怕难考中，于是此人改名杨非林。

此外，封建时代的避讳制度也迫使许多人改名换姓，这些更为常见。如汉代蒯彻因避武帝刘彻讳改名蒯通……

在我国，受理公民改名登记的是各地公安局的户籍部门。一般情况下，没有恰当的理由，也是不允许随意更改姓名的。如确有正当理由需要变更时，应按照《民法通则》和《中华人民共和国户口登记条例》的有关规定，履行审批手续后再做变更。

因避讳而改名

避讳是中国历史上一种特有的文化现象。从先秦到清王朝灭亡，先后存在了2000余年。所谓“讳”，是指帝王、圣人、长官以及尊者的名字。避讳的方法有四类：避讳改字，避讳空字，避讳缺笔，避讳改音。使用较多的是前三类。人们平时用到与这类人物名字相同的字（音），必须设法避开或改写，此谓“避讳”。

唐高祖李渊的父亲名叫李昞，则“晒、炳、丙、秉”等字都必须避讳，一般改为“景”。

隋文帝父亲名杨忠，为避“中”字嫌名，《隋书》的《忠义传》改谓《诚节》。

西汉元帝时有宫女姓王名嫱，字昭君，她是我国历史上的四大美女之一。到了晋朝时，为了避晋文帝司马昭讳，改称为“明君”或“明妃”。

还有，宋真宗赵恒冒认道教传说中的人皇之一的赵玄朗为宗室，于是名将杨延朗就只能改名杨延昭，这就是杨家将中的杨六郎杨延昭名字的来由。

在封建社会里，皇帝是至高无上的，他的名字也是非常神圣的，就是神仙都要避讳。汉文帝名叫刘恒，神话传说月宫中的仙女姮娥也得更名为嫦娥。观世音本佛教菩萨名，是慈悲的化身，救苦救难之神，因“世”与唐太宗李世民的“世”相同，唐以后一直避讳，去其“世”而简称“观音”。

最不幸的是唐历史学家、《史通》的作者刘知几，他因避讳而几次改名：因避唐玄宗李隆基讳（“基”“几”算作同音）改为刘子玄。到了清代，为避康熙皇帝爱新觉罗·玄烨讳，又改称刘知几。但刘子玄的名字却流传了近千年，不能销声匿迹，又改称刘子元。

因隐蔽身世和身份而改名

中国俗话常说“行不更名，坐不改姓”，这是表示英雄好汉本色的。但“人在矮檐下，谁敢不低头”，旧社会为避世乱而隐姓埋名者不可胜数。

秦末的陈余、张耳、孔鲋等都曾隐匿真名而浪迹浮踪。

汉初名相张良，字子房，本是韩国的贵族，姬姓。秦始皇灭韩后改姓为张。

据说三国时期的关羽不是山西人，而是河南人。他本不姓关，因为在河南有了人命案，逃往山西潼关，人家问他姓什么，他一时答不上来，一看这里是潼关，就说自己姓关。

明代泰州学派代表人物何心隐，本姓梁，名汝元，字柱乾，号夫山。因忤严嵩，而被迫去京，为避其害而改名换姓为何心隐，从此隐现无常，沉浮于世。

明清之际的方以智，早年与陈贞慧、吴应箕、侯方域等人参加复社，因受诬陷而辗转浙江、福建等地，曾两弃家室，五变姓名，过着隐居生活。

为从事某种特殊活动，适应复杂多变的环境，人们也常常隐蔽真实身份，改换自己的姓名，通常称之为化名。

《戏说乾隆》里，乾隆皇帝下江南微服巡访时，贴身侍从当着别人面就说他姓“艾”，并称之为“四爷”。这个“艾四爷”便是化名。

孙中山先生为避免反动势力的注意，曾化名高野长雄、中山樵等日本名，后去掉了“樵”字，在“中山”前加其本姓，便成了后来行世的正名孙中山。

老一辈的革命者在隐蔽斗争过程中，大都用过多种多样的化名。如李大钊曾化名李琴华，朱德曾化名朱玉阶、玉楷。

有些化名虽然只是在陌生地权宜使用，但却语出有典，富有纪念意义。

因思想和身份的变化而改名

中国人取名字有的很注意名字的音和义与人的思想相近，与人的身份相称。

我国教育家、化学家杨石先的曾祖父在清朝做过四川学台、国子监学官、翰林院学士。杨石先出生后，祖父特为他取名绍曾，意思是继承曾祖父的事业。他在南开大学任教时，改行世名石先（石先曾为杨的号）。改名反映了其认识的改变和觉悟的提高。

我国近代教育家蔡元培，在爱国学社时常用民友为号。他在主编《警钟日报》时，认为自己也是国民一分子，怎么叫民友呢。于是从《诗经·云汉》的“周余黎民，靡有孑遗”两句中各取一字，改号为孑民。

中国共产党早期领导人之一张太雷，乳名泰来，取义于“否极泰来”。上学时，改名张复，取义于“复兴中华”。参加革命后，又改名为太雷，一方面取“泰来”谐音，另一方面寓意自己像太空中的雷霆，轰击着反动势力。

徐向前原名象谦。大革命失败后，革命队伍里有些人变节投降了，有些人动摇退却了，有些人擦干自己身上的血迹，掩埋好战友的遗体，又迎着血雨腥风，继续向前进。他下定决心，不怕牺牲，义无反顾地选定第三条路，立志做一个继续向前、永远向前的人，于是由原名象谦谐音而改为向前。向前这个名字，不仅表现了他信仰坚定、百折不挠的精神，对其部属乃至社会民众都是一个极大的鼓励。

言志改名

我国古有“名如人”“名言志”的说法。许多仁人志士总想选取一个如意的名字，以寄托志向和抱负，有些人觉得初名不能表达这种志趣和心愿，便毅然更改。

革命烈士杨开慧之父杨昌济，1920 年冬在湖南考取了官费留日，后在留学途中改名怀中，表示他身处异邦但心怀中华的眷念之情。

还有，革命将领吕正操，入小学时，老师依吕家“正”字辈，给他取了个学名正言，并解释说是言语的言。可他却感到不对心思，他认为上学读书是为了求知，长大了是要当兵的，操练本领才能打日本人，于是，他打定主意改名为正操。为了得到祖父的同意，他诓说是老师取的。老师知道后，不仅没有批评他，还颇费心思，引用古书上的话“操之必正”再作解释，并据此给他取了一字，叫必正。

农民起义领袖洪秀全，原名洪仁坤，后改为秀全。“秀全”二字拆开是“禾乃人王”四个字，而其中“禾”谐音为“我”。于是“禾乃人王”便是“我乃人王”，改名暗藏的意思是“我要做天下人之王”。这反映了他的抱负和追求。

晚唐诗人罗隐，原名罗横，字昭，他能诗善文，颇负盛名，也很有一点恃才傲物的“横”气，曾十次应试皆不第。他于是归隐乡间，并改名为“隐”。他的诗集中抒写落第悲愤和慨然归隐的篇章特别多，深得好评。

中共一大代表王尽美，原名王瑞俊，出席党的一大后，因更加向往尽善尽美的共产主义社会，所以改名尽美，并为此作诗：“贫富阶级见疆场，尽善尽美唯解放。潍水泥沙统入海，乔有麓下看沧桑。”（《肇在造化·赠友人》）

革命领袖萧楚女，在湖北时以屈原《离骚》“忽反顾以流涕兮，哀高丘之无女”之意改名。“女”，神女；“楚”既有《楚辞》之意，又有楚地之意。用楚女为名表示其为国奋斗一生，奉献自己的无私胸怀。

因在新疆罗布泊地区进行科学考察而失踪的著名科学家彭加木，原名彭家睦，其父给他起名家睦，希望一家团结和睦。1956 年，他自动放弃出国深造的机会，要求从上海调到新疆工作，并改名为加木。他说：“加木合起来就是‘架’字，我要在上海和新疆之间架起一座桥梁，为新疆建设添材加木。”名字的改动虽微，但充分表达了一代知识分子献身祖国建设的情怀。

大多数人的第一个名字多由父母、亲朋所取，不足以反映本人的意趣与追求，为了更直接表达自己的理想、信心和决心，或者表露自己的雅趣，他们常自己为自己取个新名。教育家徐特立，原名徐懋恂，青年时期乘船去衡山，见十余名同舟之人一路对船工态度蛮横，对此极感不平，乃自诫自己若能中举及第，决不当欺压百姓之官，并取“特立独行”之意改名为

徐特立。

又如作家莫伸，原名孙树淦，发表处女作《窗口》时署名莫伸，取自陈毅元帅的诗句“手莫伸，伸手必被捉”，既表示对陈毅同志的敬重与钦佩，又是对自己的警戒与激励。

因他人做主而改名

一般说来，更改名字大都是成人根据自己工作、生活和思想变化需要之所为，但也有他人做主的。

（1）因皇帝恩宠而赐新名

北宋将领杨业，又名杨继业，以骁勇著称，战功卓著，被北汉主刘继元赐刘姓，改名为刘建业。直到北汉降宋，宋太宗又恢复其杨姓。

（2）因尊长的赏识而起新名

初唐有一位文士大臣员半千，本名余庆，师从王义方。王义方对余庆十分赏识，说：“五百年一贤者生，子宜当之。”故为其改名为半千（五百年）。

（3）因父母的期盼而取新名

为了让孩子们生活得更好，父母常常通过改名的形式以施教化。

①嘱咐子女要品格完善。

谁都知道，钱锺书是一位博闻强识、学贯中西、才华横溢的著名学者，但年轻时，他气盛不肯让人。钱锺书的父亲因他爱胡说乱道，为他改字“默存”，是叫他少说话的意思。

②企盼子女生活富有。

秦腔名丑马平民，一生贫苦，生活坎坷。为了让孩子们再不交苦运，生活富裕，他把女儿马永安的名字改为马富华，即富贵荣华的意思。

③希望孩子们连名连心。

现代著名作家冰心取用了这个笔名后，全家都很满意，父母亲便给她的三个弟弟也更名。大弟弟谢为涵改为谢冰仲，二弟谢为杰改为谢冰叔，三弟谢为楫改为谢冰季。三个弟弟的名字以传统的排行为序，且姊弟四人之名都共一“冰”字，情意无穷。

（4）遵从传统习俗而改新名

①随母改嫁要改名。

五代后周太祖郭威本姓常，家道贫寒，父亲早逝，随母改嫁郭家，于是改姓郭。

宋朝著名文学家范仲淹也是这样。父亲去世后，随母改嫁朱家，改名朱说，并随朱姓兄弟就读于白山醴泉寺。直至他考中进士后，才把母亲接回范家，自己也恢复了范姓，取名仲淹。

②过继给人家做养子要改名。

一种是同姓（特别是同宗族的）过继一般不用改名，但是有一定知识的人在名字上也做些文章。如唐初书法家虞世南，自幼被过继给叔父虞寄为嗣子，所以长大后便改表字伯施，意思是兄长将儿子给予弟弟。

第二种是异姓过继，一定要改姓（从养父姓）。无论是草野百姓还是官宦之家，概不例外。

有的异姓过继既改姓又改名。

我国五代南唐的创建者李昪，字正伦，小名叫彭奴。

乾宁二年（895 年），杨行密攻克濠州，掳走了当时因家贫而做小和尚的彭奴。杨见他长得俊秀，很是喜欢，想收他为养子，但由于亲生儿子众多，难容彭奴，只好转给手下大将徐温。这样彭奴就成了徐的养子，以后就改姓为徐，改名为知诰。

③到大户人家做家仆奴婢，有的也要从主姓改名。

明代冯梦龙《警世通言·唐解元一笑姻缘》中的风流才子唐伯虎，为了追求华太师家中的丫环秋香，不惜改名换姓为康宣，卖身到华府去当家童。康宣到华府不久，便被取名为华安。这样一来，先由唐伯虎变为康宣，又由康宣变为华安。

以长辈意愿改名

自古以来，中国便提倡子继父业、子承父志和孝道为先的封建传统文化理念，儿女成了父母长辈意志和愿望的延伸，前辈们想将没有完成的事业和心愿在儿女的名字上体现，以此鼓励儿女去继续拼搏奋斗。

父母长辈的意愿因人而异。不同的家庭，不同的时代和身世，不同的经历和情感纠葛，都会产生不同的意愿。因此父母长辈的意愿是无法予以一一分类的。下面只能举例加以说明，供读者参考。

徐志摩，著名诗人，他幼时的一天，有一个名叫志恢的和尚曾在他头上前后摸了一遍，说："此人将来必成大器。"他父亲为应这个预言，于 1918

年送他出国时更名为志摩。

红线女，著名粤剧表演艺术家，她原名邝健廉，自幼学戏，刻苦用功，深受老师喜爱，老前辈靓少佳夸她："这个孩子将来准保有出息，她多像《红线盗盒》中的侍女红线，干脆就叫红线女吧！"从此她便更名为红线女。她15岁时因主演《绣孺记》而一炮而红，名扬海内外。

从以上例子可以看出，父母长辈的意愿是多么殷切而厚重，生活中人们的名字大多体现了其父辈的期望和嘱托。父母长辈的意愿即便各自不同，但也应是好的、健康积极向上的期望和心愿，那些消极的、对儿女有不良影响的名字，如期望获得财利和名望的名字，是很不恰当的。

以文章、诗词改名

以文章、诗词改名，需要较深的文化修养，需要一定的国学基础，但它也是极好的改名方法。随着我国社会主义建设事业特别是文化事业的发展，人们将会更加喜欢选择文章、诗词中的字义改名。

"雨巷诗人"戴望舒，原名戴朝安。"望舒"取自屈原《离骚》："前望舒使先驱兮，后飞廉使奔属。"望舒即神话中驱月驾车的神，后来成为月的代称。

邹韬奋原名邹恩润。关于韬奋一名，他曾向人解释过："'韬'是韬光养晦；'奋'是奋斗不息，用以自勉的意思。"郭沫若曾就他的笔名作了一副藏头联："韬略终须建新闻，奋飞还待读良书。"

现代作家张恨水，原名张心远，恨水一句也寓含着一段深意。南唐后主李煜《乌夜啼》词云："林花谢了春红，太匆匆。无奈朝来寒雨晚来风。胭脂泪，相留醉，几时重，自是人生长恨水长东。"张恨水幼年酷爱词章，读了此词，从中悟到光阴像流水一样逝去。恨水一名会使我们感慨光阴如水流逝，应严格律己。

无产阶级革命家王若飞，原名王运生，自幼崇拜民族英雄，当他从《木兰辞》中读到"万里赴戎机，关山度若飞"的名句时，十分向往那种奋斗疆场、马革裹尸的战斗生涯，遂改名若飞，表达了他不畏艰难、奋勇直前的豪气与救国救民的迫切心情。

增减字改名

增减字改名也是常见的改名方法之一，即利用原有的名字，增加或减少一个字，从而成为一个新名，有了新的含义。如著名画家古元，在他出生后，父亲为保他一生平安幸福，没有三灾六祸，便把他认寄给关帝庙的关圣大帝，并起名古帝源。到延安以后，他觉得这个名字不合乎自己的理想志向，就去掉“帝”字，同时又把“源”字改用同音的“元”，于是他的名字就由古帝源改变为古元。

增减改名方法还有另一种方式，就是增减字的偏旁部首，从而产生新名。著名漫画家王复羊笔名王复祥，“祥”字是由名字中的“羊”字增加了偏旁“礻”而成。又如深受青少年喜爱的科普作家高士其，原名高仕錤，后来由于他看透了社会的黑暗与政治的腐败，非常气愤，愤然改名高士其，而且说：“去掉‘人’旁不做官，扔掉‘金’旁不为钱。”他的这种高风亮节保持终身，因此受到人们的高度赞扬和喜爱。

点石成金改名

诗人何其芳原名何永芳，是根据辈分取的名。他上中学时文章写得非常漂亮，深得国文老师的喜爱。老师想到《离骚》中有“何所独无芳草兮”之句，取“何其芬芳”之意，把“永芳”改为“其芳”，名字由肯定陈述句转变为感叹句，更有感染力，也更加含蓄生动、新颖别致。

点石成金既是改名的方法，也是起名的方法。以原有的俗名为“石”，即当作原材料，经过仔细推敲，略加修改，使俗名变为美名，这样起名就是点石成金。如李华英是个俗名，可作起名的“石料”。“英”与“华”是同义词，又都是取名使用频率很高的常用词，所以名字中不能同时使用。去掉“英”字，换成“津”字如何呢？李华津：李花盛开的渡口，熙攘来往的要津，一片繁忙兴旺的景象。这就是用点石成金法得到的美名。

用点石成金法改名字，大体说来有这样几种思路：

①变陈旧为新颖；

②变单薄为丰满；

③变狭窄为开阔；

④变抽象为形象；

⑤变平淡为神奇；

⑥变直露为含蓄；

⑦变消极为积极；

⑧变姓、名分档为连姓取名。

以上所举的何永芳改为何其芳、李华英改为李华津的例子，应分别属于第⑤、②类。

再举几个例子：

宋聚业，意为聚合力量，振兴家业。但名字生硬，缺少特色。如将“聚”改为“举”，情况就变了。宋举业，送你去投身伟大的事业。这里面“举”有兴起、投身、献身的意思，与它相搭配的“业”也升格为轰轰烈烈的大事业，“举业”所指已不再是家庭小事，而是有关国家或大局的事业。“举业”既然要离开家庭小圈子，姓氏之“宋”便具有了谐音转化成的语义“送”。姓氏参与了组词，就是以姓连名取名法，这就使名字的内涵更丰富了。由此看来，这个名字的取名思路兼有第②、⑧两类。

高层云改为高裁云，这一字之改，也具有点石成金的效果。高裁云，彩云任我剪裁，形象高大，威力不凡，非神则仙。应归入第⑤类。

石九秦改为石九音，一块玉石可以发出多种奇妙的声响，奏出动听的音乐。好一块难得的美音石！这个名字可归入第④类。

沙叶林改为沙宴林，沙漠宴请森林到它那里安家落户。用拟人化手法使“沙”与“林”的关系变得十分友好。“宴”字活现出“沙”的精神境界，构思巧妙、传神。应属于第⑤类。

胡天游改为胡天骄，边疆一带的天之骄子，少数民族的英豪。可归入第⑥类。

杨无咎改为杨无涯，一望无际的钻天杨，飒飒而立，阵容整齐，规模浩大，气势不凡。这既是化消极为积极，也是变抽象为具象，兼顾第①、④两类。

陈良谟改为陈良言，“谟”是计策，因不太通俗，改为“言”。“良言”可理解为正确的主张、建议，也可理解为忠言。苦口婆心的肺腑之言，语重心长的教诲之言，它比“良谟”有更深的内涵。这个名字可归入第③类。

点石成金法是实用价值很高的改名方法，不过这种方法要想运用自如，需要较丰富的文化积累和较深厚的文学修养。

第五章　按类别起名举例

男名举例

泽民：《尚书·周书·毕命》："道洽政治，泽润生民。"《荀子·臣道》："功参天地，泽被生民，……汤武是也。"

立德：《左传·襄公二十四年》："大上有立德，其次有立功，其次有立言，虽久不废，此之谓不朽。"

国栋：《王文公文集·材论》："夫材之用，国之栋梁也，得之则安以荣，失之则亡以辱。"

得兴：《史记·商君列传》："得人者兴，失人者崩。"

德光：《穀梁传·僖公十五年》："德厚者流光，德薄者流卑。"

崇德：《荀子·不苟》："崇人之德，扬人之美，非谄谀也。"

得昌：《韩诗外传·卷七》："得贤者昌，失贤者亡。"

德音：《诗经·大雅·皇矣》："貊其德音。其德克明。"

裕民：《荀子·富国》："足国之道：节用裕民，而善臧其余。"

思危：《战国策·楚策四》："于安思危，危则虑安。"

如璋：《诗经·大雅·卷阿》："如圭如璋，令闻令望。"

浚哲：《尚书·虞书·舜典》："浚哲文明，温恭允塞。"

修永：《尚书·虞书·皋陶谟》："慎厥身，修思永。"

至德：唐·吴兢《贞观政要·卷四·教戒太子诸王》："树至德于生前，流遗爱于身后。"

尚贤：《荀子·君道》："尚贤使能之为长功也。"

思齐：唐·吴兢《贞观政要·卷四·教戒太子诸王》："见善思齐，足以扬名不朽。"《韩诗外传·卷八》："思齐则成，志齐则盈。"

元良：《礼记·文王世子》："一有元良，万国以贞，世子之谓也。"

锦章：唐·杨炯《巫峡》："绝壁横天险，莓苔烂锦章。"

弘道：《论语·卫灵公》："人能弘道，非道弘人。"

云龙：《周易·乾》："云从龙，风从虎，圣人作而万物睹。"

成栋：北宋·包拯《书端州郡斋壁》："秀干终成栋，精钢不作钩。"

有恒：东汉·崔瑗《座右铭》："行之苟有恒，久久自芬芳。"

业勤：唐·韩愈《进学解》："业精于勤，荒于嬉；行成于思，毁于随。"

特立：明·朱舜水《朱舜水集·毅》："毅然特立，有为之士也。"

知明：春秋·老子《道德经》："知人者智，自知者明。"

志高：《战国策·齐策一》："家敦而富，志高而扬。"

国器：西汉·刘向《新序》："智士者，国之器。"

学良：东汉·王符《潜夫论·赞学》："凡欲显勋绩扬光烈者，莫良于学矣。"

宇梁：唐·史俊《题巴州光福寺楠木》："凌霜不肯让松柏，作宇由来称栋梁。"

有为：《孟子·离娄下》："人有不为也，而后可以有为。"

百川：《淮南子·泰族》："百川并流，不注海者不为川谷。"

海波：唐·李贺《嘲少年》："少年安得长少年，海波尚变为桑田。"

元亨：《周易·大有》："其德刚健而文明，应乎天而时行，是以元亨。"

万年：《诗经·大雅·既醉》："君子万年，介尔景福。"

大成：《诗经·小雅·车攻》："允矣君子，展也大成。"

大年：《庄子·内篇·逍遥游》："小知不及大知，小年不及大年。"

千驹：《晋书·苻朗载记》："此吾家千里驹也。"

修己：清·王永彬《围炉夜话》："闻人誉言，加意奋勉；闻人谤语，加意警惕，此君子修己之功也。"

云帆：唐·李白《行路难·其一》："长风破浪会有时，直挂云帆济沧海。"

乐成：东汉·徐干《中论·治学》："大乐之成，非取乎一音。"

启林：《左传·宣公十二年》："筚路蓝缕，以启山林。"

乐天：《孟子·梁惠王下》："乐以天下，忧以天下。"

志坚：南宋·张孝祥《论治体札子》："立志欲坚不欲锐，成功在久不在速。"

任重：《论语·泰伯》："任重而道远。"

洪生：三国·魏·阮籍《咏怀·洪生资制度》："洪生资制度，被服正有常。"

大钧：东晋·陶潜《形影神三首·神释》："大钧无私力，万理自森著。"

齐光：战国·楚·屈原《楚辞·涉江》："与天地兮比寿，与日月兮齐光。"

俊杰：《三国志·蜀书五·诸葛亮传》："识时务者在乎俊杰"。

人杰：宋·李清照《夏日绝句》："生当作人杰，死亦为鬼雄。"西汉·刘安《淮南子·泰族》："智过万人者谓之英……十人者谓之杰。"

思永：《尚书·虞书·皋陶谟》："慎厥身，修思永。"

仁静：《论语·雍也》："知者乐水，仁者乐山。知者动，仁者静。知者乐，仁者寿。"

仁安：西汉·董仲舒《春秋繁露·仁义法》："以仁安人，以义正我。"

秉德：战国·楚·屈原《九章·橘颂》："秉德无私，参天地兮。"

玉冰：南朝·宋·鲍照《代白头吟》："直如朱丝绳，清如玉壶冰。"

玉润：《荀子·劝学》："玉在山而草木润，渊生珠而崖不枯。"

信昌：《孙子兵法·威王问》："素信者昌。"

德立：《管子·君臣下》："所求于己者多，故德行立。"

怀玉：春秋·老子《道德经》："是以圣人被褐怀玉。"

惟明：《尚书·商书·太甲中》："视远惟明，听德惟聪。"

学理：《荀子·大略》："善学者尽其理，善行者究其难。"

志圣：清·黄宗羲《宋元学案》："善学者志在乎圣人，而行无忽乎卑近。"

至诚：汉·黄石公《素书》："神莫神于至诚。"

善志：《淮南子·主术》："人无善志，虽勇必伤。"

至哲：清·刘嗣绾《贻友人书》："人即至哲，必不能掩己之短，以兼人之长。"

克仁：《陈确集·别集·不乱说》："求仁之方，无过克己。"《论语·颜渊》："克己复礼为仁。"

克己：《汉书·王嘉传》："重百金之费，克己不作。"

克家：《周易·蒙》："子克家。"唐·杜甫《奉送苏州李二十五长史丈之任》："食德见从事，克家何妙年。"

克俭：《尚书·虞书·大禹谟》："克勤于邦，克俭于家。"

卓然：东晋·陶潜《饮酒·青松在东园》："凝霜殄异类，卓然见高枝。"

清扬：唐·刘商《送刘南史往杭州拜觐别驾叔》："清扬似玉须勤学。"

启明：明·方孝孺《逊志斋集·牖》："启之启之，天光斯生；戒之戒之，勿蔽汝天明。"

平康：隋·王通《文中子·魏相》："平康正直，夫如是故全。"

志言：唐·吴叔达《言行相顾》："立志言为本，修身行乃先。"

明理：《二程遗书·二先生语》："明理可以治惧。"

思敏：明·方孝孺《逊志斋集·耒耜》："劳思善敏丰财。"

乐善：汉·黄石公《素书》："乐莫乐于好善。"

道朋：北宋·欧阳修《朋党论》："君子与君子以同道为朋，小人与小人以同利为朋。"

日新：北宋·晁说之《晁氏客语》："君子之学必日新，日新者，日进也。"

言明：清·魏源《默觚·治篇十二》："君子受言以达聪明。"

友仁：《论语·颜渊》："君子以文会友，以友辅仁。"

君诚：《礼记·中庸》："君子诚之为贵。"

乐道：《礼记·乐记》："君子乐得其道，小人乐得其欲。"

守正：明·洪应明《菜根谭》："宁守浑噩而黜聪明，留些正气还天地。"

厚德：明·洪应明《菜根谭》："德随量进，量由识长。故欲厚其德，不可不弘其量。"

德成：《管子·内业》："敬守勿失，是谓成德，德成而智出。"

学智：《礼记·中庸》："好学近乎知。"

志清：唐·李善注《昭明文选·张景阳〈杂诗十首〉》引《顾子》："登高使人意遐，临深使人志清。"

毅仁：《论语·子路》："刚、毅、木、讷近仁。"

弘毅：《论语·泰伯》："士不可以不弘毅，任重而道远。"

思诚：《孟子·离娄上》："是故诚者，天之道也；思诚者，人之道也。"

清源：南宋·朱熹《活水亭观书有感二首·其一》："问渠那得清如许，为有源头活水来。"

学德：《汉书·董仲舒传》："常玉不琢，不成文章；君子不学，不成其德。"

有朋：《论语·学而》："有朋自远方来，不亦乐乎？"

三省：《论语·学而》："曾子曰：吾日三省吾身。"

安仁：《论语·里仁》："仁者安仁，知者利仁。"

怀德：《论语·里仁》："君子怀德，小人怀土。"

君儒：《论语·雍也》："女为君子儒，无为小人儒。"

润身：《礼记·大学》："富润屋，德润身，心广体胖，故君子必诚其意。”

敬德：《周易·坤卦》：“君子敬以直内，义以方外，敬义立而德不孤。”

友德：清·王永彬《围炉夜话》：“友以成德也，人而无友，则孤陋寡闻，德不能成矣。”

念慈：明·洪应明《菜根谭》：“一念慈祥，可以酝酿两间和气；寸心洁白，可以昭垂百代清芬。”

敏行：《论语·里仁》：“君子欲讷于言而敏于行。”

乐民：《孟子·梁惠王下》：“乐民之乐者，民亦乐其乐。”

敏学：《论语·公冶长》：“敏而好学，不耻下问。”

敬之：《孟子·离娄下》：“爱人者人恒爱之，敬人者人恒敬之。”

善昌：《三国志·蜀书三·后主传》：“善积者昌，恶积者丧。”

君义：《论语·里仁》：“君子喻于义，小人喻于利。”

谦益：《尚书·虞书·大禹谟》：“满招损，谦受益。”

昭明：《荀子·劝学》：“是故无冥冥之志者，无昭昭之明。”

智成：汉·刘安《淮南子·主术》：“众智之所为，则无不成也。”

立行：春秋·老子《道德经》：“企者不立，跨者不行。”

于飞：《诗经·国风·葛覃》：“黄鸟于飞，集于灌木，其鸣喈喈。”

进德：东晋·陶潜《屈贾》：“进德修业，将以及时。”

德合：《周易·坤》：“坤厚载物，德合无疆。”

育德：《周易·蒙》：“君子以果行育德。”

子敬：《周易·坤》：“君子敬以直内，义以方外。”

蒙正：《周易·蒙》：“蒙以养正，圣功也。”

一飞：三国·魏·阮籍《咏怀·其二十一》：“云间有玄鹤，抗志扬哀声。一飞冲青天，旷世不再鸣。”

志安：三国·魏·阮籍《咏怀·猗欤上世士》：“猗欤上世士，恬淡志安贫。”

之信：《周易·乾》：“庸言之信，庸行之谨。”

成德：《周易·乾》：“君子以成德为行，日可见之行也。”

德明：《周易·乾》：“夫大人者，与天地合其德，与日月合其明。”

致远：三国·蜀·诸葛亮《诫子书》：“非淡泊无以明志，非宁静无以致远。”

德邻：《论语·里仁》：“德不孤，必有邻。”

德本：《礼记·大学》："德者，本也；财者，末也。"

文进：《礼记·乐记》："故礼主其减，乐主其盈。礼减而进，以进为文。"

文祥：《诗经·大雅·大明》："文定厥祥，亲迎于渭。"

九思：《论语·季氏》："君子有九思：视思明，听思聪，色思温，貌思恭，言思忠，事思敬，疑思问，忿思难，见得思义。"

立本：《论语·学而》："君子务本，本立而道生。"

朝闻：《论语·里仁》："朝闻道，夕死可矣。"

顾言：《礼记·中庸》："言，顾行；行，顾言。"

益青：唐·李隆基《赐新罗王》诗："益重青青志，风霜恒不渝。"

行恭：《战国策·赵策二》："贤者任重而行恭，知者功大而辞顺。"

见明：《荀子·劝学》："天见其明，地见其光，君子贵其全也。"

贵详：明·张居正《陈六事疏》："天下之事，虑之贵详，行之贵力，谋在于众，断在于独。"

诗乐：《毛诗·正义》："诗是乐之心，乐为诗之声。"

石坚：南朝·宋·鲍照《拟古八首·其八》："石以坚为性，君勿惭素诚。"

微之：《战国策·秦策》："识乎微之为著者强"。

元化：北宋·苏舜钦《寒夜十六韵答子履见寄》："陶然任元化，慎勿损天真。"

士勤：春秋·老子《道德经》："上士闻道，勤而行之。"

寒冰：《荀子·劝学》："青，取之于蓝，而青于蓝；冰，水为之，而寒于水。"

三思：南宋·辛弃疾《哨遍》："请三思而行可矣。"

知学：东汉·王充《论衡·效力》："人有知学，则有力矣。"

克明：《尚书·商书·伊训》："居上克明，为下克忠。"

学君：北宋·晁说之《晁氏客语》："君子莫大于学，莫害于昼，莫病于自足，莫罪于自弃。"

逸真：明·洪应明《菜根谭》："能者劳而府怨，何如拙者逸而全真。"

若愚：北宋·苏轼《贺欧阳修致仕启》："大勇若怯，大智如愚。"

守愚：西汉·刘向《说苑·敬慎》："聪明睿智而守以愚者益，博闻多记而守以浅者广。"

心远：东晋·陶潜《饮酒》：“结庐在人境，而无车马喧。问君何能尔，心远地自偏。”

立峰：北宋·王禹偁《村行》：“数峰无语立斜阳。”

如鸿：唐·李颀《送陈章甫》：“心轻万事皆鸿毛。”

开明：《史记·五帝本纪》：“嗣子丹朱开明。”

问裕：《尚书·商书·仲虺之诰》：“好问则裕，自用则小。”

明哲：《尚书·商书·说命上》：“知之曰明哲。”

时敏：《尚书·商书·说命下》：“惟学逊志，务时敏，厥修乃来。”

丽泽：《周易·兑》：“丽泽，兑；君子以朋友讲习。”

立业：清·王永彬《围炉夜话》：“立业无论大小，总要此身做得来。”

余庆：清·王永彬《围炉夜话》：“积善之家，必有余庆。”

守逸：明·洪应明《菜根谭》：“栖恬守逸之味，最淡亦最长。”

叶荣：明·洪应明《菜根谭》：“心者后裔之根，未有根不植而枝叶荣茂者。”

意清：明·洪应明《菜根谭》：“意净则心清，不了意而求明心，如索镜增尘。”

知春：南宋·张栻《立春偶成》：“春到人间草木知。”

钟晓：南宋·陆睿《瑞鹤仙》：“千金买光景，但疏钟催晓，乱鸦啼暝。”

亦友：南宋·翁森《四时读书乐·春》：“好鸟枝头亦朋友，落花水面皆文章。”

心安：北宋·邵雍《心安吟》：“心安身自安，身安室自宽。”

向阳：北宋·苏麟《断句》：“向阳花木易为春。”

善心：《荀子·非相》：“形相虽恶而心术善，无害为君子也。”

诗华：北宋·苏轼《和董传留别》：“粗缯大布裹生涯，腹有诗书气自华。”

自正：唐·孟郊《游终南山》：“山中人自正，路险心亦平。”

碧松：唐·杨巨源《题五老峰下费君书院》：“解向花间栽碧松，门前不负老人峰。”

韶华：北宋·秦观《江城子·西城杨柳弄春柔》：“韶华不为少年留，恨悠悠，几时休。”

云松：唐·李白《登庐山五老峰》：“九江秀色可揽结，吾将此地巢云松。”

夏清：唐·李商隐《晚晴》：“深居俯夹城，春去夏犹清。”

千林：南宋·张炎《绮罗香·红叶》："万里飞霜，千林落木，寒艳不招春妒。"

景殊：明·刘基《王涧和尚西湖图》："大江之南风景殊，杭州西湖天下无。"

柳明：南宋·陆游《游山西村》："山重水复疑无路，柳暗花明又一村。"

闻乐：东晋·陶潜《移居二首·其一》："闻多素心人，乐与数晨夕。"

清川：唐·王维《归嵩山作》："清川带长薄，车马去闲闲。"

烟涛：唐·李白《梦游天姥吟留别》："海客谈瀛洲，烟涛微茫信难求。"

松风：唐·李白《下终南山过斛斯山人宿置酒》："长歌吟松风，曲尽河星稀。"

海天：清·梁启超《自励二首·其二》："世界无穷愿无尽，海天寥廓立多时。"

瑞星：宋·朱敦儒《念奴娇·垂虹亭》："碧空寥廓，瑞星银汉争白。"

新雷：清·张维屏《新雷》："千红万紫安排著，只待新雷第一声。"

一鹤：唐·李白《怀仙歌》："一鹤东飞过沧海，放心散漫知何在。"

玉树：唐·李白《怀仙歌》："仙人浩歌望我来，应攀玉树长相待。"

陶然：唐·李白《下终南山过斛斯山人宿置酒》："我醉君复乐，陶然共忘机。"

凌翔：唐·韦应物《郡斋雨中与诸文士燕集》："神欢体自轻，意欲凌风翔。"

飞鸿：北宋·苏轼《和子由渑池怀旧》："人生到处知何似，应似飞鸿踏雪泥。"

白驹：《庄子·外篇·知北游》："人生天地之间，若白驹之过郤，忽然而已。"

浩然：《孟子·公孙丑上》："我善养吾浩然之气。"

清欢：北宋·苏轼《浣溪沙·元丰七年十二月二十四日从泗州刘倩叔游南山》："人间有味是清欢。"

云汉：唐·李白《月下独酌四首·其一》："永结无情游，相期邈云汉。"

中正：战国·楚·屈原《离骚》："跪敷衽以陈辞兮，耿吾得此中正。"

修远：战国·楚·屈原《离骚》："路曼曼其修远兮，吾将上下而求索。"

若木：战国·楚·屈原《离骚》："折若木以拂日兮，聊逍遥以相羊。"

于海：西汉·扬雄《扬子法言·学行卷第一》："百川学海而至于海。"

精卫：东晋·陶潜《读山海经十三首·其十》："精卫衔微木，将以填沧海。"

林耀：东晋·陶潜《和郭主簿二首·其二》："芳菊开林耀，青松冠岩列。"

清泉：唐·杜甫《佳人》："在山泉水清，出山泉水浊。"

民生：战国·楚·屈原《离骚》："民生各有所乐兮，余独好修以为常。"

心清：唐·柳宗元《晨诣超师院读禅经》："汲井漱寒齿，清心拂尘服。"

凯歌：明·于谦《出塞》："不愿千金万户侯，凯歌但愿蚤回头。"

万里：明·唐寅《无题》："立锥莫笑无余地，万里江山笔下生。"

谨德：明·洪应明《菜根谭》："谨德须谨于至微之事，施恩务施于不报之人。"

庆长：明·洪应明《菜根谭》："仁人心地宽舒，便福厚而庆长。"

达人：明·洪应明《菜根谭》："达人观物外之物，思身后之身。"

德业：明·洪应明《菜根谭》："宠利毋居人前，德业毋落人后。"

懿行：明·洪应明《菜根谭》："让，懿行也。"

新雨：唐·丘为《寻西山隐者不遇》："草色新雨中，松声晚窗里。"

凌风：三国·魏·阮籍《咏怀·其四十三》："鸿鹄相随飞，飞飞适荒裔。双翮凌长风，须臾万里逝。"

时雨：东晋·陶潜《五月旦作和戴主簿》："神萍写时雨，晨色奏景风。"

景风：《史记·律书》："景风居南方，景者，言阳气道竟，故曰景风。"

信芳：战国·楚·屈原《离骚》："不吾知其亦已兮，苟余情其信芳。"

欣德：东晋·陶潜《答庞参军》："伊余怀人，欣德孜孜。"

庆云：三国·魏·阮籍《咏怀八十二首·其六十九》："飘若风尘逝，忽若庆云晞。"

雪芹：北宋·苏轼《东坡八首·其三》："泥芹有宿根，一寸嗟独在。雪芽何时动，春鸠行可脍。"

玉龙：毛泽东《念奴娇·昆仑》："飞起玉龙三百万，搅得周天寒彻。"

平林：《诗经·小雅·车辇》："依彼平林，有集维鷮。"

郁青：南宋·朱熹《水口行舟二首·其二》："郁郁层峦夹岸青，青山绿水去无声。"

月轩：南朝·宋·江淹《别赋》："日下壁而沉彩，月上轩而飞光。"

天汉：《诗经·小雅·大东》："维天有汉，监亦有光。"

青来：北宋·王安石《书湖阴先生壁二首·其一》："一水护田将绿绕，两山排闼送青来。"

林繁：明·高攀龙《夜步》："繁林乱萤照，村屋人语响。"

心镜：唐·神秀《修行偈颂》："身是菩提树，心如明镜台。"

雨来：宋·李清照《摊破浣溪沙·其二》："枕上诗书闲处好，门前风景雨来佳。"

向风：《史记·司马相如列传》："向风而听，随流而化。"

云舒：周·尹喜《关尹子·三极》："云之卷舒，禽之飞翔，皆在虚空中，所以变化不穷。"

松茂：东晋·葛洪《抱朴子·论仙》："谓冬必凋而松柏茂。"

诗志：《毛诗序》："诗者，志之所之也，在心为志，发言为诗。"

松雨：南宋·姜夔《庆宫春》："双桨莼波，一蓑松雨，暮愁渐满空阔。"

叶阳：北宋·周邦彦《夜游宫》："叶下斜阳照水，卷轻浪、沉沉千里。"

澄辉：北宋·晁元礼《绿头鸭·咏月》："烂银盘，来从海底，皓色千里澄辉。"

松明：南宋·舒岳祥《十月初三日自邑夜归》："溪上人家应夜绩，松明一点出疏篱。"

天远：北宋·黄庭坚《登快阁》："落木千山天远大，澄江一道月分明。"

荷举：北宋·周邦彦《苏幕遮·燎沉香》："叶上初阳干宿雨，水面清圆，一一风荷举。"

余光：明·蔡复一《夕阳》："短笛牛羊归，余光照童子。"

树春：唐·白居易《杨柳枝词》："一树春风千万枝，嫩于金色软于丝。"

星天：南宋·辛弃疾《西江月·夜行黄沙道中》："七八个星天外，两三点雨山前。"

万沙：唐·刘禹锡《浪淘沙》："九曲黄河万里沙。"

江流：南朝·齐·谢朓《暂使下都夜发新林至京邑赠西府同僚》："大江流日夜，客心悲未央。"

平野：唐·李白《渡荆门送别》："山随平野尽，江入大荒流。"

晴川：唐·崔颢《黄鹤楼》："晴川历历汉阳树，芳草萋萋鹦鹉洲。"

乔木：《诗经·小雅·伐木》："出自幽谷，迁于乔木。"

习风：《诗经·邶风·谷风》："习习谷风，以阴以雨。"

黄华：清·王永彬《围炉夜话》："对绿竹得其虚心，对黄花得其晚节。"

雨新：明·洪应明《菜根谭》："雨余观山色，景象便觉新妍。"

林岫：明·洪应明《菜根谭》："诗思在灞陵桥上，微吟就，林岫便已浩然。"

心澄：明·洪应明《菜根谭》："当雪夜月天，心境便尔澄澈。"

石泉：明·洪应明《菜根谭》："林间松韵，石上泉声，静里听来，识天地自然鸣佩。"

春育：明·洪应明《菜根谭》："念头宽厚的如春风煦育，万物遭之而生。"

江雨：南宋·史达祖《八归·秋江带雨》："秋江带雨，寒沙萦水，人瞰画阁愁独。"

霁华：南宋·刘克庄《生查子·元夕戏陈敬叟》："繁灯夺霁华，戏鼓侵明发。"

云舟：北宋·王安石《桂枝香·登临送目》："彩舟云淡，星河鹭起，画图难足。"

飞雨：北宋·周邦彦《大酺·越调春雨》："对宿烟收，春禽静，飞雨时鸣高屋。"

雨青：北宋·张先《千秋岁》："惜春更把残红折，雨轻风色暴，梅子青时节。"

风鸣：唐·孟浩然《宿桐庐江寄广陵旧游》："风鸣两岸叶，月照一孤舟。"

海江：唐·李白《望庐山瀑布水二首·其一》："海风吹不断，江月照还空。"

静溪：明·刘泰《小景·其三》："云溪一带净无沙，门对青山是我家。"

雨浓：元·刘因《村居杂诗四首·其二》："黄昏雨气浓，喜色满南亩。"

春鸣：南朝·宋·谢灵运《登池上楼》："池塘生春草，园柳变鸣禽。"

觉远：清·张康衢《纵棹园》："坐觉尘嚣远，晴天卷片霞。"

连星：清·郑板桥《访青崖和尚和壁间晴岚学士虚亭侍读原韵》："夜深更饮秋潭水，带月连星舀一瓢。"

雨林：南宋·杨万里《桧径晓步二首》："雨歇林间凉自生，风穿径里晓逾清。"

山雨：唐·王维《送梓州李使君》："山中一夜雨，树杪百重泉。"

云影：南宋·朱熹《活水亭观书有感二首·其一》："半亩方塘一鉴开，

天光云影共徘徊。”

秋雨：唐·李贺《李凭箜篌引》：“女娲炼石补天处，石破天惊逗秋雨。”

叶田：《汉乐府·江南》：“江南可采莲，莲叶何田田。”

清云：董必武《中秋望月》：“太清云不滓，永夜露无声。”

喜晨：东晋·陶潜《丙辰岁八月中于下潠田舍获》：“悲风爱静夜，林鸟喜晨开。”

春海：清·谭嗣同《豳州》：“一百里间春似海，孤城掩映万花中。”

岸青：清·端木国瑚《沙湾放船》：“一溪绿水皆春雨，两岸青山半夕阳。”

江南：唐·韦庄《菩萨蛮·其二》：“人人尽说江南好，游人只合江南老。”

露白：唐·杜甫《月夜忆舍弟》：“露从今夜白，月是故乡明。”

云轻：唐·温庭筠《瑶瑟怨》：“碧天如水夜云轻。”

秋枫：清·陈文述《渔父词》：“枫叶萧萧几点秋，芦埼曲曲漾清流。”

竹青：《诗经·卫风·淇奥》：“瞻彼淇奥，绿竹猗猗。”

白雨：北宋·苏轼《六月二十七日望湖楼醉书五绝·其一》：“黑云翻墨未遮山，白雨跳珠乱入船。”

雨奇：北宋·苏轼《饮湖上初晴后雨二首·其二》：“水光潋滟晴方好，山色空蒙雨亦奇。”

飞雪：北宋·董颖《江上》：“万顷沧江万顷秋，镜天飞雪一双鸥。”

松雪：南宋·周密《献仙音·吊雪香亭梅》：“松雪飘寒，岭云吹冻，红破数椒春浅。”

叶舟：北宋·谢逸《渔家傲》：“蓼花汀上西风起，一叶小舟烟雾里。”

涵清：北宋·谢逸《卜算子》：“烟雨幂横塘，绀色涵清浅。”

天宇：宋·朱敦儒《水调歌头·对月有感》：“天宇著垂象，日月共回旋。”

岸柳：北宋·张元干《贺新郎·送胡邦衡待制》：“凉生岸柳催残暑。”

雨帆：北宋·张元干《满江红·自豫章阻风吴城山作》：“绿卷芳洲生杜若，数帆带雨烟中落。”

叶映：北宋·柳永《黄莺儿》：“观露湿缕金衣，叶映如簧语。”

叶帆：北宋·柳永《迷神引·仙吕调》：“一叶扁舟轻帆卷。”

岸飞：北宋·欧阳修《采桑子·轻舟短棹西湖好》：“无风水面琉璃滑，

不觉船移。微动涟漪，惊起沙禽掠岸飞。”

江天：北宋·柳永《八声甘州》：“对潇潇暮雨洒江天，一番洗清秋。”

家雨：唐·杜牧《题宣州开元寺水阁阁下宛溪夹溪居人》：“深秋帘幕千家雨，落日楼台一笛风。”

柳轻：南唐·冯延巳《鹊踏枝·清明》：“六曲阑干偎碧树，杨柳风轻，展尽黄金缕。”

春水：南唐·冯延巳《谒金门》：“风乍起，吹皱一池春水。”

年华：南唐·冯延巳《玉楼春》：“雪云乍变春云簇，渐觉年华堪送目。”

梦远：南唐·李煜《望江梅·闲梦远》：“闲梦远，南国正清秋。”

沙白：唐·杜甫《登高》：“渚清沙白鸟飞回。”

江清：唐·刘禹锡《竹枝词九首·其一》：“白帝城头春草生，白盐山下蜀江清。”

晓声：唐·熊孺登《青溪村居二首·其二》：“深树黄鹂晓一声，林西江上月犹明。”

晓白：唐·柳宗元《早梅》：“朔吹飘夜香，繁霜滋晓白。”

晴光：唐·杜审言《和晋陵陆丞早春游望》：“淑气催黄鸟，晴光转绿蘋。”

云悠：唐·崔颢《黄鹤楼》：“黄鹤一去不复返，白云千载空悠悠。”

韶华：北宋·秦观《江城子·西城杨柳弄春柔》：“韶华不为少年留，恨悠悠，几时休。”

青雨：唐·李白《梦游天姥吟留别》：“云青青兮欲雨，水澹澹兮生烟。”

碧江：毛泽东《沁园春·长沙》：“漫江碧透，百舸争流。”

天朗：东晋·王羲之《兰亭集序》：“天朗气清，惠风和畅。”

岸冰：南宋·吴文英《倦寻芳·饯周纠定夫》：“暮帆挂雨，冰岸飞梅。”

云度：北宋·张元干《浣溪沙·山绕平湖波撼城》：“雾柳暗时云度月，露荷翻处水流萤。”

晓天：唐·陈子昂《春夜别友人二首·其一》：“明月隐高树，长河没晓天。”

江林：唐·宋之问《题大庾岭北驿》：“江静潮初落，林昏瘴不开。”

晓光：南宋·黄大受《早作》：“星光欲没晓光连，霞晕红浮一角天。”

霄宇：东晋·陶潜《时运·其一》：“山涤余霭，宇暖微霄。”

新欣：东晋·陶潜《乞食》：“情欣新知欢，言咏遂赋诗。”

月帆：清·李思曾《逆庄子涵先生》："半夜乌啼霜正满，一帆斜月过枫桥。"

如水：北宋·苏轼《永遇乐·彭城夜宿燕子楼梦盼盼因作此词》："明月如霜，好风如水。"

清辉：唐·王昌龄《同从弟销南斋玩月忆山阴崔少府》："清辉淡水木，演漾在窗户。"

竹清：唐·孟浩然《夏日南亭怀辛大》："荷风送香气，竹露滴清响。"

月波：唐·韩愈《八月十五夜赠张功曹》："纤云四卷天无河，清风吹空月舒波。"

晓春：唐·孟浩然《春晓》："春眠不觉晓，处处闻啼鸟。"

山月：唐·李白《下终南山过斛斯山人宿置酒》："暮从碧山下，山月随人归。"

声松：唐·王勃《咏风》："日落山水静，为君起松声。"

月明：唐·张若虚《春江花月夜》："滟滟随波千万里，何处春江无月明。"

清川：唐·王维《归嵩山作》："清川带长薄，车马去闲闲。"

树茂：三国·魏·曹操《观沧海》："树木丛生，百草丰茂。"

洪波：三国·魏·曹操《观沧海》："秋风萧瑟，洪波涌起。"

云飞：西汉·刘邦《大风歌》："大风起兮云飞扬，威加海内兮归故乡。"

得春：南宋·徐俯《卜算子》："绿叶阴阴自得春，草满莺啼处。"

徐来：北宋·苏轼《前赤壁赋》："清风徐来，水波不兴。"

江春：唐·杜审言《和晋陵陆丞早春游望》："云霞出海曙，梅柳渡江春。"

海立：北宋·苏轼《有美堂暴雨》："天外黑风吹海立，浙东飞雨过江来。"

天野：《乐府诗集·敕勒歌》："天苍苍，野茫茫，风吹草低见牛羊。"

云水：北宋·范仲淹《出守桐庐道中十绝·其八》："素心爱云水，此日东南行。"

草青：北宋·苏舜钦《淮中晚泊犊头》："春阴垂野草青青，时有幽花一树明。"

崇光：北宋·苏轼《海棠》："东风袅袅泛崇光，香雾空蒙月转廊。"

霁光：北宋·秦观《春日五首·其二》："一夕轻雷落万丝，霁光浮瓦碧参差。"

叶声：北宋·张耒《夜坐》：“梧桐真不甘衰谢，数叶迎风尚有声。”

云海：唐·李白《关山月》：“明月出天山，苍茫云海间。”

广川：唐·上官仪《入朝洛堤步月》：“脉脉广川流，驱马历长洲。”

景村：南宋·蒋捷《如梦令》：“村景，村景，樵斧耕蓑渔艇。”

云涛：宋·李清照《渔家傲》：“天接云涛连晓雾。”

金波：南宋·辛弃疾《太常引》：“一轮秋影转金波，飞镜又重磨。”

春晖：唐·孟郊《游子吟》：“谁言寸草心，报得三春晖。”

泉泓：南宋·刘子寰《沁园春·西岩三涧》：“云壑泉泓，小者如杯，大者如罂。”

晓涛：南宋·吴潜《水调歌头·焦山》：“长江万里东注，晓吹卷惊涛。”

春波：北宋·晏殊《浣溪沙》：“红蓼花香夹岸稠，绿波春水向东流。”

觉春：宋·李清照《蝶恋花·离情》：“暖雨晴风初破冻，柳眼梅腮，已觉春心动。”

任平：北宋·苏轼《定风波》：“一蓑烟雨任平生。”

忆南：唐·白居易《忆江南》：“日出江花红胜火，春来江水绿如蓝，能不忆江南。”

韶光：北宋·柳永《黄莺儿》：“此际海燕偏饶，都把韶光与。”

云峰：唐·沈佺期《入少密溪》：“云峰苔壁绕溪斜，江路香风夹岸花。”

满春：唐·李群玉《汉阳太白楼》：“江上层楼翠霭间，满帘春水满窗山。”

秋江：唐·刘禹锡《晚泊牛渚》：“芦苇晚风起，秋江鳞甲生。”

望海：唐·白居易《江楼夕望招客》：“海天东望夕茫茫，山势川形阔复长。”

天星：唐·李贺《天上谣》：“天河夜转漂回星，银浦流云学水声。”

光曜：唐·李白《古风五十九首·其十》：“明月出海底，一朝开光曜。”

雨润：唐·韩愈《早春呈水部张十八员外·其一》：“天街小雨润如酥。”

天海：唐·刘昚虚《暮秋扬子江寄孟浩然》：“林山相晚暮，天海空青苍。”

舒波：唐·韩愈《八月十五夜赠张功曹》：“清风吹空月舒波。”

芳原：唐·韦应物《东郊》：“微雨霭芳原。”

华野：东汉·王粲《登楼赋》：“华实蔽野。”

俊驰：唐·王勃《滕王阁序》：“俊采星驰。”

静江：宋·汪藻《点绛唇·新月娟娟》：“夜寒江静山衔斗。”

清野：北宋·周邦彦《夜飞鹊·河桥送人处》："迢递路回清野。"

泽风：《周易·中孚》："泽上有风，中孚。"

天佑：《周易·系辞上》："佑者，助也。天之所助者，顺也。"

介石：《周易·系辞下》："介于石，不终日，贞吉。"

知彰：《周易·系辞下》："君子知微知彰，知柔知刚，万夫之望。"

灵耀：《五灯会元》："灵光独耀，迥脱根尘。"

灵均：战国·楚·屈原《离骚》："名余曰正则兮，字余曰灵均。"

晋明：《周易·晋》："晋，进也，明出地上。"

可贞：《周易·坤》："含章可贞。"

真如：《六祖坛经·坐禅品第五》："人性本净，为妄念故，盖覆真如。"

三元：北宋·张君房《云笈七签》："夫混沌分后，有天、地、水三元之气，生成人伦，长养万物。"

万法：隋·僧璨《信心铭》："万法齐观，归复自然。"

凡修：明·冯梦龙《醒世恒言·李道人独步云门》："神仙本是凡人做，只为凡人不肯修。"

文刚：《周易·贲》："贲，亨，柔来而文刚。"

向山：唐·熊孺登《送僧游山》："云身自向山山去，何处灵山不是归。"

钟鸣：北宋·谢逸《夜兴》："梦觉疏钟鸣远寺，一池明月芰荷香。"

若冰：南宋·陆游《忧国》："养心虽若冰将释。"

自明：春秋·老子《道德经》："知人者智，自知者明。"

有志：春秋·老子《道德经》："知足者富，强行者有志。"

修龄：三国·魏·阮籍《咏怀八十二首·其四十一》："列仙停修龄，养志在冲虚。"

玄通：三国·魏·阮籍《咏怀八十二首·其七十七》："招彼玄通士，去来归羡游。"

善能：春秋·老子《道德经》："居善地，心善渊，与善仁，言善信，正善治，事善能，动善时。"

女名举例

玉洁：东晋·陶潜《闲情赋》："佩鸣玉以比洁，齐幽兰以争芬。"

雪晴：唐·戴叔伦《转应词》："山南山北雪晴，千里万里月明。"

韫玉：西晋·陆机《文赋》："石韫玉而山辉，水怀珠而川媚。"

莹玉：宋·朱敦儒《念奴娇·垂虹亭》："莹澈乾坤，全放出，叠玉层冰宫阙。"

如玉：南宋·杨万里《好事近·七月十三日夜登万花川谷望月作》："如今才是十三夜，月色已如玉。"

冰姿：宋·杨无咎《柳梢青·为爱冰姿》："为爱冰姿，画看不足，吟看不足。"

蕙心：宋·孙光宪《浣溪沙·花渐凋疏不耐风》："蕙心无处与人同。"

兰洁：唐·张九龄《感遇十二首·其一》："兰叶春葳蕤，桂华秋皎洁。"

云霞：唐·刘希夷《公子行》："绿波荡漾玉为砂，青云离披锦作霞。"

清芬：唐·李白《赠孟浩然》："高山安可仰，徒此揖清芬。"

冰心：唐·王昌龄《芙蓉楼送辛渐二首·其一》："洛阳亲友如相问，一片冰心在玉壶。"

亭亭：北宋·张先《江南柳·隋堤远》："愿身能似月亭亭。"

柔惠：《诗经·大雅·崧高》："申伯之德，柔惠且直。"

君兰：东汉·戴德《大戴礼记》："与君子游苾乎，如入芝兰之室，久而不闻，则与之化矣。"

明洁：唐·孟郊《投所知》："炼金索坚贞，洗玉求明洁。"

蕙兰：南宋·魏庆之《诗人玉屑·爱憎对》："蛇蝎性灵生便毒，蕙兰根异死犹香。"

月桂：唐·刘兼《贻诸学童》："劝汝立身须苦志，月中丹桂自扶疏。"

灵珠：北宋·王安石《四皓二首·其二》："灵珠在泥沙，光景不可昏。"

修美：《淮南子·修务》："君子修美，虽未有利，福将在后至。"

玉冰：《元史·黄溍传》："冰壶玉尺，纤尘弗污。"

令仪：《诗经·小雅·湛露》："岂弟君子，莫不令仪。"

若皎：三国·魏·阮籍《咏怀八十二首·其十九》："西方有佳人，皎若白日光。"

秋荣：唐·刘禹锡《答乐天所寄咏怀，且释其枯树之叹》："莫羡三春桃与李，桂花成实向秋荣。"

志洁：《史记·屈原贾生列传》："其志洁，其行廉。"

如虹：清·龚自珍《夜坐·其二》："美人如玉剑如虹。"

小荷：南宋·杨万里《小池》："小荷才露尖尖角，早有蜻蜓立上头。"

新美：毛泽东《七古·送纵宇一郎东行》：“管却自家身与心，胸中日月常新美。”

馥香：南宋·范成大《余杭》：“忍冬清馥蔷薇酽，薰满千村万落香。”

采香：唐·李贺《天上谣》：“玉宫桂树花未落，仙妾采香垂佩缨。”

玉音：东晋·陶潜《读〈山海经〉十三首·其七》：“灵凤抚云舞，神鸾调玉音。”

芳菲：唐·韩愈《晚春二首·其一》：“草树知春不久归，百般红紫斗芳菲。”

芳林：唐·刘禹锡《乐天见示伤微之敦诗晦叔三君子皆有深分因成是诗以寄》：“芳林新叶催陈叶，流水前波让后波。”

竞秀：南朝·宋·刘义庆《世说新语·言语》：“千岩竞秀，万壑争流。”

竹君：南宋·杨万里《午热登多稼亭五首·其五》：“却是竹君殊解事，炎风筛过作清风。”

淑君：《诗经·曹风·鸤鸠》：“淑人君子，其仪不忒。”

元君：明·彭大翼《山堂肆考·女仙》：“男高仙曰真人，女曰元君。”

梦花：《五灯会元》：“梦幻空花，何劳把捉，得失是非，一时放却。”

玄冰：东晋·葛洪《抱朴子·广譬》：“玄冰未结，白雪不积，则青松之茂不显。”

云鹤：唐·崔颢《黄鹤楼》：“黄鹤一去不复返，白云千载空悠悠。”

羽仪：《周易·渐》：“鸿渐于陆，其羽可用为仪，吉。”

丽明：《周易·旅》：“柔得中乎外而顺乎刚，止而丽乎明，是以‘小亨，旅贞吉’也。”

永贞：《周易·贲》：“贲如，濡如，永贞吉。”

月荷：北宋·谢逸《夜兴》：“梦觉疏钟鸣远寺，一池明月芰荷香。”

至静：《周易·坤》：“坤至柔而动也刚，至静而德方。”

惟贞：《尚书·周书·旅獒》：“不役耳目，百度惟贞。”

自英：隋·王通《中说·周公篇》：“自知者英，自胜者雄。”

心悦：《孟子·公孙丑上》：“以德服人者，中心悦而诚服也。”

益青：唐·李隆基《赐新罗王》：“益重青青志，风霜恒不渝。”

学静：清·张謇《张季子九录》：“学须静，静可以一心志，凝思虑。”

惟静：唐·姚崇《口箴》：“惟静惟默，澄神之极。”

柔水：春秋·老子《道德经》：“天下莫柔弱于水，而攻坚强者莫之能胜。”

乐佳：清·阮葵生《茶余客话》："为善最乐，读书更佳。"

蓝青：《荀子·劝学》："青，取之于蓝而青于蓝。"

东菊：东晋·陶潜《饮酒》："采菊东篱下，悠然见南山。"

青萍：元·吴昌龄《张天师》："青苹一点微微发，万树千枝和根拔。"

弥贞：清·郑世元《感怀杂诗》："木槿争朝荣，松柏弥见贞。"

自芬：明·洪应明《菜根谭》："人心有个真境，非丝非竹而自恬愉，不烟不茗而自清芬。"

常静：明·洪应明《菜根谭》："水流任急境常静，花落虽频意自闲。"

心莹：明·洪应明《菜根谭》："不知心体莹然，本来不失，即无寸功只字亦自有堂堂正正做人处。"

梦和：明·洪应明《菜根谭》："吉人无论作用安详，即梦寐神魂无非和气。"

真静：明·洪应明《菜根谭》："静中静非真静，动处静得来，才是性天之真境。"

宜静：明·洪应明《菜根谭》："君子宜净拭冷眼，慎勿轻动刚肠。"

叶荣：明·洪应明《菜根谭》："心者后裔之根，未有根不植而枝叶荣茂者。"

贞明：明·洪应明《菜根谭》："日月昼夜奔驰，而贞明万古不易。"

含容：明·冯梦龙《醒世恒言·一文钱小隙造奇冤》："含容终有益，任意易生灾。"

惜芳：北宋·欧阳修《减字木兰花·留春不住》："爱惜芳时，莫待无花空折枝。"

阑静：北宋·苏轼《临江仙·夜归临皋》："夜阑风静縠纹平，小舟从此逝，江海寄余生。"

笑英：北宋·苏轼《南歌子·再用前韵》："求田问舍笑豪英，自爱湖边沙路，免泥行。"

君秀：唐·李商隐《题小松》："怜君孤秀植庭中，细叶轻阴满座风。"

溪云：唐·杨巨源《题五老峰下费君书院》："已将心事随身隐，认得溪云第几重。"

梅英：北宋·秦观《望海潮·洛阳怀古》："梅英疏淡，冰澌溶泄，东风暗换年华。"

燕云：南宋·姜夔《点绛唇·丁未冬过吴松作》："燕雁无心，太湖西畔

随云去。”

无双：唐·皮日休《牡丹》：“竞夸天下无双艳，独立人间第一香。”

方怡：宋·黄公度《道间即事》：“方寸怡怡无一事。”

若雪：三国·魏·曹植《洛神赋》：“仿佛兮若轻云之蔽月，飘飖兮若流风之回雪。”

乐琴：东晋·陶潜《归去来兮辞·并序》：“悦亲戚之情话，乐琴书以消忧。”

依依：唐·王维《渭川田家》：“田夫荷锄至，相见语依依。”

雨佳：宋·李清照《摊破浣溪沙·病起萧萧两鬓华》：“枕上诗书闲处好，门前风景雨来佳。”

闻乐：东晋·陶潜《移居二首·其一》：“闻多素心人，乐与数晨夕。”

松云：唐·李白《赠孟浩然》：“红颜弃轩冕，白首卧松云。”

江雪：唐·柳宗元《江雪》：“孤舟蓑笠翁，独钓寒江雪。”

琼瑶：《诗经·卫风·木瓜》：“投我以木桃，报之以琼瑶。”

江秋：清·王士祯《题秋江独钓图》：“一曲高歌一樽酒，一人独钓一江秋。”

内美：战国·楚·屈原《离骚》：“纷吾既有此内美兮，又重之以修能。”

守静：明·洪应明《菜根谭》：“守静而后知好动之过劳。”

露凝：东晋·陶潜《和郭主簿二首·其二》：“露凝无游氛，天高肃景澈。”

众芳：战国·楚·屈原《离骚》：“昔三后之纯粹兮，固众芳之所在。”

点梅：南宋·翁森《四时读书乐·冬》：“读书之乐何处寻，数点梅花天地心。”

庆云：三国·魏·阮籍《咏怀八十二首·其四十》：“飘若风尘逝，忽若庆云晞。”

秋纨：明·唐寅《题秋风纨扇图》：“秋来纨扇合收藏，何事佳人重感伤。”

瑶华：唐·张九龄《立春日晨起对积雪》：“忽对亭林雪，瑶华处处开。”

瑞雪：唐·宗楚客《奉和圣制喜雪应制》：“飘飘瑞雪下山川。”

晶盈：唐·欧阳詹《秋月赋》：“皎皎摇摇，晶晶盈盈。”

琼英：《诗经·齐风·著》：“尚之以琼英乎而。”

琼华：《诗经·齐风·著》：“尚之以琼华乎而。”

石兰：战国·楚·屈原《楚辞·九歌·山鬼》："被石兰兮带杜衡。"

玉容：唐·白居易《长恨歌》："玉容寂寞泪阑干。"

玉燕：五代·王仁裕《开元天宝遗事·梦玉燕投怀》："梦一玉燕自东南飞来，投入怀中。"

玄英：《尔雅·释天》："冬为玄英。"

郁青：南宋·朱熹《水口行舟二首·其二》："郁郁层峦夹岸青，青山绿水去无声。"

秋云：唐·李白《听蜀僧濬弹琴》："不觉碧山暮，秋云暗几重。"

莲如：清·朱彝尊《越江词》："一自西施采莲后，越中生女尽如花。"

云舒：周·尹喜《关尹子·三极》："云之卷舒，禽之飞翔，皆在虚空中，所以变化不穷。"

含英：清·李果《示两儿》："蕴辉珠处渊，含英金在矿。"

岭云：南朝·梁·陶弘景《诏问山中何所有赋诗以答》："山中何所有，岭上多白云。"

妙雪：唐·张锡《幽梦续影》："雪之妙在能积，云之妙在不留，月之妙在有圆缺。"

英华：南朝·梁·刘勰《文心雕龙·隐秀》："英华曜树，浅而炜烨。"

韵梅：宋·曾觌《卜算子·湖州砖墙吴氏女失身于土山张氏作妾》："数尽万般花，不比梅花韵。"

风荷：北宋·周邦彦《苏幕遮·燎沉香》："叶上初阳干宿雨，水面清圆，一一风荷举。"

丰容：《后汉书·南匈奴列传》："昭君丰容靓饰，光明汉宫。"

婉如：《诗经·郑风·野有蔓草》："有美一人，婉如清扬。"

舜华：《诗经·郑风·有女同车》："有女同车，颜如舜华。"

黄芸：《诗经·小雅·裳裳者华》："裳裳者华，芸其黄矣。"

春草：南朝·宋·谢灵运《登池上楼》："池塘生春草，园柳变鸣禽。"

冰俏：毛泽东《卜算子·咏梅》："已是悬崖百丈冰，犹有花枝俏。"

幽芳：清·王永彬《围炉夜话》："对绿竹得其虚心，对芝兰得其幽芳。"

朱霞：清·王永彬《围炉夜话》："观朱霞，悟其明丽。"

素琴：明·洪应明《菜根谭》："素琴无弦而常调，短笛无腔而自适。"

水云：明·洪应明《菜根谭》："草际烟光，水心云影，闲中观去，见乾坤最上文章。"

若秋：明·洪应明《菜根谭》："不若秋日云白风清。"

兰芳：明·洪应明《菜根谭》："兰芳桂馥，水天一色，上下空明，使人神骨俱清也。"

蕙雪：南宋·蒋捷《女冠子·元夕》："蕙花香也，雪晴池馆如画。"

霁华：南宋·刘克庄《生查子·元夕戏陈敬叟》："繁灯夺霁华，戏鼓侵明发。"

剪红：南宋·吴文英《祝英台近·除夜立春》："剪红情，裁绿意，花信上钗股。"

月晴：南宋·刘辰翁《永遇乐·璧月初晴》："璧月初晴，黛云远淡。"

雨青：北宋·张先《千秋岁·数声鶗鴂》："惜春更选残红折。雨轻风色暴，梅子青时节。"

叶桐：北宋·晏殊《清平乐·金风细细》："金风细细，叶叶梧桐坠。"

双燕：北宋·欧阳修《采桑子·群芳过后西湖好》："笙歌散尽游人去，始觉春空。垂下帘栊，双燕归来细雨中。"

雨荷：北宋·欧阳修《临江仙·柳外轻雷池上雨》："柳外轻雷池上雨，雨声滴碎荷声。"

月华：北宋·柳永《采莲令·月华收》："月华收，云淡霜天曙。"

晨云：元·黄清老《福山庵》："晨光海上来，云山升万壑。"

天霞：清·张康衢《纵棹园》："坐觉尘嚣远，晴天卷片霞。"

际云：明·沈倬《松际月》："月出松际云，清光满篱舍。"

海花：清·谭嗣同《邠州》："一百里间春似海，孤城掩映万花中。"

美芳：东晋·陶潜《桃花源记》："芳草鲜美，落英缤纷。"

晨月：毛泽东《忆秦娥·娄山关》："西风烈，长空雁叫霜晨月。"

芳辰：北宋·欧阳修《和梅圣俞杏花》："何如艳风日，独自占芳辰。"

如云：北宋·曾巩《西楼》："海浪如云去却回，北风吹起数声雷。"

佳音：南宋·曾几《苏秀道中》："千里稻花应秀色，五更桐叶最佳音。"

飞雪：北宋·董颖《江上》："万顷沧江万顷秋，镜天飞雪一双鸥。"

明虹：南宋·罗椅《清平乐·明虹收雨》："明虹收雨，两桨能吴语。"

松雪：南宋·周密《献仙音·吊雪香亭梅》："松雪飘寒，岭云吹冻，红破数椒春浅。"

叶喧：北宋·周邦彦《选冠子·大石》："水浴清蟾，叶喧凉吹，巷陌马声初断。"

叶映：北宋·柳永《黄莺儿·园林晴昼春谁主》："观露湿缕金衣，叶映如簧语。"

静帆：北宋·柳永《满江红》："暮雨初收，长川静，征帆夜落。"

叶帆：北宋·柳永《迷神引》："一叶扁舟轻帆卷。"

云雁：北宋·晏几道《阮郎归·天边金掌露成霜》："天边金掌露成霜，云随雁字长。"

雁秋：南唐·冯延巳《抛球乐·酒罢歌余兴未阑》："坐对高楼千万山，雁飞秋色满阑干。"

雪云：南唐·冯延巳《玉楼春》："雪云乍变春云簇，渐觉年华堪纵目。"

清秋：南唐·李煜《望江南·闲梦远》："闲梦远，南国正清秋。"

沙白：唐·杜甫《登高》："渚清沙白鸟飞回。"

晓白：唐·柳宗元《早梅》："朔吹飘夜香，繁霜滋晓白。"

风秋：唐·上官仪《入朝洛堤步月》："鹊飞山月曙，蝉噪野风秋。"

爽月：唐·卢照邻《含风蝉》："高情临爽月，急响送秋风。"

闲云：唐·王勃《滕王阁序》："闲云潭影日悠悠，物换星移几度秋。"

微云：唐·孟浩然《句》："微云淡河汉，疏雨滴梧桐。"

清秋：唐·孟浩然《秋登兰山寄张五》："愁因薄暮起，兴是清秋发。"

霭芳：唐·韦应物《东郊》："微雨霭芳原，春鸠鸣何处。"

飞琼：南宋·周密《瑶花慢·朱钿宝玦》："朱钿宝玦，天上飞琼，比人间春别。"

诗秀：南宋·史达祖《八归》："烟蓑散响惊诗思，还被乱鸥飞去，秀句难续。"

巧沁：南宋·史达祖《东风第一枝·咏春雪》："巧沁兰心，偷黏草甲，东风欲障新暖。"

杏香：南宋·俞国宝《风入松·一春长费买花钱》："红杏香中箫鼓，绿杨影里秋千。"

翠玉：南宋·姜夔《念奴娇》："翠叶吹凉，玉容销酒。"

风莺：北宋·周邦彦《满庭芳·夏日溧水无想山作》："风老莺雏，雨肥梅子，午阴嘉树清圆。"

社燕：北宋·周邦彦《满庭芳·夏日溧水无想山作》："年年，如社燕，飘流翰海，来寄修椽。"

纤云：北宋·周邦彦《解语花·元宵》："桂华流瓦，纤云散，耿耿素娥

欲下。”

兰芷：北宋·贺铸《人南渡·感皇恩》：“兰芷满汀洲，游丝横路。”

江梅：北宋·晁冲之《汉宫春·梅》：“潇洒江梅，向竹梢疏处，横两三枝。”

燕莺：南宋·万俟咏《三台·清明应制》：“乍莺儿百啭断续，燕子飞来飞去。”

杏雪：南宋·范成大《秦楼月》：“东厢月，一天风露，杏花如雪。”

余红：北宋·李之仪《谢池春·残寒销尽》：“花径敛余红，风沼萦新皱。”

柳娇：宋·陈克《菩萨蛮·赤阑桥尽香街直》：“赤阑桥尽香街直，笼街细柳娇无力。”

语燕：宋·陈克《菩萨蛮·绿芜墙绕青苔院》：“玉钩双语燕，宝甃杨花转。”

晓云：北宋·秦观《满庭芳·晓色云开》：“晓色云开，春随人意，骤雨才过还晴。”

醉红：宋·李元膺《洞仙歌·雪云散尽》：“早占取韶光共追游，但莫管春寒，醉红自暖。”

莹静：北宋·晁元礼《绿头鸭·咏月》：“莹无尘，素娥淡伫，静可数，丹桂参差。”

梅心：宋·李元膺《洞仙歌·雪云散尽》：“更风流多处，一点梅心，相映远，约略颦轻笑浅。”

疏香：北宋·林逋《山园小梅二首·其一》：“疏影横斜水清浅，暗香浮动月黄昏。”

雨燕：北宋·晏几道《临江仙·梦后楼台高锁》：“落花人独立，微雨燕双飞。”

嫣然：宋·汪藻《春日》：“桃花嫣然出篱笑，似开未开最有情。”

蕊珠：北宋·赵佶《燕山亭·北行见杏花》：“新样靓妆，艳溢香融，羞杀蕊珠宫女。”

圆荷：北宋·苏轼《永遇乐·彭城夜宿燕子楼梦盼盼因作此词》：“曲港跳鱼，圆荷泻露，寂寞无人见。”

莺语：北宋·钱惟演《木兰花》：“城上风光莺语乱，城下烟波春拍岸。”

娇莺：唐·杜甫《江畔独步寻花七绝句·其六》：“留连戏蝶时时舞，自在娇莺恰恰啼。”

杏春：北宋·宋祁《玉楼春·春景》：“红杏枝头春意闹。”

风燕：唐·杜甫《水槛遣心二首·其一》：“细雨鱼儿出，微风燕子斜。”

晓霞：宋·黄大受《早作》：“星光欲没晓光连，霞晕红浮一角天。”

玉盈：清·严复《上海刘氏园见白莲孤开归而成咏·其三》：“欲采盈盈太孤绝，胸中长此玉峥嵘。”

霜晴：南宋·陆游《龟堂杂兴十首·其二》：“丹枫吹尽鸦声乐，又得霜天一日晴。”

青青：明·李先芳《由商丘入永城途中作》：“村原处处垂杨柳，一路青青到永城。”

碧芳：民国·李叔同《送别》：“长亭外，古道边，芳草碧连天。”

松琴：唐·王维《酬张少府》：“松风吹解带，山月照弹琴。”

秋韵：北宋·欧阳修《玉楼春·别后不知君远近》：“夜深风竹敲秋韵。”

萤飞：明·梅鼎祚《田间早行》：“明星在高树，满田萤火飞。”

如雪：南唐·李煜《清平乐》：“砌下落梅如雪乱，拂了一身还满。”

晴柔：南宋·杨万里《小池》：“泉眼无声惜细流，树阴照水爱晴柔。”

凝香：唐·李白《清平调·其二》“一枝红艳露凝香。”

莺歌：毛泽东《水调歌头·重上井冈山》：“到处莺歌燕舞，更有潺潺流水，高路入云端。”

碧红：毛泽东《沁园春·长沙》：“看万山红遍，层林尽染；漫江碧透，百舸争流。”

静姝：《诗经·邶风·静女》：“静女其姝。”

云佳：元·张养浩《双调·雁儿落兼得胜令》：“云来山更佳，云去山如画。”

雪霏：《诗经·邶风·北风》：“北风其喈，雨雪其霏。”

清婉：《诗经·郑风·野有蔓草》：“有美一人，清扬婉兮。”

雪雰：《诗经·小雅·信南山》：“上天同云，雨雪雰雰。”

令姿：东晋·陶潜《闲情赋》：“夫何环逸之令姿，独旷世以秀群。”

媚妍：东晋·陶潜《闲情赋》：“神仪妩媚，举止详妍。”

月媚：东晋·陶潜《闲情赋》：“日负影以偕没，月媚景于云端。”

静月：东晋·陶潜《祭从弟敬远文》：“静月澄高，温风始逝。”

春絮：清·徐灿《踏莎行·初春》：“芳草才芽，梨花未雨，春魂已作天

涯絮。”

天香：唐·宋之问《灵隐寺》：“桂子月中落，天香云外飘。”

惠风：东晋·王羲之《兰亭集序》：“天朗气清，惠风和畅。”

涓涓：东晋·陶潜《归去来兮辞·并序》：“木欣欣以向荣，泉涓涓而始流。”

余霞：南朝·齐·谢朓《晚登三山还望京邑》：“余霞散成绮，澄江静如练。”

巧倩：《诗经·卫风·硕人》：“巧笑倩兮，美目盼兮。”

婉若：三国·魏·曹植《洛神赋》：“翩若惊鸿，婉若游龙。”

百媚：唐·白居易《长恨歌》：“回眸一笑百媚生，六宫粉黛无颜色。”

紫薇：南宋·周必大《入直召对选德殿赐茶而退》：“月钩初上紫薇花。”

静芳：南宋·范成大《余杭》：“春晚山花各静芳，从教红紫送韶光。”

瑶玉：北宋·陈师道《十七日观潮》：“漫漫平沙走白虹，瑶台失手玉杯空。”

白雪：北宋·王禹偁《村行》：“棠梨叶落胭脂色，荞麦花开白雪香。”

黛云：南宋·刘辰翁《永遇乐·璧月初晴》：“璧月初晴，黛云远淡。”

梦回：南宋·周密《大圣乐·东园饯春即席分题》：“燕语梦回，千点碧桃吹雨。”

雨霞：南宋·邓剡《唐多令·雨过水明霞》：“雨过水明霞，潮回岸带沙。”

燕燕：南宋·张炎《浪淘沙·寒食不多时》：“寒食不多时，燕燕才归。”

晴翠：南宋·陈德武《水龙吟·西湖怀古》：“十里荷花，三秋桂子，四山晴翠。”

明霞：宋·叶梦得《水调歌头·秋色渐将晚》：“徒倚望沧海，天净水明霞。”

冰晴：宋·严仁《玉楼春·春思》：“冰池晴绿照还空，香径落红吹已断。”

春妍：北宋·苏轼《一丛花·初春病起》：“今年春浅腊侵年，冰雪破春妍。”

盈盈：北宋·苏轼《江神子·江景》：“一朵芙蕖，开过尚盈盈。”

娉婷：北宋·苏轼《江神子·江景》：“何处飞来双白鹭，如有意，慕娉婷。”

柳媚：北宋·苏轼《浣溪沙·元丰七年十二月二十四日从泗州刘倩叔游南山》："细雨斜风作晓寒，淡烟疏柳媚晴滩。"

白露：北宋·仲殊《南柯子·十里青山远》："白露收残暑，清风衬晚霞。"

红芳：北宋·欧阳修《蝶恋花·翠苑红芳晴满目》："翠苑红芳晴满目。"

淡春：北宋·张先《醉垂鞭·双蝶绣罗裙》："朱粉不深匀，闲花淡淡春。"

画秋：北宋·柳永《倾杯·鹜落霜洲》："鹜落霜洲，雁横烟渚，分明画出秋色。"

芦笛：南唐·李煜《望江梅·闲梦远》："芦花深处泊孤舟，笛在月明楼。"

如眉：北宋·欧阳修《阮郎归·南园春半踏青时》："青梅如豆柳如眉，日长蝴蝶飞。"

雨霏：唐·温庭筠《诉衷情·莺语》："莺语，花舞，春昼午，雨霏微。"

映红：唐·杜牧《江南春》："千里莺啼绿映红，水村山郭酒旗风。"

夏莺：唐·杜牧《齐安郡后池绝句》："菱透浮萍绿锦池，夏莺千啭弄蔷薇。"

水静：唐·赵嘏《越中寺居》："水静鱼吹浪，枝闲鸟下空。"

江红：唐·白居易《暮江吟》："一道残阳铺水中，半江瑟瑟半江红。"

秋月：唐·刘禹锡《望洞庭》："湖光秋月两相和，潭面无风镜未磨。"

荷露：唐·白居易《放言五首·其一》："草萤有耀终非火，荷露虽团岂是珠。"

雨雁：唐·张籍《凉州词三首·其一》："边城暮雨雁飞低，芦笋初生渐欲齐。"

晓红：唐·杜甫《春夜喜雨》："晓看红湿处，花重锦官城。"

江丽：唐·杜甫《绝句二首·其一》："迟日江山丽，春风花草香。"

月眉：唐·戴叔伦《兰溪棹歌》："凉月如眉挂柳湾。"

春芳：唐·孟郊《杂曲歌辞·古离别二首》："春芳役双眼，春色柔四支。"

飞霞：唐·李白《望庐山瀑布水二首·其一》："飞珠散轻霞，流沫沸穹石。"

晓燕：唐·丁仙芝《余杭醉歌赠吴山人》："晓幕红襟燕，春城白项乌。"

若虹：唐·李白《望庐山瀑布水二首·其一》："欻如飞电来，隐若白虹起。"

江静：唐·宋之问《题大庾岭北驿》："江静潮初落，林昏瘴不开。"

微月：唐·常建《宿王昌龄隐居》："松际露微月，清光犹为君。"

林静：南朝·宋·王籍《入若耶溪》："蝉噪林逾静，鸟鸣山更幽。"

秋韵：北宋·欧阳修《玉楼春·别后不知君远近》："夜深风竹敲秋韵。"

烟霞：宋·释斯植《山家》："一溪流水绕烟霞，路入青松第几家。"

舒波：唐·韩愈《八月十五夜赠张功曹》："纤云四卷天无河，清风吹空月舒波。"

玉峨：北宋·黄庭坚《到桂州》："平地苍玉忽嶒峨。"

雨春：唐·杜甫《春夜喜雨》："好雨知时节，当春乃发生。"

深秀：北宋·欧阳修《醉翁亭记》："望之蔚然而深秀者，琅琊也。"

芳菲：南宋·陈亮《水龙吟·春恨》："恨芳菲世界，游人未赏，都付与、莺和燕。"

荷风：唐·孟浩然《百夏日南亭怀辛大》："荷风送香气，竹露滴清响。"

雨萍：南宋·文天祥《过零丁洋》："身世浮沉雨打萍。"

从政兴邦类名字举例

此为大气之名，外看有形、内中存浩然之气，表现一个人的眼界、度量、胆识。名字中含有济世济民、舍小我以成大我的气度。

得贤：北宋·王安石《诸葛武侯》："不是虚心岂得贤。"

俭廉：明·周顺昌《第后柬德升诸兄弟》："惟俭可以养廉。"

敬贤：西汉·路温舒《尚德缓刑书》："敬贤如大宾。"

简能：唐·魏征《谏太宗十思疏》："简能而任之，择善而从之。"

裕民：《荀子·富国》："足国之道：节用裕民，而善臧其余。"

有为：《孟子·离娄下》："人有不为也，而后可以有为。"

张弛：《礼记·杂记下》："一张一弛，文武之道也。"

德泽、万辉：《乐府诗集·长歌行》："阳春布德泽，万物生光辉。"

万钟、元元：南宋·陆游《五更读书示子》："万钟一品不足论，时来出手苏元元。"

德音：《诗经·大雅·皇矣》："貊其德音，其德克明。"

奇志：毛泽东《七绝·为女民兵题照》："中华儿女多奇志，不爱红装爱武装。"

美达：《庄子·外篇·知北游》："圣人者，原天地之美而达万物之理。"

己恭、民惠、民义：《论语·公冶长》："有君子之道四焉：其行己也恭，其事上也敬，其养民也惠，其使民也义。"

贤德：《周易·渐》："君子以居贤德善俗。"

钦明、文思、安安：《尚书·虞书·尧典》："帝尧曰放勋，钦明文思安安。"

淑君：《诗经·曹风·鸤鸠》："淑人君子，其仪不忒。"

穆皇、宜君：《诗经·大雅·假乐》："穆穆皇皇，宜君宜王。"

如圭、如璋：《诗经·大雅·卷阿》："如圭如璋，令闻令望。"

云霄：唐·杜甫《咏怀古迹五首·其五》："万古云霄一羽毛。"

天阔：北宋·仲殊《夏云峰·伤春》："天阔云高，溪横水远，晚日寒生轻晕。"

恒爱、敬之：《孟子·离娄下》："爱人者，人恒爱之；敬人者，人恒敬之。"

高贤、德新：唐·孟郊《大隐坊·崔从事郧以直隳职》："残月色不改，高贤德常新。"

诚通：北宋·吴处厚《青厢杂记》："诚之所感，触处皆通。"

俭德：三国·魏·曹操《度关山》："侈恶之大，俭为共德。"

崇德：《荀子·不苟》："君子崇人之德，扬人之美，非谄谀也。"

得兴：《史记·商君列传》："得人者兴，失人者崩。"

得强：西汉·东方朔《答客难》："得士者强，失士者亡。"

得善：《礼记·中庸》："得一善，则拳拳服膺，而弗失之矣。"

得美：《荀子·致士》："得众动天，美意延年。"

泽民：《孟子·尽心上》："得志，泽加于民；不得志，修身见于世。"

德光：《穀梁传·僖公十五年》："德厚者流光，德薄者流卑。"

闻远：唐·孟郊《送温初下第》："高怀无近趣，清抱多远闻。"

高景：三国·魏·曹丕《与钟大理书》："高山景行，私所仰慕。"

贤聪：唐·皮日休《六箴·耳箴》："近贤则聪，近愚则聩。"

展鹏：南宋·洪适《番禺调笑》："蓬莱欲往宁无计，一展弥天鹏翅。"

长德：西汉·刘向《说苑·建本》："亲贤学问，所以长德也。"

弘量：《管子·小谨》："人无弘量，但有小谨，不能大立也。"

尚贤、长功：《荀子·君道》："尚贤使能之为长功也。"

慎思：唐·白居易《策林》："慎而思之，勤而行之。"

蕴德：南宋·朱熹《近思录集述》："圣人之道，入乎耳，存乎心，蕴之为德行，行之为事业。"

润泽、泽周：三国·魏·曹植《赠王粲》："重阴润万物，何惧泽不周。"

龙德、潜龙：《周易·乾》："龙，德而隐者也。不易乎世，不成乎名，遯世无闷，不见是而无闷；乐则行之，忧则违之，确乎其不可拔，潜龙也。"

云龙、从龙、从虎：《周易·乾》："云从龙，风从虎，圣人作而万物睹。"

壮志凌云类名字举例

立此意命名，最具男子的阳刚之气，充分显示胸怀博大、志向高远、慷慨豪迈、气魄非凡的男性品德。

风年：清·赵翼《论诗》："江山代有才人出，各领风骚数百年。"

云举：南宋·辛弃疾《水龙吟·过南剑双溪楼》："举头西北浮云，倚天万里须长剑。"

立扬：唐·李世民《饮马长城窟行》："扬麾氛雾静，纪石功名立。"

戎远：明·徐渭《怀陈将军同甫》："飞将远提戎，翩翩气自雄。"

中豪：元·陈孚《博浪沙》："一击车中胆气豪，祖龙社稷已惊摇。"

东毕：南宋·辛弃疾《菩萨蛮·书江西造口壁》："青山遮不住，毕竟东流去。"

萧易：战国·荆轲《易水歌》："风萧萧兮易水寒，壮士一去兮不复还。"

尚志：《庄子·刻意》："贤士尚志，圣人贵精。"

千行：清·梁启超《读陆放翁集》："谁怜爱国千行泪，说到胡尘意不平。"

人辉：唐·李白《沐浴子》："处世忌太洁，至人贵藏晖。"

生广：南宋·陆游《自诒二首·其一》："人生须广大，勿作井中蛙。"

天倚：唐·王涣《上裴侍郎》："玉经磨琢多成器，剑拔沉埋更倚天。"

意生、祖意：清·顾炎武《京口即事·其一》："祖生多意气，击楫正中流。"

戈影、剑文：唐·骆宾王《从军行》："野日分戈影，天星合剑文。"

凌云、骁雄：唐·张说《杂曲歌辞·破阵乐》："少年胆气凌云，共许骁雄出群。"

剑知：唐·刘长卿《送李中丞归汉阳别业》："独立三边静，轻生一剑知。"

雁开：唐·皎然《从军行》："水心龙剑动，地肺雁山开。"

天涯：南宋·杨万里《初入淮河四绝句·其一》："何必桑乾方是远，中流以北即天涯。"

汉节：南宋·汪元量《居延》："一朝天气清，持节入汉国。"

念涯：宋·叶梦得《水调歌头·秋色渐将晚》："念平昔，空飘荡，遍天涯。"

从戎：南宋·陆游《谢池春·壮岁从戎》："壮岁从戎，曾是气吞残虏。"

生雄：东汉·王粲《咏史诗》："生为百夫雄，死为壮士规。"

冠国、冠生：清·沈用济《燕山》："生当为冠军，死当为国殇。"

将略：清·黄遵宪《羊城感赋六首·其五》："谁似伏波饶将略，犹闻蹈海报君恩。"

殷痕：清·黄遵宪《过安南西贡有感其五》："今岂无人探虎穴，宝刀难染血痕殷。"

如山：清·黄遵宪《过安南西贡有感其五》："班超投笔气如山，万里封侯出玉关。"

以之：清·林则徐《赴戍登程口占示家人·其二》："苟利国家生死以，岂因祸福避趋之。"

士歌：北宋·王安石《汉武》："壮士悲歌出寒频，中原萧瑟半无人。"

功成：北宋·王安石《汉武》："君王不负长陵约，直欲功成赏汉臣。"

本常：北宋·唐庚《过田横墓二首·其一》："成则为王败则亡，英雄成败本寻常。"

海平：北朝·北周·释士茗《病苦》："拔剑平四海，横戈却万夫。"

卓群：西晋·左思《咏史八首·其三》："功成耻受赏，高节卓不群。"

一尘：元·萨都剌《越台怀古》："一时人物风尘外，千古英雄草莽间。"

布天：清·屈大均《鲁连台》："从来天下士，只在布衣中。"

北剑、星剑：唐·张为《渔阳将军》："向北望星提剑立，一生长为国家忧。"

轲秦：清·秋瑾《宝刀歌》："不观荆轲作秦客，图穷匕首见盈尺。"

人杰：元·李孝光《念奴娇·江南春暮》："桑麻旧语，宁论汉庭人杰。"

成春：清·李方膺《题画梅》："愿借天风吹得远，家家门巷尽成春。"

未萌：《商子引语》："愚者暗于成事，智者见于未萌。"

不同：北宋·黄庭坚《赣上食莲有感》："莲生淤泥中，不与泥同调。"

逸云：五代·徐铉《送刘司直出宰》："低飞从墨绶，逸志在青云。"

意风：北宋·苏轼《用前韵答西掖诸公见和》："羡君意气风生坐，落笔纵横盘走汞。"

今古：南宋·杨万里《秋夜读书》："半醉聊今古，千年几废兴。"

正横：三国·魏·曹丕《至广陵于马上作诗》："猛将怀暴怒，胆气正纵横。"

将浩：南宋·汪元量《燕歌行》："将军浩气吞长虹，幽并健儿胆力雄。"

怀飞、逸飞：唐·李白《宣州谢朓楼饯别校书叔云》："俱怀逸兴壮思飞，欲上青天揽明月。"

逸吟：唐·韩偓《三月二十七日自抚州往南城县舟行见拂水蔷薇因有是作》："且将浊酒伴清吟，酒逸吟狂轻宇宙。"

笑生：宋·曹勋《酬陈居士》："江湖有梦追前事，天地无根笑此生。"

豪放：南宋·米友仁《醉春风·一阳来复群阴往》："月夕风前，依旧须豪放。"

觉云：北宋·苏轼《失题二首·其一》："足蹑平都古洞天，此身不觉到云间。"

一飞：五代·楚·徐仲雅《赠齐己》："祖龙跨海日方出，一鞭风雨万山飞。"

千丈：北宋·秦观《念奴娇·满天风雪》："为君起舞，惊看豪气千丈。"

云梦：北宋·谢逸《西江月·送朱泮英》："入关意气喜生风，年少胸吞云梦。"

千仞：西晋·左思《咏史八首·其五》："振衣千仞冈，濯足万里流。"

苍际：南宋·范成大《水调歌头》："苍茫平楚无际，千古锁烟霏。"

诗豪：南宋·李昴英《水调歌头·题登春台》："江山无复偃蹇，弹压有诗豪。"

平戎：南宋·曹冠《好事近·己丑重阳游雷峰》："高歌横剑志平戎，酒量与天阔。"

剑雄：明·龚贤《扁舟》："不读荆轲传，羞为一剑雄。"

高怀：南宋·王千秋《生查子·功名竹上鱼》："高怀隘世间，壮气横天际。"

荆高：清·陈维崧《南乡子·邢州道上作》："残酒忆荆高，燕赵悲歌事未消。"

柯远：《诗经·豳风·伐柯》："伐柯伐柯，其则不远。"

修远：战国·楚·屈原《离骚》："路曼曼其修远兮，吾将上下而求索。"

志海：三国·魏·曹植《赠白马王彪》："丈夫志四海，万里犹比邻。"

复尘：唐·郭震《古剑篇》："虽复尘埋无所用，犹能夜夜气冲天。"

志朴：三国·魏·嵇康《幽愤诗》："志在守朴，养素全真。"

形外、思中：北宋·程颢《秋日偶成二首·其二》："道通天地有形外，思入风云变态中。"

志勇：《孟子·滕文公下》："志士不忘在沟壑，勇士不忘丧其元。"

觉非：东晋·陶潜《归去来兮辞》："实迷途其未远，觉今是而昨非。"

高羽：东晋·陶潜《咏荆轲》："商音更流涕，羽奏壮士惊。"

广浩：鲁迅《无题》："心事浩茫连广宇，于无声处听惊雷。"

一统：鲁迅《自嘲》："躲进小楼成一统，管他冬夏与春秋。"

万钧：《汉书·贾山传》："雷霆之所击，无不摧折者，万钧之所压，无不糜灭者。"

维间：战国·楚·屈原《远游》："历玄冥以邪径兮，乘间维以反顾。"

若思：唐·陈鸿《长恨传》："玉妃茫然退立，若有所思。"

锲：《荀子·劝学》："锲而不舍，金石可镂。"

行远：《礼记·中庸》："君子之道，辟如行远必自迩。"

殊伦：西晋·左思《咏史八首·其六》："虽无壮士节，与世亦殊伦。"

纪纲：《国语·晋语四》："此大夫管仲之所以纪纲齐国，裨辅先君而成霸者也。"

鹏图：唐·杜甫《奉赠萧二十使君》："鹏图仍矫翼，熊轼且移轮。"

太一：《庄子·杂篇·天下》："建之以常无有，主之以太一。"

博延：《三国志·魏书二十一·王粲传》："时五官将博延英儒，亦宿闻淳名。"

光辅：南宋·陈亮《酌古论·曹公》："光辅汉帝，招贤礼士，修明庶政。"

建弼：北宋·苏舜钦《上范希文书》："设临几事不能有所建弼。"

平远：南朝·宋·刘义庆《世说新语·言语》："（坦之）祖东海太守丞，清淡平远。"

楚平：南朝·齐·谢朓《宣城郡内登望》："寒城一以眺，平楚正苍然。"

若伦：《庄子·杂篇·寓言》："始卒若环，莫得其伦。"

化民：《礼记·学记》："就贤体远，足以动众，未足以化民。"

世英：《荀子·赋》："天下幽险，恐失世英。"

承志：西汉·韩婴《韩诗外传·卷十》："故大王、太伯、王季可谓见始知终，而能承志矣。"

宣承：《汉书·匡衡传》："继体之君，心存于承宣先王之德而褒大其功。"意为继承发扬。

辅承：《宋史·孙诛传》："士大夫共以承辅期之。"有辅佐国家的意思。

承弼：南朝·陈·徐陵《太极殿铭》："肃肃卿士，邕邕承弼。"

伟卓：《三国志·吴书十二·张温传》："而戴赫烈之宠，体卓伟之才。"

功名富贵类名字举例

孔子说："富与贵，是人之所欲也。"人们对功名富贵都有着强烈的期盼，因而功名、富贵、福禄这类名字在我国十分普遍。取这类名字，实质上是民众心理上隐含的一种美好的理想。

志逸、思远、逸海：东晋·陶潜《杂诗十二首·其五》："猛志逸四海，骞翮思远翥。"

骐骥、夫先：战国·楚·屈原《离骚》："乘骐骥以驰骋兮，来吾道夫先路！"

会凌：唐·杜甫《望岳》："会当凌绝顶，一览众山小。"

高飞：宋·刘焘《转调满庭芳》："告你高飞远举，前程事，永没磨折。"

里鹏：宋·李清照《渔家傲》："九万里风鹏正举。"

莫闲：南宋·岳飞《满江红·写怀》："莫等闲，白了少年头，空悲切。"

海立：南宋·吴琚《酹江月·观潮应制》："忽觉天风吹海立，好似春霆初发。"

四海：三国·魏·曹植《赠白马王彪》："丈夫志四海，万里犹比邻。"

圣哲：南宋·李纲《述怀》："圣哲从来只自强。"

神景：东晋·陶潜《读〈山海经〉十三首·其六》："神景一登天，何幽不见烛。"

勤得：唐·杜甫《柏学士茅屋》："富贵必从勤苦得，男儿须读五车书。"

琅玕：三国·魏·阮籍《咏怀八十二首·其四十四》："琅玕生高山，芝英耀朱堂。"

儒通：三国·魏·阮籍《咏怀八十二首·其六十》："儒者通六艺，立志不可干。"

安得：唐·杜甫《茅屋为秋风所破歌》："安得广厦千万间，大庇天下寒士俱欢颜。"

兼济：唐·薛据《古兴》："丈夫须兼济，岂能乐一身。"

景盛：北宋·苏舜钦《水调歌头·沧浪亭》："丈夫志，当景盛，耻疏闲。"

心雄：唐·李白《与韩荆州书》："虽长不满七尺，而心雄万夫。"

同光：战国·楚·屈原《九章·涉江》："与天地兮同寿，与日月兮同光。"

于蓝：《荀子·劝学》："青，取之于蓝，而青于蓝。"

金戈：南宋·辛弃疾《永遇乐·京口北固亭怀古》："金戈铁马，气吞万里如虎。"

竞秀：南朝·宋·刘义庆《世说新语·言语》："千岩竞秀，万壑争流。"

一鸣：《史记·滑稽列传》："不鸣则已，一鸣惊人。"

学才：三国·蜀·诸葛亮《诫子书》："才须学也，非学无以广才，非志无以成学。"

超才：北宋·苏轼《晁错论》："古之立大事者，不惟有超世之才，亦必有坚忍不拔之志。"

乐天：《孟子·梁惠王下》："乐以天下，忧以天下。"

庸玉：北宋·张载《西铭》："贫贱忧戚，庸玉汝于成也。"

益坚：《后汉书·马援传》："穷当益坚，老当益壮。"

石穿：南宋·罗大经《鹤林玉露》："绳锯木断，水滴石穿。"

心志：《孟子·告子下》："故天将降大任于是人也，必先苦其心志，劳其筋骨。"

平海：清·顾炎武《精卫》："我愿平东海，身沉心不改。"

志远：三国·蜀·诸葛亮《诫外甥书》："夫志当存高远。"

达志：元·宋方壶《山坡羊·道情》："贫，气不改；达，志不改。"

坚劲：清·郑板桥《竹石》："千磨万击还坚劲，任尔东西南北风。"

大钧：东晋·陶潜《神释》："大钧无私力，万理自森著。"

淘漉：唐·刘禹锡《浪淘沙九首·其八》："千淘万漉虽辛苦，吹尽狂沙始到金。"

叶飞、高风：唐·王勃《山中》："况属高风晚，山山黄叶飞。"

排云、诗情、碧霄：唐·刘禹锡《秋词二首·其一》："晴空一鹤排云上，便引诗情到碧霄。"

弄晴：北宋·周邦彦《应天条·商调》："条风布暖，霏雾弄晴。"

玉琢：《礼记·学记》："玉不琢，不成器。"

新美：毛泽东《七古·送纵宇一郎东行》："管却自家身与心，胸中日月常新美。"

飒爽、飒英、英姿：毛泽东《七绝·为女民兵题照》："飒爽英姿五尺枪，曙光初照演兵场。"

小荷：南宋·杨万里《小池》："小荷才露尖尖角，早有蜻蜓立上头。"

如虹、玉虹：清·龚自珍《夜坐二首·其二》："美人如玉剑如虹。"

云帆：唐·李白《行路难·其一》："长风破浪会有时，直挂云帆济沧海。"

如锦、一枝：唐·唐彦谦《无题十首·其一》："寻芳陌上花如锦，折得东风第一枝。"

乐成、一音：东汉·徐干《中论·治学》："大乐之成，非取乎一音。"

天舒：毛泽东《水调歌头·游泳》："万里长江横渡，极目楚天舒。"

舟帆、木春：唐·刘禹锡《酬乐天扬州初逢席上见赠》："沉舟侧畔千帆过，病树前头万木春。"

才韬、日章、日进、璞玉：清·王永彬《围炉夜话》："有才必韬藏，如浑金璞玉，暗然而日章也；为学无间断，如流水行云，日进而不已也。"

奋勉、修己：清·王永彬《围炉夜话》："闻人誉言，加意奋勉；闻人谤语，加意警惕，此君子修己之功也。"

振心、卓心：清·王永彬《围炉夜话》："一室闲居，必常怀振卓心，才有生气。"

邦彦：《诗经·国风·郑风》："彼其之子，邦之彦兮。"

涉川：《周易·谦》："谦谦君子，用涉大川，吉。"

才思：《南史·褚裕之传》："笃志好学，有才思。"

才俊：唐·杜牧《题乌江亭》："江东子弟多才俊。"

开济：唐·杜甫《蜀相》："三顾频烦天下计，两朝开济老臣心。"

元亨：《周易·大有》："其德刚健而文明，应乎天而时行，是以元亨。"

大壮、刚壮：《周易·大壮》："大壮，大者壮也；刚以动，故壮。"

惟志、惟勤：《尚书·周书·周官》："功崇惟志，业广惟勤。"

心逸：《尚书·周书·周官》："恭俭惟德，无载尔伪。作德，心逸日休；作伪，心劳日拙。"

闲庭、宽余：毛泽东《水调歌头·游泳》："不管风吹浪打，胜似闲庭信步，今日得宽余。"

一夫：唐·李白《蜀道难》："一夫当关，万夫莫开。"

一剑：唐·王维《老将行》："一身转战三千里，一剑曾当百万师。"

海波：唐·李贺《嘲少年》："少年安得长少年，海波尚变为桑田。"

吾狂：南宋·辛弃疾《贺新郎·甚矣吾衰矣》："不恨古人吾不见，恨古人不见吾狂耳。"

高人：南宋·陆游《夜坐忆剡溪》："名山如高人，岂可久不见？"

温文、亦文、亦侠：清·龚自珍《己亥杂诗·其二十八》："不是逢人苦誉君，亦狂亦侠亦温文。"

从戎、自雄：明·徐渭《怀陈将军同甫》："飞将远从戎，翩翩气自雄。"

定影、定波：唐·孟郊《劝酒》："白日无定影，清江无定波。"

百川、川谷：《淮南子·泰族》："百川并流，不注海者不为川谷。"

博识、思问：东汉·王符《潜夫论·叙录》："博学多识，疑则思问。"

笃志、近思：《论语·子张》："博学而笃志，切问而近思，仁在其中矣。"

鱼跃、任飞：唐·玄览《题竹》："大海从鱼跃，长空任鸟飞。"

雄飞：《后汉书·赵典传》："大丈夫当雄飞，安能雌伏？"

良学：东汉·王符《潜夫论·赞学》："凡欲显勋绩扬光烈者，莫良于学矣。"

自奇：五代·前蜀·贯休《送卢舍人三首·其一》："男儿事业须自奇。"

英标：南宋·刘过《怀古四首为知己魏倅元长赋兼呈王永叔宗丞戴少望·其三》："男儿无英标，焉用读书博。"

十舍：《淮南子·齐俗训》："骐骥千里，一日而通；驽马十舍，旬亦至之。"

己百、己千、百之、千之：《礼记·中庸》："人一能之，己百之；人十

能之，己千之。”

实胜：周敦颐《通书·务实第十四》：“实胜，善也；名胜，耻也。”

有恒：东汉·崔瑗《座右铭》：“行之苟有恒，久久自芬芳。”

若柱：南宋·朱熹《与陈侍郎书》：“屹然若中流之砥柱，有所恃而不恐。”

毅然、特立：《朱舜水集·毅》：“毅然特立，有为之士也。”

君保、君曜、玄曜：唐·孟郊《连州吟》：“愿君保玄曜，壮志无自沉。”

知明、胜强：春秋·老子《道德经》：“知人者智，自知者明。胜人者力，自胜者强。”

自英、自雄：隋·王通《中说·周公篇》：“自知者英，自胜者雄。”

高阳：战国·楚·屈原《离骚》：“帝高阳之苗裔兮，朕皇考曰伯庸。”

宁昂：战国·楚·屈原《卜居》：“宁昂昂若千里之驹乎。”

凤翔：战国·宋·宋玉《九辩》：“凤愈飘翔而高举。”

舒志：西汉·庄忌《哀时命》：“愿舒志而抽冯兮。”

人英、人俊、人豪、人杰：西汉·刘安《淮南子·泰族》：“故智过万人者谓之英，千人者谓之俊，百人者谓之豪，十人者谓之杰。”

志洁：《史记·屈原贾生列传》：“其志洁，其行廉。”

五福：《尚书·周书·洪范》：“五福：一曰寿，二曰富，三曰康宁，四曰攸好德，五曰考终命。”

扬厉：《礼记·乐记》：“发扬蹈厉，大（太）公之志也。”

吉祥兴盛类名字举例

立此意命名，借日月山水寄托昌盛祥瑞的美好愿望。

炳麟：西汉·扬雄《剧秦美新》：“炳炳麟麟，岂不懿哉！”

葱郁：《后汉书·光武帝纪下》：“气佳哉！郁郁葱葱然。”

群生：三国·魏·曹植《喜雨诗》：“天覆何弥广，苞育此群生。”

重光：《汉书·兒宽传》：“太平之世，日抱重光，谓日有重日也。”

嘉蹊：三国·魏·阮籍《咏怀八十二首·其三》：“嘉树下成蹊，东园桃与李。”

熠：三国·魏·阮籍《清思赋》：“色熠熠以流烂兮，纷杂错以葳蕤。”

瑞祥：《汉书·郊祀志下》：“祥瑞未著，咎征乃臻。”

泰辰：《宋书·王僧达传》：“臣父子叔侄，同获泰辰。”

惠和：《国语·周语上》：“国之将兴，其君齐明、衷正、精洁、惠和。”

殷昌：东汉·张衡《东京赋》：“逮至显宗，六合殷昌。”

平圆：南朝·宋·鲍照《冬日》：“天规苟平圆，宁得已偏媚。”

光奎：明·谢谠《四喜记·双桂联芳》：“清世足文俦，万丈奎光烛台斗。”

阳和：《史记·秦始皇本纪》：“时在中春，阳和方起。”

雍平：《新唐书·刘洎传》：“且今之雍平，陛下力行所至耳。”

雍和：《后汉书·魏霸传》：“霸少丧亲，兄弟同居，州里慕其雍和。”

雍睦：《南史·到彦之传》：“家门雍睦，兄弟特相友爱。”

诞静：《三国志·蜀书十五·杨戏传》：“诞静邦内，四裔以绥。”

鼎昌：南朝·梁·江淹《敕为朝贤答刘休范书》：“昔妫道鼎昌，千羽未能戢。”

太和：三国·魏·曹植《七启》：“吾子为太和之民，不欲仕陶唐之世乎。”

康太：唐·李白《流夜郎闻酺不预》：“北阙圣人歌太康，南冠君子窜遐荒。”

一元：西汉·董仲舒《春秋繁露·玉英》：“谓一元者，大始也。”

一平：东汉·王粲《登楼赋》：“冀王道之一平兮，假高衢而骋力。”

幸蒙：唐·韩愈《贺雨表》：“微臣幸蒙宠任，获睹殊祥。”

坤厚：北宋·曾巩《代宋敏求知绛州谢到任表》：“盖伏遇皇帝陛下乾刚独断，坤厚兼容。”

兆佳：唐·李商隐《赴职梓潼留别畏之员外同年》：“佳兆联翩遇凤凰，雕文羽帐紫金床。”

庆表：西晋·张华《正德舞歌》：“象容表庆，协律被声。”

介祉：北宋·曾巩《光禄少卿晁公墓志铭》：“尚兹介祉，维后之成。”

化先：南朝·宋·颜延之：《应诏观北湖田收》：“开冬眷徂物，残悴盈化先。”

泽云、云翔、化舒：《晋书·乐志上》：“神之坐，同欢娱。泽云翔，化风舒。”

化隆：《史记·礼书》：“化隆者闳博，治浅者褊狭。”

化迁：东晋·陶潜《岁暮和张常侍》：“穷通靡攸虑，憔悴由化迁。”

兴代：《荀子·不苟》："变化代兴，谓之天德。"

全佑：《晋书·宣帝纪》："太子素与帝善，每相全佑。"

盛全：南朝·宋·鲍照《芜城赋》："当昔全盛之时，车挂轊，人驾肩。"

奋轧：《汉书·律历志上》："奋轧于乙。"

光弼：《晋书·王浑传》："周公得以圣德光弼幼主，忠诚著于金縢。"

光启：北齐·朱易《与徐陵清王琳首书》："王业光启，鼎祚有归。"

光域：《史记·孝武本纪》："宜因此地光域立泰畤坛以明应。"

光度：《文选·班固〈典引〉》："有不俾而假素，罔光度而遗章。"

光劭：《宋书·王弘传》："德猷光劭，鉴识明远。"

元祉：《宋史·乐志七》："辅德惟仁，永锡元祉。"

元吉：东汉·张衡《东京赋》："神歆馨而顾德，祚灵主以元吉。"

世瑞：明·宋濂《药房樵唱序》："玉光剑气，直出人间，麟角凤毛，终为世瑞。"

丙明、**淳光**：西汉·扬雄《太玄经·玄测都序》："盛哉日乎，丙明离章，五色淳光。"

雍熙：东汉·张衡《东京赋》："百姓同于饶衍，上下共其雍熙。"

云卿：南宋·陆游《答人贺赐第启》："此盖伏遇某官学穷游夏，文媲卿云。"

旭初：唐·李商隐《行次西郊作一百韵》："采旂转初旭，玉座当祥烟。"

晰初：南朝·梁·江淹《杂体诗·效谢灵运游山》："桐林带晨霞，石壁映初晰。"

景初：南朝·宋·谢灵运《登池上楼》："初景革绪风，新阳改故阴。"

中天：《后汉书·刘陶传》："伏惟陛下年隆德茂，中天称号。"

升晓：唐·韩愈《同冠峡》："宿云尚含姿，朝日忽升晓。"

年祥：南北朝·庾信《周宗庙歌·皇夏》："年祥辨日，上协龟言。"

延庆：南朝·梁·简文帝《唱导文》："冯法致安，积善延庆。"

延昌：《资治通鉴·唐玄宗天宝十三载》："告以国祚延昌。"

建元：唐·刘知几《史通·本纪》："以未登帝位，国不建元。"

承平：唐·鲍防《杂感》："汉家海内承平久，万国戎王皆稽首。"

化迁：东晋·陶潜《始作镇军参军经曲阿作》："聊且凭化迁，终返班生庐。"

令年：《旧唐书·昭宗纪》："甲子令年，孟夏初吉。"

兴平：汉·荀悦《汉纪·孝昭皇帝纪》："王主能致兴平，治主能行其政。"

克隆：《南齐书·褚渊王俭传赞》："民誉不爽，家称克隆。"

济杰：《三国志·吴书一·孙策传》："策英气杰济，猛锐冠世。"

亘修：北魏·郦道元《水经注·谷水》："北对芒阜，连岭修亘，苞总众山。"

奂其：唐·玄奘《大唐西域记·战主国》："重阁层台，奂其丽饰。"

博学多才类名字举例

依此意命名，于名字中显露出超群绝伦、出类拔萃的才华，给人以清秀博学、满腹经纶的感觉。

智明：战国·楚·屈原《卜居》："物有所不足，智有所不明。"

下愚：唐·白居易《涧底松》："高者未必贤，下者未必愚。"

文新：明·汤显祖《得吉水刘年侄同升书喟然》："文情不厌新，交情不厌陈。"

雄文：南唐·徐铉《送刘司直出宰》："之子有雄文，风标秀不群。"

郁城：南宋·陆游《眉州披风榭拜东坡先生遗像》："孕奇蓄秀当此地，郁然千载诗书城。"

文岐：五代·前蜀·贯休《和李判官见新榜为兄下第》："心中岐路平如砥，天上文章妙入神。"

纯一：清·曾世霖《论学问》："学问尚精专，研摩贵纯一。"

文光：太平天国·石达开《白龙洞题壁诗》："剑气冲星斗，文光射日虹。"

文蔚：《周易·革》："君子豹变，其文蔚也。"

文炳：《周易·革》："大人虎变，其文炳也。"

刻引：战国·楚·宋玉《对楚王问》："引商刻羽，杂以流徵。"

经纶：《周易·屯》："云雷屯，君子以经纶。"

光壁、光映：西汉·刘歆《西京杂记》："……衡乃穿壁引其光，以书映光而读之。"

丝纶：《礼记·缁衣》："王言如丝，其出如纶。"

方圆：《淮南子·主术》："凡人之论，心欲小而志欲大，智欲员而行欲方……智员者，无不知也；行方者，有不为也。"

成风：《庄子·杂篇·徐无鬼》："运斤成风。"

朝乾：《周易·乾》："君子终日乾乾，夕惕若厉，无咎。"

思冥：东晋·支遁《咏怀诗五首·其二》："道会贵冥想，罔象掇玄珠。"

锦绣：《三国志·吴书十·蒋钦传》："妻妾衣服，悉皆锦绣。"

冠柔：西晋·左思《咏史八首·其一》："弱冠弄柔翰，卓荦观群书。"

玉成：元·施耐庵《水浒传》："看赵某薄面，披剃为僧，一应所用，弟子自当准备，烦望长老玉成，幸甚。"

骥文：《北史·裴延俊传》："河东呼景鸾为骥子，景鸿为龙文。"

翰柔：西晋·左思《咏史八首·其一》："弱冠弄柔翰，卓荦观群书。"

炳彪：钟嵘《诗品》："晋弘农太守郭璞诗，宪章潘岳，文体相辉，彪炳可玩。"

正雅：南朝·宋·刘义庆《世说新语·方正》："峤性雅正，常疾勖谄谀。"

敏达：《魏书·列传第二十三·崔洛》："而性敏达，长于谋计。常自比张良。"

敏赡：《梁书·臧盾传》："盾为人敏赡。"

良比：三国·魏·曹丕《与钟大理书》："然四宝邈焉已远，秦汉未闻有良比也。"

工输：东汉·牟融《理惑论》："工输能与人斧斤绳墨。"

章奎：清·顾炎武《蟂矶》："高皇事业山河在，留得奎章墨未枯。"

翰奎：明·张居正《代谢赐御制答辅臣贺雪吟疏》："湛思随灵霈以交流，奎翰与瑶华而继曜。"

显章：《后汉书·祭遵传》："显章国家笃古之制，为后嗣法。"

懿文：唐·白居易《除裴度中书舍人制》："以茂学懿文，润色训诰，体要典丽，甚得其宜。"

炳蔚：《周易·革》："大人虎变，其文炳也。""君子豹变，其文蔚也。"

鸿文：西汉·扬雄《太玄经·文》："次六，鸿文无范，恣于川。"

通秀：《晋书·郭璞传赞》："景纯通秀，夙振宏材。"

韶晖：唐·皮日休《奉和鲁望春雨即事次韵》："织恨凝愁映鸟飞，半旬飘洒掩韶晖。"

逸遒：《北齐书·祖珽传》："神情机警，词藻遒逸。"

一觉：明·无名氏《女学士》："想当日周朝文武圣明君，一觉的安社稷，定乾坤。”

一麟：宋·王庭圭《次韵任子严》：“山僧似不孤题品，众角丛中有一麟。”

凝章：南朝·梁·江淹《灯赋》：“今子凝章挺秀，近出嘉宾。”

文佳：唐·权德舆《卧病喜惠上人李炼师茅处士见访因以赠》：“支即有佳文，新句凌碧云。”

冠伦：西汉·扬雄《甘泉赋》：“皋伊之徒，冠伦魁能。”

冠群：东晋·葛洪《抱朴子·擢才》：“冠群之德，不以沉抑而履径。”

公才：《三国志·魏书十二·崔琰传》：“百炼不消，皆公才也。”

公望：《南史·谢举传》：“久著公望，怅恨未授之。”

逸卓：东汉·蔡邕《荐边文礼书》：“才艺言行，卓逸不群；阶级名位，亦宜超然。”

博文：《论语·雍也》：“君子博学于文，约之以礼。”

博周：清·魏源《〈皇朝经世文编〉叙》：“精极蜎蠖不为奥，博周伦物不为末。”

通博：西汉·刘向《新序·杂事四》：“国有博通之士。”

敏博：明·宋濂《送吕仲善使北平采史序》：“佥以为北平乃元主故都，其文献必有足征者，非精练博敏之士未易以集其事。”

博深：清·梁启超《答某报第四号对于本报之驳论》：“吾以为布氏所论，可谓博深切明。”

贯博：《后汉书·班固传》：“遂博贯载籍。”

博达：清·康有为《大同书》：“左图右书，古今博达。”

博雅：鲁迅《朝花夕拾·后记》：“不知海内博雅君子，以为如何？”

博学：《北史·韦阆传》：“博学有文才，德行仁孝，为时所重。”

化成：《周易·恒》：“圣人久于其道，而天下化成。”

少惠：《魏书·刑罚志》：“少惠如甘罗。”

才卿：元·无名氏《来生债》：“那称才卿的，可是怎生？”

章才：《南史·夷貊传上·天竺迦毗黎国》：“有才章，兼内外之学。”

绪才：鲁迅《且介亭杂文》：“或夸耀其颓唐，或衒鬻其才绪。”

尔雅：《史记·儒林列传》：“文章尔雅，训辞深厚。”

元识：隋·王通《中说·立命》：“人者，统元识焉，非止圆首方足之谓也。”

元凯：《三国志·蜀书十二·郤正传》："济济伟彦，元凯之伦也。"

元作：清·吴趼人《二十年目睹之怪现状》："气量洪大，允称元作。"

丹纶：清·张廷玉《上明史表》："伏以瑶图应运，丹纶翻竹素之遗。"

学勤：《东观汉记·桓荣传》："荣少勤学，讲论不怠。"

励行：清·陈田《明诗纪事甲签·周祚》："诚以惜时不如立名，慕德不如励行。"

勋贤：金·王若虚《史记辨惑一》："盖一代之勋贤，而谓巫觋之类可乎？"

睿思：三国·吴·韦昭《从历数》："聪睿协神思。"

睿智：《晋书·乐志上》："聪明睿智，圣敬神武。"

光化：《孔丛子·执节》："贤者所在，必兴化致治。"

先达：唐·牟融《赠浙西李相公》："文章政事追先达，冠盖声华羡昔贤。"

克敏：三国·魏·何晏《景福殿赋》："克明克哲，克聪克敏。"

英儒：《明史·解缙传》："陛下若喜其便于检阅，则愿集一二志士儒英，臣请得执笔随其后……勒成一经。"

雅儒：东晋·葛洪《抱朴子·博喻》："介洁而无政事者，非拨乱之器，儒雅而乏治略者，非翼亮之才。"

硕儒：明·李东阳《跋鹤山魏先生书真迹》："理宗号为崇尚儒硕，而真魏二贤贬逐不暇，则其为治可知矣。"

健豪：唐·罗隐《投宣武郑尚书二十韵》："健豪惊彩凤，高步出冥鸿。"

俊乂：《尚书·虞书·皋陶谟》："翕受敷施，九德咸事，俊乂在官。"

俊儒：《隋书·儒林传·房晖远》："周武帝平齐，搜访儒俊，晖远首应辟命。"

功倍：东晋·葛洪《抱朴子·勖学》："黄霸抱桎梏以受业，宁子勤夙夜以倍功。"

敏赡：《梁书·臧盾传》："盾为人敏赡，有风力。"

力正：《宋史·魏王廷美传》："苟有阙失而不力正，止罪尔等。"

道德情操类名字举例

讲究道德情操，在带有强烈伦理色彩的中国传统文化中，是一种至高无上的价值取向。仁、义、礼、忠、信、德、孝、敬、恭、谦、俭等，是美德的集中代表。

德崇、知博：《后汉书·张衡列传》：“君子不患位之不尊，而患德之不崇；不耻禄之不夥，而耻知之不博。”

德邻：《论语·里仁》：“德不孤，必有邻。”

德本：《礼记·大学》：“德者，本也；财者，末也。”

德心：明·王守仁《传习录》：“种树者必培其根，种德者必养其心。”

自厚：《论语·卫灵公》：“躬自厚而薄责于人，则远怨矣。”

树坚：明·于谦《北风吹》：“树坚不怕风吹动，节操棱棱还自持。”

柏直：唐·李白《古风五十九首·其十二》：“松柏本孤直，难为桃李颜。”

知之：《论语·为政》：“知之为知之，不知为不知，是知也。”

明志、宁静、致远：三国·蜀·诸葛亮《诫子书》：“是故非淡泊无以明志，非宁静无以致远。”

贞松：唐·刘希夷《公子行》：“愿作贞松千岁古，谁论芳槿一朝新。”

风涛、叶舟：北宋·范仲淹《江上渔者》：“君看一叶舟，出没风波里。”

凌寒、自开：北宋·王安石《梅花》：“墙角数枝梅，凌寒独自开。”

丹心、汗青：南宋·文天祥《过零丁洋》：“人生自古谁无死，留取丹心照汗青。”

忠义：南宋·文天祥《燕子楼》：“自古皆有死，忠义长不没。”

玄鹤、抗志、一飞、旷世：三国·魏·阮籍《咏怀八十二首·其二十一》：“云间有玄鹤，抗志扬哀声。一飞冲青天，旷世不再鸣。”

道真、信娱：三国·魏·阮籍《咏怀八十二首·其七十四》：“道真信可娱，清洁存精神。”

施普：《周易·乾》：“见龙在田，德施普也。”

存诚、善世、德博：《周易·乾》：“闲邪存其诚，善世而不伐，德博而化。”

成德：《周易·乾》：“君子以成德为行，日可见之行也。”

坤元、顺天、承天：《周易·坤》：“至哉坤元！万物资生，乃顺承天。”

含弘：《周易·坤》：“含弘广大，品物咸亨。”

子敬、义方、敬义：《周易·坤》：“君子敬以直内，义以方外，敬义立而德不孤。”

蒙正、蒙圣：《周易·蒙》："蒙以养正，圣功也。"

果行、育德：《周易·蒙》："君子以果行育德。"

明健、君正、通志：《周易·同人》："文明以健，中正而应，君子正也。唯君子为能通天下之志。"

贞风、凌俗：东晋·陶潜《读史述九章余读史记有所感而述之》："贞风凌俗，爰感懦夫。"

行云、雨施：《周易·乾》："云行雨施，品物流形。"

威棣：《诗经·邶风·柏舟》："威仪棣棣，不可选也。"

浩昊：《诗经·小雅·雨无正》："浩浩昊天，不骏其德。"

宇泰：《庄子·杂篇·庚桑楚》："宇泰定者，发乎天光。"

达生、达肖、达随：《庄子·杂篇·列御寇》："达生之情者傀，达于知者肖；达大命者随，达小命者遭。"

路遥：南宋·陈元靓《事林广记》："路遥知马力，日久见人心。"

鸿儒：唐·刘禹锡《陋室铭》："谈笑有鸿儒，往来无白丁。"

度德、力之：《左传·隐公十一年》："度德而处之，量力而行之。"

力胜、智成：西汉·刘安《淮南子·主术》："积力之所举，则无不胜也；众智之所为，则无不成也。"

浚泉：唐·魏征《谏太宗十思疏》："欲流之远者，必浚其泉源。"

思行：《论语·公冶长》："季文子三思而后行。"

无涯：《庄子·内篇·养生主》："吾生也有涯，而知也无涯。"

灼华：《诗经·周南·桃夭》："桃之夭夭，灼灼其华。"

良眸：《孟子·离娄上》："存乎人者，莫良于眸子。"

白云：明·刘基《登卧龙山写怀二十八韵》："白云在青天，可望不可即。"

善登：春秋·左丘明《国语·周语下》："从善如登，从恶如崩。"

斯夫：《论语·子罕》："子在川上曰：逝者如斯夫，不舍昼夜！"

万仞：西晋·陆机《文赋》："精骛八极，心游万仞。"

本善：《三字经》："人之初，性本善。"

曲全：春秋·老子《道德经》："曲则全，枉则直。"

善昌：《三国志·蜀书三·后主传》"善积者昌，恶积者丧。"

三省：《论语·学而》："吾日三省吾身：为人谋而不忠乎？与朋友交而不信乎？传不习乎？"

梅雪：南宋·卢梅坡《雪梅二首·其二》："有梅无雪不精神，有雪无诗俗了人。"

菊有、傲霜、傲菊：北宋·苏轼《赠刘景文》："菊残犹有傲霜枝。"

有芳：唐·杨炯《巫峡》："美人今何在？灵芝徒有芳。"

清芬：唐·李白《赠孟浩然》："高山安可仰，徒此揖清芬。"

芳菊、秀姿、贞秀、贞姿：东晋·陶潜《和郭主簿二首·其二》："芳菊开林耀，青松冠岩列。怀此贞秀姿，卓为霜下杰。"

幽兰、含清：东晋·陶潜《饮酒二十首·其十七》："幽兰生前庭，含薰待清风。"

佳姿：唐·陈子昂《感遇·之三十》："可怜瑶台树，灼灼佳人姿。"

早梅：唐·柳宗元《早梅》："早梅发高树，迥映楚天碧。"

淡菊：唐·司空图《二十四诗品》："落花无言，人淡如菊。"

冰玉：北宋·苏轼《洞仙歌·冰肌玉骨》："冰肌玉骨，自清凉无汗。水殿风来暗香满。"

信梅：北宋·黄庭坚《虞美人·宜州见梅作》："天涯也有江南信，梅破知春近。"

莹静、丹桂：北宋·晁端礼《绿头鸭·咏月》："莹无尘，素娥淡伫，静可数，丹桂参差。"

梅影：南宋·汪藻《点绛唇·新月娟娟》："起来搔首，梅影横窗瘦。"

叠玉、莹玉、莹冰、玉冰：宋·朱敦儒《念奴娇·垂虹亭》："莹澈乾坤，全放出，叠玉层冰宫阙。"

溪梅、冷蕊：北宋·张元干《石州慢·寒水依痕》："溪梅晴照生香，冷蕊数枝争发。"

如玉：南宋·杨万里《好事近·七月十三日夜登万花川谷望月作》："如今才是十三夜，月色已如玉。"

碧洁、自洁：南宋·张炎《疏影·咏荷叶》："碧圆自洁，向浅洲远浦，亭亭清绝。"

柔仁：北宋·张耒《项羽》："自古柔仁伏暴强。"

敏行、讷言：《论语·里仁》："君子欲讷于言而敏于行。"

令德、令仪：《诗经·小雅·湛露》："显允君子，莫不令德。""岂弟君子，莫不令仪。"

竹筠、柏心：《礼记·礼器》："如竹箭之有筠也，如松柏之有心也。"

叶青：董必武《病中见窗外竹感赋》："竹叶青青不肯黄，枝条楚楚耐严霜。"

留香：南宋·文天祥《沁园春·题潮阳张许二公庙》："留得声名万古香"。

嘉萤、光煜：宋·陈与义《萤火》："嘉尔萤火不自欺，草间相照光煜煜。"

念慈、念祥、心洁：明·洪应明《菜根谭》："一念慈祥，可以酝酿两间和气；寸心洁白，可以昭垂百代清芬。"

品超、斯远：清·王永彬《围炉夜话》："品超斯远，云飞而不碍空。"

介福：《诗经·小雅·甫田》："报以介福，万寿无疆。"

孚嘉：《周易·随》："孚于嘉，吉。"

孝德、惟孝、友于：《尚书·周书·君陈》："君陈！惟尔令德孝恭。惟孝友于兄弟，克施有政。"

谦光：《周易·谦》："谦尊而光，卑而不可逾，君子之终也。"

谦君：《周易·谦》："劳谦君子，有终，吉。"

言盛、 言恭：《周易·系辞上》："德言盛，礼言恭。"

尊人：《礼记·曲礼上》："夫礼者，自卑而尊人。"

温良、敬慎：《礼记·儒行》："温良者，仁之本也。敬慎者，仁之地也。"

怀德：《论语·里仁》："君子怀德，小人怀土。"

庸德：《论语·雍也》："子曰：'中庸之为德也，其至矣乎！'"

弘毅：《论语·泰伯》："士不可以不弘毅，任重而道远。"

夫达、质直：《论语·颜渊》："夫达也者，质直而好义，察言而观色，虑以下人。"

千磨、万击、万坚：清·郑板桥《竹石》："千磨万击还坚劲，任尔东西南北风。"

梅尊：元·仇远《冷坐》："水明知月上，木落见梅尊。"

观剑：南朝·梁·刘勰《文心雕龙·知音》："操千曲而知音，观千剑而识器。"

刚毅、刚仁、毅仁：《论语·子路》："刚毅木讷，近仁。"

恭肃、作乂、聪谋、睿圣：《尚书·周书·洪范》："恭作肃，从作乂，明作哲，聪作谋，睿作圣。"

学知：《礼记·中庸》："好学近乎知。"

真廉、廉名：明·洪应明《菜根谭》："真廉无廉名。"

君学、日省、省己：《荀子·劝学》："君子博学而日参省乎己，则知明而行无过矣。"

君诚：《礼记·中庸》："君子诚之为贵。"

君岳、岳定：唐·孟郊《秋怀十五首·其八》："君子山岳定，小人丝毫争。"

三鉴：东汉·荀悦《申鉴》："君子有三鉴：鉴乎前，鉴乎人，鉴乎镜。"

三戒：《论语·季氏》："君子有三戒：少之时，血气未定，戒之在色；及其壮也，血气方刚，戒之在斗；及其老也，血气既衰，戒之在得。"

道朋：北宋·欧阳修《朋党论》："君子与君子以同道为朋，小人与小人以同利为朋。"

克勤、克俭：北宋·郭茂倩《乐府诗集·梁太庙乐舞辞·撤豆》："克勤克俭，无怠无荒。"

明见、自见、自闻、聪闻：东汉·徐干《中论·修本》："明莫大于自见，聪莫大于自闻。"

时也：《后汉书·皇甫嵩朱隽列传》："难得而易失者，时也。"

弥贞：清·郑世元《感怀杂诗·其三》："木槿争朝荣，松柏弥见贞。"

松心、竹心：南朝·梁·江淹《效古》："宁知霜雪后，独见松竹心。"

宁直、宁价、宁恬：清·王豫《蕉窗日记》："宁直毋媚，宁介毋通，宁恬毋竞。"

寒心：唐·张九龄《感遇十二首·其三》："岂伊地气暖，自有岁寒心。"

卓然：东晋·陶潜《饮酒二十首·其八》："青松在东园，众草没其姿。凝霜殄异类，卓然见高枝。"

嘉训：《后汉书·杨李翟应霍爰徐列传》："善人同处，则日闻嘉训。"

蕴玉、山辉：西晋·陆机《文赋》："石韫玉而山辉。"

惟明、惟聪、德聪：《尚书·商书·太甲中》："视远惟明，听德惟聪。"

思齐、志齐：西汉·韩婴《韩诗外传·卷八》："思齐则成，志齐则盈。"

松贞：唐·韩思彦《酬贺遂亮》："霜飘知柳脆，雪冒觉松贞。"

吾浩：《孟子·公孙丑上》："我善养吾浩然之气。"

谨敬：西汉·陆贾《新语·无为》："行莫大于谨敬。"

一德：北宋·杨时《二程粹言·论道篇》："一德立而百善从之。"

爱莲：北宋·周敦颐《爱莲说》："予独爱莲之出淤泥而不染。"

君兰：《曾子全书》："与君子游，如入芝兰之室，久而不闻芳芬，则与之化矣。"

玉润：《荀子·劝学》："玉在山而草木润，渊生珠而崖不枯。"

贞刚：东晋·陶潜《戊申岁六月中遇火》："贞刚自有质，玉石乃非坚。"

白冰：南朝·宋·鲍照《代白头吟》："直如朱丝绳，清如玉壶冰。"

至人：《庄子·内篇·应帝王》："至人之用心若镜。"

兰若：唐·李白《题嵩山逸人元丹丘山居》："尔能折芳桂，吾亦采兰若。"

重威：《论语·学而》："君子不重则不威，学则不固。"

骥德：《论语·宪问》："骥不称其力，称其德也。"

可人：《礼记·杂记下》："其所与游辟也，可人也。"

圭璧：《诗经·卫风·淇奥》："有匪君子，如金如锡，如圭如璧。"

诺良：唐·卢照邻《咏史四首·其一》："百金孰云重，一诺良匪轻。"

以物托志类名字举例

用日月天地、川山湖海、云雨雷风、刃羽弓剑等命名，言物及人，喻义万千。

生羽、生翼：唐·聂夷中《胡无人行》："更愿生羽翼，飞身入青冥。"

千树：唐·卢照邻《陇头水》："马系千年树，旌悬九月霜。"

入云：唐·王维《送张判官赴河西》："沙平连白雪，蓬卷入黄云。"

剑霜：唐·令狐楚《少年行四首·其三》："弓背霞明剑照霜，秋风走马出咸阳。"

剑声：南宋·陆游《长歌行》："国仇未报壮士老，匣中宝剑夜有声。"

天阔：南宋·李处全《水调歌头·冒大风渡沙子》："四望际天空阔，一叶凌涛掀舞。"

乾坤：元·施耐庵《念奴娇·天南地北》："天南地北，问乾坤，何处可容狂客？"

凭剑：清·彭定求《汤阴谒岳忠武故里庙像》："辞家壮志凭孤剑，报国先声震两河。"

海期：清·顾炎武《精卫》："大海无平期，我心无绝时。"

剑一：明·尹耕《春怀三首·其二》：“书生无计当戎右，一剑真思报主知。”

须坤：秋瑾《黄海舟中日人索句并见日俄战争地图》：“拼将十万头颅血，须把乾坤力挽回。”

乘风：秋瑾《黄海舟中日人索句并见日俄战争地图》：“万里乘云去复来，只身东海挟春雷。”

如山：清·黄遵宪《过安南西贡有感·其五》：“班超投笔气如山，万里封侯出玉关。”

海桑：唐·李世民《宴中山》：“斩鲸澄碧海，卷雾扫扶桑。”

长剑：唐·李世民《还陕述怀》：“慨然抚长剑，济世岂邀名。”

时戈：明·李梦阳《石将军战场歌》：“将军此时挺戈出，杀敌不异草与蒿。”

贯虹：清·屈大均《读荆柯传作六首·其一》：“一自悲风生易水，千秋白日贯长虹。”

千仞、天摩：南宋·陆游《秋夜将晓出篱门迎凉有感二首·其二》：“三万里河东入海，五千仞岳上摩天。”

风恃：清·龚自珍《己亥杂诗·其一百二十五》：“九州生气恃风雷，万马齐喑究可哀。”

云久：明·钱嶫《悯黎咏》：“叶落当归根，云沉久必起。”

弓月：唐·骆宾王《从军行》：“弓弦抱汉月，马足践胡尘。”

清乾：元·王冕《墨梅》：“不要人夸好颜色，只留清气满乾坤。”

梦云：南宋·杨万里《寄题刘凝之坟山壮节亭用辘轳体》：“胸中书卷云凌乱，身外功名梦等闲。”

紫阳：北宋·唐庚《栖禅暮归书所见二首·其二》：“草青仍过雨，山紫更斜阳。”

江月：唐·常建《江上琴兴》：“能使江月白，又令江水深。”

云龙：《汉书·叙传下》：“云起龙襄，化为侯王。”

天别：唐·李白《山中问答》：“桃花流水窅然去，别有天地非人间。”

沧海：三国·魏·曹操《观沧海》：“东临碣石，以观沧海。”

春山：北宋·郭熙《林泉高致·山水训》：“春山淡冶而如笑，夏山苍翠而如滴，秋山明净而如妆，冬山惨淡而如睡。”

星汉：三国·魏·曹操《观沧海》：“星汉灿烂，若出其里。”

铄石：《淮南子·诠言》："大热铄石流金，火弗为益其烈。"

青山：北宋·释道原《景德传灯录》："满目青山万万秋。"

峥嵘：北宋·苏轼《巫山》："瞿塘迤逦尽，巫峡峥嵘起。"

凤龙：《后汉书·光武帝纪上》："其计固望其攀龙鳞，附凤翼，以成其所志。"

行云：《列子·汤问》："声振林木，响遏行云。"

鹏程：《庄子·内篇·逍遥游》："鹏之徙于南冥也，水击三千里，抟扶摇而上者九万里。"

星云：南朝·徐陵《关山月》："星旗映疏勒，云阵上祁连。"

振羽：南朝·徐陵《别毛永嘉》："愿子厉风规，归来振羽仪。"

江远：南朝·范云《之零陵郡次新亭》："江干远树浮，天末孤烟起。"

春荣：南朝·齐·孔稚圭《游太平山》："阴涧落春荣，寒岩留夏雪。"

昆山：南朝·宋·谢灵运《登江中孤屿》："想象昆山姿，缅邈区中缘。"

望尘：晋·傅玄《豫章行》："雄心志四海，万里望风尘。"

冠云：三国·魏·阮籍《咏怀八十二首·其五十八》："危冠切浮云，长剑出天外。"

炎光：三国·魏·阮籍《咏怀八十二首·其三十八》："炎光延万里，洪川荡湍濑。"

怀玉：东汉·赵壹《刺世疾邪赋》："被褐怀金玉，兰蕙化为刍。"

明光：南朝·宋·鲍照《学刘公干体诗五首·其五》："白日正中时，天下共明光。"

星汉：三国·魏·曹丕《燕歌行二首·其一》："明月皎皎照我床，星汉西流夜未央。"

铁砚：南宋·陆游《寒夜读书》："韦编屡绝铁砚穿，口诵手抄那计年？"

银汉：北宋·苏轼《阳关曲·中秋月》："暮云收尽溢清寒，银汉无声转玉盘。"

皑云：西汉·卓文君《白头吟》："皑如山上雪，皎若云间月。"

青阳：唐·陈子昂《感遇三十八首·其七》："白日每不归，青阳时暮矣。'

寰海：唐·许敬宗《奉和过旧宅应制》："自尔家寰海，今兹返帝乡。"

太皓：《后汉书·郎𫖮襄楷列传下》："太皓悦和，雷声乃发。"

宁太：《宋史·乐志十》："茫茫坤载，粤惟太宁。"

云柯：南朝·宋·刘义庆《世说新语·赏誉》："道刘真长'标云柯而不

扶疏’。”

云路：唐·刘禹锡《和苏郎中寻丰安里旧居寄主客张郎中》：“同学同年又同舍，许君云路并华辀。”

昆玉：南朝·梁·刘孝标《辩命论》：“琎则志烈秋霜，心贞昆玉。”

汉云：《诗经·大雅·云汉》：“倬彼云汉，昭回于天。”

青汉：唐·贾岛《送穆少府知眉州》：“剑门倚青汉，君昔未曾过。”

恩光：唐·钱起《和王员外雪晴早朝》：“紫微晴雪带恩光，绕仗偏随鸳鹭行。”

星阑：南朝·宋·谢灵运《夜发石关亭》：“鸟归息舟楫，星阑命行役。”

迅羽：东汉·张衡《西京赋》：“乃有迅羽轻足，寻景追括。”

初阳：唐·温庭筠《正见寺晓别生公》：“初阳到古寺，宿鸟起寒林。”

平泽：东晋·陶潜《时运》：“洋洋平泽，乃漱乃濯。”

平露：唐·无名氏《平露赋》：“植平露之殊祥，表吾君之睿圣。”

溪光：唐·杜牧《题白蘋洲》：“溪光初透彻，秋色正清华。”

太浩：《淮南子·览冥》：“此皆得清净之道，太浩之和也。”

一川：唐·杜甫《自瀼西荆扉且移居东屯茅屋四首·其一》：“平地一川稳，高山四面同。”

一帆：清·李渔《怜香伴·僦居》：“栉霜沐露多劳顿，喜借得一帆风顺。”

千章：唐·杜甫《陪郑广文游何将军山林十首·其二》：“百顷风潭上，千章夏木清。”

原畴：东汉·王粲《从军诗五首·其五》：“鸡鸣达四境，黍稷盈原畴。”

厚坤：唐·杜甫《木皮岭》：“仰干塞大明，俯入裂厚坤。”

巨川：唐·韩愈《陪杜侍御游湘西两寺独宿有题一首因献杨常侍》：“大厦栋方隆，巨川楫行剡。”

丹石：南朝·宋·颜延之《庭诰》：“丹可灭而不能使无赤，石可毁而不能使无坚。苟无丹石之性，必慎浸染之田。”

延嘉：孙氏《瑞应图》：“延嘉，王者有德则见。”

健翮：明·顾大典《青衫记·刘白谒元》：“喜交知万里扶摇，行看健翮登枢要。”

康宁和顺类名字举例

此意命名的名字，含安康顺适、太平和乐之意，祝福子女保泰持盈，运济寿康，世道无艰。

永年：三国·魏·曹操《龟虽寿》："养怡之福，可得永年。"

丰茂：三国·魏·曹操《观沧海》："树木丛生，百草丰茂。"

靖民：《国语·周语下》："自后稷之始基靖民。"

元良：北宋·魏泰《东轩笔录》："太宗以元良未立，虽意在真宗，尚欲遍知诸子。"

福堂：东汉·赵晔《吴越春秋·勾践入臣外传·越王勾践五》："皇天祐助，前沉后扬，祸为德根，忧为福堂。"

雍熙：南朝·宋·何承天《社颂》："称物平赋，百姓熙雍。"

炜煌：唐·韩愈《此日足可惜一首赠张籍》："驰辞对我策，章句何炜煌。"

森爽：唐·白居易《和微之诗二十三首·和酬郑侍御东阳春闷放怀追越游见寄》："劲气森爽竹竿竦，妍文焕烂芙蓉披。"

朝煦：西晋·陆机《演连珠》："春风朝煦，萧艾蒙其温。"

冲太：《淮南子·诠言》："聪明虽用，必反诸神，谓之太冲。"

世夷：南朝·宋·鲍照《代放歌行》："夷世不可逢，贤君信爱才。"

若奂：唐·徐坚《初学记》："美哉玙璠，远而望之，奂若也；近而视之，瑟若也。"

冠玉：晋·晋灼《汉书音义》："饰冠以玉，光好外见，中非所有。"

伟壮：《北史·薛彪子传》："彪子姿貌壮伟，明断有父风。"

魁闳：北宋·曾巩《寄欧阳舍人书》："世之魁闳豪杰不世出之士，其谁不愿进于门。"

伟奇：西汉·司马迁《史记·留侯世家》："余以为其人计魁梧奇伟，至见其图，状貌如妇人好女。"

作本：《管子·君臣下》："齐民食于力，则作本。"

作甘：北宋·范仲淹《稼墙惟宝赋》："徒闻贾祸之辱，莫见作甘之德。"

亘年：《南齐书·礼志上》："亘年四百，竟无成典。"

成铄：《国语·周语下》："众心成城，众口铄金。"

茹之：《诗经·大雅·烝民》："柔则茹之，刚则吐之。"

笑轻：宋·黄公度《春日宴共乐台》："寸阴自古千金重，一笑人间万虑轻。"

静安：南宋·戴复古《处世》："万事尽从忙里错，一心须向静中安。"

千载：北宋·王安石《浪淘沙令》："兴亡只在笑谈中，直至如今千载后，谁与争功?"

达知：西晋·张协《咏史》："达人知止足，遗荣忽如无。"

千叶：《晋书·赫连勃勃载记》："孰能本枝于千叶，重光于万祀。"

协睦：《尚书·周官》："以安和天下众民，使小大皆协睦。"

光远：《国语·楚语下》："其智能上下比义，其圣能光远宣朗。"

世济：《周书·文帝纪上》："或州乡冠冕，或勋庸世济。"

世祉：《南齐书·乐志》："灵庆缠世祉，鸿烈永无疆。"

雍雅：明·李东阳《傅公墓志铭》："进直日讲，仪度雍雅。"

篁初：南朝·梁·萧纲《晚春赋》："望初篁之傍岭，爱新荷之发池。"

友恭：宋·曾敏行《独醒杂志》："友恭之大义"。

延龄：南朝·梁·萧纲《谢赉长生米启》："食乃民天之贵，粒有延龄之名。"

建年：唐·刘知几《史通·编次》："而居摄建年，不编《平纪》之末。"

平逵：西晋·左思《魏都赋》："廓三市而开廛，籍平逵而九达。"

平康：《魏书·任城王云传》："平康之世，可以寄安。"

平阳：明·吴承恩《西游记》："下西坡，乃是一段平阳之地。"

承化：唐·韩愈《后廿九日复上宰相书》："其所辅理承化之功，又尽章章如是。"

承基：东晋·袁宏《三国各臣序赞》："三五迭隆，历世承基。"

精乾：宋·郊庙朝会歌《宁宗郊祀二十九首》："日月星辰，皆乾之精。"

续承：《后汉书·顺帝纪》："承续祖宗无穷之烈，上当天心，下猒民望。"

承宁：《左传·成公十三年》："其承宁诸侯以退。"

承泽：《淮南子·修务》："不能被德承泽，故立诸侯以教诲之。"

运承：西晋·孙楚《为石仲容与孙皓书》："太祖承运，神武应期。"

化生：《周易·咸》："天地感而万物化生。"

南山：《诗经·小雅·节南山》："节彼南山，维石岩岩。"

胤绪：唐·吴兢《贞观政要·忠义》："然其胤绪，或当见存。"

乘化：唐·陈子昂《感遇三十八首·其五》："窅然遗天地，乘化入无穷。"

吏隐：北宋·王禹偁《游虎丘》："我今方吏隐，心在云水间。"

修森：明·刘基《郁离子·九难》："秀木修森以夏凉。"

俊逸：唐·杜甫《春日忆李白》："清新庾开府，俊逸鲍参军。"

俊健：唐·郑处海《明皇杂录》："紫骢之俊健，黄门之端秀。"

俊举：《南史·刘孝威传》："气调爽逸，风仪俊举。"

保宁：唐·黄延《授薛稷中书侍郎判》："保宁王室，厥功茂矣。"

盈保：清·谭献《〈养古斋丛录〉序》："保泰持盈，胥可言外得之。"

充泽：南北朝·颜之推《颜氏家训·风操》："颇有肤色充泽。"

泽先：南宋·陆游《读苏叔党汝州北山杂诗次其韵十首·其九》："先泽傥未衰，岂无五秉粟?"

露承：东汉·班固《西都赋》："抗仙掌以承露，擢双立之金茎。"

健捷：元·刘祁《归潜志》："献之少轻俊，文章健捷，尤工乐章。"

建功立业类名字举例

依此意命名，可将望子成才、建功立业之情寄托在名字之中。这种盼显赫闻达、功名卓著的心情，可以体现出父母对子女的殷切期望。

功成：北宋·王安石《汉武》："君王不负长陵约，直欲功成赏汉臣。"

士名：《庄子引野语》："众人重利，廉士重名。"

立间：宋·刘宰《寄潘子善上舍》："是非颇亦通千古，义利那能立两间。"

维翰：《诗经·大雅·板》："价人维藩，大师维垣，大邦维屏，大宗维翰。"

显达：三国·魏·曹操《拜九锡谢表》："非敢希望高位，庶几显达。"

茂庸：南朝·齐·王俭《褚渊碑文》："帝嘉茂庸，重申前册。"

茂功：《三国志·吴书十九·诸葛恪传》："以旌茂功，以慰劬劳。"

玉执：清·姚鼐《南唐》："帝都执玉才嫌后，天堑浮桥已架空。"

执钧：《周书·静帝纪》："元辅执钧，垂风扬化。"

功绩：《荀子·王霸》："名声若日月，功绩如天地。"

清选：《三国志·魏书二十四·高柔传》："然今博士皆经明行修，一国清选。"

宦成：《说苑·敬慎》：“官怠于宦成，病加于少愈。”

宦达：李密《陈情表》：“本图宦达，不矜名节。”

鼎右：《南齐书·豫章文献王嶷传》：“任居鼎右，已移气序。”

章誉：《国语·周语下》：“若能类善物，以混厚民人者，必有章誉蕃育之祚。”

馨烈：东汉·张衡《西京赋》：“故奢泰肆情，馨烈弥茂。”

居封：清·余怀《板桥杂记》：“欲投笔磨盾，封狼居胥。”

适一：西汉·刘向《说苑·修文》：“诸侯三年一贡士，士一适谓之好德，再适谓之尊贤，三适谓之有功。”

沾一：唐·吕温《及第后答潼关主人》：“一沾太常第，十过潼关门。”

奉宪：《史记·三王世家》：“百官奉宪，各遵其职。”

利奇：《管子·禁藏》：“人有五十石，布帛麻丝，旁入奇利，未在其中也。”

冠缨：唐·李白《古风五十九首·其十九》：“流血涂野草，豺狼尽冠缨。”

翰作：唐·刘禹锡《代慰王太尉薨表》：“方膺作翰之寄，遽迫归泉之期。”

功表：东汉·班固《白虎通义》：“帝王者何？号也。号者，功之表也，所以表功明德，号令臣下者也。”

公奉：《南史·褚裕之传》：“在县清白，资公奉而已。”

于鼎：东汉·蔡邕《汉太尉杨公碑》：“在栋伊隆，于鼎斯宁。”

光休：《汉书·匡衡传》：“使群下得望盛德休光，以立基桢。”

尚左：《礼记·檀弓上》：“吉尚左。左，阳也。”

光耀：唐·柳宗元《答吴武陵论非国语书》：“足下必大光耀以明之。”

元绪：南宋·范成大《再韵答子文》：“百年子莫占元绪，万法吾今付子卢。”

弼元：唐·杜甫《进封西岳赋表》：“维岳授陛下元弼，克生司空。”

元魁：清·李渔《凰求凤·翻卷》：“以便亲定元魁，风示天下。”

世功：《左传·隐公八年》：“官有世功，则有官族。”

元良：《尚书·商书·太甲下》：“一人元良，万邦以贞。”

元甲：太平天国·洪仁玕《英杰归真》：“于九月初考文进士翰林元甲。”

世臣：《礼记·曲礼下》：“大夫不名世臣侄娣。”

世绪：后蜀·杜光庭《莫庭乂为安抚张副使生日周天醮词》："善功克懋于仙阶，阴德光隆于世绪。"

升引：《宋书·雷次宗传》："宜加升引，以旌退素。"

功力：《商君书·错法》："故人君者先便请谒而后功力，则爵行而兵弱矣。"

功烈：《左传·襄公十九年》："铭其功烈，以示子孙。"

功载：《尚书·周书·洛诰》："丕视功载，乃汝其悉自教工。"

功绪：唐·韩愈《清河郡公房公墓碣铭》："功绪卓殊，氓獠循业"。

功泽：明·李东阳《双瑞诗序》："功泽所被，和气所召。"

功誉：《晋书·乐广传》："无当时功誉，然每去职，遗爱为人所思。"

勋烈：《后汉书·宦者列传》："历事二主，勋烈独昭。"

丹陛：清·李渔《意中缘·名逋》："这不过是暂负苍生之望，稍回丹陛之心。"

乘羡：汉·桓宽《盐铁论·力耕》："故乃商贾之富，或累万金，追利乘羡之所致也。"

中眉：清·王葤亭《谢友人贺启》："铩羽南宫，方笑中眉无勇；摛毫东掖，忽欣除目有名。"

丞道：《管子·内业》："得道之人，理丞而屯泄，匈中无败。"

世卿：西汉·董仲舒《春秋繁露·王道》："观乎世卿，知移权之败。"

丹桂：唐·黄滔《寓题》："损生莫若攀丹桂，免俗无过咏紫芝。"

丹枝：唐·齐己《贻王秀才》："须教至公手，不惜付舟枝。"

吏俸：东汉·王符《潜夫论·叙录》："先益吏俸，乃可致平。"

升荣：唐·武平一《加命杜审言表》："升荣粉署，擢秀兰台。"

廷魁：南宋·王明清《挥麈前录》："何文缜亦以廷魁至鼎席。""廷魁"即状元。

延光：西汉·扬雄《长杨赋》："延光于将来，比荣乎往号。"

鸣先：唐·李端《赠赵神童》："每见先鸣早，常惊后进多。"

先绪：西晋·夏侯湛《昆弟诰》："以熙柔我家道，丕隆我先绪。"

克成：《尚书·周书·武成》："克成厥勋，诞膺天命。"

克济：《后汉书·杜诗传》："陛下亮成天工，克济大业。"

公宦：清·黄鹭来《甲戌夏至武威晤张蔚生先生喜而有赋》："公宦四十年，益复励清节。"

光乾：《嘉胙乐》："洞海周声憓，澈宇丽乾光。"

公亚：《晋书·吴录》："若滕胤为亚公，声名素重，众心所附，不可贰也。"

伦魁：南宋·周密《齐东野语·诛韩本末》："毛自知夺伦魁恩，以首论用兵故也。"

令名：南朝·宋·鲍照《行京口至竹里》："君子树令名，细人效命力。"

仕道：《论语·卫灵公》："邦有道，则仕；邦无道，则可卷而怀之。"

仕进：宋·何远《春渚纪闻·鸡人唱晓梦联诗》："后恬于仕进，官至员郎，所至以清慎称之。"

承荫：《元典章新集·吏部·承荫》："职官以礼去任例应致仕，委有一子承荫。"

德承：《尚书·周书·周官》："六服群辟，罔不承德。"

亚魁：清·蒲松龄《聊斋志异·阿霞》："是科，景落第，亚魁果王氏昌名。"

亚卿：《左传·文公六年》："先君是以爱其子而仕诸秦，为亚卿焉。"

修达：《文子·上仁》："故号令能下究，而臣情得上闻，百官修达。"

信赏：《管子·幼官》："信赏审罚，爵材禄能，则强。"

佩紫：南朝·宋·刘义庆《世说新语·言语》："吾闻丈夫处世，当带金佩紫。"

佩青：三国·吴·张俊《为吴令谢询求诸孙置守冢人表》："怀金侯服，佩青千里。"汉代御史大夫银印表绶，后借此指身为贵官。

光烈：东汉·王符《潜夫论·赞学》："凡欲显勋绩、扬光烈者，莫良于学矣。"

功庸：《周礼·夏官·司勋》："国功曰功，民功曰庸。"

质朴高洁类名字举例

取玉洁冰清之词，采落拓不羁之字来命名。运词遣字，使名字喻人的高尚品质、光明磊落、谨慎谦虚、真诚守信、勤奋进取。此类名字，质朴高洁，清新洒脱。

汉节：南宋·汪元量《居延》："一朝天气清，持节入汉国。"

国心：北宋·唐庚《自笑》："已白穷经首，仍丹许国心。"

冥隐：南宋·姜夔《永遇乐·次稼轩北固楼词韵》："楼外冥冥，江皋隐隐，认得征西路。"

寸长：战国·楚·屈原《卜居》："尺有所短，寸有所长。"

世良：南朝·宋·鲍照《代出自蓟北门行》："时危见臣节，世乱识忠良。"

金达：唐·孟郊《审交》："唯当金石交，可以贤达论。"

玉冰：唐·白居易《反白头吟》："火不热真玉，蝇不点清冰。"

惜光：南朝·梁·何逊《赠诸游旧诗》："少壮轻年月，迟暮惜光辉。"

微尘：南朝·宋·谢惠连《读书诗》："山成由一篑，崇积始微尘。"

生勤：东晋·陶潜《劝农》："民生在勤，勤则不匮。"

未然：明·何景明《种麻篇》："交结良匪易，君当图未然。"

如冰：《诗经·小雅·小旻》："战战兢兢，如履薄冰。"

行止：《诗经·小雅·车舝》："高山仰止，景行行止。"

道崇：唐·吴筠《高士咏·太伯延陵》："尊荣比蝉翼，道义侔崇山。"

方容：宋·孔平仲《送郎祖仁奉礼》："方略从容能处事，精神洒落见挥毫。"

一重：北宋·贺铸《六州歌头》："立谈中，死生同，一诺千金重。"

清介：南宋·曹冠《浪淘沙·述怀》："清介百无求，民瘼怀忧，席珍藏器效前修。"

宁直：明·王廷陈《拟矫志篇》："宁直见伐，无为曲全。"

山远：唐·齐己《自题》："挂梦山皆远，题名石尽幽。"

云觉：唐·无可《奉和段著作山居呈诸同志三首次本韵》："入雪知人远，眠云觉俗虚。"

云亭：唐·皎然《和杨明府早秋游法华寺》："清景为公有，放旷云边亭。"

复礼：《论语·颜渊》："克己复礼为仁。"

明哲：《三国志·魏书十八二·李通传》："曹公明哲，必定天下。"

寅清：《尚书·虞书·舜典》："夙夜惟寅，直哉惟清。"

超逸：《南史·阮孝绪传》："言行超逸，名氏弗传。"

鉴达：南朝·梁·任昉《〈王文宪集〉序》："若乃明练庶务，鉴达治体，悬然天得，不谋成心。"

忠信：《礼记·礼器》："忠信，礼之本也。"

犀照：《晋书·温峤传》：“世云其下多怪物，峤遂燃犀角而照之。”

坚正：《北齐书·崔昂传》：“昂有风调才识，旧立坚正刚直之名。”

执中：《尚书·虞书·大禹谟》：“惟精惟一，允执厥中。”

执信：三国·魏·嵇康《家诫》：“展季之执信，苏武之守节。”

公路：《新唐书·崔祐甫传》：“而元载用事，非贿谢不与官，划塞公路，纲纪大坏。”这里指公正之道。

清邵：《晋书·庾峻传》：“彼其清劭足以抑贪污，退让足以息鄙事。”

清望：《南史·张绪传》：“时帝欲用绪为右仆射，以问王俭。俭曰：‘绪少有清望，诚美选也。’”

守正：《史记·礼书》：“循法守正者见侮于世。”

真太：明·李时珍《本草纲目·金石一·金》：“仙方名金为太真。”

介一：《尚书·周书·秦誓》：“如有一介臣，断断猗无他技。”

一行：《韩非子·八经》：“势行教严，逆而不违，毁誉一行而不议。”

一纯：《国语·楚语下》：“以一纯、二精、三牲、四时、五色、六律、七事、八种、九祭、十日、十二辰以致之。”

一诚：《淮南子·说林》：“管子以小辱成大荣，苏秦以百诞成一诚。”

毕诚：三国·魏·嵇康《答难养生论》：“上以周孔为关键，毕志一诚；下以嗜欲为鞭策，欲罢不能。”

夷白：清·陈至言《感怀》：“姱修求匪亏，吾道在夷白。”

夷然：金·王若虚《茅先生道院记》：“而公夷然视之，神色自若。”

夷达：《资治通鉴·晋元帝太兴二年》：“以玄虚弘放为夷达，以儒术清俭为鄙俗。”

公奉：《后汉书·侯霸传》：“（霸）在位明察守正，奉公不回。”

奇表：《后汉书·李固传》：“固貌状有奇表，鼎角匿犀。”

奇彦：清·方文《宋遇民咏·林景曦德旸》：“莫知谁作者，大抵皆奇彦。”

衷坦：明·范谦《云间据目抄·朱朝贞》：“为人悃愊坦衷，然落落寡合。”

凝正：《北齐书·赵郡王琛清河王岳传赞》：“赵郡英伟，风范凝正。”

庄凝：明·宋濂《大天界寺住持孚中禅师信公塔铭》：“子性凝庄，不妄举动。”

朴凝：明·宋濂《俞先生墓碑》：“为文宏厚凝朴，丰衍不窘，人多传而

贵之。"

伯阳：《墨子·所染》："舜染于许由，伯阳。"

作达：清·黄景仁《冬夜左二招饮》："作达信有涯，生天独甘后。"

作宪：东汉·蔡邕《故太尉乔玄庙碑》："丕显伊德，作宪万邦。"

公方：《汉书·杜周传》："近谄谀之人而远公方，信谗贼之臣以诛忠良。"

公信：《慎子·威德》："书契，所以立公信也；度量，所以立公审也；法制礼籍，所以立公义也。"

博容：《后汉书·桥玄传》："（曹操）自为其文曰：故太尉桥公，懿德高轨，泛爱博容。"

厉风：《隶释·汉孝廉柳敏碑》："君清节俭约，厉风子孙。"

厉行：《吕氏春秋·离俗》："高节厉行，独乐其意。"

厉音：《后汉书·郅寿传》："厉音正色，辞旨甚切。"

厉诚：南朝·宋·颜延之《阳给事诔》："滑台之逼，厉诚固守。"

介白：明·姚士粦《见只编》："刘熙台先生，生平介白。"

介然：《荀子·修身》："善在身，介然必以自好也。"

化光：南朝·宋·鲍照《河清颂》："治博化光，民阜财盛。"

璧全：清·周亮工《书影》："广求之，始为全璧。"

恭允：《尚书·虞书·尧典》："允恭克让，光被四表，格于上下。"

允正：北宋·文莹《王壶清话》："臣闻尧舜优游严廊之上，亦万机允正。"

淳元：清·林佶《甘泉宫瓦歌》："不雕不琢归元淳。"

协正：《宋史·律历志十四》："舜协时月正日，正为积久不能无差，故协正之。"

协恭：《尚书·虞书·皋陶谟》："同寅协恭，和衷哉。"

世载：南朝·梁·任昉《为褚谘议蓁让代兄袭封表》："臣贲世载承家，允膺长德。"

世模：南朝·宋·谢灵运《山居赋》："国史以载前纪，家传以申世模。"

丙鉴：清·黄六鸿《福惠全书·升迁·迎东兖李道台》："仰祈丙鉴，无任寅恭。"

功行：唐·韩愈《科斗书后记》："天下之欲铭述其先人功行。"

力行：《礼记·中庸》："好学近乎知，力行近乎仁。"

乙正：清·俞樾《诸子平议·吕氏春秋一》："两句传写互易……当乙正。"

中允：《宋书·符瑞志上》："体正而王，中允克明。"

乘正：南朝·梁·萧绎《荐鲍几表》："伏维陛下则天纬地，乘正驭才。"

丹忱：明·林士元《倭犯钟司徒墓雷震遁去》："丹忱贯石莹俱古，赤电明心山亦苍。"

中伦：《论语·微子》："言中伦，行中虑。"

丹愚：《晋书·庾羲传》："敢缘弘政，献其丹愚。"

中行：《论语·子路》："不得中行而与之，必也狂狷乎！"

历勉：明·高攀龙《光州学正薛公以身墓志铭》"自是，无日不相过从，交相励勉。"

友仁：清·梁章钜《归田琐记·家居》："居是邦而事贤友仁，就高年而采风问俗。"

叡哲：《三国志·魏书二十四·高柔传》："允迪睿哲，敷弘大猷，光济先轨。"

平惠：《资治通鉴·魏元帝景元四年》："除其烦苛而布其平惠，为之谋主而救其疾苦。"

绪伦：南宋·朱熹《答张敬夫书》："两年来措置，不知成伦绪否？"

叙伦：清·戴名世《弘光朝伪东宫伪后及党祸纪略》："一时名流以伦叙有定。"

纪伦：清·纪昀《阅微草堂笔记·滦阳消夏录六》："伦纪所关，事干天津。"

若伦：《庄子·寓言》："始卒若环，莫得其伦。"

忠信：《论语·学而》："为人谋而不忠乎？与朋友交而不信乎？"

良平：《文选·班固〈史述赞〉之一》："爪牙信布，腹心良平。"

信诚：北宋·王安石《商鞅》："自古驱民在信诚，一言为重百金轻。"

仁朴：西汉·董仲舒《春秋繁露·三代改制质文》："其道佚阳，亲亲而多仁朴。"

仁泽：《三国志·吴书八·薛综传》："岂悟圣朝，仁泽流盈"。

仁谨：清·吴伟业《虞兮》："千夫辟易楚重瞳，仁谨居然百战中。"

体仁：《吕氏春秋·长攻》："饥而不食，非仁体也。"

化淳：《隋书·音乐志下》："功高德重，政谧化淳。"

令则：唐·刘禹锡《代慰义阳公主薨表》："伏以公主妍姿令则，冠绝天人。"

令达：南朝·宋·刘义庆《世说新语·品藻》："谢仁祖何如？曰：清易令达。"

令闻：东晋·陶潜《晋故征西大将军长史孟府君传》："君清蹈衡门，则令闻孔昭。"

刚乾：《汉书·谷永传》："奋乾刚之威，平天覆之施。"

儒厚：《新唐书·关播传》："其儒厚可镇浮动。"

伦质：《逸周书·武纪》："国有本，有干，有权，有伦质，有枢体。"

修仁：《孔丛子·陈士义》："当今所急，在修仁尚义。"

文学美辞类名字举例

此类名字的词义美，有意境，活泼清新，多是从汉赋、唐诗、宋词、元曲等优美的诗文和成语中撷摘出来的，具有强烈的个性化色彩和美学意味，给人以清高脱俗、隽雅飘逸的感觉。

林山、天海：唐·刘昚虚《暮秋扬子江寄孟浩然》："林山相晚暮，天海空青苍。"

天和：唐·储光曦《泛茅山东溪》："而我任天和，此时聊动息。"

之濡：唐·杜甫《北征》："雨露之所濡，甘苦齐结实。"

雨春：唐·杜甫《春夜喜雨》："好雨知时节，当春乃发生。"

言胜：唐·刘禹锡《秋词二首·其一》："自古逢秋悲寂寥，我言秋日胜春朝。"

垂杨：唐·刘禹锡《杨柳枝》："城东桃李须臾尽，争似垂杨无限时。"

浩渺：唐·贾岛《登江亭晚望》："浩渺浸云根，烟岚没远村。"

天星：唐·李贺《天上谣》："天河夜转漂回星，银浦流云学水声。"

鸥飞：唐·杜牧《汉江》："溶溶漾漾白鸥飞，绿净春深好染衣。"

轮玉：北宋·黄庭坚《念奴娇·断虹霁雨》："万里青天，姮娥何处，驾此一轮玉。"

海升：唐·张九龄《望月怀远》："海上生明月，天涯共此时。"

疏林：唐·赵嘏《越中寺居》："迟客疏林下，斜溪小艇通。"

忆南：唐·白居易《忆江南》："日出江花红胜火，春来江水绿如蓝，能不忆江南？”

征鸿：宋·孙光宪《浣溪沙·蓼岸风多橘柚香》：“目送征鸿飞杳杳，思随流水去茫茫。”

林簇：北宋·柳永《迷神引》：“烟敛寒林簇，画屏展。天际遥山小，黛眉浅。”

霜秋：宋·叶梦得《水调歌头·九月望日与客习射西园余偶病不能射》：“霜降碧天静，秋事促西风。”

波浩：宋·李清照《怨王孙》：“湖上风来波浩渺。”

无云：北宋·苏轼《念奴娇·中秋》：“凭高眺远，见长空万里，云无留迹。”

金波：南宋·辛弃疾《太常引·建康中秋夜为吕叔潜赋》：“一轮秋影转金波，飞镜又重磨。”

波滴：南宋·史达祖《喜迁莺》：“月波疑滴，望玉壶天近，了无尘隔。”

孤帆：南宋·吴潜《水调歌头·焦山》：“天际孤云来去，水际孤帆上下。”

物华：南宋·方岳《一剪梅·客中新雪》：“谁剪轻琼做物华。”

渺空：南宋·吴文英《八声甘州·陪庾幕诸公游灵岩》：“渺空烟四远。”

龙吟：唐·李白《梦游天姥吟留别》：“熊咆龙吟殷岩泉，栗深林兮惊层巅。”

过雨：南宋·张炎《浪淘沙·寒食不多时》：“浅碧分山初过雨，一霎晴晖。”

草青：北宋·苏舜钦《淮中晚泊犊头》：“春阴垂野草青青，时有幽花一树明。”

水枕：北宋·苏轼《六月二十七日望湖楼醉书五绝·其二》：“水枕能令山俯仰，风船解与月徘徊。”

溢寒：北宋·苏轼《中秋月》：“暮云收尽溢清寒，银汉无声转玉盘。”

霁光：北宋·秦观《春日》：“一夕轻雷落万丝，霁光浮瓦碧参差。”

紫阳：宋·唐庚《栖禅暮归书所见二首·其二》：“草青仍过雨，山紫更斜阳。”

悟天：宋·韩驹《夜泊宁陵》：“茫然不悟身何处，水色天光共蔚蓝。”

天野：《乐府诗集·敕勒歌》：“天苍苍，野茫茫，风吹草低见牛羊。”

翔风：三国·魏·阮籍《咏怀八十二首·其七十》：“翔风拂重霄，庆云招所晞。”

月满、萤飞、秋萤：唐·王绩《秋夜喜遇王处士》：“相逢秋月满，更值

夜萤飞。”

鹊飞：唐·上官仪《入朝洛堤步月》：“鹊飞山月曙，蝉噪野风秋。”

露葵：唐·王维《积雨辋川庄作》：“山中习静观朝槿，松下清斋折露葵。”

碧丝：唐·李白《春思》：“燕草如碧丝，秦桑低绿枝。”

含烟、月素：唐·李白《长相思》：“日色已尽花含烟，月明欲素愁不眠。”

月波、云舒、纤云：唐·韩愈《八月十五夜赠张功曹》：“纤云四卷天无河，清风吹空月舒波。”

云霞、海露、梅柳：唐·杜审言《和晋陵陆丞早春游望》：“云霞出海曙，梅柳渡江春。”

夕佳：东晋·陶潜《饮酒·其五》：“山气日夕佳，飞鸟相与还。”

蝉吟：北宋·苏轼《溪阴堂》：“白水满时双鹭下，绿槐高处一蝉吟。”

烟霞、溪霞：宋·释斯植《山家》：“一溪流水绕烟霞，路入青松第几家。”

微云：北宋·秦观《满庭芳·山林微云》：“山抹微云，天连衰草。”

秋韵：北宋·欧阳修《玉楼春·别后不知君远近》：“夜深风竹敲秋韵。”

林静、林幽：南朝·梁·王籍《入若耶溪》：“蝉噪林逾静，鸟鸣山更幽。”

山宇：东晋·陶潜《时运》：“山涤余霭，宇暧微霄。”

影春、影碧：唐·宋之问《初至崖口》：“气冲落日红，影入春潭碧。”

杨青、柳青：唐·王之涣《送别》：“杨柳东风树，青青夹御河。”

紫烟：唐·李白《望庐山瀑布》：“日照香炉生紫烟，遥看瀑布挂前川。”

霏微：唐·杜甫《曲江对酒》：“苑外江头坐不归，水精宫殿转霏微。”

静霏：唐·韩愈《山石》：“夜深静卧百虫绝，清月出岭光入扉。”

晴云、云絮、如絮：唐·韩愈《晚寄张十八助教周郎博士》：“晴云如擘絮，新月似磨镰。”

晴雪、望雪、溪云：唐·贾岛《雪晴晚望》：“倚仗望晴雪，溪云几万重。”

夏莺、萍锦：唐·杜牧《齐安郡后池绝句》：“菱透浮萍绿锦池，夏莺千啭弄蔷薇。”

草茵、燕飞：唐·唐彦谦《无题十首·其一》：“细草铺茵绿满堤，燕飞晴日正迟迟。”

采莲：唐·李康成《采莲曲》：“采莲去，月没春江曙。”

菡香：唐·皇甫松《采莲子》：“菡萏香连十顷陂，小姑贪戏采莲迟。”

青梅、如眉、柳眉：北宋·欧阳修《阮郎归·南园春半踏青时》：“青梅如豆柳如眉，日长蝴蝶飞。”

芦笛：南唐·李煜《望江南》：“芦花深处泊孤舟，笛在月明楼。”

碧云：北宋·范仲淹《苏幕遮·怀旧》：“碧云天，黄叶地，秋色连波，波上寒烟翠。”

画秋：北宋·柳永《倾杯·鹜落霜洲》：“鹜落霜洲，雁横烟渚，分明画出秋色。”

胧月：宋·李冠《蝶恋花·春暮》：“朦胧淡月云来去。”

疏萤：北宋·晁端礼《绿头鸭·咏月》：“疏萤时度，乌鹊正南飞。”

晴岚：北宋·周邦彦《渡江云·小石》：“晴岚低楚甸，暖回雁翼，阵势起平沙。”

翠陌、平莎、金浅：南宋·陈亮《水龙吟·春恨》：“春归翠陌，平莎茸嫩，垂杨金浅。”

花雨、红素：南宋·李好古《谒金门·花过雨》：“花过雨，又是一番红素。”

沁碧、飘红：南宋·吴文英《扫花游·送春古江村》：“水园沁碧，骤夜雨飘红。”

璧月、黛云：南宋·刘辰翁《永遇乐·璧月初晴》：“璧月初晴，黛云远淡。”

梦回、碧桃：南宋·周密《大圣乐·东园饯春即席分题》：“渐午阴、帘影移香，燕语梦回，千点碧桃吹雨。”

白虹、瑶玉：北宋·陈师道《十七日观潮》：“漫漫平沙走白虹，瑶台失手玉杯空。”

静芳：南宋·范成大《余杭》：“春晚山花各静芳，从教红紫送韶光。”

紫薇：南宋·周必大《入直召对选德殿赐茶而退》：“月钩初上紫薇花。”

江碧、山青：唐·杜甫《绝句二首·其二》：“江碧鸟逾白，山青花欲燃。”

云佳：元·张养浩《双调·雁儿落兼得令》：“云来山更佳，云去山如画。”

清婉：《诗经·郑风·野有蔓草》：“有美一人，清扬婉兮！”

处世态度类名字举例

人们的处世态度往往要通过各种途径自觉或不自觉地表现出来，特别是在起名字上，也会表明自己的处世态度：或愤世嫉俗，倔强自立；或超脱世俗，洁身自好；或明知世故，练达人情，不一而足。

绝尘：东晋·陶潜《归园田居五首·其二》："白日掩荆扉，虚室绝尘想。"

庆云：三国·魏·阮籍《咏怀八十二首·其四十》："飘若风尘逝，忽若庆云晞。"

霁欣：明·洪应明《菜根谭》："疾风怒雨，禽鸟戚戚；霁日光风，草木欣欣。"

点梅：南宋·翁森《四时读书乐·冬》："读书之乐何处寻，数点梅花天地心。"

洁己：清·陈炳《杂诗》："端人贵洁己，宁使霜露侵。"

伊余：东晋·陶潜《答庞参军》："伊余怀人，欣德孜孜。"

神萍、时雨、景风：东晋·陶潜《五月旦作和戴主簿》："神萍写时雨，晨色奏景风。"

信芳：战国·楚·屈原《离骚》："不吾知其亦已兮，苟余情其信芳。"

适情：三国·魏·阮籍《咏怀八十二首·其三十》："夸名不在己，但愿适中情。"

抱朴：明·洪应明《菜根谭》："抱朴守拙，涉世之道。"

玉韫：明·洪应明《菜根谭》："君子之才华，玉韫珠藏，不可使人易知。"

煦育：明·洪应明《菜根谭》："念头宽厚的，如春风煦育，万物遭之而生。"

虚圆：明·洪应明《菜根谭》："建功立业者，多虚圆之士；偾事失机者，必执拗之人。"

肩鸿：明·洪应明《菜根谭》："故君子要聪明不露，才华不逞，才有肩鸿任巨的力量。"

舒徐：明·洪应明《菜根谭》："富贵名誉自道德来者，如山林中花，自是舒徐繁衍。"

成城、铄金：《国语周语下》："众心成城，众口铄金。"

鸿飞：唐·杜甫《寄韩谏议注》："鸿飞冥冥日月白，青枫叶赤天雨霜。"

矫鸥：东晋·陶潜《游斜川》：“弱湍驰文鲂，闲谷矫鸣鸥。”

独奇：东晋·陶潜《饮酒·其八》：“连林人不觉，独树众乃奇。”

陌尘：东晋·陶潜《杂诗十二首·其一》：“人生无根蒂，飘如陌上尘。”

中正：战国·楚·屈原《离骚》：“耿吾既得此中正。”

若木：战国·楚·屈原《离骚》：“折若木以拂日兮，聊逍遥以相羊。”

高亭：明·吴伟业《菩萨蛮》：“欲上最高亭，远山无数横。”

乐知：北宋·王安石《明妃曲二首·其二》：“人生乐在相知心。”

清欢：北宋·苏轼《浣溪沙·元丰七年十二月二十四日从泗州刘倩叔游南山》：“人间有味是清欢。”

泽游：东晋·陶潜《归园田居五首·其四》：“久去山泽游，浪莽林野娱。”

云汉：唐·李白《月下独酌四首·其一》：“永结无情游，相期邈云汉。”

凌翔：唐·韦应物《郡斋雨中与诸文士燕集》：“神欢体自轻，意欲凌风翔。”

澹虑：唐·韦应物《东郊》：“杨柳散和风，青山澹吾虑。”

晓耕：唐·柳宗元《溪居》：“晓耕翻露草，夜榜响溪石。”

啸傲：南宋·陆游《鹧鸪天·家住苍烟落照间》：“贪啸傲，任衰残。不妨随处一开颜。”

若尘、天悠：三国·魏·阮籍《咏怀八十二首·其三十二》：“人生若尘露，天道邈悠悠。”

陶然：唐·李白《下终南山过斛斯山人宿置酒》：“我醉君复乐，陶然共忘机。”

清川、去闲：唐·王维《归嵩山作》：“清川带长薄，车马去闲闲。”

归远：唐·刘长卿《送灵澈上人》：“荷笠带斜阳，青山独归远。”

梦蝶：元·马致远《双调·夜行船·秋思》：“百岁光阴一梦蝶，重回首往事堪嗟。”

琼瑶：《诗经·卫风·木瓜》：“投我以木桃，报之以琼瑶。”

嫣然、嫣笑：宋·汪藻《春日》：“桃花嫣然出篱笑，似开未开最有情。”

心水：南宋·赵师秀《呈蒋薛二友》：“无欲自然心如水，有营何止事如毛。”

怡悦：唐·孟浩然《秋登兰山寄张五》：“北山白云里，隐者自怡悦。”

雨微：东晋·陶潜《和胡西曹示顾赋曹》：“重云蔽白日，闲雨纷微微。”

水柔、望水：唐·宋之问《江亭晚望》：“望水知柔性，看山欲断魂。”

寒艳、千林：南宋·张炎《绮罗香·红叶》："万里飞霜，千林落木，寒艳不招春妒。"

方怡：宋·黄公度《道间即事》："方寸怡怡无一事。"

飘然：唐·杜甫《春日忆李白》："白也诗无敌，飘然思不群。"

依依、语依：唐·王维《渭川田家》："田夫荷锄至，相见语依依。"

雨佳、雨诗：宋·李清照《摊破浣溪沙·病起萧萧两鬓华》："枕上诗书闲处好，门前风景雨来佳。"

梅英、疏梅：北宋·秦观《望海潮·洛阳怀古》："梅英疏淡，冰澌溶泄，东风暗换年华。"

韶华：北宋·秦观《江城子·西城杨柳弄春柔》："韶华不为少年留，恨悠悠，几时休!"

无双、双艳、一香：唐·皮日休《牡丹》："竞夸天下无双艳，独立人间第一香。"

益闲：唐·李白《望庐山瀑布水二首·其一》："而我乐名山，对之心益闲。"

自正、心平、亦平：唐·孟郊《游终南山》："山中人自正，路险心亦平。"

君秀：唐·李商隐《题小松》："怜君孤秀植庭中，细叶轻阴满座风。"

熹微：东晋·陶潜《归去来兮辞》："问征夫以前路，恨晨光之熹微。"

逢爽、月明：明·冯梦龙《醒世恒言》："人逢喜事精神爽，月到中秋分外明。"

心然：南宋·张孝祥《西江月·题溧阳三塔寺》："世路如今已惯，此心到处悠然。"

幽眠：唐·韦应物《秋夜寄邱员外》："空山松子落，幽人应未眠。"

豪英：北宋·苏轼《南歌子·再用前韵》："求田问舍笑豪英，自爱湖边沙路免泥行。"

雨笠、笠烟：民国·苏曼殊《寄调筝人》："雨笠烟蓑归去也"。

疏蝉：明·李日华《暮憩池溪公馆》："停车问村酒，倚树听疏蝉。"

古苑、冷翠：南宋·吴文英《祝英台近·春日客龟溪游废园》："采幽香，巡古苑，竹冷翠微路。"

惜芳：北宋·欧阳修《减字木兰花》："爱惜芳时，莫待无花空折枝。"

殊雨、殊风：三国·魏·曹植《泰山梁甫行》："八方各异气，千里殊风雨。"

宜静：明·洪应明《菜根谭》："君子宜净拭冷眼，慎勿轻动刚肠。"

守逸：明·洪应明《菜根谭》："栖恬守逸之味，最淡亦最长。"

兴迈：明·洪应明《菜根谭》："读书于风雪之夜，使人神清；舒啸于丘阜之巅，使人兴迈。"

静延：清·王永彬《围炉夜话》："淡中交耐久，静里寿延长。"

丽泽：《周易·兑》："丽泽，兑；君子以朋友讲习。"

乐胥：《诗经·小雅·桑扈》："君子乐胥，受天之祜。"

习之：《论语·学而》："学而时习之，不亦说乎？"

巨获：《管子·宙合》："成功之术，必有巨获。"

逊志、时敏：《尚书·商书·说命下》："惟学逊志，务时敏，厥修乃来。"

三秋：《诗经·王风·采葛》："一日不见，如三秋兮。"

沙鸥：唐·杜甫《旅夜书怀》："飘飘何所似？天地一沙鸥。"

愚益、守愚、博广：西汉·刘向《说苑·敬慎》："聪明睿智而守以愚者益，博闻多记而守以浅者广。"

若愚：北宋·苏轼《贺欧阳少师致仕启》："大勇若怯，大智若愚。"

路崎、让功：明·洪应明《菜根谭》："人情反复，世路崎岖。行不去处，须知退一步之法；行得去处，务加让三分之功。"

子泰：《论语·子路》："君子泰而不骄，小人骄而不泰。"

东菊、晓清：唐·白居易《咏菊》："耐寒唯有东篱菊，金粟初开晓更清。"

相有：《荀子·大略》："匹夫不可不慎取友。友者，所以相有也。"

介然：《荀子·修身》："善在身，介然必以自好也。"

谦冲：清·张廷玉《杂兴·其一》："盛满易为灾，谦冲恒受福。"

石坚、素诚：南朝·宋·鲍照《拟古八首·其八》："石以坚为性，君勿惭素诚。"

乐佳：清·阮葵生《茶余客话》："为善最乐，读书便佳。"

任心：清·申居郧《西岩赘语》："行事不可任心，说话不可任口。"

学昂：北宋·杨时《二程粹言·论学篇》："学必激昂自进，不至于成德不敢安也。"

潜润：东晋·葛洪《抱朴子·微旨》："与善人游，如行雾中；虽不濡湿，潜自有润。"

影端：汉·桓宽《盐铁论·疾贪》："欲影正者端其表"。

本立：《论语·学而》："君子务本，本立而道生。"

硕人：《诗经·卫风·考槃》："考槃在涧，硕人之宽，独寐寤言，永矢弗谖。"

孜思：《尚书·虞书·益稷》："予思日孜孜。"

肇修：《尚书·商书·伊训》："先王肇修人纪。"

木强：《史记·绛侯周勃世家》："勃为人木强敦厚。"

进文：《礼记·乐记》："故礼主其减，乐主其盈，礼减而进，以进为文。"

哲理宗教类名字举例

有些人对宗教寄予期望和感情，从而通过名字来表达自己对宗教的虔诚或追求。

禅心：唐·李嘉祐《题道虔上人竹房》："诗思禅心共竹闲，任他流水向人间。"

净理：唐·丘为《寻西山隐者不遇》："虽无宾主意，颇得清净理。"

胜因：唐·岑参《与高适、薛据登慈恩寺浮图》："净理了可悟，胜因夙所宗。"

潜心、若应：唐·韩愈《谒衡岳庙遂宿岳寺题门楼》："潜心默祷若有应，岂非正直能感通？"

修龄、养志、冲虚：三国·魏·阮籍《咏怀八十二首·其四十一》："列仙停修龄，养志在冲虚。"

洗凡、忘尘：宋·朱敦儒《念奴娇·垂虹亭》："洗尽凡心，相忘尘世，梦想都销歇。"

玄通：三国·魏·阮籍《咏怀八十二首·其七十七》："招彼玄通士，去来归羡游。"

若水：春秋·老子《道德经》："上善若水。水善利万物而不争。"

善仁、善信、善治、善能：春秋·老子《道德经》："居善地，心善渊，与善仁，言善信，正善治，事善能，动善时。"

知智、自明：春秋·老子《道德经》："知人者智，自知者明。"

若镜：《庄子·应帝王》："至人之用心若镜。"

妙心：《宋史·岳飞传》："运用之妙，存乎一心。"

静明、心静：《庄子·天道》："水静犹明，而况精神！圣人之心静乎！"

静幻、清境：南宋·李曾伯《青玉案·癸未道间》："峰回路转，月明人静，幻出清凉境。"

山悦、空心：唐·常建《题破山寺后禅院》："山光悦鸟性，潭影空人心。"

得闲：唐·李涉《题鹤林寺僧舍》："因过竹院逢僧话，又得浮生半日闲。"

云心：唐·熊孺登《送僧游山》："云身自在山山去，何处灵山不是归？"

禅意、忘言：唐·刘长卿《寻南溪常山道人隐居》："溪花与禅意，相对亦忘言。"

静澄、闲容：明·洪应明《菜根谭》："静中念虑澄澈，见心之真体；闲中气象从容，识心之真机；淡中意趣冲夷，得心之真味。观心证道，无如此三者。"

三乐：明·陈继儒《小窗幽记》："闭门阅佛书，开门接佳客，出门寻山水，此人生三乐。"

静悟、化机：清·王永彬《围炉夜话》："静能生悟，即鸟啼花落，都是化机。"

开悟：《法华经·序品》："照明佛法，开悟众生。"

羽吉、羽仪：《周易·渐》："鸿渐于陆，其羽可用为仪，吉。"

雷行、无妄：《周易·无妄》："天下雷行，物与无妄。"

天极：《诗经·唐风·鸨羽》："悠悠苍天，曷其有极？"

心空：明·洪应明《菜根谭》："故君子事来而心始现，事去而心随空。"

安禅：唐·王维《过香积寺》："薄暮空潭曲，安禅制毒龙。"

无极：春秋·老子《道德经》："复归于无极。"

佑天：《周易·系辞上》："祐者，助也。天之所助者，顺也；人之所助者，信也。"

泽风：《周易·中孚》："泽上有风，中孚。"

中孚：《周易·中孚》："中孚，柔在内而刚得中。"

灵均、正则：战国·楚·屈原《离骚》："名余曰正则兮，字余曰灵均。"

念善、知惠：《六祖坛经·忏悔品第六》："一念善，知惠即生。"

本净、真如：《六祖坛经·坐禅品第五》："人性本净，为妄念故，盖覆真如。离妄念，本性净。"

妙德、心源：南唐·静筠二禅师《祖堂集》：“夫百千法门，同归方寸，河沙妙德，总在心源。”

虚旷：南唐·静筠二禅师《祖堂集》“大道虚旷，绝思绝虑。”

净智、妙圆：南唐·静筠二禅师《祖堂集》菩提达摩语录：“净智妙圆，体自空寂。如是功德，不以世求。”

心若、一如：隋·僧璨《信心铭》：“心若不异，万法一如。”

山妙、妙峰、水妙、妙风：唐·张锡《幽梦续影》：“山之妙在峰回路转，水之妙在风起波生。”

忘名：南北朝·颜之推《颜氏家训·名实》：“上士忘名，中士立名，下士窃名。”

玄冰：东晋·葛洪《抱朴子·广譬》：“玄冰未结，白雪不积，则青松之茂不显。”

一诚：明·朱之瑜《诚诚二首》：“修身处世，一诚之外更无余事。”

姿容美好类名字举例

以代表女性美丽、俊秀的字来命名，秀雅动人，娇媚妖娆。用名字喻出水芙蓉、羞花闭月的容貌。

红苏：北宋·王安石《杏园即事》：“蟠桃移种杏园初，红抹燕脂嫩脸苏。”

悦姝：唐·白居易《秦中吟·议婚》：“人间无正色，悦目即为姝。”

丽姝：南宋·王炎《南柯子》：“当垆有丽姝。”

娅娆：南宋·陆游《春愁曲》：“蜀姬双鬟娅姹娇，醉看恐是海棠妖。”

妙妍：南朝·宋·颜延之《三月三日曲水诗序》：“妍歌妙舞之容，衔组树羽之器。”

童媛：南朝·梁·萧绎《采莲赋》：“于是妖童媛女，荡舟心许。”

歌妍：汉·乐府古辞《古妍歌篇》：“妍歌展妙声，发曲吐令辞。”

盈盈、玉凝：南朝·宋·刘铄《白纻曲》：“仙仙徐动何盈盈，玉腕俱凝若云行。”

容楚：北宋·柳永《木兰花》：“心娘自小能歌舞，举意动容皆济楚。”

云翩：清·徐石麒《意难忘·美人舞》：“长袖翩跹，惯迷云弄月。”

倩巧：《诗经·卫风·硕人》：“齿如瓠犀，螓首蛾眉，巧笑倩兮，美目盼兮。”

含芳：三国·魏·曹丕《善哉行》：“哀弦微妙，清气含芳。”

姝妙：北魏·荀济《赠阴梁州诗》：“缶瑟多奇调，秦赵饶姝妙。”

蓉姿：唐·李白《古风·其四十九》：“美人出南国，灼灼芙蓉姿。”

玉琼：宋·赵长卿《南歌子》：“玉肌琼艳本无尘，肯把铅华容易，污天真。”

丽影：南朝·梁·刘孝威《苦暑诗》：“月丽姮娥影，星含织女光。”

红越：唐·李贺《南园十三首·其一》：“花枝草蔓眼中开，小白长红越女腮。”

亭丰：清·叶申芗《凤凰台上忆吹箫·白芍药》：“素魄笼烟，丰肤腻雪，亭亭立春风。”

丽娆：唐·郑谷《海棠》：“秾丽最宜新著雨，娇娆全在欲开时。”

若丝：唐·顾况《山径柳》：“宛转若游丝，浅深栽绿崦。”

芳姿：唐·孟郊《宇文秀才斋中海柳咏》：“玉缕青葳蕤，结为芳树姿。”

红绮：清·计默《和汪钝翁姑苏杨柳枝词二首·其一》：“红桥绮陌柳阴浓，历乱飞花类转蓬。”

珊影、珊珊：清·李雯《画堂春·秋柳》：“长条梳尽影珊珊，烟啼露冷风寒。”

妍华：北宋·陈师道《题柱二首·其一》：“主恩不与妍华尽，何限人间失意人。”

红暮：南宋·杨万里《读退之李花诗》：“近红暮看失燕支，远白宵明雪色奇。”

秀馨：南宋·叶适《题柳山人壁二首·其一》：“掩肆花竹秀，排门柑橘馨。”

丹秀、迎丹：北宋·孔平仲《西行》：“荞花着雨相争秀，枣颊迎阳一半丹。”

凝艳：唐·李绅《北楼樱桃花》：“凝艳拆时初照日，落英频处乍闻莺。”

颜玉：汉·无名氏《燕赵多佳人》：“燕赵多佳人，美者颜如玉。”

亭如：三国·魏·曹丕《杂诗二首·其二》：“西北有浮云，亭亭如车盖。”

丹衍：西晋·左思《娇女诗》：“浓朱衍丹唇，黄吻澜漫赤。”

艳姝：唐·李濯《广达楼赋》：“下金屋之仙伎，出琼楼之艳姝。”

容艳：东晋·葛洪《抱朴子·博喻》：“是以嫫母宿瘤，恶见西施之艳容。”

靓艳：清·洪昇《长生殿·情悔》：“想想当日那态娉婷，想想当日那妆艳靓。”

玉清：唐·李亢《独异志》：“太白星窃织女侍儿梁玉清、卫承庄逃入卫城少仙洞。”

玉艳：唐·李商隐《天平公座中呈令狐令公时蔡京在坐京曾为僧徒故有第五句》：“更深欲诉蛾眉敛，衣薄临醒玉艳寒。”

英媛：东汉·王粲《闲邪赋》：“夫何英媛之丽女，貌洵美而艳逸。”

逸娇：《孔雀东南飞》：“娇逸未有婚。”

阿娇：元·陶宗仪《南村辍耕录》：“关中以儿女为阿娇。”

芳卿：元·王实甫《西厢记》：“百拜奉书芳卿可人妆次。”

若丹：明·李时珍《本草纲目·果二·安石榴》：“若木乃扶桑之名，榴花丹赪似之，故亦有丹若之称。”

丹颊：唐·许浑《和李相国》：“霜合凝丹颊，风披敛素襟。”

丰妍：元·辛文房《唐才子传·李群玉》：“诗笔遒丽，文体丰妍。”

丰毅：元·韩玉《水调歌头·上辛幼安生日》：“丰神英毅，端是天上谪仙人。”

丰颜、丰容：南朝·梁·沈约《少年新婚为之咏诗》：“丰容好姿颜，便僻工言语。”

丰仪：唐·元稹《莺莺传》：“性温茂，美丰仪。”

丰韵：元·张寿卿《红梨花》：“见如今节遇三春，都不如洛阳丰韵。”

丰秀：清·洪昇《长生殿·定情》：“昨见宫女杨玉环，德性温和，丰姿秀丽。”

倩倩：唐·杜甫《风疾舟中伏枕书怀三十六韵奉呈湖南亲友》：“披颜争倩倩，逸足竞骎骎。”

倩娇：明·蘅芜室《再生缘》：“想着你一言一字皆都雅，微笑微颦总倩娇。”

倩桃：清·纳兰性德《菩萨蛮》：“朔风吹散三更雪，倩魂犹恋桃花月。”

秀群：东晋·陶潜《闲情赋》：“夫何瑰逸之令姿，独旷世以秀群。”

卓立：南朝·梁·刘勰《文心雕龙·诔碑》：“清词转而不穷，巧义出而卓立。”

南威：《战国策·魏策二·梁王魏婴觞诸侯于范台》：“晋文公得南之

威，三日不听朝，遂推南之威而远之，曰：‘后世必有以色亡其国者。’”

雪妍：南朝·宋·鲍照《咏白雪诗》：“白圭诚自白，不如雪光妍。”

妙丽：《汉书·外戚传上·孝武李夫人传》：“平阳主因言延年有女弟，上乃召见之，实妙丽善舞。”

丽姚：《荀子·非相》：“莫不美丽姚冶，奇衣妇饰。”

清婉：《诗经·郑风·野有蔓草》：“有美一人，清扬婉兮。”

柔曼：《隋书·后妃传》：“甘心柔曼之容，罔念幽闲之操。”

容华：《聊斋志异·狐嫁女》：“翠凤明珰，容华绝世。”指美丽的容貌。

翠频：明·许浑《观章中丞夜按歌舞》：“歌扇初移翠黛颦”。

皙洁：《乐府诗集·陌上桑》：“为人洁白皙。”

玉容：唐·姚合《咏云》：“怜君翠染双蝉鬓，镜里朝朝近玉容。”

其颀：《诗经·卫风·硕人》：“硕人其颀。”

婉丽：《晋书·段丰妻慕容氏传》：“姿容婉丽，服饰光华。”

润樱：唐·张宪《太真明皇并笛图》：“露湿樱唇金缕长”。

妙龄：北宋·苏轼《苏潜圣挽词》：“妙龄驰誉百夫雄，晚节忘怀大隐中。”

修嫮：清·薛福成《庸庵笔记·幽怪一·狐仙谈历代丽人》：“以上共六十二人，或端重，或明艳，或修嫮，或澹雅，各有所宜。”

修丽：东晋·葛洪《抱朴子·行品》：“士有颜貌修丽，风表闲雅……”

容曼：清·徐珂《冯婉贞》：“女婉贞，年十九，姿容妙曼。”

丽佳：战国·楚·屈原《九章·抽思》：“好姱佳丽兮，牉独处此异域。”

妍佳：南朝·梁·萧衍《阊阖篇》：“西汉本佳妍，金马望甘泉。”

光艳：清·蒲松龄《聊斋志异·邵女》：“见二八女郎，光艳溢目，停睇神驰。”

光莹：北宋·王安石《东方朔》：“金玉本光莹，泥沙岂能堙。”

月眉：南唐·冯延巳《清平乐·雨晴烟晚》：“黄昏独倚朱阑，西南新月眉弯。”

玉冰：北宋·苏轼《洞仙歌·冰肌玉骨》：“冰肌玉骨，自清凉无汗。”

夷光：东晋·王嘉《拾遗记》：“越又有美女二人，一名夷光，一名修明，以贡于吴。”

凝酥：清·陈维崧《解语花·咏美人捧茶和王元美韵》：“沉备亭婢，只领略凝酥佳丽。”

妙凝：唐·元稹《见人咏韩舍人新律诗因有戏赠》：“轻新便妓唱，凝妙

入僧禅。"

曼泽： 战国·楚·屈原《大招》："曼泽怡面，血气盛只。"

温情娴淑类名字举例

遣含情盈意之词，使名字带有女子温情脉脉、依恋缠绵的特点，给人以委婉贞娴、情思牵萦的感觉。

依含： 唐·李商隐《离亭赋得折杨柳二首·其二》："含烟惹雾每依依，万绪千条拂落晖。"

妙意： 宋·汪卓《念奴娇·词韵》："击残如意，妙语飞华雪。"

梦君： 东汉·徐淑《答秦嘉诗》："思君兮感结，梦想兮容辉。"

盈脉： 汉·佚名《迢迢牵牛星》："盈盈一水间，脉脉不得语。"

红春： 唐·王维《相思》："红豆生南国，春来发几枝。"

凝妆： 唐·王昌龄《闺怨》："闺中少妇不曾愁，春日凝妆上翠楼。"

相忆： 东晋·桃叶《答王团扇歌》："与郎却暄暑，相忆莫相忘。"

乐殷： 东晋·王献之《桃叶歌三首·其二》："相怜两乐事，独使我殷勤。"

丹比： 三国·魏·阮籍《咏怀八十二首·其十二》："比翼共翱翔，丹青着明誓。"

红槿： 唐·元稹《古决绝词三首·其一》："乍可为天上牵牛织女星，不愿为庭前红槿枝。"

含碧： 唐·卢仝《自君之出矣》："风含霜月明，水泛碧天色。"

君玉： 唐·卢仝《自君之出矣》："环是妾之心，玉是君之德。"

月满： 唐·张九龄《赋得自君之出矣》："思君如满月，夜夜减清辉。"

殷红： 唐·韩氏《题红叶》："殷勤谢红叶，好去到人间。"

凝睇： 宋·关咏《迷仙引》："独自个凝睇，暮云暗，遥山翠。天色无情，四远低垂淡如水。"

柔佳： 北宋·秦观《鹊桥仙》："柔情似水，佳期如梦，忍顾鹊桥归路。"

春染： 南宋·姜夔《踏莎行·自沔东来丁未元日至金陵江上感梦而作》："夜长争得薄情知，春初早被相思染。"

凝脉： 南宋·卢祖皋《望江南》："花下意，脉脉有谁知。试把花梢和恨数，因看蝴蝶著双飞，凝扇立多时。"

曼睇： 南朝·梁·刘孝仪《和咏舞诗》："低钗依促管，曼睇入繁弦。"

云暖：明·陈子龙《天仙子》："豆蔻梢头春雨瘦，云腻暖金灯下溜。"

芳映：北宋·王安石《沟上梅花欲发》："亭亭背暖临沟处，脉脉含芳映雪时。"

金映：唐·白居易《杨柳枝词》："何似东都正二月，黄金枝映洛阳桥。"

轻漠：唐·李商隐《柳》："江南江北雪初消，漠漠轻黄惹嫩条。"

若青：唐·雍裕之《江边柳》："袅袅古堤边，青青一树烟。若为丝不断，留取系郎船。"

清含：唐·李商隐《柳》："清明带雨临官道，晚日含风拂野桥。"

如梦、暮春：清·江声《柳絮次陶庵韵》："茫茫如梦复如尘，时逐游丝送暮春。"

红梅：北宋·苏轼《李》："不及梨英软，应惭梅萼红。"

江云：北宋·苏轼《舟行至清远县见顾秀才极谈惠州风物之美》："江云漠漠桂花湿，海雨翛翛荔子然。"

芳许：清·陈维崧《祝英台近·咏橘》："莲儿心苦，都让尔，甘芳如许。"

陆怀：清·陈维崧《祝英台近·咏橘》："小陆怀中，数颗偏怜汝。"

翠含：北宋·张耒《夏日三首·其三》："幽花避日房房敛，翠树含风叶叶香。"

蔓如：南朝·齐·谢朓《王孙游》："绿草蔓如丝，杂树红英发。"

君缨：南朝·梁·沈约《新安江至清浅深见底贻京邑同好》："愿以潺湲水，沾君缨上尘。"

妙年：唐·储光羲《秋庭贻马九》："妙年一相得，白首定相亲。"

婵媛：战国·楚·屈原《九章·哀郢》："心婵媛而伤怀兮，眇不知其所跖。"

黛云：唐·岑参《刘相公中书江山画障》："粉白湖上云，黛青天际峰。"

卉苏：唐·郑畋《禁直和人饮酒》："卉醴陀花物外香，清浓标格胜椒浆。"

凝盼：明·叶宪祖《鸾锟记·合潜》："千里觅才人，使我频凝盼。"

融融：春秋·左丘明《郑伯克段于鄢》："大隧之中，其乐也融融。"

湘忆：五代·孙光宪《浣溪沙·蓼岸风多橘柚香》："目送征鸿飞杳杳，思随流水去茫茫，兰红波碧忆潇湘。"

芳绪：南唐·李煜《蝶恋花》："一片芳心千万绪，人间没个安排处。"

纯真俊秀类名字举例

依此意命名，给人以童蒙幼稚、活泼单纯的感觉。这样的名字，俊秀脱俗、娇憨旖旎、秀美可人，带有活泼之气。

红满：唐·刘禹锡《竹枝词九首·其二》："山桃红花满上头，蜀江春水拍山流。"

青圆：唐·张籍《采莲曲》："青房圆实齐戢戢，争前竞折漾微波。"

妙逢：隋·卢思道《夜间邻妓诗》："怨歌声易断，妙舞态难逢。"

慢凝：唐·白居易《长恨歌》："缓歌慢舞凝丝竹，尽日君王看不足。"

音妙：唐·陆龟蒙《大子夜歌二首·其二》："丝竹发歌响，假器扬清音。不知歌谣妙，声势出口心。"

声美：南宋·史浩《采莲舞》："声尤美，双双惊起鸳鸯睡。"

新妙：南朝·梁·王训《应令咏舞诗》："新妆本绝世，妙舞亦如仙。"

盈玉：唐·权德舆《玉台体十二首·其二》："隐映罗衫薄，轻盈玉腕圆。"

红翩：清·徐石麒《汉宫春·马上美人》："划地香尘，称东风驰骤，红袖翩跹。"

云满：唐·李峤《日》："云间五色满，霞际九光披。"

清满：唐·岑参《冬夜宿仙游寺南凉堂呈谦道人》："空山满清光，水树相玲珑。"

晓晴：唐·杜牧《长安夜月》："古槐疏影薄，仙桂动秋声。独有长门里，蛾眉对晓晴。"

彩圆：唐·刘猛《月生》："月生十五前，日望光彩圆。"

光满：唐·无可《中秋夜陇州徐常侍座中咏月》："气笼星欲尽，光满露初多。"

健新：北宋·惠洪《次韵履道雨霁见月二首·其二》："雨洗诗魂健，梅梢月色新。"

艳暖：唐·李建勋《落花》："暖艳动随莺翅落，冷香愁杂燕泥干。"

妙施：北宋·苏轼《红梅三首·其二》："也知造物含深意，故与施朱发妙姿。"

丹春：唐·吴融《桃花》："满树和娇烂漫红，万枝丹彩灼春融。"

秀双：北宋·晁补之《夜合花·和李浩季良牡丹》：“天葩秀出无双。”

迎红：唐·温庭筠《懊恼曲》：“三秋庭绿尽迎霜，唯有荷花守红死。”

馥蒙：南宋·陈傅良《晚移舟塘次值风而回华叟兄有诗次韵》：“蒙茸水国蒲荷荡，馥郁田家橘柚丛。”

新满：北宋·苏轼《次韵刘焘抚勾蜜渍荔支》：“时新满座闻名字，别久何人记色香。”

新采：北宋·苏轼《荔枝叹》：“飞车跨山鹘横海，风枝露叶如新采。”

红染：南宋·杨万里《四月八日尝新荔子》：“一点胭脂染蒂旁，忽然红遍绿衣裳。”

红圆：宋·康与之《西江月》：“香玉满苞仙液，绉红圆戚鲛绡。”

金蛮：清·吴伟业《浪淘沙·题画兰·枇杷》：“上苑落金丸，黄鸟绵蛮。”

菱歌：北宋·苏轼《画春堂·寄子由》：“小舟飞棹去如梭，齐唱采菱歌。”

翩翩：汉·佚名《艳歌行》：“翩翩堂前燕，冬藏夏来见。”

嬿婉：西汉·苏武《留别妻》：“欢娱在今夕，嬿婉及良时。”

风暖：晋·郭璞《游仙诗十九首·其六》：“杂县寓鲁门，风暖将为灾。”

清娱：南朝·宋·谢灵运《石壁精舍还湖中作》：“清晖能娱人，游子憺忘归。”

丽飞：南朝·齐·谢朓《晚登三山还望京邑》：“白日丽飞甍，参差皆可见。”

英满：南朝·齐·谢朓《晚登三山还望京邑》：“喧鸟覆春洲，杂英满芳甸。”

庭春、锦帆：南北朝·阴铿《渡春草湖》：“洞庭春溜满，平湖锦帆张。”

芸芸：春秋·老子《道德经》：“夫物芸芸，各复归其根。”

蒙蒙：西汉·东方朔《七谏·自悲》：“何青云之流澜兮，微霜降之蒙蒙。”

雅歌：《后汉书·祭遵传》：“对酒设乐，必雅歌投壶。”

爰爰：《诗经·王风·兔爰》：“有兔爰爰，雉离于罗。”

倩兮：《诗经·卫风·硕人》：“巧笑倩兮，美目盼兮。”

盈姝：战国·楚·宋玉《神女赋》：“貌丰盈以庄姝兮。”

婷婷：北宋·陈师道《黄梅五首·其三》：“冉冉梢头绿，婷婷花下人。”

娜娜：北宋·梅尧臣《依韵和永叔子履冬夕小斋联句见寄》：“至时春怡怡，万柳枝娜娜。”含轻柔旖旎的意思。

娟娟：北宋·苏洵《张益州画像记》：“有女娟娟，闺闼闲闲。”

霜姿：明·李绅《莺莺歌》："黄姑上天阿母在，寂寞霜姿素莲质。"

音妙、俊娇：明·无名氏《霞笺记·洒银求欢》："翠娘音妙，信天生，风流俊娇。"

伶伶：明·袁宏道《中秋洵潞河看月》："秋树伶伶白，添衣也觉寒。"

佳妙：南朝·梁·周兴嗣《千字文》："释纷利俗，并皆佳妙。"

凤卉：明·刘基《送龙门子入仙华山辞》："梧桐萋萋兮竹实蕊蕊，凤凰翔鸣兮五色卉炜。"

奕奕：《诗经·鲁颂·闷宫》："路寝孔硕，新庙奕奕。"

逸秀：《晋书·愍怀太子传》："既表髫龀，高明逸秀。"

央央：《诗经·周颂·载见》："龙旂阳阳，和铃央央。"

明睇：战国·楚·屈原《九章·怀沙》："离娄微睇兮，瞽以为无明。"

黛螺：南唐·李煜《长相思》："澹澹衫儿薄薄罗，轻颦双黛螺。"

丹妍：唐·李白《于阗采花》："丹青能令丑者妍，无盐翻在深宫里。"

聪颖高雅类名字举例

古往今来，女子常用此类字词命名，含女性应有的高洁无瑕之品质、聪颖敏捷之智慧、秀雅娴淑之性格和明睿超群之才华。这样的名字清新典雅，给人以亲切的感觉。

雅红：宋·李氏《诗三首·其二》："偶用至诚求雅合，良媒未必胜红绡。"

荷新：清·王鸿绪《采莲歌》："采采江水滨，荷花照脸新。"

妍捷：《旧唐书·裴行俭传》："未尝辄书，不择笔墨而妍捷者，唯余及虞世南耳。"

丽娴：汉·王充《论衡·定贤》："或骨体娴丽，面色称媚。"

呈妙：南宋·吴潜《秋夜雨·依韵戏赋傀儡》："施呈精妙处，解幻出，蛟龙头角。"

清韵：北宋·晏殊《喜迁莺·曙河低》："玉楼清唱倚朱弦，余韵入疏烟。"

入羞：唐·李白《越女词五首·其三》："笑入荷花去，佯羞不出来。"

洁莹：北宋·秦观《喜迁莺·西风落叶》："这水如膏泽，月同莹洁。"

净凝：南朝·宋·鲍照《学古诗》："凝肤皎若雪，明净色如神。"

秀明：明·方文《摄山绝顶》："夕阳千岭秀，春水一江明。"

华如：隋·李孝贞《园中杂咏橘树诗》：“白华如散雪，朱实似悬金。”

恩玉：南宋·刘克庄《和南塘食荔叹》：“绛裳冰肌初照眼，玉环一笑恩光浓。”

余妍：唐·羊士谔《题枇杷树》：“急景自余妍，春禽幸流悦。”

冰玉：唐·顾贞观《踏莎行·鹅湖菱芡》：“兰桨迟归，摘酣冰玉，水仙风味宜新浴。”

玉冰：明·李东阳《画瓜》：“玉盘秋露水精寒，冰齿余香嚼未残。”

冠柔：西晋·左思《咏史八首·其一》：“弱冠弄柔翰，卓荦观群书。”

文秀：南朝·宋·鲍照《拟行路难十八首·其三》：“璇闺玉墀上椒阁，文窗绣户垂罗幕。”

玉髓：唐·皮日休《太湖诗·以毛公泉一瓶献上谏议因寄》：“澄如玉髓洁，泛若金精鲜。”

雅秀：《宋史·李建中传》：“风神雅秀，恬于荣利。”

冰洁：东汉·孔融《卫尉张俭碑铭》：“冰洁渊清，介然特立。”

博雅：《明史·李默传》：“默博雅有才辨，以气自豪。”

丰雅：南朝·陈·徐陵《晋陵太守王励德政碑》：“丰神雅淡，识量宽和。”

令慧：《晋书·孙放传》：“放字齐庄，幼称令慧。”

仁惠：《史记·律书》：“今陛下仁惠抚百姓。”

妍慧：《说文解字·女部》：“妍，技也，一曰慧也。”

秀颖：南朝·梁·何逊《咏早梅》：“枝横却月观，花绕凌风台。”

文姣：《西京杂记》：“文君姣好，眉色如望远山，脸际常若芙蓉。”

燕婉：《诗经·邶风·新台》：“燕婉之求，蘧篨不鲜。”

雅娴：《后汉书·马援传》：“勃衣方领，能矩步，辞言娴雅。”

琼枝：唐·萧颖士《为扬州李长史·贺立太子表》：“琼枝挺秀，玉叶资神。”

淑媛：三国·魏·曹植《与杨修书》：“盖有南威之容，乃可以论于淑媛。”

淑清：西汉·刘安《淮南子·本经》：“四时不失其叙。风雨不降其虐，日月淑清而扬光。”

灵洁、馨德：唐·柳宗元《为李京兆祭杨凝郎中文》：“惟灵清标霜洁，馨德兰薰，冲和茂者，孝友彰闻。”

秀颖：《宋史·姚铉传》："幼子称，俊颖美秀，颇善属辞，裁十岁卒。"

俊慧：清·俞正燮《癸巳类稿·韩文靖公事辑》："爱妓王屋山，俊慧非常。"

雅容：明·高明《琵琶记·蔡宅祝寿》："仪容俊雅，也休夸桃李之姿；德性幽闲，尽可寄苹蘩之托。"

爽秀：《新唐书·方技传·李淳风》："淳风幼爽秀，通群书，明步天历算。"

安雅：《荀子·荣辱》："譬之越人安越，楚人安楚，君子安雅。"

罗敷：《孔雀东南飞》："东家有贤女，自名秦罗敷。"

允淑：北宋·曾巩《秘书少监赠吏部尚书陈公神道碑铭》："允淑陈公，生知书学，人就其华，我居以朴。"

妍洁：清·余怀《板桥杂记》："然闻其纤妍俏洁，涉猎文艺……是李易安之流也。"

杰秀：唐·王勃《上绛州上官司马书》："管公明之杰秀，名仅终于郡属。"

修雅：明·凌濛初《初刻拍案惊奇》："适间在饭店中，见公修雅，不似他人轻薄，故此相敬。"

文佳：唐·权德舆《卧病喜惠上人、李炼师、茅处士见访因以赠》："支郎有佳文，新句凌碧云。"

敏慧：宋·邓椿《画继·侯王亲贵》："少即敏慧，仪矩端庄，作芦雁，有佳思。"

佳秀：南宋·范成大《与吴兴薛士隆使君游弁山石林先生故居》："峣峰俯前荣，佳木秀诸院。"

明睿：《逸周书·谥法》："聪明睿哲曰献。"

叡敏：西晋·陆机《汉高祖功臣颂》："无知叡敏，独昭奇迹。"

花香鸟语类名字举例

桂蕊梅蕙、蓓兰菱蕾、蓉桃芹芳、凤燕莺蝉等常用来比喻女性的温柔美丽、清纯可爱、委婉旖旎、楚楚动人的特点，是历代入女名最多的词语。

丛碧：南宋·范成大《秋日田园杂兴》："惟有橘园风景异，碧丛丛里万黄金。"

青橘：北宋·欧阳修《夷陵书事寄谢三舍人》："紫箨青林长蔽日，绿丛红橘最宜秋。"

荔娇：明·袁宏道《游石洲》："荔枝未登科，百果争娇艳。"

月蕊：北宋·苏轼《三月二十日多叶杏盛开》："零露泫月蕊，温风散晴葩。"

云雁：宋·叶梦得《水调歌头·秋色渐将晚》："却恨悲风时起，冉冉云间新雁。"

月桂：唐·刘兼《贻诸学童》："劝汝立身须苦志，月中丹桂自扶疏。"

丹桂：唐·白居易《有木诗八首·其八》："有木名丹桂，四时香馥馥。"

丝菱：唐·于鹄《巴女谣》："巴女骑牛唱竹枝，藕丝菱叶傍江时。"

林蝉：唐·武元衡《赠歌人》："林莺一哢四时春，蝉翼罗衣白玉人。"

金凤：南朝·陈·张正见《门有车马客行》："舞袖飘金谷，歌声绕凤台。"

琼羽：南宋·林景熙《陪王监簿宴广寒游次韵》："影浸山河琼殿冷，舞深风露羽衣香。"

蕙君：南朝·齐·谢朓《和王中丞闻琴诗》："蕙风入怀抱，闻君此夜琴。"

燕喜：北宋·苏舜钦《春日晚晴》："得泥初燕喜，避弋去鸿轻。"

杏红：北宋·苏轼《赵德麟饯饮湖上舟中对月》："酒阑红杏暗，日落大堤平。"

桂影：唐·骆宾王《秋晨同淄州毛司马秋九咏·秋月》："裛露珠晖冷，凌霜桂影寒。"

桂月：唐·杜甫《一百五日夜对月》："斫却月中桂，清光应更多。"

桂含：唐·姚崇《秋夜望月》："桂含秋树晚，波入夜池寒。灼灼云枝净，光光草露团。"

艳蕾：南宋·翁卷《观落花》："才看艳蕾破春晴，又见飞花点点轻。"

青常：南宋·朱淑真《落花》："愿教青帝常为主，莫遣纷纷点翠苔。"

新蕊：唐·武元衡《唐昌观玉蕊花》："琪树芊芊玉蕊新，洞宫长闭彩霞春。"

蕊娇：北宋·王安石《次韵徐仲元咏梅二首·其一》："溪杏山桃欲占新，高梅放蕊尚娇春。"

香远：南宋·张道洽《池州和同官咏梅花》："神情和月写，香远隔烟知。”

玉梅：隋·侯夫人《春日看梅二首·其二》：“玉梅谢后阳和至，散与群芳自在春。”

春杏：唐·吴融《杏花》：“春物竞相妒，杏花应最娇。”

蓓红：北宋·王禹偁《杏花·其一》：“红芳紫萼怯春寒，蓓蕾粘枝密作团。”

杏雪：明·崔淀《春日》：“杨柳依依江水生，杏花如雪落无声。”

凡卉：唐·柳宗元《戏题阶前芍药》：“凡卉与时谢，妍华丽兹晨。”

丹艳：北宋·杜安世《玉楼春》：“三月牡丹呈艳态，壮观人间春世界。”

碧荷：南朝·宋·鲍照《学刘公干体诗五首·其四》：“荷生渌泉中，碧叶齐如规。”

菊裳：南宋·杨万里《梦种菜》：“菜子已抽蝴蝶翅，菊花犹著郁金裳。”

枝满：南宋·韩竹坡《采菊》：“半日不盈掬，明朝还满枝。”

蕙新：唐·杜牧《和令狐侍御赏蕙草》：“寻常诗思巧如春，又喜幽亭蕙草新。”

蕊丰：清·董元恺《解语花》：“蕊仙丰韵，正翠袖，玉容双绝。”

紫薇：唐·徐晶《蔡起居山亭》：“蔷薇一架紫，石竹数重青。”

琼蕊：唐·李绅《海棠》：“琼蕊籍中闻阆苑，紫芝图上见蓬莱。”

红蕉：唐·李绅《红蕉花》：“红蕉花样炎方识，瘴水溪边色最深。”

檐枝：南朝·梁·萧绎《咏阳云楼檐柳诗》：“拂檐应有意，偏宜桃李人。”

春柳：南朝·梁·萧纲《春日想上林诗》：“春风本自奇，杨柳最相宜。”

絮尘：南朝·梁·萧纲《咏柳》：“花絮时随鸟，风枝屡拂尘。”

亦柳：唐·杜甫《柳边》：“只道梅花发，那知柳亦新。”

春叶：唐·贺知章《咏柳》：“不知细叶谁裁出，二月春风似剪刀。”

翠羽：唐·独狐及《官渡柳歌送李员外承恩往扬州觐省》：“花作铅粉絮，叶成翠羽帐。”

叶满：唐·元稹《野狐泉柳林》：“秋来寥落惊风雨，叶满空林踏作泥。”

委风：唐·刘禹锡《柳花词三首·其二》：“轻飞不假风，轻落不委地。”

风线：唐·孟郊《春日有感》：“风吹柳线垂，一枝连一枝。”

重枝：唐·张谓《郡南亭子宴》：“柳枝经雨重，松色带烟深。”

金柳：唐·李绅《柳二首·其二》：“千条垂柳拂金丝，日暖牵风叶学眉。”

蝶露：唐·李商隐《柳》：“絮飞藏皓蝶，带弱露黄鹂。”

桃映：唐·郑谷《柳》：“半烟半雨江桥畔，映杏映桃山路中。”

华枝：唐·韩偓《宫柳》：“草色长承垂地叶，日华先动映楼枝。”

蓉芳：北宋·苏轼《和陈述古拒霜花》：“千林扫作一番黄，只有芙蓉独自芳。”

繁枝：宋·赵抃《次韵郁李花》：“花县逢春对晓晖，朱朱白白缀繁枝。”

含枝：唐·崔橹《岸梅》：“含情含怨一枝枝，斜压渔家短短篱。”

鹊枝：南宋·陆游《戏咏闲适三首·其三》：“半颗鸦残墙外杏，一枝鹊枭涧边藤。”

樱红：北宋·苏轼《寄题刁景纯藏春坞》：“杨柳长齐低户暗，樱桃烂熟滴阶红。”

枝红：北宋·李师中《菩萨蛮》：“两岸荔枝红，万家烟雨中。”

蓉红：唐·白居易《山枇杷花二首·其二》：“叶如裙色碧绡浅，花似芙蓉红粉轻。”

红菱：南宋·陆游《归云门》：“甑炊饱雨湖菱紫，篾络迎霜野柿红。”

玉雪、雪芹：南宋·范成大《晚春田园杂兴》：“紫青莼菜卷荷香，玉雪芹芽拔薤长。”

兰蕙：东汉·赵壹《刺世疾邪赋》：“被褐怀金玉，兰蕙化为刍。”

若桃：三国·魏·曹植《杂诗七首·其四》：“南国有佳人，容华若桃李。”

紫蒂：西晋·左思《娇女诗》：“红葩掇紫蒂，萍实骤抵掷。”

倩青：西晋·左思《招隐诗二首·其二》：“峭茜青葱间，竹柏得其真。”

彩蓉：南朝·宋·鲍照《拟行路难十八首·其一》：“七彩芙蓉之羽帐，九华蒲萄之锦衾。”

春燕：南朝·宋·鲍照《拟行路难十八首·其三》：“春燕差池风散梅，开帏对景弄禽爵。”

红英：南朝·齐·谢朓《王孙游》：“绿草蔓如丝，杂树红英发。”

新荷：南朝·齐·谢朓《游东田》：“鱼戏新荷动，鸟散余花落。”

静蝉：南北朝·王籍《入若耶溪》：“蝉噪林逾静，鸟鸣山更幽。”

韵蝉：唐·刘禹锡《始闻蝉有怀白宾客去岁白有闻蝉见寄诗云祇应催我老兼遣报君知之句》：“蝉韵极清切，始闻何处悲。”

金蟾：唐·令狐楚《八月十七日夜书怀》：“金蟾著未出，玉树悲稍破。”

碧鲜：西晋·左思《吴都赋》：“檀栾蝉蜎，玉润碧鲜。”

桃枝：西晋·左思《三都赋》："其中则有巴菽巴戟，灵寿桃枝。"

丹英：晋·潘岳《萤火赋》："熠熠荧荧，若丹英之照葩。"

红蕊：南朝·梁·萧纲《列灯赋》："竞红蕊之晨舒，蔑丹萤之昏鹜。"

南枝：北宋·苏轼《次韵苏伯固游蜀冈送李孝博奉使岭表》："愿及南枝谢，早随北雁翩。"

鹊喜：宋之问《发端州初入西江》："破颜看鹊喜，拭泪听猿啼。"

玉蕙：南朝·宋·鲍照《芜城赋》："东都妙姬，南国丽人，蕙心纨质，玉貌绛唇。"

明蝉：南宋·辛弃疾《西江月·夜行黄沙道中》："明月别枝惊鹊，清风半夜鸣蝉。"

丛艳：北宋·郭若虚《图画见闻志》："有于双缣幅素上画丛艳叠石，傍出药苗，杂以禽鸟、蜂蝉之妙。"

丛玉：唐·李贺《有所思》："鸦鸦向晓鸣森木，风过池塘响丛玉。"指竹。

修篁：陈毅《莫干山纪游词》："莫干好，遍地是修篁。"

四时景物类名字举例

用云、月、雪、春、秋等自然现象为女子命名，给人以清新洁净、开阔典雅的感觉。这样的名字朴实无华，却楚楚动人。

红雪：南宋·杨万里《山居雪后二首·其二》："一点红尘未敢生，松间雪后政堪行。"

楚云：唐·杜审言《赠赵使君美人》："红粉青蛾映楚云，桃花马上石榴裙。"

云霞：明·于谦《出塞》："健儿马上吹胡笳，旌旗五色如云霞。"

云霓：明·释道潜《秋日西园·其四》："忆昔少壮时，意气摩云霓。"

桂凌：唐·王绩《北山》："幽兰独夜清琴曲，桂树凌云浊酒杯。"

海云：明·章美中《暮相思》："日淡墟里烟，云尽天边海。"

荆云：唐·顾况《竹枝曲》："帝子苍梧不复归，洞庭叶下荆云飞。"

相云：唐·武元衡《赠歌人》："他日相思梦巫峡，莫教云雨晦阳台。"

红霞：盾·刘禹锡《踏歌词四首·其一》："唱尽新词欢不见，红霞映树鹧鸪鸣。"

若雾：南宋·谢翱《铁如意》：“散影若云雾，遗音杳江河。”

碧云：清·古易《秋夜闻歌》：“云停碧落桂飘香，竹肉齐声起后堂。”

艳雪：明·高启《听教坊旧妓郭芳卿弟子陈氏歌时至正己亥岁作》：“绣陛花惊飘艳雪，文梁风动委芳尘。”

萦雪：唐·李群玉《赠回雪》：“回雪舞萦盈，萦盈若回雪。”

雪皎：南朝·宋·鲍照《学古诗》：“凝肤皎若雪，明净色如神。”

霜艳：唐·白居易《和李势女》：“不朱面若花，不粉肌如霜。色为天下艳，心乃女中郎。”

入影：唐·王维《赋得秋日悬清光》：“圆光含万象，碎影入闲流。”

丽阳：宋·楼钥《王成之给事囿山堂》：“烟雨望丽阳，前山罗紫翠。”

金云：唐·马戴《落照》：“金霞与云气，散漫复相和。”

明月：唐·吴融《红树》：“暖烟散去阴全薄，明月临来影半空。”

云带：唐·钱珝《江行无题》：“水含秋夜静，云带夕阳高。”

树红：北宋·林逋《乘公桥作》：“晚峰横碧树梢红，数榜渔罾水影中。”

明霞：北宋·王安石《登西楼》：“一曲平芜连古树，半分残日带明霞。”

雁霞：宋·王安石《泊雁》：“泊雁鸣深渚，收霞落晚川。”

云鬟：北宋·苏轼《凌虚台》：“落日衔翠壁，暮云点烟鬟。”

云潮：北宋·贺铸《河满子》：“疏雨忽随云断，斜阳却送潮回。”

红影、霞雁：北宋·周邦彦《双头莲·双调》：“一抹残霞，几行新雁；天染云断，红迷阵影，隐约望中，点破晚空澄碧。”

容影：元·周权《秋日》：“云归天际山容淡，日落江头雁影横。”

云晴：清·章藻功《晚游西湖》：“云漏晴光一缕斜，纷纷归逐七香车。”

影若：南朝·梁·萧绎《望江中月影诗》：“澄江涵皓月，水影若浮天。”

映云：唐·李世民《辽城望月》：“映云光暂隐，隔树花如缀。”

月皎：唐·张若虚《春江花月夜》：“江天一色无纤尘，皎皎空中孤月轮。”

海月：唐·张九龄《望月怀远》：“海上生明月，天涯共此时。”

云净：唐·骆宾王《秋晨同淄州司马秋九咏·秋月》：“云披玉绳净，月满镜轮圆。”

月秋：唐·李白《峨眉山月歌》：“峨眉山月半轮秋，影入平羌江水流。”

丽银、丽圆：唐·羊士谔《褒城驿池塘玩月》：“夜长秋始半，圆景丽银河。”

云净：唐·姚崇《秋夜望月》："灼灼云枝净，光光草露团。"

净云：唐·裴说《中秋月》："色净云归早，光寒鹤睡迟。"

殷月：南宋·陆游《游山》："殷勤一梳月，十里伴还家。"

绮霞：宋·米芾《阮郎归·海岱楼与客酌别作》："钩月挂，绮霞收，浦南人泛舟。"

云帆、**海星**：南朝·梁·萧纲《奉和登北顾楼诗》："去帆入云里，遥星出海中。"

新蟾：宋·赵师侠《鹧鸪天·七夕》："银汉淡，暮云轻，新蟾斜挂一钩明。"

露满：北宋·晏殊《更漏子·寒鸿高》："寒鸿高，仙露满，秋入银河清浅。"

紫霞：唐·杜甫《花底》："紫萼扶千蕊，黄须照万花。忽疑行暮雨，何事入朝霞。"

春锦：北宋·王诜《玉楼春·海棠》："锦城春色花无数，排比笙歌留客住。"

春信：宋·赵抃《钤兵王阁使素芳亭赏梅花》："春密未通桃李信，腊残都放雪霜姿。"

蕊娇、**娇春**：北宋·王安石《次韵徐仲元咏梅二首·其一》："溪杏山桃欲占新，高梅放蕊尚娇春。"

湘月：南宋·陆游《十二月初一日得梅一枝绝奇戏作长句今年于是四赋此花矣》："月兔捣霜供换骨，湘娥鼓瑟为招魂。"

雪云：宋·仲殊《蓦山溪》："云体态，雪精神，不把年华占。"

红云：南宋·范成大《云露堂前杏花》："蜡红枝上粉红云，日丽烟浓看不真。"

小晴：南宋·杨万里《郡圃杏花二首·其一》："小树嫣然一两枝，晴醺雨醉总相宜。"

春蕙：宋·向子諲《点绛唇·春蕙秋兰》："春蕙秋兰，断崖空谷终难近。"

紫云：唐·元稹《西明寺牡丹》："花向琉璃地上生，光风炫转紫云英。"

霞娇：唐·徐凝《牡丹》："疑是洛川神女作，千娇万态破朝霞。"

如雪：唐·李白《望汉阳柳色寄王宰》："树树花如雪，纷纷乱若丝。"

清漪：唐·王维《辋川集·柳浪》："分行接绮树，倒影入清漪。"

新影：唐·杜牧《柳绝句》："数树新开翠影齐，倚风情态被春迷。"

明雪：南宋·杨万里《读退之李花诗》：“近红暮看失燕支，远白宵明雪色奇。”

雪回：唐·卢照邻《梅花落》：“雪处疑花满，花边似雪回。”

霏霏：唐·孟郊《清东曲》：“樱桃花参差，香雨红霏霏。”

金露：唐·韩偓《荔枝》：“应是仙人金掌露，结成冰入蒨罗囊。”

雪蒙：唐·羊士谔《题枇杷树》：“袅袅碧海风，濛濛绿枝雪。”

晓影：唐·刘禹锡《咏红柿子》：“晓连星影出，晚带日光悬。”

露采：宋·范成大《题赵昌木瓜花》：“彩笔不可写，滴露匀朝霞。”

青篱：南宋·杨万里《山村二首·其二》：“风烟绿水青山国，篱落紫茄黄豆家。”

明云：东汉·孔融《杂诗》：“高明曜云门，远景灼寒素。”

妙阳：西晋·张华《轻薄篇》：“新声逾激楚，妙妓绝阳阿。”

连璧：西晋·左思《娇女诗》：“鬓发覆广额，双耳似连璧。”

丹云：晋·张协《杂诗》：“丹气临汤谷，翳翳结繁云。”

春媚：晋·佚名《子夜四时歌·春歌二十首》：“春林花多媚，春鸟意多哀。”

素影：唐·皎然《溪上月》：“蟾光散浦叙，素影动沦涟。”

丹霞、景云：唐·元稹《青云驿》：“丹霞烂成绮，景云轻若绨。”

南云：西晋·陆机《思亲赋》：“指南云以寄欸，望归风而效诚。”

青阳：唐·陈子昂《感遇三十八首·其七》：“白日每不归，青阳时暮矣。”

云青：唐·李白《送韩准、裴正、孔巢文还山》：“所以青云人，高歌在岩户。”

月华：唐·张若虚《春江花月夜》：“此时相望不相闻，愿逐月华流照君。”

雯华：宋·元好问《云峡》：“剥裂雯华渍月秋，辛苦诗仙费摹拟。”

月雯：《古三坟·爻卦大象》：“日云赤昙，月云素雯。”

云蔚：南朝·宋·刘义庆《世说新语·言语》：“草木蒙笼其上，若云光霞蔚。”

凝瑛：南北朝·庾肩吾《咏花雪诗》：“瑞雪坠尧年，因风入绮钱。飞花洒庭树，凝瑛结井泉。”

云卿：元·洪希文《沁园春》：“若烟非烟，若云非云，纷纷，萧瑟轮，是谓卿云。”

丹虹：唐·李峤《旌》："拥麾分彩雉，持节曳丹虹。"

珠宝色彩类名字举例

以珠翠金玉、丹艳碧透等珍宝、色彩入女名，既喻其品质高洁，又含娇媚秀丽之意，强调女性特有的美。由于历代用之较多，今人命名应推陈出新。

丹红：南朝·梁·萧纲《新成安乐宫》："遥看云雾中，刻桷映丹红。"

丹雪：北宋·晏几道《菩萨蛮》："香莲烛下匀丹雪，妆成笑弄金阶月。"

丹彩：三国·魏·何晏《景福殿赋》："皓皓旰旰，丹彩煌煌。"

丹紫：《北史·苏威传》："玉以洁润，丹紫莫能渝其质。"

春卉：《诗经·小雅·出车》："春日迟迟，卉木萋萋。"

蓉碧：清·吴锡麒《春从天上来·初阳台观日出》："现群峰璀璨，金碧芙蓉。"

碧纱：清·杨芳灿《浣溪纱》："残月窥人画阁空，碧纱网户小帘栊，相思人在峭寒中。"

璧琼：北宋·苏轼《浣溪沙·菊节》："璧月琼枝空夜夜，菊花人貌自年年。"

璁珑：五代·前蜀·贯休《马上作》："柳岸花堤夕照红，风清襟袖辔璁珑。"

玉屏：明·汤显祖《七夕醉答君东》："玉茗堂开春翠屏，新词传唱《牡丹亭》。"

裳霓：清·吴伟业《鸳湖曲》："云鬟子弟按霓裳，雪面参军舞鸜鹆。"

融纱：北宋·晏殊《浣溪沙·玉碗冰寒滴露华》："粉融香雪透轻纱，晚来妆面胜荷花。"

丹青：南宋·文天祥《过零丁洋》："人生自古谁无死，留取丹心照汗青。"

紫绒：唐·姚月华《制履赠杨达》："金刀剪紫绒，与郎作轻履。"

小屏：唐·顾夐《浣溪沙·春色迷人恨正赊》："小屏狂梦极天涯。"

佩君：唐·孙光宪《南歌子·映月论心处》："解佩君非晚，虚襟我未迟。"

金缕：宋·晁冲之《玉蝴蝶》："金缕枕、别久犹香。"

暖玉：明·何景明《明月篇》：“空持夜被贴鸳鸯，空持暖玉擎鹦鹉。”

裳羽：唐·白居易《长恨歌》：“渔阳鼙鼓动地来，惊破霓裳羽衣曲。”

红玉：北宋·晏殊《玉楼春》：“雪香浓透紫檀槽，胡语急随红玉腕。”

琼珠：唐·杨衡《白纻歌二首·其一》：“蹑珠履，步琼筵，轻身起舞红烛前。”

瑟含：唐·李白《拟古十二首·其二》：“含情弄柔瑟，弹作陌上桑。”

蓉绣：明·陈子龙《天仙子》：“芙蓉绣，丁香扣，宝袜酥温红影皱。”

云玉：唐·杜甫《月夜》：“香雾云鬟湿，清辉玉臂寒。”

霞锦：北宋·黄庭坚《题安福李令朝华亭》：“晓日成霞张锦绮，青林多露缀珠缨。”

碧红：南宋·杨万里《春日六绝句·其五》：“日落碧簪外，人行红雨中。”

青玉：唐·李白《挂席江山待月有怀》：“倏忽城西郭，青天悬玉钩。”

金翠：唐·李德裕《月桂》：“翠干生岩下，金英在世间。”

琼秀：唐·卢纶《九日奉陪令公登白楼同咏菊》：“琼尊犹有菊，可以献留侯。愿比三花秀，非同百卉秋。”

金蕊：唐·唐彦谦《莲》：“金尘飘落蕊，玉露洗残红。”

明艳、艳霞：宋·曾觌《满庭芳·赏杜丹》：“彩霞深处，明艳夺昭阳。”

紫娇：北宋·曹勋《诉衷情·宫中牡丹》：“醉赏浓春，贵紫娇红。”

柳绵：北宋·孔平仲《春暄大旱率尔援笔》：“桃花零落壮丹发，漠漠江头吹柳绵。”

丹彩：唐·吴融《桃花》：“满树和娇烂漫红，万枝丹彩灼春融。”

红殷：唐·周朴《桃花》：“可惜狂风吹落后，殷红片片点莓苔。”

玉姿：北宋·苏轼《西江月·梅花》：“玉骨那愁瘴雾，冰姿自有仙风。”

玉魂：北宋·苏轼《再用前韵》：“罗浮山下梅花村，玉雪为骨冰为魂。”

秋芳：唐·司空曙《石莲花》：“红艳秋风里，谁怜众芳后。”

红翠：唐·白居易《对晚开夜合花赠皇甫郎中》：“红开杪秋日，翠合欲昏天。”

玉真：宋·向子諲《浣溪沙·酴醾和狄相叔韵赠陈宋邻》：“翡翠衣裳白玉人，不将朱粉污天真。”

玉瑶：唐·羊士谔《看花》：“一到花间一忘归，玉杯瑶瑟减光辉。”

荆玉：三国·魏·曹植《与杨德祖书》：“人人自谓握灵蛇之珠，家家自

谓抱荆山之玉。”

碧玉：唐·贺知章《咏柳》：“碧玉妆成一树高，万条垂下绿丝绦。”

红绡：唐·白居易《惜棢李花》：“辞枝朱粉细，覆地红绡薄。”

玉琼：唐·徐寅《荔枝二首·其一》：“朱弹星丸粲日光，绿琼枝散小香囊。”

恩浓：南宋·刘克庄《和南塘食荔叹》：“绛裳冰肌初照眼，玉环一笑恩光浓。”

琼纱：唐·白居易《山枇杷》：“火树风来翻绛焰，琼枝日出晒红纱。”

锦纹：北宋·苏轼《咏槟榔》：“开花树杪翻青箨，结子苞中皱锦纹。”

月珠：东汉·张衡《四愁诗》：“美人赠我貂襜褕，何以报之明月珠。”

银翠：东汉·辛延年《羽林郎》：“银鞍何煜爚，翠盖空踟蹰。”

玉之：汉·佚名《有所思》：“双珠玳瑁簪，用玉绍缭之。”

缃绮：汉·佚名《陌上桑》：“缃绮为下裙，紫绮为上襦。”

容袖：西晋·左思《娇女诗》：“从容好赵舞，延袖象飞翮。”

双玉：南朝·梁·萧衍《东飞伯劳歌》：“女儿年几十五六，窈窕无双颜如玉。”

春玉：南北朝·庾信《杨柳歌》：“凤凰新管萧史吹，朱鸟春窗玉女窥。”

玉瑞：三国·傅嘏《请立贵嫔为皇后表》：“金玺未授，玉瑞先显。”

玉函：唐·刘禹锡《游桃源一百韵》：“金阙传本枝，玉函留宝历。”

玉珊：三国·魏·曹植《美女篇》：“明珠交玉体，珊瑚间木难。”

玉环：唐·白居易《和栉沐寄道友》：“高星粲金粟，落月沉玉环。”

玉英：战国·楚·屈原《九章·涉江》：“登昆仑兮食玉英，与天地兮同寿，与日月兮同光”。

玉蟾：明·方干《中秋月》：“凉霄烟霭外，三五玉蟾秋。”

玉燕：唐·李白《白头吟》：“头上玉燕钗，是妾嫁时物。”

卉裳：唐·柳宗元《柳州文宣王新修庙碑》：“惟柳州古为南夷，椎髻卉裳。”

第六章　起名参考

好名字欣赏

一个好的名字是思想性与艺术性的高度统一与有机结合。每个好名字的诞生，都有一个从立意、构思到选择确定字眼的过程，而每个动听的名字都可以从不同的角度给我们以启发与借鉴。因此，欣赏成功人士的名字，有助于我们在起名时开阔视野，打开思路。在此提供一些思想性、艺术性较强的名字略加评点，以求抛砖引玉，共同欣赏借鉴。

丁玲：音谐“丁零”，象声词，形容玉石、金属物体的撞击声。“丁玲”一名因此而极富动感和乐感，音形、结构都堪称绝妙。

于无声：取“于无声处听惊雷”“桃李不言，下自成蹊”之意，含蓄隽永，意味深长，同时还有埋头实干之意。此名诗意昂然，音律疏朗。

千家驹：“家驹”乃家中所养的马驹，“千”字姓，有画龙点睛之妙。此名寓意把自己看作人民养育的马驹，有心甘情愿地为人民奔跑效劳，报答人民的养育之恩之意。

马致远：路遥知马力，“致远”见真功，能“致远”之马一定是千里良驹了。

王安忆：安宁、恬淡地追忆往昔。回眸人世沧桑，心中一定感慨颇多。

王若飞：借用“关山度若飞”之意，表示自己奋勇向前、开拓进取的急切心情。

云逸飞：安闲、舒适地飘飞着的白云实在令人羡慕，其中蕴含着的安然从容的人生姿态和淡泊的气度不言自明。

毛阿敏：语音节奏非常柔美舒畅，两边实、中间虚。“敏”字意蕴深厚，耐人寻味。

牛得草：如鱼得水，似牛得草，情趣盎然而又含义深远。牛不得草命将绝，人不得志气终短。“牛得草”一名文字通俗，朴实无华，如出天然。鲁迅有名句：“吃的是草，挤出的是奶。”此名之意虽在得草而壮，但感谢养育

之恩、报效大地之情也隐含其中。

牛群：牛是最温顺忠厚的动物，群牛象征着富裕和蒸蒸日上的生活。

方圆：方圆千里，地域广阔。如此优越的条件，定能大展宏图，有所作为。

邓丽君：人如其名，艳丽动人，是美女佳名。名字结构匀称，节奏明快。

艾青：此名有两层含义：一层表示热爱青春美好的一切；一层表示要像青青艾草一样做救世之良药。整个名字音节明快简洁。

平步青：取成语“平步青云”之义，比喻进步飞快，也有期望人生顺利发展的意思。

叶倩文：“叶”有清秀之意，“倩”是漂亮之意，“文”是文静、秀气之意。连成姓名，清雅、秀美、静淑、聪慧等含义一应俱全。

白雪纯：苍茫大地，白雪皑皑，纯洁明净，晶莹剔透，令人着迷。此名表示自己像雪一样纯洁、高雅的心愿与追求。

乐开怀：世间真正让人开怀大笑的时候不多见，但抱持欢乐开怀、无忧无虑的处世态度，人生就会增加很多快乐。

任飞翔：天高任鸟飞，表示形势大好，志高才俊尽可以大展身手。

刘清泉：山涧中流淌着纯净甜美的泉水，清澈见底、甘洌舒爽。此名象征纯洁、美好的追求与向往。

刘海粟：表示自己宛如沧海一粟，平凡而微小，同时也表明纵然是沧海一粟，也要认真生活、努力奋斗，众粟成海。

许婉如：婉，表示柔顺、温婉、美好的意思。“婉如”形容女子的美丽、仪态万千而又娴淑善良的样子。

阳春雪：取成语“阳春白雪”之意，有圣洁、高雅之意。姓与名搭配得非常得体和谐。

杨柳：春和景明，杨柳依依，美不胜收。《诗经·采薇》有句“昔我往矣，杨柳依依”。这是个多情鲜活的名字。

杨澜：“澜”是指大波浪、波涛，比喻气度非凡、心胸广阔、才识出众。

杨朔：“朔”既有新月之意，又有北方之意，“朔风”常用来表示寒冷的北风。以“朔”为名，表示顽强的精神。

杜鹏程：取成语“鹏程万里”之意，比喻前程远大、志在千里。此名寓意像大鹏一样翱翔飞天，纵横天下。

李双江：“双江”是为了纪念两条大河，即养育了中华民族的长江与黄河。此名音节优美，寓意人生像两大河流一样源远流长。

李玲玉：玲：玲珑、聪明、美丽。玉：美玉、珍品，有高贵的意思。“玲玉”表现了对美好事物的热爱与追求。

余秋雨：春风秋雨，夏月冬阳，是自然界四大醉人的风光，其中数秋雨内涵最为富有。这是一个具有深沉思考意味的名字。

张大千：大千世界，万千气象尽展在你的面前，任你欣赏描画。此名寓意胸怀宽广，性格豪放，个性鲜明。

林之栖：取“良禽择木而栖”之典，良禽愿意栖息的一定是“良木”了。此名暗喻自己就是良木，良木即良才，说明德才兼备。

周星誉：誉满周围的天空，荣耀似繁星一样灿烂。此名表示名扬四方，誉满天下，德高望重，身藏奇才。

郑板桥：借用典故“二十年前旧板桥”表达对人世沧桑、世态炎凉的感悟，也表现了达观、自嘲的精神。

郑直：音谐“正直”，取刚直不阿、人格独立、不随波逐流之意。

赵越：“越”即“超越”，不断地向前进，不断地超越过去，超越他人，取得成功。

柏杨：像翠柏一样苍劲，像白杨一样挺拔。音节平整、有力，字形结构谐调，寓意深刻。

胡适之：“适”即“适应”。世界是极其复杂的，要想在这个变幻莫测的世上站稳脚跟，必须先适应这个世界。此名富于哲理。

胡乔木：取“出自幽谷，迁于乔木”之典，表示品德高尚、风骨永传、志入青云。此名字形结构简洁，音色淳朴。

梁漱溟：“漱”乃“漱口”之意，“溟”即“大海”，可见胸襟气度之大。此名音韵甚畅，圆润饱满。

钱其琛：“其”是辅助性虚词，使语气变得柔美，有韵味。“琛”是指珍宝，比喻美好的品德与高雅的情操。

殷秀梅：丰盈秀丽、纯洁娇妍如晶莹的冬梅。此名形音俱佳，比喻高洁的情操、秀美的气质和不凡的追求。

郭沫若：以家乡的两条河——沫水和若水为名，表现了对故乡的深深怀念和热爱之情，这也是爱国之心的表现。

郭兰英：“郭”可理解为城郭的意思，到处都散发着幽兰花草的芬芳。

此名形音俱佳。

席慕容：“慕容”表示爱慕美丽的姿容，比喻对美好事物的爱慕，表现了其美好的思想情操。此名音色优雅，字形悦目。

梁实秋：庄稼谷粱要到秋天才有丰硕的收获，春华秋实各有风采，却都很美丽。此名尽现收获季节的喜悦之情。

梁启超：“启”是启迪、启示之意。先人给了我们众多启示与经验教训，我们应该学习借鉴之并超越他们，才是进步之举。

谢春晖：“谁言寸草心，报得三春晖。”此名寓意感恩他人给我们的关爱与呵护，形音都很和谐。

程思远：前程当思远大长久，表现了贤良志士的博大胸怀与鲲鹏之志，豁达豪迈之情顿生。此名字形简洁，音色优美。

舒畅：舒心而欢畅，平坦而畅达。此名作为词语直接成名，甚妙。

楚天舒：楚地的天空空旷辽远，甚为舒心爽神。毛泽东诗曰“极目楚天舒”，登高望远，感觉非常美好。

雷雁飞：雷雨闪电，依然挡不住展翅翱翔的鸿雁，寓示无论有什么样的艰难险阻，都会勇往直前。

谭经纬：经纬是指经线与纬线。形容一个人有治国韬略，即有经天纬地之才。此名比喻纵横自由，应付自如。

魏虹雨：彩虹往往在暴雨过后天色大晴时出现，特别绚烂壮丽。虹雨，比喻极其优雅、清新。

男子起名常用字

男子起名选字的特点，最主要的就是表现出男子汉的阳刚之气。或展现胸襟开阔、志向高远的气概；或显露超群绝伦、出类拔萃的才华；或寓意吉庆安康、荣华富贵的生活；或寄托望子成才、功名卓著的殷切期望；或象征质朴高洁、光明磊落、真诚守信、勤奋进取的美德。下面选取一些男子起名最常用的字，从本义、比喻义、引申义、象征义、人名用例等方面加以说明，供给男子起名时参考选用。

安 ān

“安”是平安、安定的意思。细加辨析来看，它指两个方面的平安、安定：首先是国家和社会的安定、稳定，是与动荡、离乱相对的；另一层意思是指个人对环境或事物感到安适、满足或习惯，有安全、舒服的意思，是与危险、不适应相对的。由此看来，无论从社会的角度，还是从个人的角度，“安”都是人们期望的局面和情境。旧时此类吉庆语有平安如意、竹报平安、岁岁平安、四季平安、安居乐业等。

人名用此字，多取前一层意思，表示名字主人的抱负或家人对他的期望。除单名用例外，在双名中一般有两种用法：一种是用作动词，有使平安、安定的意思，如韩安国、张安世；另一种用法是作形容词，用作双名的中心词，如永安、万安、金安等。

柏 bǎi

柏有三个读音，但用在人名中一般读“bǎi”。

“柏”指柏树，是一种常绿乔木。这种树主干高大、直挺，木质坚硬，是很好的建筑材料。它经冬不凋，四季常青，常被人们用来与春天、青春等联系在一起。此外，它还被人们认为是多寿之木，不仅本身的寿数大，还可以帮助人们延年益寿。据传，喝柏叶茶、食柏籽就有这种效用。在民间吉祥图案中，柏树枝的形象还常用来代表“百”，表达百事如意、百事大吉等意思。

人名用“柏”字，多取它四季常青、经冬不凋以及长寿的特征。常见的双名，如柏青、柏森、柏荫等，取希望家世像柏树一样，常青不凋，绿荫如翳之意。

邦 bāng

“邦”本来是指封建时代的诸侯国，现在泛指国家，如鲁迅先生《“友邦惊诧”论》里的“邦”，以及我们常说的友好邻邦，都指国家。

“邦”字的意思比较单纯，但在人名中却使用得很频繁。传统思想认为，个人的自我修养完成以后，目标应该是“治国、平天下”，这才是人生应有的志向。因而，从古到今，“邦”字都被频繁地用在名字里，以表达这种感情或意愿。单名如刘邦，双名如张振邦、梁建邦、胡耀邦等。还有两种特殊情况：一种是双名组成主谓结构，如邦昌，宋代有张邦昌；再一种是组成偏正结构，如邦道、邦宪、邦政，如中国共产党早期领导人秦邦宪。

葆 bǎo

“葆”本来是指草木茂盛的样子，又指用羽毛装饰的车盖。它同时又与“保”和“宝”有相同的意思，一指保全、保护，二有珍贵、宝贵的意思。人名用“葆”字，多取“保”的意思，如杨在葆、李存葆。

彪 biāo

“彪”的一个意思也就是虎，指小老虎。庾信《枯树赋》：“熊彪顾盼，鱼龙起伏。”由此引申出两层意思：其一是形容人身体魁伟高大，《水浒传》第六十三回“此人生得面如锅底，……彪形八尺”，俗语有“彪形大汉”；其二是指虎身的斑纹，借指文采，如合成词“彪炳”，借喻文采焕发、光彩鲜明。

人名所用的“彪”字，用的是彪的引申义，即身体魁伟、文采焕发。单名用彪的不少，诸如汉代的班彪、贾彪；双名如祁彪佳等。

斌 bīn

在现代汉语里，“斌”与“彬”是相通的，意思完全一样。就字形而言，“斌”是文、武两字合成的，似乎用于男名的更多一些。

炳 bǐng

“炳”的意思是光明、显著，本来指动物花纹等光彩夺目，引申指文采华美，如合成词彪炳、炳蔚。在人名中，“炳”与“文”配合成文炳，使用颇广。这个名字是《易经》中化用而来的，《易经·革卦》曰：“大人虎变，其文炳也。”此外的双名还有炳南、炳辉、炳炎、炳麟等。

昌 chāng

“昌”作为一般的词，在《现代汉语词典》中有三层意思：一是兴旺，兴盛；二是正当、美好，如“昌言”指正当的言论，有价值的话；三是姓。“昌”的这三层意思都是正面的、积极的，尤其是第一层意思，既可以形容国家、民族的政治、经济、文化等，又可形容个人的家世、命运、寿数等，适用性很强。

人名用“昌”字，三层意思都有所取。用得最多的当然是第一层意思，指国家、民族的兴旺，如邦昌；指个人的如寿昌；也有笼统而言的，如日昌（寓意日益昌盛）、万昌（寓意万事昌盛）、德昌、汝昌、世昌。

长 cháng

“长”有两个音，一是 cháng，一是 zhǎng。人名一般用 cháng 音。

“长”与“短”相对，指两点之间的距离大，既可以指时间，也可以指空间。此外，它还有长处、擅长的意思。在人名中，长一般指时间距离大，反映的是人们希求长命百岁的愿望，单名如刘长，双名如李长庚、贺长龄，此外如长命、子长等。

朝 cháo zhāo

“朝”的读音有两个，一是 cháo，一是 zhāo。这两种读音在人名中都有使用。此外，“朝”作姓时读 cháo。

读 cháo 的时候，意思指朝廷、朝代、拜见等。《史记·萧何传》：“赐带剑履上殿，入朝不趋。”人名中用“朝”字，取与“野”相对的朝廷的意思，唐代有宦官鱼朝恩，此外如朝佐、朝贵、朝义等。这种意义上的“朝”字在过去用得比较多，现在较少使用了。

读 zhāo 的时候，指早晨。李白《早发白帝城》诗云：“朝辞白帝彩云间，千里江陵一日还。”“朝”在现代人名中使用较多，它是青春的象征，蕴含着一种蓬勃向上的气息，如朝阳、朝华、朝晖等。

成 chéng

“成”是现代汉语里使用频繁的一个字，意思很多。用于人名的意义，大体是完成、成功、成全、成为、变为、成果、成就之意。最常见的是变成、变为的意思，反映人们的愿望，比如取名成龙、成凤等。此外如成栋、成梁、成基、成章等。用成全、完成的意思，历史上有萧道成、陈玉成、孔德成，此外如建成、师成、九成等。“成”作单名一般取成功的意思，也有用“成功”一词作人名的，如郑成功。

诚 chéng

“诚”用作副词，是实在、的确的意思，作形容词的意思是真心、不虚伪。在人名中，一般用形容词的意思。“诚”是传统伦理观确立的美德之一，人们以美德命名，就必然用到“诚”字。单名如陈诚，双名如章学诚，此外还有思诚、士诚等。

承 chéng

“承”的本义是托着、接着。《左传·襄公二十五年》有“承饮而进献”，由此引申为客套话“承蒙”等。此外的意义还有接受（承受）和继承（接续），《后汉书·班彪列传》有“汉承秦制”。

人名用“承”字，多取继承、接续的意义，一般用作动词，组成一个动宾结构的双名。动作的对象突出地反映了中国人人生观的某些方面，如继承家族的荣誉、地位、财产、功业等。历史上的人名如承先、承嗣，取义就在于此。现代有著名社会活动家廖承志、小说家张承志。此外，还有承畴、承训、承宗、承勤等。

充 chōng

在现代汉语里，由“充”字组成的词有充分、充足、充满等，这也就是“充”的本义，成语又有“充耳不闻”。以上这层意思的“充”是形容词，还有用作动词的，意思是充当、担任，白居易《卖炭翁》名诗有句云：“半匹红绡一丈绫，系向牛头充炭直。”在古代汉语里，“充”还有另外一层意义，就是指声音洪亮，《淮南子·说山》云：“钟之与磬也，近之则钟音充，远之则磬音章。”

“充”字不仅意义好，声音也比较响亮，因而较多地用于人名，最有名的如汉代思想家王充，此外还有充国等。

崇 chóng

“崇”意思是指山高，成语有“崇山峻岭”，由此引申指高尚的人、被推崇的人。“崇”的另外一层意思是重视、尊敬、推崇，《礼记·王制》说：“上贤以崇德，简不肖以绌恶。”

在人名中，“崇”有单用的，也有用在双名中的。单名如沈崇，用的是本义及其引申义。在双名中多用第二层意思，作动词，如崇礼、崇德、崇禧等，如桂系将领白崇禧。现代叫崇德的人也不少，其意指崇尚有德之人，发扬盛德。

春 chūn

“春”指春季，为四季之首。就岁时而言，它也指代一年。由此推衍出来的意义有：一是男女情欲，《诗经·召南·野有死麕》云“有女怀春，吉士诱之”；二是比喻生机，刘禹锡《酬乐天扬州初逢席上见赠》有“沉舟侧畔千帆过，病树前头万木春”。

在人们的观念之中，春是四季中最美、最富有生机的季节，鉴于这种认识，人们便常以“春”字入名。人名中用“春”字，取的是春季和生机的意义。除单名外，双名的意思有的单指春天，如晓春、春桃；有的赞美春光，如秀春；有的含有长寿、永安的寓意，如长春、永春；有的含生机勃勃、欣欣向荣的意思，如富春、春增；此外还有春台、春煊、茂春。

聪 cōng

“聪”是形声字，本义是指听觉，比喻听觉灵敏。《易经·夬》说：“闻言不信，聪不明也。”这里的“聪”指听觉。《荀子·劝学》说“目不能两视而明，耳不能两听而聪”，这里的“聪”是听清楚的意思，成语有“耳聪目明”。“聪”由此引申的意思是聪明、有智慧，有双音节词聪明、聪慧、聪敏等。

人名用“聪”字，多用最后一层意思，当然也不能排除含听觉灵敏的意思。如音乐界的两个大家的名字：一是著名翻译家傅雷先生的长子、钢琴家傅聪，另一位是现代作曲家，写过著名的《思乡曲》的马思聪。

达 dá

“达”的本义是道路通达或到达，如《荀子·君道》“公道达而私门塞矣”，李白《秋浦歌》“为我达扬州”，成语有“四通八达”。“达”由此引申的意义是通晓、透彻懂得。“达”的另外两层意义是：①懂得透彻，通达（事理）；②显达。《孟子》里有儒家人生观的名言：“穷则独善其身，达则兼济天下。”

就人名而言，“达”字既可以表示人品性情（心胸开阔），也能说明人的际遇命运（飞黄腾达），并且都是好的意义。所以，“达”字多见于人名。单名有中国共产党的早期领袖李达，双名如清代太平天国将领石达开。

道 dào

“道”的本义是道路，成语有“任重道远”，由此而引申指道理、规律、法则、思想、学说。《荀子·天论》说：“修道而不贰，则天不能祸。”（遵循事物的发展规律而坚定不移，就是天也不能降给人祸害。）《论语》说：“吾道一以贯之。”在道家哲学体系中，它更是一个重要概念，老子《道德经》的第一句就是“道可道，非常道”。除道路外，“道”的以上这些意义都可以用于人名。

人名用“道”字，一般是遵循、维护、获得的意思。单名如五代时连任多朝宰相的冯道；双名如南北朝时的名将檀道济。

德 dé

现代汉语中“德”主要有两方面的意思：一是指道德、品行、政治品质，《易经·乾卦》说“君子进德修业”，成语有“德高望重”；二是恩惠，《史记·秦始皇本纪》有“刻石颂秦德”，成语有“歌功颂德”。人名中常用的多是第一层意思。

道德、品行是伦理学范畴的概念，在以仁义礼教立国的古代很受人们的重视。德是各种品德、操行的集大成者，因而常被用于人名。古今的例子俯拾皆是，单名如朱德，双名如彭德怀、李德全、荣德生、张思德等。此外还有德铭、德裕、德秀、德昌、德清、德海、有德、友德等。

鼎 dǐng

鼎是古代煮东西的器物，圆形，三足两耳，也有方形四足的。春秋战国

时代，鼎被用作传国的宝器，象征权势、疆域等。保有广大疆域，并且平安昌盛叫“山河九鼎”，争权夺地叫“问鼎中原”。由此而引申出显赫的意思，《吴都赋》云“高门鼎贵”。又有大的意思，如“鼎力协助”。人名多用抽象的意义，如万国鼎、张鼎丞。也有用具体意义的，如现代人李鼎铭。

恩 ēn

“恩”的一种意思是恩惠、恩德，魏征《谏太宗十思疏》云“恩所加，则思无因喜以谬赏”；另一种意思是亲爱、有情分，《韩非子·六反》“不养恩爱之心而增威严之势”。中国是一个注重情分、知恩图报的国度，因此“恩”字也就常用于人名，如邓恩铭、周恩来。

发 fā

“发”指头发时，一般不用于人名。“发”的含义较多，最初指把箭射出去，成语有“百发百中”。此外的意义有出发、启程（白居易《长恨歌》有“六军不发无奈何”），兴起、生长、奋发，发扬、发表，扩大、发展，因得到大量财物而兴旺。除第一、第二种意义外，其他意义都可以用于人名。例如中国共产党早期革命领袖邓发、国民党桂系军官张发奎、当代著名画家程十发。

飞 fēi

“飞”本指（鸟、虫等）鼓动翅膀在空中活动，后来也泛指种种事物的飞翔。刘邦《大风歌》云：“大风起兮云飞扬。”此外的意义不用于人名，如表示无根据意义的，如成语流言飞语；表意外意义的，如成语飞来横祸。人名用“飞”，单用的如三国时的张飞、南宋的岳飞；双名如钱壮飞、姬鹏飞等。

夫 fū

在现代汉语里，“夫”的一般意义是丈夫；旧时常用的意义则是成年男子，贾谊《论积贮疏》有“一夫不耕，或受之饥”，人名用夫，多取其成年男子的意义。当然此字也就只用于男名了。如王夫之、陈立夫、陈果夫。

福 fú

“福”通常是指幸福、福气（跟祸相对），但在人们的观念中，“福”字的含义远比字典上的解释丰富，有“五福”之说。古时的五福指寿、富、康、德、孝，《尚书·洪范》云：“五福：一曰寿，二曰富，三曰康宁，四曰攸好德，五曰考终命。”民间的五福指福、禄、寿、喜、财。正因为福在人们生活中的地位重要，因而它常被用于人名。

“福”用于人名，有的是直接说明有福、福多，如徐福、王福林、王福祥，有的则采用企盼幸福的意思，如刘福通、薛福成等。

富 fù

“富”指财物丰饶，《论语·学而》有“贫而无谄，富而无骄”，并由此引申为多、丰富的意思，如《晋书·夏侯湛传》“湛幼有盛才，文章宏富”。富为“五福”之一，也是人所衷心希望的，因而也多用于人名。单名如牛富，双名如李富春等。“富”又有富民的意思，意思是使人民富庶，《荀子·王制》有“故王者富民，霸者富士”。此外的名字有富治、富明。

刚 gāng

“刚”的一层意思是坚硬，《易经·杂卦》有“乾刚坤柔”；另一层意思是刚强、坚强，《商君书·立本》有“强者必刚斗”。在传统观念中，阳刚是男子所应具有的气质，因而“刚”字常用于男名。据统计，男性中单名用“刚”字的频率是相当高的。此外，双名如徐彦刚、王心刚。

冠 guàn

“冠”也读平声 guān，指帽子。读去声时，一是指戴帽子，特指古代的成年礼仪——冠礼；二是指超出众人，位居第一，冠绝古今。“冠”字用于人名，主要取后一层意思，如乔冠华、周冠武。

广 guǎng

“广”与狭相对，指宽阔，《诗经·周南·汉广》云：“汉之广矣，不可泳思。”另外的意义是指宏大，《荀子·修身》有“君子贫穷而志广”，引申义为扩大、广泛。“广”字用于人名，多用后一层意思。有的作形容词用，如文广；有的作动词用，如广文。此外还有广泗、广缙、广仁、广平、延广等。

国 guó

在现代汉语里，“国”的意义很简单，指国家，古人有“修身、齐家、治国、平天下”的人生观。“国”正是表达这种人生观较高层内容的最好材料，因而多用于人名。此类人名大多用于表现名字主人的宏伟抱负。例如韩安国、曾国藩、曾国荃。此外的人名如国杰、国用、国光、国梁、国治、国璋、定国、充国、辅国、国泰等。

海 hǎi

用科学的术语来解释，“海”是大洋靠近陆地的部分，我国古人则用其指百川汇聚之处。《淮南子·泛论》云：“百川异源，而皆归于海。”由此引申指容量极大的容器，同时用来比喻人或事物集聚。人名用“海”字，除取

其原义外，更多的是用它博大的意义。有人直接取名大海、海洋；有人取名德海、福海，表示德、福的多、广，如安德海；也有单名用海字的，如欧阳海。

豪 háo

“豪”本指长而硬的毛，后指具有杰出才能的人。豪杰，《管子·七法》有“收天下之豪杰”；也指性情豪爽、豪迈，秋瑾有诗云“不惜千金买宝刀，貂裘换酒也堪豪”。豪与英、杰、俊几个字相比，虽然有时带贬义（如强横），但大体来说，意义很不错，所以多用于人名，如李国豪、朱生豪。

浩 hào

“浩”本指水大的样子，《尚书·尧典》有“怀山襄陵，浩浩滔天”。由此引申为广阔、远大、众多的意思，李白《梦游天姥吟留别》诗有“青冥浩荡不见底”句，成语有“浩浩荡荡”。人名有用单名“浩”字的，双名的，如陈昌浩等。

宏 hóng

“宏”的意思是广博、宏大，成语如“宏图大志”。单名如袁宏，双名如陈宏谋。此外又有宏伟、宏志、志宏。

鸿 hóng

“鸿”本指鸿雁，司马迁《报任安书》说“人固有一死，或重于泰山，或轻于鸿毛”。古时有“鸿雁传书”，因而“鸿”也指书信。此外“鸿”也有大的意思，与“洪”相通。人名一般取后一层意思，如李鸿章，又如鸿生、鸿业、鸿藻、鸿志、鸿钧等。

华 huá

“华”读阴平，也读去声，读阴平与“花”相通，读去声指华山和华姓。用于人名的，多读阳平。

“华”本来指花，在现代汉语里则主要指光彩、光辉、清华，王勃《滕王阁序》有“物华天宝，人杰地灵”句；也指繁盛、昌达，王符《潜夫论·论荣》有“所谓贤人君子者，非必高位厚禄、富贵荣华之谓也”。另外“华”也可以指浮华、奢侈，中国、华夏。

“华”字常用于人名。有用作单名的，如苏华；双名则更多，如庞中华，又如卫华、志华、耀华、华清等。

济 jì

“济”字本指过河、渡，成语有“同舟共济”，引申的意思有救济、帮助，古语有“达则兼济天下”；也指成功、成就，《尚书·君陈》有“必有忍，其乃有济”。人名如李济深、刘永济等。

继 jì

“继”指继续、持续；继而。屈原《离骚》云：“吾令凤鸟飞腾兮，继之以日夜。”由此引申为继承，《论语》里有“兴灭国，继绝世”的句子。人名用“继”字，多取后一层意思。中国人宗族观念根深蒂固，主要的人际关系是男性的纵式链条，人们很注重这个链条的继承与联系，因此，“继”也就常见于人名，主要继承的是祖先的家业、功勋，人名有继先、继堂、继业、继勋等。

家 jiā

“家”指家庭，古语有“历览前贤国与家，成由勤俭破由奢”。引申的意义指掌握某种专门学识和从事某种专门活动的人。人名用家字，多取前一层意思。中国是一个家庭观念十分牢固的国家，家庭在社会组织结构中占有极其重要的位置。反映在人名上，就多用“家”字。有的人名含家庭优秀分子的意思，如家骥、家骅、家宝；更多的则是含有维护、发展家庭的意思，如家齐、齐家、家发等。

建 jiàn

“建”的具体意义是建筑、成立，李斯《谏逐客书》有“建翠凤之旗”（竖起用翠凤鸟的羽毛装饰的旗帜）；抽象意义是设立、建立，《史记·李斯列传》有“六国皆弱，无可为建功者”。此外还有提出、首倡的意思。人名用“建”字，多取设立、建立的抽象意义，用来体现名主有所建树的抱负，常见的如建国，指建立国家，语出《周礼·天官冢宰》“惟王建国”。双名如朱建华，此外又有建寅、建安、建章、建武、建邦、章建等。

健 jiàn

“健”的意思是刚强有力，《晋书·郭璞传》“得健夫二三十人”，合成词有健儿；又指健康；再一层意义是指在某一方面显示的程度超出一般，如健谈、健忘。人名多用前两层意思，单名如何健，双名如罗健夫、尉健行。“健行”一语化用自《易经》，《易经·乾卦》有“天行健，君子以自强不息”，也有直作行健的。又如健男、健彰、刚健等。

杰 jié

“杰”指才能出众的人，《荀子·非相》有“古者桀纣长巨姣美，天下之杰也”，《滕王阁序》有“物华天宝，人杰地灵”；此外，凡特异出众的都

可以叫“杰”。“杰”字能表现人的才能、智慧和品性等的出类拔萃，因而多用于人名，表现期望、意愿。单名用一个“杰”字的人名很多，如王杰；双名如文杰、永杰、国杰、斌杰等。

靖 jìng

“靖”有安静、恭敬的意思，但主要指没有变故或动乱，平安、安定；用作动词指平定、使秩序安定。“靖”字一般多与国家联系在一起，因此是表现人生抱负的好字。人名如李靖、杨靖宇，又如靖国、靖邦等。

克 kè

用于人名的“克”，主要取其两层意思：一是能够，《尚书·尧典》有“克明俊德，以亲九族”；一是战胜、克服，这一意义上的“克”也写作有“魁”。人名用“克”，一般取双名，取战胜、克服的意思，一般依据五行相克的原理取名，例如连姓为名的金克木；人名用“克”取能够的意思更为多见，例如郑成功的长子郑克爽，又如李克勤、周克农、林克武、李克用、唐克纯等。

立 lì

“立”首先指站立、竖立，成语有“立竿见影”；其次指设立、建立。由此引申指存在、生存。《论语·为政》中孔子说自己“吾十有五而志于学，三十而立”，其中的“立”则有长成、成器的意思。又有立本，意思是树立根本，语出《易经·系辞下》“刚柔者，立本者也”。

人名用“立”字，多从抽象的角度取义，例如李立三、马三立，又如立清、立孝、立煌、立春、立训等。

良 liáng

除作副词外，“良”的意义主要是：①良好、优秀、贤能，谚语有“良药苦口利于病，忠言逆耳利于行”；②和悦、善良，《论语·学而》有“夫子温良恭俭让以得之”。人名用“良”字，二义皆有所取，更多的是用前者。例如张良、张学良，此外如良村、良瑾、惠良、忠良、良栋等。

亮 liàng

对外部世界而言，“亮”指光线强（声音）响、（心胸、思想等）明朗、清楚；用作动词指发光、显露。对人而言，“亮”指正直坦白、忠诚、讲信用，《孟子·告子下》云：“君子不亮，恶乎执？”人名多用后一层意义，如诸葛亮。此外如起亮、文亮、亮明等。

龙 lóng

“龙”是我国古代传说中的神异动物，身体长，有鳞，有角，有脚，能走，能飞，能游泳，能兴云降雨，被人们视为百鳞之长，乃至生物世界的最高主宰。因此，封建时代用龙作为帝王的象征，也用来指帝王使用的东西，如龙椅、龙床，他们的子孙则叫龙子、龙孙。此外，人们以龙、凤比喻皇帝、皇后，进而比喻夫妇，这也就确定了龙代表男性的倾向。

人名用“龙”字，最为常见，可以说龙是古今人名常用字之一，一般用于男名。单名如贺龙，双名如罗章龙。此外有化龙、成龙、正龙、福龙、喜龙、云龙、攀龙、玉龙、金龙、锦龙等。

民 mín

“民”指人民，意思简单。人名用“民”字，一般是通过它来表达名字主人的志向、抱负、品格等，使用时结构大多是以民作对象，配合适当的动词，如泽民、为民；有的则是以“民”为中心词，加修饰语，如初民等。此外又如爱民、利民、作民、世民等。

明 míng

“明”的意义颇丰，主要有：①明亮，《荀子·天论》有“在天者莫明于日月”；②明白、清楚、明确，《楚辞·卜居》有“物有所不足，智有所不明”；③眼力好、眼光正确，对事物现象看得清，《道德经》曰“知人者智，自知者明”，成语有“自知之明”。

人名一般用上述意义，尤其是后者。单名如王明，双名如夏明翰。此外常用作人名的如明哲，语出《尚书·兑命上》“知之曰明哲”；又有明珠，语见《白虎通·封禅》“江出大贝，海出明珠”；又如克明、明敏、光明等。

鹏 péng

“鹏”是古代传说中最大的大鸟，《庄子·逍遥游》有“鲲之大，不知其几千里也，化而为鸟，其名为鹏”，毛泽东有“鲲鹏展翅，九万里，翻动扶摇羊角”的词句。人名用“鹏”字，作单名、双名者皆有。有的直用鹏的本义，如李鹏、郭大鹏、张鹏举等；有的则是从与鹏的关系着眼，含有表示志向、抱负的意思，如杜鹏程。

平 píng

就词性而言，“平”的意义主要是动词性的和形容词性的。动词性意义是削平、铲平、平息、平定；形容词性意义的有平坦、安定、太平、公平、平均，《管子·任法》有“法不平，令不全，是亦夺柄失位之道也”；平常、

普通，《后汉书·班超传》有“我以班君当有奇策，今所言平平耳”。

人名多用平定、太平、公平的意义，如严君平。现在，“平”字有时似乎已经失去原义，成了非特殊的人名用字，使用十分普遍，单双名皆有。如大平、少平、利平、持平等。

奇 qí

“奇”也读 jī，指单数，不用于人名。

读 qí 时，意义是奇异的、罕见的、不寻常的、出人意料的、令人难测的、惊异，《史记·商君列传》有“公孙鞅年虽少，有奇才”，《庄子·知北游》云“是其所美者为神奇，其所恶者为臭腐”。人名如刘少奇。此外又如文奇、子奇、奇龄、奇逢等。

谦 qiān

“谦”指谦逊、谦虚。谦是中国传统伦理观的美德之一，为历代社会所提倡，因此也常用于人名，如于谦、钱谦益（“谦益”一语出自古语“谦受益，满招损”）、吴学谦，还有谦之、祥谦等。

强 qiáng

人名用“强”字，多取其强大、强盛的意义，《礼记·曲礼上》云“四十曰强”，注疏解释说：“强有二义：一则四十不惑，是智虑强；二则力气强也。”人名如许克强、许文强等。

全 quán

“全”指齐全、完整，与此相应的后起意义是全部、完全，杜甫《腊日》诗云“腊日常年暖尚遥，今年腊日冻全消”。此外，“全”还有动词性意义，保全、顾全，《史记·吕太后本纪》云“夫全社稷，定刘氏之后，君亦不如臣”。

人名用“全”字，上述意义皆有取用。除单名外，一般是以某种事物或道德品质为中心，含完全或保全它的意思。比如以德为中心，组织出全德、德全两个人名。还有全忠、全义、全孝、文全、福全等。

荣 róng

“荣”本指草开花，陶潜《桃花源诗》云“草荣识节和”，引申指谷物抽穗。“荣”字在现代汉语里常用意义有二：一是指草木茂盛，成语有“欣欣向荣”；二是光荣、荣耀，《三国志·吴书二·吴主传》有“荣福喜戚，相与共之”。人名也用这两层意义，如罗荣桓、徐子荣。还有向荣、光荣、荣坤、正荣等。

瑞 ruì

“瑞”字本来指玉制的信物，又指吉凶的预兆，王充《论衡·指瑞》云“王者受富贵之命，故其动出见吉祥异物，见则谓之瑞”，这里的“瑞”是吉凶的预兆，后来专指吉祥之兆，由此引申出吉利的意思，民间有“瑞雪兆丰年”的俗语。

人名用“瑞”字，取玉制信物及吉祥、吉利的意义。单名如朱瑞；双名用“瑞”字，或作修饰语，如瑞林、瑞云，或作中心词，如明瑞、祺瑞等。

尚 shàng

“尚”作虚词，有尚且、还的意思，《永遇乐·京口北固亭怀古》有“廉颇老矣，尚能饭否”的句子。此外，“尚”还有超过、高出的意义，《盐铁论·相刺》云“文学言治，尚于唐虞”（唐、虞指尧、舜）；也有尊崇、尊重的意思，《荀子·王制》有“尚贤使能”。

人名用“尚”字，单名如吕尚，双名大多取崇尚某些人物、事物的意思，如尚德、尚贤、尚志等。

生 shēng

“生”的意义比较丰富，除与“熟”相对的意义外，其他几层意义或多或少都为人名所用。这些意义包括：一是草木生长，引申指出生、诞生，《史记·秦始皇本纪》有“以秦昭王四十八年正月生于邯郸”，又有产生、发生的意义，《荀子·劝学》云“肉腐出虫，鱼枯生蠹”；二是指生存、生命，《孙子兵法·九地》有“投之亡地然后存，陷之死地然后生”；三是旧时对读书人的称呼，如将贾谊称为贾生。

人名用“生”字，用出生的意思取名，大多有纪念意义，纪念出生情景、出生地，或是其他事物，人名如蒙生、沪生、京生、再生、院生、树生；用生存的意义，大多含有生活幸福或者有意义地生活的意思，如高生、荣生、德生等。

胜 shèng

“胜”的意思，一是赢、胜利，成语有“百战百胜”；二是胜过，超过；三是优美的（景物、境界等），范仲淹《岳阳楼记》云“予观夫巴陵胜状，在洞庭一湖”，又指优美山水或古迹，双音节词有名胜。人名用“胜”字，这几层意义都有所取，例如陈胜、刘长胜、马胜利，此外，还有继胜、万胜等。

顺 shùn

“顺”的意义，一是顺着、顺从、顺应，《荀子·劝学》有“顺风而呼，声非加疾也，而闻者彰”；二是指顺理、合理，《论语·子路》云“名不正则言不顺，言不顺则事不成”；三是顺利、如意的意思。人名多用最后一层意义，单名如张顺，双名如严顺开，此外还有天顺、顺昌、金顺、顺成等。

泰 tài

“泰”指极大、过甚，《管子·八观》云“俭财用，禁侈泰，为国之急也”。引申指最、极，与“太”的意义相近。此外，还有宽裕的意义，《荀子·议兵》有“凡虑事欲孰而用财欲泰”；通达，白居易《采诗官》诗云：“言者无罪闻者戒，下流上通上下泰”；平安，王符《潜夫论·慎微》有“政教积德，必致安泰之福，举错数失，必致危亡之祸”，俗语有“国泰民安”。

人名多用后几层意思。单名有万泰、孟泰，双名如国泰、泰良等。

堂 táng

“堂”指殿堂、正屋，刘禹锡《乌衣巷》云“旧时王谢堂前燕，飞入寻常百姓家”，成语有“升堂入室”；又指同祖的亲属关系。人名用堂字，大体取综合的意思，反映宗族观念等，例如炳堂、济堂、成堂、承堂等。

天 tiān

“天”指天空，也指自然的，《荀子·天论》有“天行有常，不为尧存，不为桀亡”，双音节词有天险、天灾；指先知先觉的人，《庄子·庚桑楚》云“人之所舍，谓之天民；天之所助，谓之天子”。人名用“天”字，大多是取双名，含有顺从天道的意义，如顺天、天顺；或含有战胜天道的意义，如胜天；或含有天之人的意思，如天民，此外用到“天”字的人名还有天胜、立天、闻天、觉天等。

通 tōng

用于人名的，除了精通、通晓的意义外，基本上用畅通、没有阻碍的意思，也比喻得志，白居易《与元九书》有“小通则以诗相戒，小穷则以诗相勉”；又有地位显达、显贵的意思，王安石《上仁宗皇帝言事书》云“凡在左右通贵之人，皆顺上之欲而服行之”。人名用例如元末红巾军首领刘福通等。

伟 wěi

“伟”的意义大体有二：一是高大、壮美，《三国志·蜀书五·诸葛亮传》形容诸葛亮“身长八尺，容貌甚伟”；二是伟大，才识超人，《庄子·

大宗师》云“伟哉！夫造物者”，《三国志·魏书十三·钟繇传》有“此三公者，乃一代之伟人也”。人名用“伟”字，大多取综合的意义，单名、双名皆有，例如袁伟民、李伟宁，此外还有大伟、伟志、志伟等。

文 wén

“文”本指线条交错的图形、花纹，这个意义后来写作“纹”，旧时“文章”一词也有这样的意思。此外，“文”的意思还很丰富，用于人名的大体如下：①华美，有文采，与“质”相对，刘勰《文心雕龙·情采》说“夫水性虚而沦漪结，木体实而花萼振，文附质也”（水的性质是虚的，所以就有波澜产生；树木的性质是坚实的，所以就有花开出来。这就是文采依附于内容）。②文化、文明，《韩非子·五蠹》云“儒以文乱法，侠以武犯禁”。又有文府，指收藏图书的地方，比喻知识渊博；文科，与武举相对，表示有文才；文华，指文章的华彩，《后汉书·班彪传论》“敷文华以纬国典，守贱薄而无闷容”。

人名用“文”字极其广泛，并且男女皆用。如孙中山又名孙文，蒋经国之子孝文。此外如博文、文博、子文、允文、文全、文焕、文统、文忠、文绍、文程、文元、文茂、文学、学文等。

武 wǔ

“武”本来指脚印以及半步的距离，《诗经》有“履帝武敏歆”句，这些意义一般不用于人名。此外，“武”指勇猛、刚健，俗语有“孔武有力”；又指所有与军事、战争有关的事物，与“文”相对。人名用“武”的后两层意义，有时能区别开来，有时则综合使用。例如汉代曾有漠北牧羊的苏武，当代有无产阶级革命战士杨成武，此外还有孝武、建武等。

信 xìn

“信”的意义比较广泛，如书信、讯息等。此外还有：言语真实，如《道德经》中有“信言不美，美言不信”；相信，信奉，王充《论衡·问孔》“世儒学者，好信师而是古”；诚实，讲信用，《论语·学而》中的“三省”之一为“与朋友交而不信乎”。

人名用“信”字，多取诚实、讲信用的意义。这一意义上的“信”，也就是儒家所谓“仁、义、礼、智、信”的“信”。而这里的“信”是中国社会的主要道德准则之一，是社会的伦理道德要求人们普遍遵守的，因此也就广泛地运用于人名。单名如汉代善带兵的将军韩信，双名如近代民主革命家朱执信，此外如大信、守信等。

星 xīng

“星”指星星，用科学术语解释为夜晚在天空中闪烁发光的天体，《荀子·天论》有“列星随旋，日月递照”。人名常用“星”字，如古代科学家，《天工开物》的作者宋应星。在现代，“星”字用于人名的情形更为普遍。

雄 xióng

“雄”的本义指雄性的，与“雌”相对；此外的意义有：强有力的，俗语有“雄才大略”；杰出的人物或国家，如“战国七雄”。“雄”的抽象意义都是积极、正面的，故而“雄”字多用于人名，比如隋末唐初的猛将单雄信，当代著名的体育节目主持人宋世雄。

修 xiū

“修”的意义比较多，修饰、整治、修建；研究、学习，《礼记·学记》云“君子之于学也，藏焉，修焉”；又指高、长，引申指美好、善良，《韩非子·孤愤》有“其修士不能以货赂事人”，屈原《离骚》云“老冉冉其将至兮，恐修名之不立”。人名用“修”字，多取善良、美好的意义，有时也在综合的意义上使用，如杨修。双名也用“修”字的动词性意义，含有提升自身修养的意思，人名有修己、修身。

旭 xù

“旭”指初升的太阳，刘禹锡《葡萄歌》云“马乳带轻霜，龙鳞曜初旭”。人名用“旭”字最多的是旭东，其意义是旭日东升。单名有清末的维新派人士、戊戌六君子之一林旭。此外还有光旭、旭麓等。

绪 xù

“绪”本指丝的头，由此比喻事情的头绪、开端，合成词有端绪，也指残余，合成词有余绪；又指心情、思想等，秦观《睡起》诗云“睡起东轩下，悠悠春绪长”。以上这些意义多不用于人名，人名大多用“绪”的另外一层意义，即世系，柳宗元《寄许京兆孟容书》有“恐一日填委沟壑，旷坠先绪”（恐怕一旦死去填于沟壑之中，使先辈的世系中断）；又指前人留下来的事业，《史记·周本纪》云“武王即位……师修文王绪业”。人名如南北朝时期的目录学家阮孝绪。此外还有荣绪、庆绪等。

学 xué

“学”指学习，《尚书·兑命下》有“学于古训，乃有获”，又《论语·述而》云“学而时习之，不亦乐乎？”；引申指学问，《庄子·天下》云“百家之学，时或称而道之”。人名用“学”字，多取其名词、动词性意义，即学问、学习、模仿。用例较多，如当代外交家吴学谦；此外还有学东、学栎、学忠、学楷、学瓒、学熙、体学等。

彦 yàn

“彦”字旧时指有才德的人，《尚书·太甲上》有“旁求俊彦，启迪后人”。显而易见，“彦”字是人名的好材料。事实也正是如此，自五代时期始，我国曾有人名用“彦”字的风习，用“彦”字的人名俯拾皆是，如宋代的大词人周邦彦（“邦彦”指国中英俊之士），此外如彦之、彦博、彦章、彦丹、彦仙、彦成、彦刚、伯彦等。

阳 yáng

“阳”指阳光，引申指温暖、明亮，双音节词有艳阳、阳春等。此外，“阳”是我国古代哲学的重要概念，指存在于宇宙间的一切事物中的两大对立面之一，柳宗元《天说》云“寒而暑者，世谓之阴阳”（冷热的变化，人们称之为阴阳）。人名用“阳”字，大多是综合取义。例如连姓为名的羽毛球运动员杨阳，古代有哲学家王阳明。此外还有向阳、晓阳等。

耀 yào

“耀”本指照耀，引申指光明，白居易《放言》诗云“草萤有耀终非火，荷露虽团岂是珠”；又用来表示显示、夸耀，成语有“耀武扬威”。人名用“耀”字，多用后一层意义，一般是组织双名，显示、夸耀的对象一般是祖先世系等，典型的人名如耀先、耀祖；也有用前一层意义的，有单名，也有双名，如光耀。此外如先耀、耀文、耀武等。

业 yè

“业”字除“已经”的意义外，其他的意义尚有事业、功业、基业，如《易经·系辞上》云“盛德大业，至矣哉！”；又指学业，韩愈《进学解》云“业精于勤，荒于嬉”；指产业，《韩非子·六反》“受赏者甘利，未赏者慕业”；指事务、职业，《国语·周语上》有“庶人工商，各守其业”。

人名用“业”字较多，有的单独使用某一意义，有的则综合使用。例如杨家将里的杨继业。此外又有世业、鸿业、守业等。

毅 yì

“毅”指坚决，意志坚定、果断，《韩非子·孤愤》云“能法之士必强毅而劲直”。“毅”是优秀人物应该秉承的一种品格，故而也就被用于人名。例如方毅、弘毅（意为刚强果断，语见《论语》：“士不可不弘毅，任重而道远。”），此外如志毅、刚毅等。

永 yǒng

“永”本来指水流长，《诗经·周南·汉广》云“江之永矣，不可方思”，《疏》曰“永，长”。引申指永远。

“永”字是人名常用的字，因为它的意义无论是用于表现个人的寿数、命运，还是表现国家的昌盛、社会的安定，都是很好的字眼。人名用“永”字，有取单名的，如宋代的大词人柳永；双名大多以“永”字作修饰语，中心词则是表示寿数、命运等意义的字，如永龄、永福、永升、永祥、永泰、永安、永新、永生。

勇 yǒng

“勇”指果敢、胆大，《管子·法法》云“上好勇则民轻死”，成语有“勇往直前”。勇是男子，尤其是武士所应具备的品质，因此男名多用“勇”字，例如人民解放军将领杨勇，此外如志勇、勇男、勇前等。

瑜 yú

“瑜”指美玉，《晋书·舆眼志》云“皇太子妃……佩瑜玉”；又指玉的光彩，比喻优点，《礼记·聘义》云“瑕不掩瑜，瑜不掩瑕”。人名用“瑜”字，大多综合取义，例如：三国时代著名的智才周瑜，当代京剧表演艺术家刘长瑜、电影演员张瑜。

云 yún

“云”在古代有两种写法：一是“云”，意思是说话，如熟语“子曰诗云”；一是“雲”，指云彩，现代汉语里则简化统一为“云”。人名用“云”字，一般是取云彩的意义。例如：三国时代的名将赵云，现代出版家王云五。此外如子云、先云、衢云、梯云、云鹏、云龙、云飞、云山、云逸。

泽 zé

“泽”本指聚水的地方，合成词有沼泽；指雨露，汉代扬雄《河东赋》云“云霏霏而来迎兮，泽渗漓而下降”；光泽，润泽，特指金属、珠玉的光泽；指恩惠、恩泽，《史记·西门豹传》云“故西门豹为邺令，名闻天下，泽流后世”。

人名用“泽”字，多取后两层意义。单名多综合两层意义使用，用恩惠、恩泽、给……恩泽的意义，例如泽南、泽清、纪泽等。

章 zhāng

“章”本指音乐的一曲，《史记·吕太后本纪》“王乃为歌诗四章，令乐人歌之”，引申指文章或作品的一篇；又指规章；还指奏章、印章等；此外，

“章”还指花纹，引申指有花纹的丝织品，《古诗十九首·迢迢牵牛星》云“终日不成章，泣涕零如雨”。

人名用“章”字，大多取其文章、文采、文才等意义。例如晚清名臣李鸿章，此外如立章、平章、健章、蕴章、秉章等。

璋 zhāng

“璋”是古代的一种玉器，形状像半个圭，用于朝聘、祭祀、丧葬、发兵等场合，是一种瑞信。人名用“璋”字也较多。例如当代词学大家唐圭璋，此外如国璋、如璋等。

钊 zhāo

“钊”的意思是勉励，是一个常用于人名的字。例如中国共产党创始人李大钊，曾任中央文史研究馆馆长的章士钊。

振 zhèn

“振”的最初意义是挥动、摇动，贾谊《过秦论》有“振长策而御宇内”；又有奋起、振作、整顿的意义，陈亮《上孝宗皇帝第一书》云“以励群臣，以振天下之气”；此外有救济、挽救的意思。

人名用“振”字，多取第二层意思，如常见的人名振武，意为兴起武力，指用兵（《国语·晋语六》云“吾闻之，君人者刑其民，成，而后振武于外，是以内和而外威”）。也有用第一层意思的，如常见的人名振铎（古代宣布政教法令时，常常抖动铜铃以惊众人，《周礼·夏官司马·大司马》云“司马振铎，群吏作旗”）。此外还有振华、振镛、振羽、振勋、振国、振邦等。

政 zhèng

“政”指政治、政事，《韩非子·五蠹》有“今欲以先王之政，治当世之民，皆守株之类也”；也指政策、法令、政权，《礼记·乐记》云“礼乐刑政，其极一也”，《论语·季氏》有“天下有道，则政不在大夫”。

人名用“政”字，大多是表为国家政事效力等意义。例如当代小说家毋国政，还有辅政、政民、政道等。

志 zhì

“志”用于人名的意义引申指志向，《史记·陈涉世家》里，陈胜有“燕雀安知鸿鹄之志哉!”的感叹。人名用“志”字十分普遍，除单名外，双名一种是加修饰语，组织出“志向……”的意思，如鸿志、宏志、伟志等；另一种是用在双名的前边，组织出“有志于……”的意思，如人名志

学，就是从《论语·为政》中孔子的“吾十有五而志于学”化用而来的。此外有志红、志丹、志远、志敏、志超等。

智 zhì

“智”指智慧、见识、聪明，贾谊《治安策》有“凡人之智，能见已然，不能见将然”。人们都希望自己有智慧、见识超群拔萃，并且多在人名中表达这种愿望。用“智”字的人名除单名外，双名有智耀、智超、智强等。

忠 zhōng

“忠”指忠诚、尽力竭心，封建时代特别指忠于君主。忠是中国古代重要的伦理范畴之一，与孝一样，都是社会对人们普遍的道德要求。因此，人名用“忠”字的极多，例如宋代抗金英雄韩世忠等，此外如忠可、忠发、忠植、忠义、忠源、忠贤、建忠、秉忠、显忠、惟忠、进忠、精忠、全忠等。

宗 zōng

“宗”字大体有两种词性的意义。名词性的意义本来指宗庙、祖庙，又指祖宗；此外有宗旨，又指为众人所师法的人物，合成词有宗师。动词性的意义指归向、遵从、效法、尊奉，《礼记·檀弓上》云：“夫明王不兴，而天下其孰能宗予?”

人名用“宗”字极为普遍。中国人有着相当深的敬奉和继承祖先、先贤的观念和行为，“宗”的动词性意义又可以帮助表达这种愿望，如李宗仁、胡宗南、殷承宗，此外如宗昌、宗禹、宗汉、宗羲、宗光、宗权、宗祥、道宗、敬宗、昌宗、景宗等。

女子起名常用字

女子起名选字的特点，主要就是要表现女性的阴柔之美，或用名字比喻出水芙蓉、羞花闭月的容貌；或遣含情盈意之词，使名字带有女子温情脉脉、依恋缠绵的特点，给人以委婉贞娴、情思牵萦之感觉；或以洁雅聪慧之字入名，充分表现女性应有的高洁无瑕之品质、聪颖敏捷之智慧、秀雅娴淑之性格和明睿超群之才华；或用梅兰蓉芳、凤燕莺蝉作比，道出女性的温柔美丽、清纯可爱；或用月、雪、春、秋等自然现象命名，给人以清新洁净、楚楚动人之感。下面选择一些女子起名最常用的字供参考。

蓓 bèi

“蓓”指没有开的花，也就是花苞，俗称花骨朵儿，合成词有蓓蕾。

“蓓”字一般用于女名，其形象透露着娇美的韵致和青春的气息，声韵也柔中带劲，正与意义吻合。人名有单用者，重叠后成“蓓蓓”，是一个相当亲切的小名。双名如蓓佳等。

碧 bì

“碧”本指青绿色的玉石。《山海经·北山经》云“又北三百里，曰维龙之山，其上有碧玉……”，成语有“金碧辉煌”；后由此引申为浅蓝色和青绿色。王夫人《小云山记》有“（南岳之西峰）寒则苍，春则碧”，合成词有碧空、碧落、碧石等。人名如碧云、碧瑶、碧清等。

彩 cǎi

“彩”的意义比较丰富，如：称赞、夸奖的欢呼声——喝彩；博彩或某种游戏中给得胜者的东西：中头彩。一般意义有两个：一是指彩色的丝绸，例如剪彩、张灯结彩，这个意义上的“彩”过去写作“綵”；一是指彩色、光彩，江淹《别赋》有“日下壁而沉彩，月上轩而飞光”。人名用“彩”字，多取最后一个意义，并且多用于女名，诸如彩霞、彩凤、彩莲、彩芹等。

婵 chán

“婵”与“娟”合成婵娟，形容姿态美好的样子。孟郊《婵娟篇》分别写花、竹、人、月的美好姿态，其词曰：“花婵娟，泛春泉；竹婵娟，笼晓烟；妓婵娟，不长妍；月婵娟，真可怜。”现在专门用来形容女子的美好姿态。婵娟也代指月亮，苏轼《水调歌头》词有“但愿人长久，千里共婵娟”的名句。月亮与女子都具有阴柔之美，有共同的特点。“婵”又与“媛”组成婵媛，意思与婵娟相同。“婵”字多用于女名，如婵娟、婵媛、天婵、梦婵等。

翠 cuì

“翠”从羽从卒，本指一种青绿色的雌鸟，即翠鸟；又指青绿色的玉，即翡翠；进而指青绿色，李白《庐山谣寄卢侍御虚舟》云“翠影红霞映朝日”。“翠”字一般用于女名，多是用青绿色的意思。人名如翠玉、翠云等。

娥 é

“娥”的意思有二：一是指美好，汉代扬雄的《方言》说“娥、嬴，好也”；二是专指美女，人名如月娥、冯娥、素娥等。

芳 fāng

“芳”的原意泛指花草发出的香味，也指芳香之物。《荀子·宥坐》云“且夫芷兰生于深林，非以无人而不芳”；杜甫《叹庭前甘菊花》诗有“篱边野外多众芳”。由香味进而引申为美好，同时比喻美好的名声和德行，屈原

《离骚》云“昔三后之纯粹兮，固众芳之所在”，成语有“流芳百世”。

正因为“芳”字有美好的引申义，所以古时男子也有以“芳”为名的，东汉有卢芳，现代有孙传芳。不过，在当代，“芳”字一般多用于女名，是典型的女名用字，例如电影演员张瑞芳，排球女将张蓉芳，还有李爱芳、何桂芳、刘慧芳、曲芳等。

菲 fēi

“菲”读上声 fěi，意义有二：一是古书上指萝卜一类的菜；另一意义是菲薄（多用作谦辞）。

菲读平声 fēi 时，常常是“芳菲”连用，形容花草美、香味浓。“菲”是典型的女名用字，用它取单名、双名都有。有人以叠用“菲”字取小名菲菲，意思是形容花草的美丽、芬芳。屈原《九歌·东皇太一》中有“芳菲菲兮满堂”句。

芬 fēn

“芬”属花草类字，指香气，傅咸《感别赋》云“兰蕙含芬”，进而比喻美名，《晋书·桓彝传》有“扬芬千载之上”。“芬”字叠用作“芬芬”，可作小名。人名有单用的，更多的是用作双名，如表演艺术家李婉芬，组成人名的还有忆芬、联芬、田芬、彩芬等。

凤 fèng

“凤”指凤凰，是古代传说中的鸟王。它与龙一样，被人们认为是高贵、神奇的动物。长期以来，人们以龙凤比喻最高统治者及其配偶，也用来比喻夫妇，新婚时的婚联常有龙凤呈祥等字眼。凤被视作女性的象征，因此多用于女名。在人名中，“凤”有单用者，如连姓为名的金凤；也有用作双名的，一般是加金、彩、鸣、小等字，成金凤、彩凤、鸣凤、小凤等，例如香港歌星徐小凤。男名也有用“凤”字的，如凤鸣、凤浩等。

桂 guì

“桂”是一种花木。桂树及桂花向来都被古人视作祥瑞。旧时人称科举高中叫“月中折桂”，又称子孙仕途昌达、尊荣显贵为“兰桂齐芳”，此外，“桂”还与“贵”谐音。所有这些，促成了“桂”字在人名中的广泛运用。例如杨门女将中的穆桂英、清代著名的政治人物吴三桂。在现代，桂字多用于女名，如桂芬、桂梅、桂秋等。

花 huā

“花”是个美好的字眼，它的意思主要有：①可供观赏的植物；②花纹或用花纹装饰的东西；③比喻事业的精华；④比喻女子。成语有“花枝招展”“繁花似锦”。人名如刘琼花、张蓉花、李杏花、白莲花、梁秀花等。

慧 huì

“慧”的意思是聪明、有才智，《左传·成公十八年》云“周子有兄而无慧，不能辨菽麦”，合成词有聪慧。人名有用作单名的，如陈慧，用作双名的，如杨开慧、莫慧兰。

惠 huì

“惠”的意义较广，除了与“慧”相通，表示聪明外，还表示仁爱、宽厚，《盐铁论·忧边》云“故民流溺而弗救，非惠君也”；恩惠，给以好处；柔顺、贤惠，《诗经·邶风·燕燕》“终温且惠，淑慎其身”。人名用“惠”字，三层意义都有所取，如惠卿、惠僧、广惠、惠芳等。在当代，“惠”字更多用于女名。

佳 jiā

“佳”的意思是美好，陶潜《饮酒》有：“山气日夕佳，飞鸟相与还”，王维诗有“每逢佳节倍思亲”，俗语有“才子佳人”。人名采用佳字的很普遍，单名如演员宋佳；有用双名的，如孙佳星，还有许佳白、张维佳、刘佳俊等。

洁 jié

“洁”的意思是干净、清洁，又用来比喻纯洁。因而，“洁”以美德的含意出现于人名，尤其是女名。人名有单用的，如张洁；也有作双名的，如韦秀洁、林丽洁、张春洁等。

静 jìng

“静”指安静不动，古语有“树欲静而风不止”，也指没有声响、平静。这些是就外部而言的。就人本身而言，“静”还是一种美好的品质，如“非淡泊无以明志，非宁静无以致远”。这种品质尤其适用于女性。“静”字被用于人名，大多是就此而言的，有用作单名的，也有用作双名的，如杨静、李静娴、李静芝、何至静、沈静源、覃静心等。

娟 juān

“娟”指明媚、美好，多指女子姿容俊美姣好，合成词有婵娟。娟重叠为“娟娟”，可作小名，意思是美好的样子。杜甫《寄韩谏议》诗云：“美人娟娟隔秋水，濯足洞庭望八荒。”现在，“娟”字是典型的女名用字，使用比较广泛。例如首创微循环系统理论的女科学家修瑞娟，还有李文娟、陈小

娟、廖美娟等。

兰 lán

“兰”的种类不一，一般指兰草，是一种香草，屈原《离骚》常以其比喻美人以及美好的品德；兰花，是一种名贵的花种，诸如君子兰等，因此人们又以兰花比君子。“兰”本身的品质优雅、高贵、馥郁，可与美德相比，因而常用于人名，是典型的女名用字。例如古代有女英雄花木兰，当代有歌星奚秀兰。此外还有张兰花、李兰芬、姚梦兰、郭兰英、刘兰芝、徐美兰等。

蕾 lěi

“蕾”是含苞未放的花朵，元好问《同儿辈赋未开海棠》有“枝间新绿一重重，小蕾深藏数点红”。“蕾”多用于女名，有单名，双名如春蕾、梦蕾等。

丽 lì

在古代汉语中，“丽”有成双成对的意思，刘勰《文心雕龙·丽辞》有“丽辞之体，凡有四对”（词句对偶的文体，共有四种对偶方法）；又有附着、依附的意思，现代汉语有书面语“附丽”一词。另外一层意义是古今汉语常用的，那就是华美、美丽，引申指美貌、漂亮，杜甫《丽人行》有“长安水边多丽人”句。

人名用“丽”字，多取后一层意思，单名、双名都有使用的。旧时有男名用“丽”字的，如刘丽川。现在“丽”字多用于女名，是典型女名用字，如向秀丽、赵美丽、何艳丽、全丽英、钟晓丽、邓小丽、方爱丽等。

利 lì

“利”本来指锐利、锋利，与“钝”相对，韩非子《矛与盾》：“吾矛之利，于物无不陷也”（矛的锐利，任何东西都可以戳穿），引申指语言锋利、会说话；另一层意义是利益、好处，引申指顺利，项羽《垓下歌》有“力拔山兮气盖世，时不利兮骓不逝”。作动词用，还有“使……有利”的意思。人名一般用顺利、使……有利的意义，也有用其他意义的，如利民、洪利。利有单作女名用的趋势。

莉 lì

“莉”字见于合成词茉莉，并无深义。现在女名多用“莉”字，属花鸟字。有单名，也有双名，如莉莲、莉英等。

莲 lián

“莲”指莲花，也叫荷花。莲花花色清丽，常被用来比喻人的美貌。人们亦称莲为花中君子，认为其“出淤泥而不染，濯清涟而不妖，中通外直，不蔓不枝”。可见莲花是姿容、品质俱佳的花，因而多被用于人名。例如著名舞蹈家戴爱莲，文学作品里写到的有秦香莲、潘金莲等。

琳 lín

“琳”从玉从林，指美玉、青碧色的玉，同时也用来比喻优美珍贵的东西。古时候，“琳”字也用于男名，如建安七子之一陈琳。如今“琳”字多用于女名，例如歌星程琳，电影演员范琳琳、朱琳，此外如小琳、晓琳、玉琳等。

玲 líng

“玲玲”形容玉碰击的声音，晋曹摅《述志赋》云“饰吾冠之岌岌，美吾佩之玲玲”。“玲”字似乎并无深义，但多用于人名，是典型女名用字，如阮玲玉、王庆玲、张金玲、何晓玲等。

龄 líng

“龄”是表示年龄的字眼，并没有特别的意思，但是，如果要表示长寿安康的意思，它是不可缺少的字眼。正因如此，“龄”字常见于人名。一般是与长、永、松、鹤等直接或间接表示长久的词组合在一起，表示长寿安康的意思，例如宋氏三姐妹宋美龄、宋庆龄、宋蔼龄，此外的人名如松龄、鹤龄、永龄、长龄等。

曼 màn

“曼”本指长，曼声即拉长声调，《诗经·鲁颂·閟宫》有“孔曼且硕”（很长很长）；另一个意思是柔美、细腻，《韩非子·扬权》有“曼理皓齿”（细腻的皮肤，洁白的牙齿）。人名多用后一层意思，例如赵一曼、詹曼华等。曼丽，意即美丽，语见《后汉书·杜笃传》“曼丽之容，不悦于目；郑卫之声，不过于耳”。

梅 méi

“梅”是一种花木，具有较高的观赏价值，《花镜》称其为“天下尤物”，说它“琼肌玉骨，物外佳人，群芳领袖”，因此梅常被比作美人。梅花凌冬开放，与松、竹合称“岁寒三友”，具有“凌寒独自开”“喜报三春先”的品格。人名正从梅的姿容、品格着眼来使用“梅”字的。例如作家邓友梅、歌唱家殷秀梅，此外还有玉梅、春梅、冬梅、寒梅、喜梅等。

美 měi

“美”本指味道鲜美，《韩非子·扬权》云“夫香美脆味，厚酒肥肉，

甘口而病形”；又指美丽、美好，特指容貌、声色、才德或品质的美好，《诗经·邶风·静女》有“匪女（汝）之为美，美人之贻。”

人名用“美”字的抽象意义，如潘仁美、王光美、宋美龄、赵美丽、何文美、王人美等。

娜 nà

“娜”是典型女名用字，并没有多少意义。在现代人名中，它是一个使用十分广泛的字眼，例如电影演员赵娜、歌星包娜娜。此外又如丽娜、曼娜、莎娜等。

萍 píng

“萍”字并无深义，并且意义上也算不上好。它本指浮萍，《礼记·月令·季春之月》云“谷雨萍始生”。现在人名用“萍”字，就像用平字一样，并不一定在固有意义上使用，它已成为特殊典型女名用字。用原义的如现代史上著名的记者邵飘萍。此外，还有玉萍、莉萍、丽萍、翠萍等。

绮 qǐ

“绮”指有花纹或图案的丝织品，张俞《蚕妇》诗有“遍身罗绮者，不是养蚕人”；又指华丽、美盛。人名多用后一层意思，例如绮云，指美丽如刻绘的云彩，江淹《学梁王〈兔园赋〉》云“乃有绮云之馆，赪霞之台”。此外还有文绮、史绮等。

倩 qiàn

“倩”也读 qìng，请（别人代替自己做事），如：倩人执笔。不用于人名。

“倩”是古代男子的美称，《汉书·朱邑传》有“昔陈平虽贤，须魏倩而后进”；又指含笑的样子，《诗经·卫风·硕人》云“巧笑倩兮，美目盼兮”；引申指妩媚、美好，吴融《还俗尼》有句“柳眉梅额倩妆新”，双音节词有倩盼、倩影。现在，“倩”不再是男子的美称，而是多用于女名，单名、双名都有。“倩”重叠为“倩倩”，指美丽的样子，常作小名。人名如甘倩、张倩云、韦兆倩等。

茜 qiàn（xī）

“茜”指茜草，也指红色，茜是典型女用名，例如陈毅夫人张茜。也读作 xī，用于人名，多用于外国女子名字的译音。

嫱 qiáng

“嫱”本指古代宫廷的女官，后成为女名用字。古有毛嫱，《庄子·齐物论》说“毛嫱、丽姬，人之所美也”。汉代有王昭君，名嫱。

巧 qiǎo

“巧”的名词性意义指技术、技艺，《周礼·冬官考工记》云“材有美，工有巧”。民间又有乞巧习俗。形容词性意义有二：一是虚浮不实、伪诈，成语有“巧取豪夺”“花言巧语”，这一意义一般不用于人名；二指心思灵敏、技艺高明、灵巧，《三国志·蜀书五·诸葛亮传》说“亮性长于巧思。”此外，“巧”还有美好的意思，如《诗经》里的“巧笑”。

人名多用其后一层意思并且只用于女名，例如林巧稚、邝巧珍、甘巧棠、宋巧琳等。

琴 qín

“琴”指古琴，《诗经·小雅·鹿鸣》有“我有嘉宾，鼓瑟吹笙”。现在是某些乐器的统称，如键盘乐器、弦乐器，如钢琴、手风琴、月琴、指琴等。人名用“琴”字，并不一定用它的固有意义。“琴”字多用于女名，是人名性别的标志用字。例如小琴、宝琴、志琴等。

琼 qióng

“琼”本指美玉，《诗经·卫风·木瓜》云“投我以木瓜，报之以琼琚；投我以木桃，报之以琼瑶”；泛指精美的东西，合成词有琼浆、琼筵。

人名用“琼”字，于两层意思兼有所取。“琼”字在现代多用于女名，也有个别情况用作男名。例如，唐初名将秦琼，当代著名言情小说家琼瑶，又有琼花、琼华（前者指仙境中的琼树之花，后者指有光华的美石）。此外还有如琼芳、琼琳、琼玉等。

莎 shā

用于人名的“莎”，其实并无多少实在意义，而是一个标志性别的女用名字。汉译外国女名多用“莎”字，在欧风东进、崇尚西洋的时代，“莎”字渐渐用于国内女名，作单名、双名者兼有，例如丽莎、莎娜等。

珊 shān

“珊”指珊瑚，许多珊瑚虫的石灰质骨骼聚集而成的东西，此外有珊瑚树、珊瑚菜、珊瑚礁等。人名用此字，并不取本义，而是作为标志性别的女名用字使用的，单名、双名皆有，双名例如宝珊、佩珊等。珊字重叠为“珊珊”，也可作小名，也有用作大名的，指玉、钟、铃、雨等舒缓轻柔的声音，宋玉《神女赋》云“动雾縠以徐步兮，拂墀声之珊珊”。

淑 shū

“淑”字从水从叔，本来指水清澈，《说文》曰“淑，清甚也”。现在常用义为美好、善良，《诗经》里有“窈窕淑女，君子好逑”的句子。“淑”字的意义用来形容人，既指温和善良、美好，当然也就是不可多得的人名用字，例如钟淑燕、韦淑媛、张淑芳等。

素 sù

“素”本指没有染色的丝绸，引申指白色、本色，也指颜色单纯、不艳丽；又指朴素、纯洁，《道德经》有“见素抱朴，少私寡欲”的句子。“素”字多用于女名，在现代是典型的女名用字，例如尊素、灵素、素云、素华、素素等。

婷 tíng

“婷”重叠为“婷婷”，形容人或花木美好，陈师道《黄梅》有“冉冉梢头绿，婷婷花下人”，成语有“亭亭玉立”。人名有叠用“婷婷”二字的，或作小名，或作大名。更多的是单用，例如诗人舒婷。此外又有晓婷、文婷等。

婉 wǎn

“婉”指（说话）委婉、婉转，引申指温柔、顺从，《史记·佞幸传》有“此两人非有材能，徒以婉佞贵幸”；又有美的意义，《诗经·郑风·野有蔓草》有“有美一人，清扬婉兮”。人名多用后一层意义，例如表演艺术家李婉芬，此外又有婉秋、婉如、婉华等。

薇 wēi

“薇”古书上指巢菜，《诗经·召南·草虫》有“陟彼南山，言采其薇”；又指花，如蔷薇、紫薇。人名多取后一层意义。其中单名较多，双名有蒋碧薇、张紫薇等。

霞 xiá

“霞”指早晚的彩云，是日光斜射在天空中，由于空气的散射作用而使天空和云层呈现黄、橙、红等彩色的自然现象，多出现在日出或日落的时候。谢朓的《晚登三山还望京邑》有“余霞散成绮，澄江静如练”；又比喻色彩艳丽，孟郊《送谏议十六叔至孝义渡后奉寄》诗云“晓渡明镜中，霞衣相飘飖”。

人名多兼取“霞”字的上述两层意义而用之，例如台湾著名影星林青霞、著名评剧表演艺术家新凤霞，此外还有很多，如彩霞、云霞、美霞等。

娴　xián

“娴”字是典型女名用字，是用来表示女性气质、性情的好字眼。它的意思是文静、娴雅，《后汉书·马援传》有“（朱）勃字叔阳，年十二，能诵诗书……辞言娴雅”。此外还有熟悉的意思，双音节词有娴熟。人名多取前一层意义，例如歌唱演员李静娴，此外还有淑娴、令娴、雅娴等。

香　xiāng

“香”本指气味好闻、食品味道好，南朝的梁简文帝《筝赋》有“影入著衣镜，裙含辟恶香”；引申指受欢迎。香字多用于女名，一般取其气味好闻的意思，且多指花卉闺物之香，例如著名民主人士何香凝，此外还有香云、瑞香、久香等。

秀　xiù

“秀”本指谷物吐穗开花，白居易《杜陵叟》有“麦苗不秀多黄死”句；也指草木之花，汉武帝《秋风辞》有“兰有秀兮菊有芳，怀佳人兮不能忘”；又指高出，古语有“木秀于林，风必摧之”，引申指才能出众、优秀；此外还有美好、秀丽的意思，欧阳修《醉翁亭记》云“望之蔚然而深秀者，琅琊也”。

人名用“秀”字，一般取杰出、优秀、美好、秀丽的意思，例如：汉光帝刘秀，中国共产党早其领导人陈独秀。如今“秀”字更多被运用于女名。例如秀松、秀英、秀眉、秀峰、秀清、秀成、秀夫、秀丽、秀坤、秀兰等。

艳　yàn

“艳”有羡慕的意思，《韩非子·外储说左上》有“不谋治强之功，而艳乎辩说文丽之声”。这一意义一般不用于人名。此外“艳”还指长得漂亮，引申指色彩鲜明，李白《古风五十九首·其二十六》云“碧荷生幽泉，朝日艳且鲜”。人名用“艳”字，多取美丽、色彩鲜明等意义。在现代，“艳”是典型的女名用字，有单名、双名，如著名戏曲艺术家裴艳玲，此外又如艳芳、艳梅、艳丽等。

茵　yīn

“茵”本指垫子或褥子，俗语有“绿草如茵”；又指茵陈蒿，是一种经冬不死的草本植物。人名多用后一层意义，有连姓为名的陈茵。茵一般为女名用字，属于花草类的字。

英　yīng

“英”的意义很丰富，首先指花，屈原《离骚》有“朝饮木兰之坠露兮，夕餐秋菊之落英”，成语有“落英缤纷”；比喻文采、词藻，刘勰《文心雕龙·情采》有“心术既形，英华乃赡”（思想感情形成了，文辞也就能丰富多彩了）；又指杰出的人，即才能或智慧过人的人，《荀子·正论》云“尧舜者天下之英也”。

“英”字既可以用于男名，也可以用于女名。例如新四军早期军长项英，当代有曾任毛泽东秘书的田家英、歌星那英，此外又如汉英、毓英、秀英、莲英、觉英、英俊、英华等。

瑛 yīng

“瑛”指美玉，或指玉的光彩，《玉篇》云：“瑛，于京切，美石似玉……水精谓之玉瑛也。”人名用“瑛”字的，男女名兼有，如当代诗人李瑛。

莺 yīng

“莺”指鸟，身体小，多为褐色或暗绿色，嘴短而尖，叫声清脆。吃昆虫，对农业和林业有益，种类很多。古诗有“打起黄莺儿，莫教枝上啼”句。黄莺形象可爱、歌喉婉转，由此被作为女名用字，属花鸟类字。人名有连姓为名的黄莺，此外又如小莺、玉莺、丽莺、凌莺等。

玉 yù

“玉”是一种矿物，是软玉和硬玉的总称，质地细腻，光泽温润，可用来制造装饰品或用作雕刻的材料，《诗经·小雅·鹤鸣》云“它山之石，可以攻玉”；又比喻洁白或美丽，毛泽东《七律·和郭沫若同志》有“金猴奋起千钧棒，玉宇澄清万里埃”的诗句。

“玉”字在中国人名中运用极其广泛，比“金”字更甚，这是因为玉除了珍贵以外，它的温润、光泽等又可以与人的品质、性情联系起来，从而表现这些性情、品质。例如现代史上的冯玉祥，排球女将侯玉珠。玉山比喻品德、仪容之美，《晋书·裴楷传》附裴楷：“裴叔则如玉山行，光映照人也”；女名有玉容，指美好的容貌，晋陆机《拟古诗十九首·拟西北有高楼》云“玉容谁能顾，倾城在一弹”；又有振玉，由“玉振”变化而来，“玉振”指声韵优美、声名远扬，《晋书·卫玠传》引谢鲲语“昔王辅嗣吐金声于中朝，此子复玉振于江表”。人名如近代大学问家罗振玉。

媛 yuán

“媛”指美女，《诗经·墉风·君子偕老》云“展如之人兮，邦之媛也”；也指美好。“媛”是典型的女名用字，无论意义还是字形，都是表示女性特点的好字眼，所以人名中使用比较普遍。例如彭丽媛、李朝媛、何文媛。媛字重叠作“媛媛”，可作小名。

芸　yún

“芸”指芸香，是一种多年生的草本植物，全草有香气，可供药用，有驱虫、通经的作用。人名如何翠芸、范玉芸、宋秋芸等。

贞　zhēn

“贞”指占卜，《周礼·春官·天府》有“以贞来岁之美恶”句；又指坚定、有操守，《史记·赵世家》云“且夫贞臣也难至而节见”，成语有“坚贞不屈”；“贞”还特指封建礼教压迫、束缚妇女的道德观念。人名用“贞”字，多取其坚定、有操节的意义，例如近代史上的冯婉贞，还有王蓉贞、戴瑞贞、邱淑贞等。

珍　zhēn

“珍”指珍宝，引申指宝贵的、珍贵的，李白《古风五十九首》云“凤鸟鸣四海，欲集无珍木”。“珍”的动词性意义是珍惜、珍爱。人名用“珍”字，于以上意义都有所取。用名词性意义的如家珍，用形容词性意义的如珍华，用动词性意义的如自珍（如清末诗人龚自珍）。在现代“珍”字似乎有专用于女名的倾向。

芝　zhī

“芝”有两种解释：一是古书上指灵芝（古人视灵芝为神物，认为它能使人延年益寿、长生不老，又是政清民和、河清海晏的象征）；二是指白芷，是一种香草，常常“芝兰”连用，《孔子家语·在厄》有“且芝兰生于深林，不以无人而不芳，君子修道立德，不谓穷困而改节”。不管是菌类植物，还是香草，“芝”有丰富的意义可以挖掘。因此，“芝”字多为人名所用。旧时也用于男名，如三国时的邓芝。现在则多用于女名，如芝圃、芝龙、芝庭、芝兰、芝英、秀芝等。

芷　zhǐ

“芷”是一种香草，是一年生草本植物，又叫白芷，屈原作品中多用它比喻优美的品质，如《离骚》有“扈江离与辟芷兮，纫秋兰以为佩”。芷的香、美正与人的优美品质吻合，故多被用于女人名，例如邓芷、刘芷芸等。

珠　zhū

“珠”既指珍珠，也指玉珠，还用来比喻优美的事物。人名用“珠”字，有的单独取义，有的综合取义，如宝珠、明珠、珍珠、彩珠等。